ESTUDOS COMPILADOS

INTELIGÊNCIA ESTRATÉGICA

Explorando o passado e prospectando o futuro do Brasil

Pró Consciência®

BRASÍLIA

2022

Direção Editorial: Lívia Borges
Revisão: Os autores e editora Pró-Consciência
Diagramação e Capa: Madalena Araújo | Madesigner

Dados Internacionais de Catalogação na Publicação (CIP)
(Câmara Brasileira do Livro, SP, Brasil)

Inteligência estratégica : estudos compilados : explorando o passado e prospectando o futuro do Brasil / organização Cintiene S. Monfredo Mendes , Maurício Viegas Pinto. -- 1. ed. -- Brasília, DF : Pró-Consciência, 2022.

Vários autores.
ISBN 978-65-86485-11-0

1. Assessoria 2. Geopolítica 3. Inteligência competitiva (Administração) 4. Planejamento estratégico 5. Serviço de inteligência I. Mendes, Cintiene S. Monfredo. II. Pinto, Maurício Viegas.

22-123570 CDD-320.12

Índices para catálogo sistemático:
1. Inteligência estratégica : Geopolítica 320.12
Eliete Marques da Silva - Bibliotecária - CRB-8/9380

Pró Consciência®

Editora
www.proconsciencia.com.br
Email: info@proconsciencia.com.br
@proconsciencia

DEDICATÓRIA

A turma de 2022 do Curso Superior de Inteligência Estratégica (CSIE),
em gratidão, dedica esta obra pioneira ao melhor diretor do CSIE de todos
os tempos — Comandante Mauro José da Silva Gonçalves — que,
com sua dedicação, razão e emoção,
nos inspirou a materializar nesta coletânea de
compilações os trabalhos diligentemente produzidos durante o curso,
no autêntico espírito de integração
que norteia o Sistema Brasileiro de Inteligência (SISBIN).

AGRADECIMENTOS

Agradecimento especial aos nossos orientadores, por toda a dedicação demonstrada durante a trajetória do curso:

Prof. Carlos Radicchi - CMG (RM1)

Prof. Dr. Fábio Albergaria de Queiroz

Prof. Dr. Guilherme Lopes da Cunha

Prof. Me. Israel Guimarães de Sousa Martins - Cel EB (R1)

Prof. Dr. Ivan Carlos Soares de Oliveira – Cel EB (R1)

Prof. Dr. Jacintho Maia Neto

Prof. Dr. José Roberto Pinho de Andrade Lima - Cel EB

Prof. Julio Cezar Perrotta Machado - CMG (RM1)

Prof. Dr. Julio Eduardo da Silva Menezes

Profa. Drª. Nádia Xavier Moreira - CF

Prof. Paulo Roberto Moreira

Prof. Ricardo Fernandes da Silva Neiva

Prof. Sérvio Corrêa da Rocha Junior - CMG (RM1-FN)

Prof. Thadeu Luiz Crespo Alves Negrão - Cel EB (R1)

Prof. Thiago Abreu de Figueiredo - CF

Prof.ª Dr.ª Viviane Machado Caminha

Prof. Vladimir Schubert Neiva Ferreira - Cel EB (R1)

APRESENTAÇÃO DOS ORGANIZADORES

A PRODUÇÃO DO CONHECIMENTO NA ATIVIDADE DE INTELIGÊNCIA ESTRATÉGICA

O presente texto tem a finalidade de apresentar esta obra, fruto do engajamento de profissionais da área da Inteligência que participaram do Curso Superior de Inteligência Estratégica no ano de 2022.

A expectativa, com a publicação deste livro, é colaborar para que a produção de conhecimento por meio da difusão de pesquisas e estudos aplicados à área da Inteligência seja ampliada.

O conhecimento em Inteligência é um produto que pode ser aplicado em diferentes áreas de atuação. Nesse sentido, faz-se necessário ressaltar que os profissionais que lidam com questões que exijam o uso de habilidades específicas, destinadas a antecipar ameaças, de modo a fornecer respostas oportunas em situações de risco, precisam estar constantemente atualizados.

Os tomadores de decisão necessitam do apoio dos analistas de Inteligência, profissionais responsáveis pela produção de conhecimentos em diferentes cenários e contextos. O trabalho desses especialistas é essencial, pois são eles que auxiliam o processo decisório governamental de alto nível, especialmente em situações que possam causar impacto relevante nas estruturas sociais, políticas e institucionais.

Nos dias atuais, as disciplinas voltadas à Inteligência passam por uma fase de profunda evolução. Profissionais da área têm enfrentado o grande desafio de produzir conhecimentos a partir de uma multiplicidade de fontes, responsabilizando-se pela coleta, análise, interpretação e difusão oportuna das informações geradas.

Fatores como o acentuado fluxo informacional e as mudanças decorrentes de um mundo globalizado e com alta sensibilidade aos acontecimentos que, devido à velocidade com que as notícias são propagadas, afetam diversas regiões do Planeta simultaneamente, fazem com que os analistas busquem aperfeiçoar os seus métodos de trabalho, para que possam produzir conhecimentos úteis e oportunos ao assessoramento do processo decisório.

Para o aperfeiçoamento da metodologia de Inteligência, a investigação do dado e da fonte precisa ser realizada de forma planejada, organizada e orientada por recursos que permitam a elaboração de um raciocínio lógico, coerente, crítico, sistemático e baseado numa percepção científica de análise.

São diversos os desafios que a Comunidade de Inteligência enfrenta. O primeiro deles refere-se à capacidade de gestão de conhecimento em um mundo com alto fluxo de informações, as quais muitas vezes são desencontradas e reforçadas pelas estruturas midiáticas das *fake news*; o segundo obstáculo que dificulta o trabalho dos analistas é interpretar as informações em um mundo hiperconectado, com padrões não lineares, culturas e percepções diversas. Talvez um terceiro desafio enfrentado pela Comunidade de Inteligência possa estar relacionado à compreensão de que ameaças complexas exigem respostas complexas e urgentes para que estejam aptas a mediar crises. Isso significa trabalhar de maneira integrada, interconectada e interagências, de forma a permitir que tradições organizacionais diversas viabilizem respostas completas aos grandes desafios enfrentados pelos profissionais da área.

Diante do cenário acima descrito, o ambiente de confiança e segurança da Informação precisa ser criado para que a Inteligência possa realmente compartilhar dados, tanto em nível estratégico quanto tático-operacional. Para que isso seja possível, a atividade da Inteligência, bem como os seus mecanismos e processos de atuação, precisam de profissionais capazes de reinventar, recriar a "arte" da Inteligência por meio de múltiplas teorias e aperfeiçoamento de métodos, estabelecendo um novo paradigma de produção do conhecimento. Em outras palavras, para além do esforço intuitivo do analista de inteligência, é necessário fazer do campo da Inteligência uma ciência.

A essência do conhecimento na área da Inteligência é proveniente do questionamento, da formulação de perguntas em torno de um determinado fenômeno ou contexto. A partir das premissas elencadas, o conhecimento é estruturado, de modo a auxiliar os analistas no exame dos fatos e a orientá-los em relação a possíveis cenários que os direcionem às respostas que buscam, como produto final.

Faz-se necessário ressaltar que, para que a produção de conhecimento na área da Inteligência torne-se promissora, é relevante que sejam estimulados estudos acadêmicos, desenvolvimento de pesquisas multidisciplinares e a difusão do conhecimento obtido com estas iniciativas, por meio de divulgação dos resultados junto à comunidade científica.

Objetiva-se, ao evidenciar os desafios que os analistas enfrentam para transformar a Informação em Inteligência, propor o incentivo a estudos nesta área, de modo a alcançar outros saberes por meio de uma produção acadêmica que seja capaz de dialogar com a sua função social, impactando positivamente na construção de políticas públicas e doutrinas e, com isso, colaborar para o aprimoramento da atividade, de um modo geral.

Justifica-se, portanto, a necessidade e urgência de envidar esforços no sentido de estimular a produção científica na área da Inteligência, por tratar-se de um ramo que transpassa inúmeros setores, sendo relevante o fomento nesse campo do saber.

Com o objetivo de colaborar com os escassos estudos científicos disponíveis sobre o assunto, profissionais com larga experiência na área, depois de participarem do Curso Superior de Inteligência Estratégica no ano de 2022, decidiram transformar em livro algumas compilações dos estudos realizados.

Nesta obra, estão reunidos excertos dos resultados de diferentes pesquisas realizadas por analistas de Inteligência, com destaque para o papel da atividade na segurança pública, em ambiente interagências, na reflexão sobre o uso de dados, na abordagem de doutrinas e na defesa e segurança das fronteiras. Os estudiosos optaram por abordar temas transversais no campo da Inteligência, por entenderem que uma análise mais profunda e contextualizada corrobora para o dinamismo do trabalho dos analistas, os quais necessitam de conhecimentos inovadores para auxiliá-los no assessoramento do processo decisório em alto nível governamental.

Que esse livro possa incentivar outros estudiosos a realizarem pesquisas como estas, que estão descritas nas páginas a seguir, que tragam à existência mais estudos inovadores, mais difusão do conhecimento e mais intercâmbio acadêmico na área da Inteligência.

Boa leitura!

CINTIENE SANDES MONFREDO MENDES (ORG.)

Professora Adjunta da Escola Superior de Defesa (ESD).

Doutora em História Comparada pela UFRJ.

Coordenadora do Curso Superior de Inteligência Estratégica.

A INTELIGÊNCIA ESTRATÉGICA NO ASSESSORAMENTO DO PROCESSO DECISÓRIO EM CENÁRIOS DE INCERTEZAS

Em um dos trechos mais conhecidos do livro *Alice no País das Maravilhas*, de Lewis Carroll (pseudônimo adotado por Charles Lutwidge Dodgson, ao publicar a sua obra-prima, em 1865), a jovem protagonista encontra-se no bosque, acompanhada de um misterioso gato sorridente, a quem ela pergunta: "Que caminho devo seguir para escapar daqui?". O gato, ainda a sorrir, despretensiosamente, lhe diz: "Isso depende muito de para onde você quer ir". Sem ter nenhum lugar específico em mente, Alice prontamente responde: "Tanto faz". Então, o gato, ainda exibindo o seu largo sorriso, sentencia: "Nesse caso, qualquer caminho lhe servirá!".

Ao abordarmos a Inteligência Estratégica, tema central da obra que o leitor tem em mãos, cabe ressaltar que não trataremos exclusivamente da produção do conhecimento, assunto que – por si só – já é demasiado complexo e carente de estudos acadêmicos mais aprofundados. De fato, avançaremos em direção ao emprego da Atividade de Inteligência para a elaboração de estudos estratégicos de alto nível, ou seja, destinados ao assessoramento do processo decisório em cenários de incertezas.

Para que este livro cumpra a sua missão, vamos descrever em suas páginas o processo de produção do conhecimento de forma orientada. Assim, da mesma forma que a agulha de uma bússola indica ao navegante qual o caminho ele deve seguir para alcançar o seu objetivo, os estudos aqui descritos apontarão aos leitores diversas possibilidades de aplicação da Inteligência Estratégica em um contexto de incertezas. Por óbvio, isso só será possível a partir do momento em que formos capazes de responder, ao menos, aos seguintes aspectos essenciais:

- Onde estamos? (A resposta a essa pergunta resulta de uma clara consciência situacional, que nos revele, a partir do delineamento de nossa trajetória, quais são as potencialidades, fragilidades, oportunidades e ameaças que incidem sobre as organizações, ou mesmo sobre o nosso País).
- Onde queremos chegar? (Questionamento que exige dos Analistas de Inteligência Estratégica uma visão clara de futuro, que lhes

permita eleger, em um conjunto de cenários possíveis, qual seria considerado o ideal para o direcionamento de seus esforços, tendo em vista os objetivos a serem alcançados).

Ao longo desta obra, o leitor observará – de forma explícita ou tácita – que a Atividade de Inteligência opera em um universo eminentemente antagônico, no qual é inevitável que ocorram conflitos entre os interesses dos diferentes atores envolvidos, sejam eles estatais ou não estatais. Ressalta-se, nesse contexto designado pelos alemães como *Geistiger krieg* (termo que poderia ser traduzido como guerra de cérebros), a necessidade de aprimoramento constante da Contrainteligência, tema que será explorado de forma primorosa em alguns dos estudos que integram este livro.

No que refere-se à Contrainteligência, de fato, o desenvolvimento e a implementação de habilidades e atitudes voltadas à proteção do conhecimento sensível, constituem fatores essenciais para a aquisição e manutenção da sua necessária superioridade estratégica. Este é um atributo indispensável para lograr-se êxito em uma conjuntura que caracteriza-se pelo emprego incessante de recursos e de novas tecnologias na busca pelo dado negado.

Some-se a isso o acentuado grau de incerteza, associado ao processo decisório atual, resultante de um panorama mundial extremamente volátil, complexo e ambíguo, no qual a vida útil das informações foi drasticamente reduzida, e teremos a clara percepção de uma outra necessidade: a de repensarmos o papel do Analista de Inteligência Estratégica, personagem central e insubstituível do processo de produção do conhecimento, sobre quem pesam diversas responsabilidades éticas e legais, relacionadas à obtenção e análise dos dados processados pelos órgãos de Inteligência.

Nos estudos, aqui descritos, o leitor encontrará reflexões interessantes sobre a importância deste profissional, cujas atribuições devem ser redefinidas em um contexto de atuação sistêmica, integrada e cooperativa, para que as suas atividades tornem-se compatíveis com as exigências globais atualmente em vigor, no que refere-se ao trabalho do Analista de Inteligência Estratégica.

Por fim, no que tange à interface entre informações e percepções, na presente obra apresentaremos diversos estudos, a partir dos quais exploraremos o tema das falsas notícias e da propaganda, instrumentos empregados em larga escala para influenciar a sociedade, no campo das ações psicológicas para a consecução de diferentes objetivos, ainda pouco discutidos – com a profundidade que reclamam – no ambiente acadêmico. Estudos aprofundados sobre esses assuntos mostram-se essenciais para que seja possível planejar e executar medidas efetivas de contraposição a ações adversas, tanto no âmbito da Inteligência de Estado quanto da Inteligência de Segurança Pública.

O conteúdo das páginas desse livro vai descortinar um universo que é, a um só tempo, fascinante e hermético. Serão reveladas facetas de uma atividade que, embora seja muito comentada, ainda é pouco compreendida. Ensaios do que se pensa sobre assuntos de elevada repercussão nos campos político, econômico, militar, psicossocial e científico-tecnológico, fazem parte desta obra.

Desejo a todos uma excelente leitura!

COGNOSCERE UT CONSILIUM DARE.

MAURÍCIO VIEGAS PINTO (ORG.)

Especialista em Inteligência Estratégica pela Escola Superior de Defesa (ESD).

Máster internacional em Operações de Inteligência e Contrainteligência pela UDIMA (Espanha).

Especialista em Inteligência e Segurança Internacional pela Universidade de Alicante (Espanha).

PREFÁCIO

Soberania foi o conceito escolhido pelo constituinte de 1988 para, logo no artigo primeiro da Constituição Federal, abrir a lista do que define como os fundamentos da República Federativa do Brasil.

> Art. 1º A República Federativa do Brasil, formada pela união indissolúvel dos Estados e Municípios e do Distrito Federal, constitui-se em Estado Democrático de Direito e tem como fundamentos:
>
> I - a soberania;
>
> II - a cidadania;
>
> III - a dignidade da pessoa humana;
>
> IV - os valores sociais do trabalho e da livre iniciativa;
>
> V - o pluralismo político.
>
> Parágrafo único. Todo o poder emana do povo, que o exerce por meio de representantes eleitos ou diretamente, nos termos desta Constituição.

Obviamente, a elaboração de uma Carta Magna exige autonomia contra pressões espúrias e ilegítimas para assegurar que os resultados guardem sintonia com a história, formação cultural, patrimônio e interesses da nação a que se destina.

Por outro lado, promulgada a Lei Máxima, impõe-se criar as condições legais e prover os recursos humanos, estruturais, materiais e orçamentários de forma a dotar a administração pública com as capacidades indispensáveis para induzir a desejada prosperidade e garantir ao povo a que serve independência para suas escolhas.

Essas duas dimensões - liberdade para escrever seguida de meios para implementar, fiscalizar e eventualmente sancionar - certamente inspiraram a escolha do primeiro fundamento citado na nossa Constituição. Limitações ou ausência de soberania fariam de todo o resto uma estéril e inútil lista de desejos.

Soberania não é princípio que se esgota na defesa ou proteção do patrimônio de um país, material ou intangível. Ela vai além e se expressa também na efetividade com que as diversas agências do Estado cumpram suas atribuições.

Soberania é, portanto, a resultante da interação dos inúmeros vetores por meio dos quais a administração pública cumpre seu papel. Ela será afetada não só pela intensidade de cada um individualmente, mas, principalmente, pela correta e responsável compreensão da complementariedade entre todos em benefício do bem comum.

Soberania, compreendida de forma mais abrangente, se expressa pela qualidade das entregas que o Estado fará em temas como relações internacionais, defesa, segurança pública, saúde, educação, justiça, meio ambiente, energia, transportes, ciência e tecnologia, alimentos e muitos outros. Ela é o grande estuário para onde devem convergir todas as vertentes do esforço estatal.

A coordenação necessária ao melhor resultado de tão amplo leque de atuação, a oportuna e precisa identificação de riscos, fragilidades, óbices, ameaças e oportunidades e a antecipação dos cenários possíveis fazem da Inteligência a ferramenta básica da preservação e do exercício da soberania de um povo.

Os conhecimentos produzidos a partir de dados adequadamente coletados e processados serão os instrumentos essenciais para a identificação dos caminhos que conduzem ao objetivo comum almejado.

Assim entendida, a Inteligência Estratégica representa a primeira e mais importante barreira na proteção de um país e, simultaneamente, a bússola que auxilia na escolha do caminho do desenvolvimento. Só ela é capaz de proporcionar a antecipação essencial para a correção de rumo ou velocidade, ou mesmo para a mobilização de todo o Poder Nacional se necessário. Ela será sempre a conselheira indispensável dos decisores do nível mais elevado da República.

Oferecer aos dirigentes maiores o melhor produto em Inteligência Estratégica pressupõe competência profissional e objetividade de agentes e analistas e, acima de qualquer outra coisa, absoluto compromisso com a mentalidade sistêmica. A crônica de tragédias recentes aponta o altíssimo preço pago pelas nações que descuidaram da integração de dados disponíveis, em atitudes de autossuficiência e egoísmo organizacionais que cobraram milhares de vidas.

Isso é particularmente verdadeiro diante do momento histórico de profundas e duradouras mudanças que testemunhamos, no qual a estonteante velocidade da tecnologia coincide com pelo menos três fatos de alcance global e com elevado potencial disruptivo, as mudanças climáticas, a pandemia de Covid-19 e a invasão da Ucrânia pela Rússia, tudo tendo como pano de fundo a ascensão da China e da Índia e a preocupante e renitente incapacidade do sistema de segurança internacional em manter a paz.

Essa justaposição de tantos tsunamis e terremotos na cena internacional produzirá profundas alterações no poder mundial.

Ainda é cedo para entender as consequências e o alcance dessas enormes tensões. Tratamos com fenômenos incontroláveis, que arrastam a realidade por caminhos imprevisíveis com a força de um furacão devastador.

A pouca luz que alcança esse torvelinho de interrogações traz apenas uma certeza, enfrentamos um momento de profundas e extensas mudanças que afetarão todos os aspectos de nossas vidas.

Não há espaço para omissões, o Brasil não pode ignorar o relevante papel que lhe toca neste ciclo de transformações. Somos uma das dez maiores economias do mundo há pelo menos quatro décadas, temos a maior biodiversidade do planeta e carregamos a pesada responsabilidade de alimentar 20% da humanidade com nossa produção agropecuária.

Diante deste gigantesco desafio para quem se dedica à produção de Inteligência Estratégica, é extremamente alentador constatar que o Ministério da Defesa, por intermédio da Escola Superior de Defesa, promova o aperfeiçoamento profissional de servidores dos mais variados segmentos do Estado em tema de tamanha relevância.

A feliz e generosa iniciativa dos integrantes da Turma *Janus Brasilis* é, na verdade, muito mais do que uma coletânea de textos, é uma forte e bem-vinda mensagem pelo aprofundamento da integração no âmbito do Sistema Brasileiro de Inteligência (SISBIN) como valor essencial para o cumprimento do papel que lhe toca.

A diversidade de formação e de origens dos autores resulta numa obra cuja multidisciplinaridade produz resultado que potencializa o valor de cada um dos trabalhos e reforça os conceitos de interdependência e complementariedade que devem nortear o SISBIN.

SERGIO WESTPHALEN ETCHEGOYEN

SUMÁRIO

PARTE II
INFORMAÇÕES E PERCEPÇÕES 111

PARTE III
INTELIGÊNCIA SETORIAL 209

PARTE I

SISTEMA BRASILEIRO DE INTELIGÊNCIA

ATUAÇÃO DO SISTEMA BRASILEIRO DE INTELIGÊNCIA: AVANÇOS E DIFICULDADES

ERIKA FRANÇA DE SOUZA MARTINS [1]

SUMÁRIO: 1 Introdução - 2 Avanços do SISBIN - 3 Dificuldades enfrentadas pelo SISBIN - 4 Compreensão do SISBIN à luz da teoria geral dos Sistemas - 5 Conclusão e recomendações - 6 Referências.

RESUMO: Orientado por conceitos da Teoria Geral dos Sistemas, o presente trabalho investigou avanços obtidos e dificuldades experimentadas pelo Sistema Brasileiro de Inteligência (SISBIN). Os resultados apontam como avanços a atuação exitosa do SISBIN no ciclo dos grandes eventos e a edição de documentos chave, como a Política Nacional de Inteligência (PNI), a Estratégia Nacional de Inteligência (ENINT) e o Plano Nacional de Inteligência (PLANINT). As dificuldades enfrentadas incluem base legal deficitária e carência de recursos humanos e orçamentários, que têm acarretado impactos negativos no funcionamento do SISBIN e no assessoramento do processo decisório do Poder Executivo federal. Com o fim de mitigar esse quadro e aprimorar a Inteligência Estratégica, propõem-se recomendações pautadas na necessidade de priorização da Atividade de Inteligência no Brasil, com o foco também na adoção e valorização da abordagem sistêmica para a realização dessa atividade.

PALAVRAS-CHAVE: SISBIN; Inteligência; sistema; integração; avanços; dificuldades.

1 Doutora em Language and Literacy Education (University of Georgia - UGA, USA). Mestre em Linguística (UnB). Especialista em Língua Inglesa (UnB). Especialista em Inteligência Estratégica (ESD).

1. INTRODUÇÃO[2]

O Sistema Brasileiro de Inteligência (SISBIN), atualmente composto por 48 órgãos públicos federais, tem a atribuição de desenvolver ações de planejamento e execução da Atividade de Inteligência, de forma integrada, a fim de assessorar o processo decisório do Poder Executivo no tocante a assuntos que possam representar ameaças e oportunidades à segurança do Estado e da sociedade e à consecução dos objetivos nacionais. Tal mister deve pautar-se pela cooperação contínua entre instituições estatais que contribuem, em suas áreas de atuação, para a defesa dos interesses estratégicos do País.

O arcabouço jurídico-legal brasileiro referente à Atividade de Inteligência de Estado, ao instituir o SISBIN, nos termos do art. 1o da Lei no 9.883, de 7 de dezembro de 1999, estabeleceu como modus operandi a integração e cooperação entre órgãos públicos de diversas áreas de competência. A mesma lei, no seu art. 3o, criou a Agência Brasileira de Inteligência (ABIN), definindo-a em referência ao SISBIN, na posição de órgão central do sistema. À ABIN, órgão da Presidência da República, compete planejar, executar, coordenar, supervisionar e controlar as atividades de Inteligência do País.

Orientado por conceitos da Teoria Geral dos Sistemas (BERTALLANFY, 1977), o presente trabalho teve por objetivo investigar o funcionamento do SISBIN, entendido como "articulação de órgãos e entidades federais fixados em ato presidencial, com possibilidade de inclusão de unidades da Federação mediante ajustes específicos".[3] Como órgão central nessa configuração, a ABIN vem se empenhando, nas últimas duas décadas, em expandir as capacidades de obtenção e processamento integrado de conhecimentos, visando consolidar uma ampla rede de informações, envolvendo os órgãos do SISBIN e outras instituições integrantes da comunidade de Inteligência, a fim de bem assessorar o Presidente da República e outras autoridades do alto Executivo federal.

Os resultados desta pesquisa revelam avanços obtidos e dificuldades enfrentadas pelo SISBIN. A partir desses resultados e das reflexões

---

2 As ideias e as percepções aqui apresentadas são de responsabilidade exclusiva da autora deste trabalho e não representam, necessariamente, a opinião da instituição à qual está vinculada profissionalmente.

3 Doutrina Nacional da Atividade de Inteligência BRASIL, 2016, p. 99.

desta autora, seguem recomendações com vistas ao aprimoramento da Atividade de Inteligência no Brasil.

2. AVANÇOS DO SISBIN

A Lei nº 9.883/1999 representou um marco para a Inteligência brasileira por explicitar o compromisso do SISBIN com o Estado Democrático de Direito, a Constituição Federal, a soberania nacional e a dignidade da pessoa humana. Dos 22 órgãos inicialmente listados na composição do SISBIN (Decreto no 4.376, de 13 de setembro de 2002), o Sistema atingiu, em 2021, 48 órgãos públicos federais.

Nos últimos 15 anos, a atuação exitosa do SISBIN foi evidenciada no planejamento e na execução das ações de Inteligência em prol da segurança dos grandes eventos ocorridos no País. A ABIN inaugurou, no primeiro grande evento do ciclo – os Jogos Pan-Americanos de 2007 –, um modelo de atuação coordenada e dinâmica do SISBIN, caracterizado pela instalação de centros de Inteligência responsáveis por difusão de informações e produção de conhecimentos e de avaliações de riscos. Os centros de Inteligência tornaram-se catalisadores da integração do SISBIN nas unidades federativas, fomentando laços de cooperação entre os profissionais dos órgãos participantes. Esse modelo bem-sucedido de centros de Inteligência regionais e nacional foi replicado nos grandes eventos subsequentes. No último destes – os Jogos Olímpicos e Paralímpicos 2016 – mais uma vez a ABIN atuou como coordenadora da área de Inteligência, centralizando os conhecimentos produzidos pelo SISBIN, com o objetivo de assessorar o Poder Executivo e o Comitê Olímpico na gestão de segurança do evento.[4]

Em várias unidades federativas, a dinâmica de atuação fomentada nos grandes eventos gerou reflexos positivos que perduram até hoje. O fato de muitos agentes públicos federais e estaduais de diferentes órgãos terem atuado naquelas missões – oportunidades em que participaram de equipes interagências e acompanharam problemáticas de interesse comum – possibilitou uma aproximação até então inédita entre membros do SISBIN.

4 Portaria Interministerial nº 1.678, de 30 de setembro de 2015 - Plano Estratégico de Segurança Integrada (PESI), publicado no D.O.U. de 09 de outubro de 2015.

Com o fim daquele exitoso ciclo de grandes eventos no País, surgiu, na fase seguinte, o desafio de desenvolver ações e processos de articulação do SISBIN adaptados às necessidades cotidianas do Estado brasileiro, a partir das experiências adquiridas e das boas práticas consolidadas naquele período de intensa interação sistêmica. Além disso, ainda em 2016, houve um significativo avanço representado pela edição da Política Nacional de Inteligência (PNI) – prevista na Lei no 9.883/1999 –, seguida pela Estratégia Nacional de Inteligência (ENINT), por meio, respectivamente, do Decreto no 8.793, de 29 de junho de 2016, e do Decreto sem número de 15 de dezembro de 2017.

A tão aguardada PNI estabeleceu os instrumentos essenciais da Inteligência nacional, priorizou ameaças[5] e traçou diretrizes para a atuação do SISBIN. Percebe-se a importância que o documento conferiu ao Sistema, pois, entre os instrumentos essenciais listados, estão: o SISBIN e órgãos que o integram; intercâmbio de dados e conhecimentos no âmbito do Sistema; e planejamento integrado do regime de cooperação entre os órgãos. Entre as diretrizes elencadas, incluem-se: compartilhar dados e conhecimentos e ampliar a confiabilidade do SISBIN.

Por sua vez, a ENINT, que orienta a implementação da PNI, resultou das discussões de um grupo de trabalho composto por representantes de órgãos do Conselho Consultivo do Sistema Brasileiro de Inteligência (CONSISBIN), com o apoio de estudiosos de vários segmentos, tendo sido apreciada pelos órgãos do SISBIN antes de sua publicação. Trata-se de um documento robusto que identifica os principais desafios para a Atividade de Inteligência, correlacionando-os a quatro eixos estruturantes – atuação em rede, tecnologia e capacitação, projeção internacional, e segurança do Estado e da sociedade – e a 33 objetivos estratégicos, de modo a balizar a construção do Plano Nacional de Inteligência (PLANINT). A ENINT introduziu também, de modo inédito, cinco oportunidades a serem consideradas para a promoção dos interesses nacionais: inserção do País no cenário internacional, cooperação internacional, desenvolvimento científico e tecnológico, inteligência cibernética, e consolidação de rede logística e de infraestrutura de interesse nacional.

---

5 As ameaças elencadas na PNI são: espionagem, sabotagem, interferência externa, ações contrárias à soberania nacional, ataques cibernéticos, terrorismo, atividades ilegais envolvendo bens de uso dual e tecnologias sensíveis, armas de destruição em massa, criminalidade organizada, corrupção, e ações contrárias ao Estado Democrático de Direito.

Entre os 33 objetivos estratégicos constantes da ENINT, incluem-se alguns relativos ao funcionamento sistêmico da Atividade de Inteligência, dos quais podem ser destacados:

- Aprimorar os processos e protocolos para comunicação e compartilhamento de informações;
- Mapear e gerenciar os principais processos a serem realizados no SISBIN;
- Definir e regular critérios para atuação conjunta e coordenada no âmbito do SISBIN;
- Criar protocolos conjuntos para proteção de conhecimentos sensíveis;
- Aprimorar a estruturação e o compartilhamento de bases de dados de Inteligência;
- Promover a interoperabilidade de bases de dados de interesse em nível nacional.

O PLANINT, documento de classificação secreta, foi aprovado para o período de 2018 a 2021 pelo Ministro-Chefe do Gabinete de Segurança Institucional da Presidência da República (GSI/PR), por meio da Portaria no 40, de 3 de maio de 2018. Elaborado com ampla participação dos integrantes do SISBIN, distribuídos em quatro grupos de trabalho coordenados pela ABIN, o PLANINT especificou as ações a serem desenvolvidas para a consecução dos objetivos estratégicos da ENINT, indicando também os produtos a serem gerados. O PLANINT explicitou, em uma matriz de responsabilidades, os órgãos responsáveis pela condução das ações propostas, os demais órgãos envolvidos, os produtos e os prazos de implementação. Atribuiu-se ao CONSISBIN a função de monitorar sua implementação, com previsão de acompanhamento da execução das ações e do atingimento de metas. Essa sistematização e detalhamento de mecanismos e procedimentos, com valorização das habilidades e capacidades próprias dos diversos órgãos do SISBIN, representaram proposta inovadora quanto ao modus operandi do Sistema.

3. DIFICULDADES ENFRENTADAS PELO SISBIN

Embora não se ignorem os avanços decorrentes dos marcos legais da Atividade de Inteligência, estudiosos têm apontado limitações referentes ao SISBIN e à ABIN (GONÇALVES, 2011; FERREIRA, 2013; BRUNEAU, 2015; NOVELLINO, 2020; GONÇALVES; ESTEVES; REIS, 2020).

Há consenso nos trabalhos supracitados que a legislação de Inteligência no Brasil é deficitária e inadequada ao Estado Democrático de Direito. Faltam leis e normativos que deem o devido respaldo às atividades e ao pessoal de Inteligência; que estabeleçam mandato inequívoco e de apropriada distribuição de competências entre os órgãos do SISBIN; e que estipulem mecanismos e protocolos de cooperação entre eles. Assim, falta clareza quanto às competências, áreas e limites de atuação de cada órgão e ao modo de compartilhar e integrar os conhecimentos produzidos, bem como há carência de capacidade tecnológica de comunicação. Esse quadro gera impactos negativos na interação e cooperação entre os membros. Além disso, os profissionais de Inteligência estão desprovidos de escudo legal mínimo de proteção para o cumprimento de ações operacionais especializadas, feitas, em tese, com uso de técnicas e meios sigilosos previstos na própria Lei 9.883/1999 (art. 3º, parágrafo único).

Pode-se aventar que essa legislação efêmera, marcada por vazios regulatórios quanto às competências e atribuições do SISBIN e da ABIN, decorra da própria falta de amparo constitucional para a Inteligência de Estado. Não há dispositivo na Constituição Federal (CF) que faça referência a essa matéria. O legislador pátrio optou por regulá-la apenas por meio de norma infraconstitucional. Essa lacuna atinge de forma mais impactante a ABIN, o órgão brasileiro exclusivamente dedicado à Inteligência de Estado.

Quanto ao assessoramento provido pelo SISBIN, Ferreira (2013) argumenta que essa competência é ampla e deveria englobar todo o processo decisório do Executivo federal, em vários níveis – incluindo a parte descentralizada do Sistema, nas unidades federativas, para a tomada de decisões de curto e médio prazo[6]. Salientando a necessidade de mais assessoramento do processo decisório de nível intermediário, o autor afirma:

> Uma rede de Inteligência integrada não adquire constância e estabilidade sem uma troca frequente e coordenada de informações que visem a assessorar processos decisórios de nível intermediário, entendendo-os como aqueles realizados pelos órgãos federais nos estados e que tenham relação com as áreas de prioridade elencadas pelos órgãos diretores do sistema de Inteligência. Decisões em alto nível, por seu caráter estratégico, são inegavelmente imprescindíveis e essenciais, porém, por si só, insuficientes para viabilizar uma integração adequada em um sistema de Inteligência. (FERREIRA, 2013, p. 61)

O autor propõe que se adote um conceito que privilegie a difusão da informação em dois níveis, permitindo a tomada de decisão no alto escalão[7] a qualquer momento, sem inibir a iniciativa do escalão intermediário (gestores nos estados federados) em tomar decisões rápidas e adequadas para confirmação ou neutralização de ações danosas ao interesse nacional, com base em informações oportunas e confiáveis difundidas pela rede de Inteligência. Essas iniciativas ampliariam a integração do SISBIN, incentivando a crescente participação dos membros e contribuindo para o fortalecimento de decisões em vários níveis. A sedimentação dessas práticas nos órgãos públicos federais espalhados pelo território nacional acabaria por permitir maior filtro e especialização das informações que subsidiam decisões de alto nível.

Complementarmente ao exposto, pesquisa empírica exploratória sobre a atuação do SISBIN nos estados federados levantou as seguintes dificuldades (MARTINS, 2018):

---

6 Corrobora esse entendimento a definição de Atividade de Inteligência constante da Política Nacional de Inteligência (PNI): "exercício permanente de ações especializadas, voltadas para a produção e difusão de conhecimentos, com vistas ao assessoramento das autoridades governamentais nos respectivos níveis e áreas de atribuição, para o planejamento, a execução, o acompanhamento e a avaliação das políticas de Estado" (Decreto nº 8.793, de 29 de junho de 2016).

7 No nível do alto escalão do Executivo federal, observa-se, em anos recentes, a ampliação de usuários dos conhecimentos de Inteligência, reflexo do trabalho desenvolvido pela ABIN para melhor assessorar o processo decisório. Segundo coordenadora-geral do Departamento de Inteligência Estratégica da Agência, um número crescente de ministros de Estado tem solicitado a produção de relatórios de Inteligência sobre temas que atendam às suas necessidades, passando, assim, a valorizar mais a Atividade de Inteligência e a mostrar disposição em compartilhar as informações de que dispõem. Isso tem contribuído para dar maior visibilidade à Inteligência estratégica, criando também melhores condições para o intercâmbio de informações dentro do SISBIN.

- Lacuna legislativa concernente às representações descentralizadas dos órgãos do SISBIN (projetado e estruturado para funcionar somente em Brasília), acarretando ausência de canais técnicos estaduais efetivos, em razão da falta de frações de Inteligência e de servidores treinados;
- Falta de amparo legal concernente a: atribuições dos órgãos, protocolos para intercâmbio de dados, e sanções em caso de não fornecimento de conhecimentos necessários;
- Falta de regulamentação da presença de alguns órgãos participantes, por não ter sido ainda celebrado convênio entre os estados e o SISBIN;
- Falta de maior articulação com órgãos de áreas não afetas à segurança pública;
- Desconfiança entre os órgãos, pelo histórico de uso de alguns deles para fins políticos e casos de corrupção, investigados por órgãos de fiscalização e repressão de ilícitos;
- Interação prejudicada em decorrência de concepções errôneas do papel da Inteligência em nível estratégico: as instâncias locais têm o foco no campo tático-operacional e percebem a interação como pouco vantajosa para suas necessidades específicas;
- Dependência excessiva de contatos pessoais, decorrente da falta de mecanismos e protocolos de cooperação institucionalizados, acarretando a necessidade de reconstrução reiterada de laços de confiança a cada mudança no comando ou chefia das instituições parceiras;
- Limitações legais, materiais, orçamentárias e de pessoal dos órgãos do SISBIN para atender às demandas da ABIN;
- Falta de espaços adequados e de equipamentos (mobiliário, computadores, roteadores, impressoras, projetores, softwares) para realização de trabalhos conjuntos.

Nesse cenário de dificuldades coletivas, algumas manifestam-se de forma mais contundente no órgão central do SISBIN. Bruneau (2015, p. 513), por exemplo, descreve a ABIN como "weak, constrained, poorly structured and underfunded" (fraca, restrita, mal estruturada e subfinanciada), afetada por uma base legal confusa, relações institucionais problemáticas e falta de recursos, comprometendo sua capacidade de conferir eficácia à Inteligência brasileira. Entre os obstáculos referidos pelo autor, incluem-se a ausência da Inteligência na CF (e os insucessos nas tentativas de emenda constitucional nesse sentido), falta de previsão legal para uso de técnicas especializadas (tais como interceptação telefônica) e falta de ligação direta da ABIN ao Presidente da República, com a intermediação do GSI/PR.

Em 2018, quando foi publicado o PLANINT, esperava-se que, mediante a conjugação de competências, convergência de esforços e compartilhamento de meios e responsabilidades, haveria normatização de mecanismos e consequente fortalecimento da dinâmica de integração do SISBIN e aprimoramento da Atividade de Inteligência para o alcance dos objetivos nacionais. Caberia ao CONSISBIN monitorar a implementação do PLANINT, por meio de reuniões periódicas para discutir o andamento das ações e propor as medidas corretivas necessárias. A ABIN ficaria a cargo de assessorar o CONSISBIN nesse processo. Essa expectativa, porém, não se confirmou. Tampouco houve ainda a revisão da ENINT e do PLANINT, prevista para ocorrer a cada quatro anos.

4. COMPREENSÃO DO SISBIN À LUZ DA TEORIA GERAL DOS SISTEMAS

A Teoria Geral dos Sistemas (TGS)[8] define sistema como um "complexo de componentes em interação" (BERTALLANFY, 1977, p. 128). Trata-se de um todo organizado e entrelaçado constituído por elementos interagentes e interdependentes, rodeado por um meio exterior. Um sistema "caracteriza-se por um conjunto de elementos dinamicamente relacionados entre si, desempenhando uma atividade ou função para atingir um objetivo comum." (ARAÚJO; GOUVEIA, 2016, p. 8)

A noção de sistema envolve três ideias básicas: relação, organização e objetivo. O sistema é composto por partes, elementos que unidos o constituem. Essa união ou relação entre os elementos faz com que adquiram uma organização, uma configuração: totalidade que revela as regras do sistema, indicando como ele trabalha. Por fim, essa organização almeja sempre atingir um propósito ou objetivo; sem esse, o sistema corre o risco de se extinguir.

8 A Teoria Geral dos Sistemas (TGS) é uma teoria interdisciplinar aplicada nas mais diversas áreas do conhecimento, estabelecida pelo biólogo austríaco Ludwig Von Bertalanffy (1901-1972), que primeiramente estudou o metabolismo do organismo vivo, considerando-o um sistema aberto em interação com o ambiente. Bertalanffy (1977) objetivou substituir os fundamentos reducionistas da ciência clássica por uma visão mais ampla da realidade, argumentando que existem princípios aplicáveis aos sistemas em geral, sejam de natureza física, biológica ou sociológica.

Em um sistema, o todo é considerado superior à soma das suas partes e tem características próprias. Isso implica que não faz sentido analisar as partes isoladamente, pois um elemento interfere no funcionamento de outro e no funcionamento do todo. Tal interdependência "consiste em que, dada uma mudança ou estímulo em um de seus elementos componentes, todos os outros elementos do sistema serão afetados." (IAROZINSKI NETO; LEITE, 2010, p. 6)

Os sistemas existem dentro de sistemas maiores, permitindo conexões infinitas com outros sistemas ou subsistemas, realizando intercâmbios e trocas de energias, recursos e informações. Cada sistema possui uma estrutura e um papel nos diversos intercâmbios ou interconexões realizadas (MAGLIO; BANDOS, 2011, p. 57), alcançando seus objetivos através das mais variadas formas de conexões que suas interligações possam oferecer.

Outro conceito importante na TGS é complexidade. Segundo Iarozinski Neto e Leite (2010, p. 2), em geral, um fenômeno pode ser considerado complexo quando:

1. O sistema é constituído por uma grande variedade de elementos que possuem funções múltiplas e comportamentos variados;
2. Os elementos estão em constante evolução e são influenciados por eventos que não podem ser previstos com certeza;
3. A informação sobre o estado de todos esses elementos não pode ser conhecida em sua totalidade;
4. Os diversos componentes estão unidos por uma grande variedade de inter-relações.

Os conceitos da TGS podem ser aplicados para descrever o SISBIN, sistema constituído por 48 órgãos que devem atuar de forma articulada para atingir um objetivo comum: fornecer os subsídios necessários ao assessoramento do processo decisório do Poder Executivo e atuar na proteção de estruturas estratégicas do Estado brasileiro.

Tendo em vista o amplo espectro de atuação da Atividade de Inteligência – que tem diante de si o imenso desafio permanente de identificar oportunidades[9] para promover os interesses nacionais e de se contrapor a ameaças que possam pôr em risco a segurança do Estado e da sociedade brasileira –, a adoção da abordagem sistêmica é coerente, adequada e imprescindível. Um cenário tão complexo pede um sistema complexo e robusto.

As características do SISBIN indicam tratar-se de um sistema complexo: formado por numerosos órgãos (subsistemas e sistemas per se), que possuem funções e comportamentos variados, interconectam-se em muitos pontos e estão em constante evolução de maneira não totalmente previsível, pois as informações, demandas e desafios circulantes são conhecidos apenas parcialmente. Ademais, presente em 26 unidades federativas, na forma de extensões dos órgãos federais nos estados, o SISBIN possui ramificações que se multiplicam continuamente.

Desse modo, conforme disposto na Lei no 9.883/1999 e no Decreto no 4.376/2002, procedeu bem o legislador ao atribuir ao SISBIN como um todo, e não a um ou poucos órgãos somente, a responsabilidade coletiva pelo processo de obtenção e análise de dados e informações e pela produção e difusão de conhecimentos necessários ao processo decisório do Poder Executivo. Essa responsabilidade, na verdade, não se traduz em um objetivo único, mas múltiplo e multifacetado, desdobrando-se atualmente em 33 objetivos estratégicos que demandarão a execução de inúmeras ações coordenadas e integradas de muitos atores.

Nessa configuração sistêmica, não há por que se falar em órgão mais ou menos importante, visto que cada órgão tem, em tese, função distinta a desempenhar para o êxito do todo. Tampouco há hierarquia estabelecida no SISBIN, devendo seu funcionamento efetivar-se mediante articulação coordenada dos órgãos, respeitada a autonomia funcional de cada um. Não pode a ABIN prescindir, portanto, da atuação dos demais órgãos, aos quais compete "fazer a máquina funcionar", obtendo dados, intercambiando informações e produzindo os conhecimentos a serem integrados.

---

9 Em geral, menosprezada no passado, a busca de oportunidades, salientada na ENINT de modo inovador, depende intrinsecamente da interação sistêmica, entre a ABIN e frações de Inteligência de órgãos executores de políticas públicas nas áreas de relações exteriores, economia, ciência e tecnologia, comércio exterior, agricultura e pecuária, entre outras. Essa interação é fundamental para que a Atividade de Inteligência possa reconhecer oportunidades para o País, a partir de informações produzidas por aqueles órgãos executores, sobre objetivos, prioridades e capacidades (recursos e ferramentas disponíveis) em seus respectivos campos de atuação.

Dito isso, é, contudo, evidente e inegável certo protagonismo da ABIN, visto que o órgão central tem o papel diferenciado e desafiador de coordenar, supervisionar e controlar as atividades de Inteligência. Conforme disposto no Decreto no 4.376/2002, cabe à ABIN uma série de atribuições específicas, tais como estabelecer as necessidades de conhecimentos específicos a serem produzidos pelo SISBIN, acompanhar essa produção e integrar as informações e os conhecimentos fornecidos pelo sistema. A ABIN tem mais funções explicitadas do que os demais membros e é, por excelência, o órgão responsável pela integração dos conhecimentos produzidos para difusão final ao Presidente da República e outras autoridades do alto Executivo federal, para assessoramento na tomada de decisão.

Desse modo, dificuldades e limitações enfrentadas pela ABIN impactam, de uma forma ou de outra, e significativamente, o SISBIN como um todo, sobretudo pela posição de destaque da ABIN nessa configuração sistêmica. Portanto, os efeitos da interdependência não podem ser ignorados; estímulos, obstáculos e mudanças experimentados pela ABIN afetam os demais elementos dessa complexa rede.

Assim, a abordagem sistêmica evidencia a importância dos elos e interações existentes entre os órgãos. O potencial do SISBIN reside na força e eficácia das conexões e intercâmbios forjados entre seus integrantes, órgãos com capacidades e competências específicas que, coletivamente, podem ter seu efeito e alcance ampliados em benefício do todo. Por outro lado, deve-se considerar que tais órgãos lidam com problemas que podem influir no funcionamento dos demais membros, em virtude da interdependência sistêmica.

5. CONCLUSÕES E RECOMENDAÇÕES

O presente trabalho levantou avanços conquistados e dificuldades experimentadas pelo SISBIN nos últimos 15 anos. As dificuldades incluem, entre outras, base legal deficitária e carência de recursos humanos e orçamentários, as quais têm acarretado impactos negativos no assessoramento do processo decisório do Poder Executivo, com deficiências na implementação do PLANINT e atraso na revisão da ENINT e do PLANINT. Tais dificuldades, em última instância, decorrem da falta de priorização, por parte do Estado, da Atividade de Inteligência e do órgão central responsável por desempenhá-la.

Não obstante se reconhecerem as deficiências acima, é mister destacar o histórico de aprofundamento progressivo dos laços de cooperação no SISBIN. As operações conjuntas e a mobilização dos centros de Inteligência nacional e regionais nos grandes eventos, ocorridos no período de 2007 a 2016, mostraram-se iniciativas catalisadoras da integração, evidenciando o sucesso do modelo de coordenação do SISBIN conduzido pela ABIN.

À luz dos resultados obtidos, para aprimorar a Inteligência brasileira, recomenda-se:

- Constitucionalização da Atividade de Inteligência;
- Priorização de provisão de recursos humanos e orçamentários suficientes, tanto para a ABIN como para o SISBIN, que deve ter orçamento próprio;
- Aperfeiçoamento da lei do SISBIN e da ABIN, com inclusão de dispositivos claros, objetivos e específicos, que assegurem condições legais para utilização de técnicas e meios sigilosos e de proteção de seus agentes;
- Regulamentação das relações institucionais de cooperação e compartilhamento de dados e conhecimentos, com implementação de protocolos que estipulem competências, limites, práticas, controles e sanções;
- Desenvolvimento de capacidade tecnológica de comunicação, com plataforma única compartilhada;
- Empenho na revisão coletiva da ENINT e do PLANINT, com união de recursos e capacidades;
- Ampla divulgação do papel da Inteligência em nível estratégico, com a consequente conscientização geral, em prol da criação de uma cultura de Inteligência na ABIN, no SISBIN, no meio político, na sociedade como um todo.

Essa conscientização implica internalizar que a Inteligência estratégica é fundamental para o devido assessoramento ao processo decisório em diferentes níveis. Não existe país forte que não invista fortemente em Inteligência. Nenhuma potência internacional prescinde de um aparato de Inteligência eficiente e eficaz.

A conscientização referida pressupõe também o correto entendimento do SISBIN como sistema responsável pelo assessoramento ao processo decisório do Poder Executivo, cujo principal cliente é o próprio Presidente da República. Essa visão sistêmica, de coletividade, deve ficar clara para cada integrante do Sistema, que deve reconhecer seu papel específico a desempenhar em prol da Inteligência de Estado. Na ausência dessa visão sistêmica, o todo se enfraquece, pois esforços isolados são sempre limitados.

Por fim, defende-se, no que couber, o emprego do SISBIN para o assessoramento de processos decisórios de nível intermediário, executados pelos órgãos federais nos estados e por órgãos estaduais e municipais parceiros. Desse modo, será possível promover a tomada segura de decisão em vários níveis, ao mesmo tempo em que se ampliará a articulação e integração do SISBIN, em benefício do todo sistêmico.

REFERÊNCIAS

ARAÚJO, Andréa C. M.; GOUVEIA, Luis B. **Uma revisão sobre os princípios da Teoria Geral dos Sistemas.** Revista Estação Científica, Juiz de Fora, no 16, p. 1-14, julho-dezembro 2016.

BERTALANFFY, L. V. **Teoria Geral dos Sistemas.** Petrópolis: Vozes, 1977.

BRASIL. Decreto de 15 de dezembro de 2017. Aprova a Estratégia Nacional de Inteligência. **Diário Oficial da União.** Brasília, 2017. Disponível em: <http://www.planalto.gov.br/ccivil_03/_ato2015-2018/2017/Dsn/Dsn14503.htm>.

____. Decreto no 4.376, de 13 de setembro de 2002. Dispõe sobre a organização e o funcionamento do Sistema Brasileiro de Inteligência, instituído pela Lei no 9.883, de 7 de dezembro de 1999, e dá outras providências. **Diário Oficial da União.** Brasília, 2002. Disponível em: <http://www.planalto.gov.br/ccivil_03/decreto/2002/d4376.htm>.

____. Decreto no 8.793, de 29 de junho de 2016. Fixa a Política Nacional de Inteligência. **Diário Oficial da União.** Brasília, 2016. Disponível em:<http://www.planalto.gov.br/ccivil_03/_ato2015-2018/2016/decreto/D8793.htm>.

____. Gabinete de Segurança Institucional. Agência Brasileira de Inteligência. **Doutrina Nacional da Atividade de Inteligência: fundamentos doutrinários.** Aprovada pela Portaria no 244 - ABIN/GSI/PR, de 23 de agosto de 2016. Brasília: ABIN, 2016.

____. Gabinete de Segurança Institucional. Portaria no 40, de 3 de maio de 2018. Aprovar o Plano Nacional de Inteligência (PLANINT), na forma do Anexo, classificado nos termos dos incisos I, II e IX do art.25 do Decreto nº 7.724, de 16 de maio de 2012. **Diário Oficial [da] República Federativa do Brasil.** Poder Executivo, Brasília, DF, 4 maio 2018, Seção 1, p. 18.

____. Lei no 9.883, de 7 de dezembro de 1999. Institui o Sistema Brasileiro de Inteligência, cria a Agência Brasileira de Inteligência - ABIN, e dá outras providências. **Diário Oficial da União.** Brasília, 1999. Disponível em: <http://www.planalto.gov.br/ccivil_03/Leis/L9883.htm>.

BRUNEAU, Thomas C. **Intelligence Reform in Brazil: a long, drawn-out process.** International Journal of Intelligence and Counterintelligence, v. 28, n. 3, p. 502-519, fall 2015.

FERREIRA, Joel. **Sistemas de Inteligência: o papel das decisões de nível intermediário.** Revista Brasileira de Inteligência, v.8, p. 59-68, set. 2013.

GONÇALVES, Joanisval Brito. **O que fazer com nossos espiões? Considerações sobre a atividade de Inteligência no Brasil.** *In:* AGENDA Legislativa para o Desenvolvimento Nacional. Brasília: Núcleo de Estudos e Pesquisas do Senado Federal, 2011. cap. 12. Disponível em: <http://www12.senado.gov.br/publicacoes/estudos-legislativos/tipos-de-estudos/outras-publicacoes/agenda-legislativa/capitulo-12-o-que-fazer-com-nossos-espioes-consideracoes-sobre-a-atividade-de-inteligencia-no-brasil>. Acesso em: 16 abr. 2018.

GONÇALVES, Joanisval Brito; ESTEVES, Ricardo Zonato & REIS, Marcus Vinicius. **Brasil, 2020 – A Inteligência no Governo Jair Bolsonaro: o Imperativo da Mudança.** Brasília, maio de 2020, *In:* Frumentarius. Disponível em: https://joanisval.com/2020/08/14/intelligentia-quo-vadis/. Acesso em: 17 jul. 2022.

IAROZINSKI NETO, Alfredo; LEITE, Maria Silene. **A abordagem sistêmica na pesquisa em Engenharia de Produção.** Produção, v. 20, n. 1, p. 1-14, jan./mar. 2010.

MAGLIO, Andréia C. R.; BANDOS, Melissa F. C. **A teoria de sistemas aplicada em um projeto de política pública de desenvolvimento regional sustentável.** Anais do 7º Congresso Brasileiro de Sistemas. Uni-FACEF Centro Universitário de Franca. Franca-SP, p. 55-66, 2011. Disponível em: <http://eventos.unifacef.com.br/cbs/2011/artigos/A_05_Maglio_Bandos.pdf>.

MARTINS, Erika F. S. **A Atuação do Sistema Brasileiro de Inteligência nos Estados Federados Pós-Grandes Eventos: Implicações das ações de integração para a Atividade de Inteligência.** Trabalho de Conclusão do Curso de Aperfeiçoamento em Inteligência da ABIN, 2018.

NOVELLINO, Vicente N. Análise da Lei No 9.883/99 como Marco Jurídico da Atividade de Inteligência de Estado no Brasil. **Revista Brasileira de Inteligência,** v. 15, p.117-130, dez. 2020.

INTELIGÊNCIA DE SEGURANÇA PÚBLICA E SUA APLICAÇÃO EM POLÍTICAS PÚBLICAS

GEORGE ESTEFANI DE SOUZA DO COUTO [10]

SUMÁRIO: 1 Introdução - 2 Desenvolvimento: Conceito de inteligência; Sistemas de Inteligência; Sistema de Inteligência de Segurança Pública; Políticas Públicas - 3 Resultados obtidos e análise - 4 Considerações Finais - 5 Referências.

RESUMO: A presente pesquisa tem o objetivo de analisar o alcance da atuação da Inteligência de Segurança Pública no país e sua aplicação na construção de políticas públicas. Busca compreender o potencial de utilização desse conhecimento de inteligência sobre fenômenos contemporâneos da criminalidade no auxílio do processo normativo e na formulação das estratégias que possam responder, adequadamente, às agendas pública e política do Estado. Para tanto, foi desenvolvida pesquisa qualitativa aplicada junto aos gestores das Agências Centrais dos Sistemas de Inteligência de Segurança Pública dos Estados e do Distrito Federal, sendo obtido, dentre outros achados, a avaliação geral de que a atividade de inteligência, por meio de seus conhecimentos, poderia contribuir de forma mais efetiva na formatação das políticas públicas que atendam aos anseios tanto da sociedade quanto do Estado.

PALAVRAS-CHAVE: Inteligência; Segurança Pública; políticas públicas.

1. INTRODUÇÃO

Os fenômenos contemporâneos de criminalidade no Brasil têm exigido da segurança pública, de forma progressiva, a especialização de seus serviços de inteligência como forma de aumentar a efetividade de sua

10 Delegado da Polícia Civil do Distrito Federal. Subsecretário de Inteligência da Secretaria de Segurança Pública do Distrito Federal. Especialista em Ciências Criminais pela Universidade da Amazônia (Unama) e em Inteligência Estratégica pela Escola Superior de Defesa (ESD);

atuação na preservação da ordem pública, da incolumidade das pessoas e do patrimônio, nos termos previstos constitucionalmente[11].

A Inteligência de Segurança Pública (ISP), regulada pelo Decreto Federal nº 3.695/2000[12] – também amparada pelas recentes Política Nacional de Inteligência Segurança Pública (PNISP), instituída pelo Decreto Federal nº 10.777, de 24 de agosto de 2021, e pela Estratégia Nacional de Inteligência de Segurança Pública (ENISP), aprovada pelo Decreto Federal nº 10.778, de 24 de agosto de 2021, – tem alcance definido para o assessoramento do processo decisório nos níveis político, estratégico, tático e operacional.

Apesar deste amplo potencial para assessoramento, a ISP se posiciona com mais intensidade, no âmbito das forças de segurança, na produção de conhecimento voltada aos níveis tático-operacional – em especial pelo desafio que é o enfrentamento da criminalidade moderna – o que reduz as possibilidades deste produto de inteligência permear as esferas decisórias político-estratégicas dos governos.

Ocorre que esta restrição de alcance da ISP acaba por fragilizar o complexo diagnóstico de temas que são necessários para a construção de políticas públicas, pois muitos dos indicadores naturais de segurança pública são verdadeiros vetores para as ações que o Poder Público precisa implementar nas respostas aos atuais problemas enfrentados pela sociedade.

Nesse sentido, o presente artigo tem o objetivo de analisar o alcance geral da atividade da ISP no país e sua influência no desenvolvimento de políticas públicas, em especial, para compreender o potencial de utilização dessa produção de conhecimento de inteligência no auxílio da formulação de legislação e estratégias que possam responder, adequadamente, às expectativas das agendas pública e política do Estado.

---

11 Art. 144 da Constituição da República Federativa do Brasil de 1988.

12 Decreto nº 3.695, de 21 de dezembro de 2000. Cria o Subsistema de Inteligência de Segurança Pública, no âmbito do Sistema Brasileiro de Inteligência, e dá outras providências.

2. DESENVOLVIMENTO

2.1 CONCEITO DE INTELIGÊNCIA

Nas lições de Cepik (2003, p. 27-28), em um sentido amplo, inteligência é *"toda informação coletada, organizada, ou analisada para atender as demandas de um tomador de decisão qualquer"*. Já em sentido estrito, considera inteligência como a *"coleta de informações sem o consentimento, a cooperação ou mesmo o conhecimento por parte dos alvos da ação"*.

Nessa acepção mais restritiva repousa um elemento fundamental de distinção entre informação e inteligência, pois enquanto informação lida com dados disponíveis, inteligência reúne, ainda, dados não disponíveis – ou negados – obtidos em ambientes antagônicos por meio de operações especializadas, cujos conteúdos são essenciais para o processo decisório. Lowenthal (2012, p. 1) resume com precisão essa perspectiva definindo que *"toda inteligência é informação, mas nem toda informação é inteligência"*.

Kent (1967, p. 19, 77, 147), um dos principais autores que sistematizaram a doutrina clássica de inteligência, examina ainda este conceito sob o prisma de atividade ou processo (metodologia especializada empregada na produção do conhecimento), produto (resultado do processo, o conhecimento em si) e de organização (as estruturas funcionais responsáveis pela produção).

No Brasil, o conceito legal de inteligência está inserido na lei de criação da Agência Brasileira de Inteligência (ABIN), nos seguintes termos (BRASIL, 1999):

> a atividade que objetiva a obtenção, análise e disseminação de conhecimentos dentro e fora do território nacional sobre fatos e situações de imediata ou potencial influência sobre o processo decisório e a ação governamental e sobre a salvaguarda e a segurança da sociedade e do Estado. (Art. 1º, §2º do Decreto nº 9.883, de 07 de dezembro de 1999)

2.2 SISTEMAS DE INTELIGÊNCIA

Do ponto de vista das origens e expansão dos sistemas de inteligência, Cepik (2003, p. 91-95) apresenta três diferentes tipos de matrizes especializadas, quais sejam: a inteligência militar (*military intelligence*), a inteligência externa (*foreign intelligence)* e a inteligência interna (*security intelligence*)[13].

Segundo este autor, a inteligência militar tem raízes remotas, com relatos de espiões militares ainda no velho testamento da Bíblia, na medida em que *"o reconhecimento do campo de batalha do inimigo sempre foi considerado o elemento essencial"* para se vencer uma guerra. Já a inteligência externa possui origens mais recentes, iniciada especificamente nas relações diplomáticas permanentes que se tornaram comuns na Europa entre os séculos XVI e XVII, as quais "serviam tanto para a representação e a negociação dos interesses coletivos das unidades políticas quanto para a obtenção e comunicação de informações".

No Brasil, a inteligência surge institucionalizada em 1927 com a criação do Conselho de Defesa Nacional (CDN). Sua evolução[14] até os dias atuais é classificada em 04 etapas distintas: fase embrionária (1927-1964); fase da bipolaridade (1964-1990); fase de transição (1990-1999) e fase contemporânea (1999 até hoje).

Em 1999, foi instituído o Sistema Brasileiro de Inteligência (SISBIN), no âmbito da mesma legislação que cria a ABIN, sendo sua responsabilidade definida nos seguintes termos: *"O Sistema Brasileiro de Inteligência é responsável pelo processo de obtenção, análise e disseminação da informação necessária ao processo decisório do Poder Executivo, bem como pela salvaguarda da informação contra o acesso de pessoas ou órgãos não autorizados."* (BRASIL, 1999, art. 2º, §1º)

Hodiernamente, embora do ponto de vista acadêmico ainda seja necessária a diferenciação do conceito inteligência a partir do escopo de atuação – interna, militar ou externa – fato é que os fenômenos da contemporaneidade, em especial no tocante às ameaças, passou a exigir que os sistemas de inteligência se tornem cada vez mais dinâmicos, pragmáticos e integrados como forma de manutenção da higidez do Estado e do bem-estar social.

Nessa esteira de entendimento caminhou a Política Nacional de Inteligência (PNI), instituída pelo Decreto Federal nº 8.793, de 29 de

---

13 Este tema será tratado em tópico específico.

14 Agência Brasileira de Inteligência. *Cronologia de Criação dos Órgãos de Inteligência de Estado no Brasil*. Disponível em https://www.gov.br/abin/pt-br/acesso-a-informacao/institucional/historico

junho de 2016, ao analisar os ambientes internacional e nacional de ameaças, trazendo em seu bojo a necessidade de avaliações de cenários internos e externos de forma integrada:

> Cumpre ressaltar que a complexidade global já não permite clara diferenciação de aspectos internos e externos na identificação da origem das ameaças e aponta, cada vez mais, para a necessidade de que sejam entendidas, analisadas e avaliadas de forma integrada.
>
> Afigura-se, assim, imprescindível o delineamento de uma Política capaz de orientar e balizar a atividade de Inteligência do País, visando ao adequado assessoramento ao processo decisório nacional de forma singular, oportuna e eficaz. Esse instrumento de gestão pública deve guardar perfeita sintonia com os preceitos da Política Externa Brasileira e com os interesses estratégicos definidos pelo Estado, como aqueles consignados na Política de Defesa Nacional e na Estratégia Nacional de Defesa.

Com efeito, nos tempos atuais, com o advento da globalização, da rede mundial de computadores e da evolução da comunicação, conceitos tradicionais como soberania, limites territoriais e "inimigo" do Estado foram relativizados em razão da heterogeneidade de grupos transnacionais, seja no monopólio de atividade econômica, financeira ou tecnológica, seja em ações terroristas ou paramilitares ou ainda na prática da criminalidade organizada.

2.3 SISTEMA DE INTELIGÊNCIA DE SEGURANÇA PÚBLICA

Segundo Cepik (2003, p. 98-99), a inteligência interna (*security intelligence)* tem origem na Europa na primeira metade do século XIX e decorreu da percepção da ameaça representada por movimentos inspirados na Revolução Francesa e pelo nascente movimento operário anarquista e socialista. Este modelo de polícias políticas, em razão da evolução do fenômeno criminal ocorrido no final do século XX, deu origem aos atuais serviços de inteligência de segurança, principalmente nos países democráticos: *"Nas últimas duas décadas, o crime organizado, o tráfico de drogas e crimes eletrônicos (incluindo fraude financeira e lavagem de dinheiro) adquiriram tal importância na agenda de segurança de alguns países que a busca por informações extrapolou os limites da rotina da investigação criminal."*

No Brasil, considerando a especificidade do fluxo de informações da segurança pública e a necessidade de especialização e coordenação da atividade de inteligência desenvolvida no âmbito das forças de segurança reguladas constitucionalmente, foi instituído no ano de 2000, no âmbito do SISBIN, o Subsistema de Inteligência de Segurança Pública (SISP), (BRASIL, 2000).

Nos termos da norma inaugural, o SISP tem por finalidade coordenar, padronizar e integrar as atividades de inteligência de segurança pública (ISP) em todo o País, bem como *"suprir os governos federal e estaduais de informações que subsidiem a tomada de decisões nessa esfera"* (BRASIL, 2016, p. 26), cabendo aos seus integrantes, no âmbito de suas competências (Brasil, 2000): *"identificar, acompanhar e avaliar ameaças reais ou potenciais de segurança pública e produzir conhecimentos e informações que subsidiem ações para neutralizar, coibir e reprimir atos criminosos de qualquer natureza." (art. 2º, §3º)*

Para o aperfeiçoamento do SISP, um documento imprescindível e norteador para a atividade foi a Doutrina Nacional de Inteligência de Segurança Pública (DNISP), a qual, em sua 4ª edição, define ISP como sendo:

> O exercício permanente e sistemático de ações especializadas para identificar, avaliar e acompanhar ameaças reais ou potenciais na esfera de Segurança Pública, basicamente orientadas para produção e salvaguarda de conhecimentos necessários para subsidiar os tomadores de decisão, para o planejamento e execução de política de Segurança Pública e das ações para prever, prevenir, neutralizar e reprimir atos criminosos de qualquer natureza que atendem à ordem pública, à incolumidade das pessoas e do patrimônio. (BRASIL, 2015)

Importa salientar que a segurança pública está prevista em nossa Carta Magna no Título V "Da Defesa do Estado e das Instituições Democráticas" e estruturada para a preservação da ordem pública e da incolumidade das pessoas e do patrimônio (BRASIL, 1988. Art. 144). Nesse contexto, o SISP desenvolve diuturnamente suas atividades de produção de conhecimento de inteligência, identificando ameaças e oportunidades, em permanente auxílio na promoção da segurança interna do país.

Quanto às ameaças decorrentes dos fenômenos contemporâneos da criminalidade – em especial o crime organizado – embora tenha sido indispensável a estruturação do SISP para o seu enfrentamento, dada a sua relevância, a PNI (Brasil, 2016) passou a também tratar deste tema, portanto, ampliando o seu alcance para todo o SISBIN, sendo classificado como uma das fontes de ameaça do Estado:

> Criminalidade Organizada
>
> É ameaça a todos os Estados e merece atenção especial dos órgãos de Inteligência e de repressão nacionais e internacionais. A incidência desse fenômeno, notadamente em sua vertente transnacional, reforça a necessidade de aprofundar a cooperação. Apesar dos esforços individuais e coletivos das nações, não se projetam resultados que apontem para a redução desse flagelo global em curto e médio prazo.
>
> A atuação cada vez mais integrada nas vertentes preventiva (Inteligência) e reativa (Policial) mostra ser a forma mais efetiva de enfrentar esse fenômeno, inclusive no que diz respeito a subsidiar os procedimentos de identificação e interrupção dos fluxos financeiros que lhe dão sustentação. Atualmente, a grande maioria dos países desenvolve e aprofunda o intercâmbio de dados e conhecimentos entre os órgãos de Inteligência e de repressão em âmbito nacional e internacional. (Item 6.9)

A PNI reproduz, nessa parte, preocupações relacionadas ao crime organizado transnacional que já vinham sendo demonstradas pela Convenção das Nações Unidas contra o Crime Organizado Transnacional, adotada em Nova York, no ano de 2000, a qual foi devidamente recepcionada pelo Estado brasileiro, por meio da Convenção das Nações Unidas contra o Crime Organizado Transnacional, promulgada pelo Decreto Federal nº 5.015, de 12 de março de 2004.

O Escritório das Nações Unidas sobre Drogas e Crime (UNODC, sigla em inglês)[15], ao analisar o impacto da criminalidade organizada transnacional, também demonstra preocupação em relação ao desenvolvimento das sociedades em todo o mundo:

> O crime organizado transnacional é uma das principais ameaças à segurança pública e representa um entrave para o desenvolvimento social, econômico e político das sociedades em todo o mundo. Trata-se de um fenômeno multifacetado que se manifesta em diferentes tipos de crime, tais como tráfico de drogas, tráfico de seres humanos, contrabando de migrantes, tráfico de armas, lavagem de dinheiro, entre outros.

15 Escritório das Nações Unidas sobre Drogas e Crime (UNODC), disponível em https://www.unodc.org/lpo-brazil/pt/crime/index.html.

De fato, o crescimento e a especialização, das organizações criminosas, sobretudo as transnacionais, sofisticaram a criminalidade no Brasil, tornando este tema um dos principais desafios a serem superados pelas políticas públicas em razão do impacto negativo deste fenômeno, inclusive, no desenvolvimento social e econômico do Estado.

Por outro lado, vale destacar que a recente edição da PNISP (2021) estabelece os parâmetros e os limites de atuação da ISP, bem como seus pressupostos, objetivos, instrumentos e diretrizes a serem observados no âmbito do SISP. Evidencia em seu texto que *"(...) a atividade de inteligência de segurança pública exerce papel primordial no processo decisório, com o fornecimento de informações de interesse da segurança pública em todos os seus níveis"*. (BRASIL, 2021, item 8.4)

Nesse contexto, e no campo das oportunidades, surge então um aspecto basilar que se desdobra do tradicional papel da SISP dentro do Estado Democrático de Direito, qual seja, avaliar o alcance de sua contribuição na construção de políticas públicas que possam auxiliar as diversas áreas do governo no desenvolvimento da sociedade e do Estado.

2.4 POLÍTICAS PÚBLICAS

Meirelles (2016, p. 68) ensina que governo é *"em sentido formal, o conjunto de Poderes e órgãos constitucionais; em sentido material, é o complexo de funções estatais básicas; em sentido operacional, é a condução política dos negócios públicos."* Assim, compete aos governos a expressão política de comando e de busca pelo bem-estar da sociedade.

A Lei nº 13.971, de 27 de dezembro de 2019, institui o Plano Plurianual da União para o período de 2020 a 2023 e define o planejamento governamental como sendo: *"sistemática de orientação de escolha de políticas públicas e de definição de prioridades, a partir de estudos prospectivos e diagnósticos, com o propósito de diminuir as desigualdades, melhorar a alocação de recursos e aprimorar o ambiente econômico e social."*

Saravia (2006, p. 29), por sua vez, orienta a definição de política pública nos seguintes termos:

> é um sistema de decisões públicas que visa a ações ou omissões, preventivas ou corretivas, destinadas a manter ou modificar a realidade de um ou vários setores da vida social, por meio da definição de objetivos e estratégias de atuação e da alocação dos recursos necessários para atingir os objetivos estabelecidos. (art. 2º, inc. VII)

Destaca-se que, na formatação de políticas públicas, os indicadores sociais do Estado, do ponto de vista de estudos diagnósticos e prognósticos, são incontestes alicerces na construção das prioridades dos governos. Na definição de Januzzi (2001, p. 15), os indicadores sociais são *"uma medida em geral quantitativa de significado social substantivo, usado para substituir, quantificar ou operacionalizar um conceito social abstrato"*. Ainda segundo este autor, o indicador social é um *"instrumento operacional para o monitoramento da realidade social"*.

Na segurança pública, os indicadores de criminalidade surgem como um dos principais elementos de tensão na formatação da agenda política da ação governamental, seja pela velocidade que a informação alcançou a partir da democratização dos meios de comunicação, sobretudo pelo incremento das mídias sociais, seja pela evolução da transparência do sistema de segurança pública na divulgação de seus índices.

Por certo, embora o Estado possua diversas fontes de indicadores sociais, percebe-se ser cada vez mais significativo o impacto dos índices criminais na formação da opinião pública, em especial pelo espaço que este tema alcança na mídia tradicional, gerando um ambiente de permanente insegurança na sociedade.

Nesse aspecto, a ISP assume um papel essencial no diagnóstico e em estudos prospectivos de determinados fenômenos criminais a serem tratados por meio de políticas públicas, cujas causas de problemas, por vezes, têm origens em áreas distintas da segurança pública. Fernandes (2012, p. 21-30), ao analisar a relação entre inteligência e gestão estratégica, explica que *"se a elaboração do planejamento estratégico for apoiada por estudos de futuro com a utilização de cenários prospectivos, a unidade de Inteligência institucional ou organizacional será a mais apta para tal"*.

Abraham Shulsky e Dary Schmitt (2002, *apud* GONÇALVES, 2018, p. 9) relacionam inteligência *"com a informação relevante para se formular e implementar políticas voltadas aos interesses de segurança nacional e para lidar com as ameaças a esses interesses – relacionadas a adversários potenciais ou até reais (e até a aliados).*"

Giddens (1997, *apud* ABIN, 2016, p. 19) orienta que *"o emprego da informação para fins de dominação denomina-se 'vigilância', na acepção de processamento de conhecimentos, a qual é implementada por repartições oficiais, com o propósito de administrar: população, riquezas e território."*

Com efeito, a informação hígida se apresenta como aspecto fundamental para o desenvolvimento social e econômico das sociedades. Foucault (2008, p. 365) ensina que *"o saber necessário ao soberano será muito mais um conhecimento das coisas do que um conhecimento da lei"* e define que a "estatística" – no sentido de inteligência – *"é o conhecimento do Estado, o conhecimento das forças e dos recursos que caracterizam um Estado num dado momento"*.

Neste cenário, resta a avaliação de como se encontram atualmente estruturados os serviços de inteligência de segurança pública em todo o país, em especial as Agências Centrais do SISP dos Estados e do Distrito Federal, para a análise do alcance que o conhecimento de ISP atinge no desenvolvimento de políticas públicas.

3. RESULTADOS OBTIDOS E ANÁLISES

Considerando o tema sob estudo, e como forma de subsidiar a análise do presente trabalho, foi desenvolvida uma pesquisa qualitativa[16], com garantia de anonimato, utilizando-se a plataforma Google Forms, sendo composta de 12 questões objetivas de múltipla escolha e 1 questão de livre resposta discursiva.

O público-alvo selecionado foi de 27 (vinte e sete) gestores das Agências de Inteligência (AIs) das Secretarias de Segurança Pública (SSPs) dos Estados e do Distrito Federal ou congêneres, sendo que 22 (vinte e dois) participantes responderam o questionário eletrônico, portanto, com alcance de 81% (oitenta e um por cento) de amostragem.

16 Fonte: Elaboração do autor em plataforma pública, 2022.

A **questão 1** confirmou que 100% do público participante é composto por Chefes das AIs das SSPs ou congêneres, enquanto que a **questão 3** apontou que 95% (21 respostas) destas unidades são consideradas Agências Centrais do Sistema de Inteligência de Segurança Pública (SISP) da Unidade Federativa (UF).

A **questão 2** apurou que 77% (17 respostas) das UFs possuem SISP instituído por legislação específica, enquanto que a **questão 4** apurou que, para 64% (14 respostas) dos participantes, o SISP é o único sistema de inteligência existente na UF, ou seja, a única área de governo com sistema instituído é a segurança pública.

As **questões 5, 6 e 7** avaliaram que, apesar de atuarem nos níveis operacional, tático e estratégico, 95% (21 respostas) das AIs costumam prestar assessoramento ao processo decisório com mais frequência no nível estratégico, quando comparado aos níveis operacional e tático 73% (16 respostas).

Nas **questões 8 e 9**, 77% (17 respostas) das AIs informaram produzir conhecimentos, com frequência máxima trimestral, por iniciativa ou sob demanda, cuja causa dos problemas observados exige a ação de órgãos externos à segurança pública.

Na **questão 10**, 32% (7 respostas) das AIs participantes **raramente**[17] percebem que os conhecimentos de ISP são aproveitados na formulação de políticas públicas D

Já a **questão 11** apontou que 41% (9 respostas) das AIs participantes **nunca** (1 resposta) ou raramente (8 respostas) são convidadas para atuar de forma integrada com órgãos externos à segurança pública no desenvolvimento de políticas públicas.

Na **questão 12**, verificou-se que 77% (17 respostas) das AIs participantes declararam possuir atribuição para monitorar o desenvolvimento de políticas públicas formuladas a partir do conhecimento de ISP.

Por fim, a **questão 13**, de natureza discursiva, demonstrou que 91% (20 respostas) das AIs entrevistadas entendem que poderiam contribuir de forma mais efetiva na formulação de políticas públicas do Estado.

17 Fonte: Elaboração do Autor, 2022. A opção de resposta raramente, relacionada a frequência de atuação das AIs, refere-se a um período de tempo superior a 1 (um) ano.

4. CONSIDERAÇÕES FINAIS

A sustentação das balizas do Estado Democrático de Direito, em especial na promoção do bem-estar social, requer dos governos a elaboração de políticas públicas capazes de atender aos anseios da sociedade, baseadas em permanente análise conjuntural e diagnósticos precisos de seus indicadores sociais.

Entretanto, a alternância do poder no Estado, típica do processo democrático, acaba por impactar essas ações governamentais de médio e longo prazo, exigindo, cada vez mais, o incremento da gestão do conhecimento sensível capaz de atender às demandas de sucessivos governos, independente de bandeiras ideológicas.

Nessa perspectiva, a atuação dos sistemas de inteligência nacionais – sejam no campo interno, externo ou militar – necessita ser cada vez mais sinérgica no sentido de auxiliar o processo decisório contra ameaças e oportunidades identificadas, com vistas a garantir a segurança, o desenvolvimento e a defesa do Estado.

A segurança pública observa a evolução da sociedade sob a ótica do impacto dos fenômenos contemporâneos de criminalidade, cujas mazelas, por vezes, têm relação com a fragilidade de outros segmentos do Estado, desassistidos de bases de informações hígidas, de conteúdo útil e significativo. Dentro desta lógica, a ISP, até por ser responsável pelo conhecimento sensível do Estado em matéria criminal, deve estar preparada para atuar além da segurança pública.

O SISP encontra-se atualmente estruturado em âmbito nacional e na maior parte das unidades da federação, cujas Agências Centrais atuam com maior ênfase no assessoramento estratégico da área de segurança pública. Frise-se que 64% dos entrevistados afirmaram que o SISP é o único sistema de inteligência instituído no respectivo ente federativo. Entretanto, o SISP ainda possui papel discreto na construção de políticas públicas, conforme opinião de 91% dos entrevistados, cujas percepções apontaram que as respectivas AIs poderiam ser melhor aproveitadas em temas da agenda política.

Outro ponto a ser analisado, diz respeito à atuação interagências, pois 77% dos entrevistados informaram que, sistematicamente, os conhecimentos de inteligência produzidos apontaram para a necessidade de interação com órgãos alheios à segurança pública para a solução dos problemas diagnosticados, todavia, 41% afirmaram que raramente atuam com tais órgãos.

Conclui-se, pois, que as políticas públicas no país poderiam ser melhor implementadas com auxílio do conhecimento de inteligência gerido no âmbito da segurança pública. Assim, é imperioso que o SISP esteja cada vez mais estruturado para analisar estrategicamente a conjuntura do fenômeno criminal e sua transversalidade em outros campos do Poder Nacional, inclusive para favorecer a atuação interagências, objetivando prestar auxílio na elaboração de cenários que subsidiem o processo decisório político-estratégico em sucessivos governos.

REFERÊNCIAS

BRASIL, Constituição da República Federativa do Brasil de 1988. **Diário Oficial da União.** Brasília 1988. Disponível em: <http://www.planalto.gov.br/ccivil_03/constituicao/constituicao.htm>. Acesso em: 21.mai.2022

_______, Decreto nº 3.695, de 21 de dezembro de 2000. Cria o Subsistema de Inteligência de Segurança Pública, no âmbito do Sistema Brasileiro de Inteligência, e dá outras providências. **Diário Oficial da União.** Brasília 2000. Disponível em: <http://www.planalto.gov.br/ccivil_03/decreto/d3695.htm>. Acesso em: 21.mai.2022

_______, Decreto nº 5.015, de 12 de março de 2004. Promulga a Convenção das Nações Unidas contra o Crime Organizado Transnacional. **Diário Oficial da União.** Brasília 2004. Disponível em: < http://www.planalto.gov.br/ccivil_03/_ato2004-2006/2004/decreto/d5015.htm>. Acesso em: 21.mai.2022

_______, Decreto nº 8.793, de 29 de junho de 2016. Institui a Política Nacional de Inteligência. **Diário Oficial da União.** Brasília, 2016. Disponível em: < http://www.planalto.gov.br/ccivil_03/_ato2015-2018/2016/decreto/D8793.htm >. Acesso em: 21.mai.2022

_______, Decreto nº 9.883, de 07 de dezembro de 1999. Institui o Sistema Brasileiro de Inteligência, cria a Agência Brasileira de Inteligência - ABIN, e dá outras providências. **Diário Oficial da União.** Brasília, 1999. Disponível em: < http://www.planalto.gov.br/ccivil_03/leis/l9883.htm>. Acesso em: 21.mai.2022

_______, Decreto nº 10.777, de 24 de agosto de 2021. Institui a Política Nacional de Inteligência de Segurança Pública. **Diário Oficial da União.** Brasília, 2021a. Disponível em: <http://www.planalto.gov.br/ccivil_03/_ato2019-2022/2021/decreto/D10777.htm>. Acesso em: 21.mai.2022

_______. Decreto nº 10.778, de 24 de agosto de 2021. Institui a Estratégia Nacional de Inteligência de Segurança Pública. **Diário Oficial da União.** Brasília, 2021b. Disponível em: <http://www.planalto.gov.br/ccivil_03/_ato2019-2022/2021/decreto/D10778.htm>. Acesso em: 21.mai.2022.

_______. Lei nº 13.971, de 27 de dezembro de 2019. Institui o Plano Plurianual da União de 2020 a 2023. **Diário Oficial da União.** Brasília, 2019. Disponível em: <http://www.planalto.gov.br/ccivil_03/_ato2019-2022/2019/lei/L13971.htm>. Acesso em: 21.mai.2022.

_______. Agência Brasileira de Inteligência. **Doutrina Nacional da Atividade de Inteligência: fundamentos doutrinários.** – Brasília: ABIN, 2016.

_______. Agência Brasileira de Inteligência. **Cronologia de Criação dos Órgãos de Inteligência de Estado no Brasil.** 22 Set. 2020. Disponível em https://www.gov.br/abin/pt-br/acesso-a-informacao/institucional/historico. Acesso em: 08.jun.2022.

_______. Ministério da Justiça. Secretaria Nacional de Segurança Pública. **Doutrina Nacional de Inteligência de Segurança Pública** – DNISP. – 4. ed. rev. e atual. – Brasília: Secretaria Nacional de Segurança Pública, 2015.

CEPIK, Marco. **Espionagem e democracia: agilidade e transparência como dilemas na institucionalização de serviços de inteligência.** Rio de Janeiro: Editora FGV, 2003.

FERNANDES, Fernando do Carmo. **Inteligência e Gestão Estratégica: uma relação sinérgica.** Revista Brasileira de Inteligência, n. 7, 2012. p. 21-30.

FOUCAULT, Michael. **Segurança, Território e População.** São Paulo: Martins Fontes, 2008.

GONÇALVES, Joanisval Brito. **Atividade de Inteligência e Legislação Correlata.** Editora Impetus, Série Inteligência, Segurança e Direito. Niterói-RJ, 6ª ed., 2018.

JANNUZZI, Paulo de Martino. **Indicadores Sociais no Brasil: conceitos, fontes de dados e aplicações.** 3ª ed. Campinas, SP: Editora Aliena, 2001.

KENT, Sherman. **Informações Estratégicas: strategic intelligence for American world policy.** Rio de Janeiro: BIBLIEX, 1967.

LOWENTHAL, Mark M. **Intelligence: Fron Secrets to Policy.** 5th ed. Washington DC, SAGE/CQ Press 2012.

MEIRELES, Hely Lopes. **Direito Administrativo Brasileiro.** São Paulo: Malheiros, 2016.

SARAVIA, Enrique. **Política Pública: dos clássicos às modernas abordagens.** Políticas públicas, coletânea / Organizadores: Enrique Saravia e Elizabete Ferranezi. – Brasília: ENAP, 2006. 2 v.

A TRÍADE: ESPECIALISTAS, TECNOLOGIA E METODOLOGIA NAS RELAÇÕES INTERAGÊNCIAS

CLEOMAR VIANA BATISTA[18]

SUMÁRIO: 1 Introdução - 2 Sistemas Macros da CGU - 3 A Rede do Observatório da Despesa Pública - 4 Conclusões e recomendações - 5 Referências.

RESUMO: O relatório traz uma reflexão sobre os desafios e os benefícios, a partir de uma revisão de literatura e análise documental, na compartimentação e no compartilhamento interagências de dados institucionais no contexto das relações no âmbito do Sistema Brasileiro de Inteligência - SISBIN e agências congêneres na esfera estadual e municipal. Descreve uma das soluções compartilhadas úteis à produção de conhecimento de inteligência adotada pela CGU como custodiante de dados estruturados institucionais, na articulação interagências com o uso de tecnologia de interesse para a produção de conhecimentos de inteligência. Apresenta, ainda, um estudo de caso e conclui com as perspectivas decorrentes de atuação em rede de forma sistemática e com uso de tecnologia da informação.

PALAVRAS-CHAVE: tecnologia; dados; informações; relações interagências; Inteligência.

18 Auditor Federal de Finanças e Controle da Controladoria-Geral da União-CGU. Especialista em Inteligência Estratégica pela Escola Superior de Defesa (ESD). Diplomado pela Escola Superior de Guerra no Curso Superior de Política e Estratégia; pela Escola de Inteligência Militar do Exército no Curso Especial de Inteligência para Órgãos Civis e pela Escola Superior do Ministério Público em Operações de Inteligência.

1. INTRODUÇÃO

"A cultura devora a estratégia no café da manhã"
Peter Drucker

Não obstante os esforços empreendidos nos últimos anos, ainda inexiste uma rede formalmente estabelecida entre as agências nacionais e subnacionais para a cooperação interagências de dados e de informações de forma tempestiva, oportuna e multilateral. Neste sentido, quais os benefícios que mecanismo sistemático de compartilhamento de dados entre entes nacionais e subnacionais trariam para a produção de conhecimento de inteligência?

Ante os desafios complexos que o Brasil enfrenta no combate à corrupção, à lavagem de dinheiro e ao desvio de recursos públicos, as ferramentas tecnológicas contribuem enormemente para a efetividade desta integração. Os órgãos nas esferas federal, estadual e municipal, custodiantes de dados que sejam insumos na produção de conhecimentos de interesse nacional necessitam de um canal de troca de dados que seja tempestivo, oportuno, sistemático, multilateral e seguro.

A rede assim estabelecida é de fundamental importância face os desafios que se apresentam e precisa fazer uso de tecnologia que salvaguardem esses dados, de forma a que apenas quem precisa acessá-los e fazer uso institucional dos mesmos possa fazê-lo.

Entretanto, antes das operações interagências ocorrerem, uma etapa preliminar se faz necessária, já que estudos indicam que a plena e efetiva integração precisa estar alinhada com um objetivo comum, o qual deve ser vislumbrado pelos gestores envolvidos em um cenário de relações interagências mais estruturado que envolva cooperação, planejamento e coordenação, de modo a atingir os resultados que sejam benéficos ao cidadão, seja na aplicação do orçamento público, seja no combate aos desvios de dinheiros e à criminalidade nos seus mais diversos matizes.

2. O SISTEMA MACROS DA CGU

Para enfrentar os inúmeros desafios na implementação das políticas públicas visando atender às necessidades da população brasileira e o bem-estar de seus cidadãos, procura-se desde sempre articular as ações das agências estatais. Releva destacar que, segundo Figueiredo e Moreira (2022), a necessidade de integrar esforços interagências na busca de efetividade no cumprimento de suas respectivas missões institucionais torna-se cada vez mais relevante, haja vista o cenário complexo que se apresenta atualmente a exemplo de crimes transnacionais dos mais diversos tipos, desastres ambientais em escala crescente, epidemias sanitárias como a COVID-19, crises migratórias, os quais possuem desafios no seu enfrentamento que nenhum ente público, isoladamente, tem condições de fazê-lo "contando unicamente com os esforços de determinada instituição (GARCIA, 2014, p. 72)".

O Sistema Brasileiro de Inteligência - SISBIN é uma das iniciativas nesse sentido. Integrado atualmente por quarenta e oito instituições, foi instituído por intermédio da Lei nº 9.833 de 07 de dezembro de 1999 (BRASIL, 1999) e tem por objetivo integrar os órgãos e entidades da administração pública federal que, direta ou indiretamente, possam produzir conhecimentos de interesse das atividades de inteligência, em especial aqueles responsáveis pela defesa externa, segurança interna e relações exteriores. Os seus integrantes podem sofrer variações determinadas por injunções conjunturais, incluídos nesse contexto unidades da federação, mediante ajustes específicos e convênios, conforme preconiza a doutrina nacional da atividade de inteligência da Agência Brasileira de Inteligência-ABIN, a qual coordena o sistema como órgão central.

Cada agência participante produz conhecimentos que podem ser de interesse recíproco das demais, a depender do escopo de atuação na implementação de políticas e de ações governamentais. Nesse mister, a utilização de Tecnologias da Informação-TI e das comunicações, obedecendo-se aos princípios de segurança dos sistemas de processamento, armazenamento e proteção de dados sensíveis, são temas fixados nos documentos de mais alto nível de orientação do Estado brasileiro, ou seja, a Política Nacional de Inteligência e a Estratégia Nacional de Inteligência, conforme, respectivamente, o decreto nº 8,793 de 29 de junho de 2016 (BRASIL, 2016) e o decreto sem número de 15 de dezembro de 2017 (BRASIL, 2017).

A Controladoria-Geral da União-CGU é o órgão central do Sistema de Controle Interno, do Sistema de Correição, do Sistema de Ouvidoria e do Sistema de Integridade Pública do Poder Executivo Federal e uma das agências integrantes do SISBIN.

Como exemplo de ferramenta tecnológica de compartilhamento de dados que poderia auxiliar outras agências de inteligência, em 2012, a CGU desenvolveu e implementou o Sistema de Informações de Apoio às Ações de Controle, o Macros, com o objetivo de concentrar em uma única ferramenta os dados de interesse para a execução das ações de fiscalização e de auditoria, tornar mais eficiente e abrangente o processo de levantamento de dados e eliminar a necessidade de conhecimentos especializados em TI.

Conforme dados gerenciais extraídos do Sistema Macros, em maio de 2022, o sistema é acessado mensalmente por cerca de 1000 servidores do Executivo Federal e produz relatórios de pessoas físicas, jurídicas, unidades gestoras e municípios a partir de cerca de 100 fontes de dados distintas. Permite a inserção de informações relacionadas a objetos de busca, atuando como um meio de compartilhamento de informações entre os usuários. Outra funcionalidade importante é a visualização e a análise de redes de relacionamento como, por exemplo, a base societária de empresas. Fornece, também, gráficos da rede de relacionamento entre pessoas físicas e jurídicas, o que permite identificar conexões entre pessoas e empresas.

Figura 1: Rede de Relacionamento no Sistema Macros

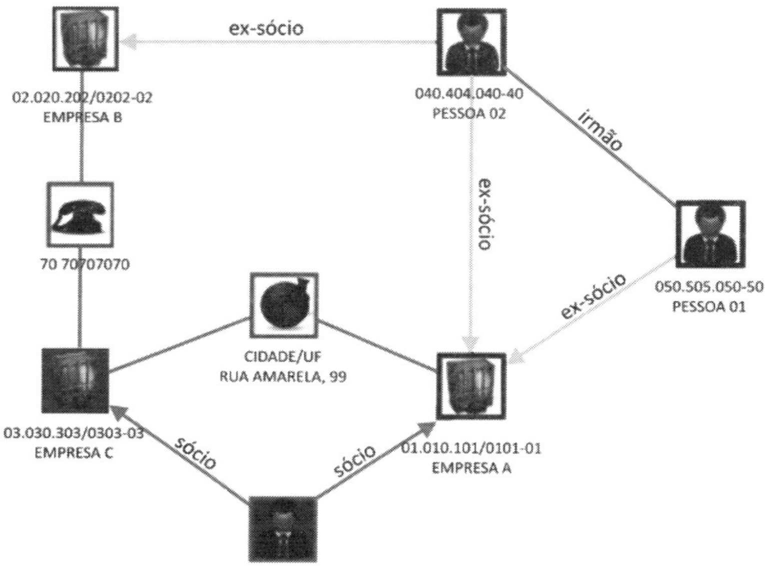

Fonte: ENAP. Concurso Inovação: de 2011 a 2015 (16ª a 20ª edição). (BRASIL, 2016, p. 226)

Possibilita, também, abrir vários relatórios simultaneamente, apresentando os dados em um formato gerencial, com apresentação de tabelas e gráficos, com a possibilidade de *download* de planilha contendo os dados brutos utilizados na geração da informação gerencial. Isso favorece a análise exploratória, uma vez que o usuário pode fazer novas consultas à medida que explora os resultados.

Há, ainda, funcionalidade para o cadastro de informações relevantes, tais como: *"informação textual, imagens, endereços de sites, perfis em redes sociais, vínculos sociais e qualquer relação entre duas pessoas físicas ou jurídicas"* (ENAP. Concurso Inovação, 2016, p. 224). Essa base de conhecimento é útil não só nos trabalhos da própria CGU, mas também para os órgãos da administração pública federal e estadual, oferecendo um canal de troca de informações em nível nacional.

Figura 2: Sistema Macros: temas de consulta

Fonte: Elaborado pelo autor a partir de funcionalidades do Sistema Macros (2022).

É importante destacar que a união de especialistas, da tecnologia e de metodologia, que culminou na criação da ferramenta, otimiza o trabalho, customiza o esforço e o foco de atuação, minimiza recursos materiais, financeiros e humanos. De sorte que a estratégia mais adequada para o enfrentamento àqueles problemas complexos mencionados no início deste relatório passa pela combinação de uso de conhecimento de especialistas, de tecnologia e de trabalho articulado.

Figura 3: Tríade especialistas, tecnologia e metodologia

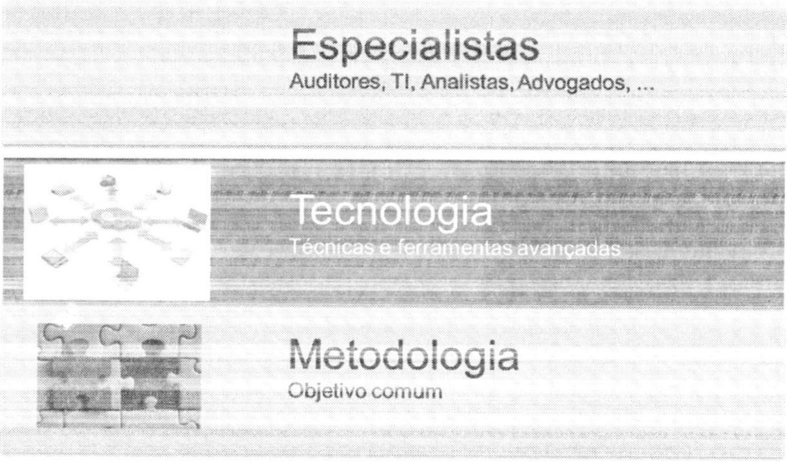

Fonte: Elaborado pelo autor.

Atualmente, tem acesso aos dados e aos relatórios produzidos pelo Sistema Macros a ABIN - Agência Brasileira de Inteligência, a PF - Polícia Federal, os Governos dos Estados da Paraíba, do Acre, do Paraná, do Rio de Janeiro, do Rio Grande do Norte, de Rondônia, o Ministério da Justiça e Segurança Pública, o MPF - Ministério Público Federal, o MPM - Ministério Público Militar e o MPU-Ministério Público da União.

3. A REDE DO OBSERVATÓRIO DA DESPESA PÚBLICA

Conforme demonstrado, o Sistema Macros é concebido tendo como premissa o acesso a bases estruturadas de dados que são produzidos nas mais diversas agências, em sua maioria na esfera federal, e custodiadas pela CGU. No entanto, identificou-se uma lacuna quando tratamos de dados em nível estadual e municipal, o que suscitou a necessidade de planejar trabalhos articulados com as agências subnacionais, mesmo fora do âmbito do SISBIN.

Assim, com o objetivo de dar maior efetividade às ações nas esferas federal, estadual e municipal na prevenção de desvios e no monitoramento das despesas públicas, em 2015, conforme levantamento realizado nos arquivos da CGU de Acordos de Cooperação Técnica (ACT) assinados com agências estaduais e municipais no período de 2015 a 2018, iniciou-se uma experiência piloto, denominada Rede do Observatório da Despesa Pública-ODP, que culminou nos anos vindouros com a criação de uma rede em âmbito nacional de partícipes para compartilhar dados e informações, com estados, tribunais de contas, municípios e ministério público estadual.

No contexto em tela, é de se destacar a crescente demanda da sociedade civil pela maior capacidade do Estado em aumentar a eficiência da máquina pública e estancar danos ao patrimônio público advindos da má gestão das despesas. Capitalizadas pela mídia independente, essas demandas exigem respostas céleres, de forma a prevenir casos de mau uso de recursos públicos, visando aumentar a confiança da sociedade no poder público.

Os objetivos eram monitorar permanentemente as despesas públicas, antecipando situações de inconformidade, para o encaminhamento preventivo de soluções, proporcionar à administração pública acesso a informações analíticas consolidadas sobre a qualidade do gasto público, por meio de indicadores, com o objetivo de subsidiar os gestores públicos na tomada de decisões e atuar como "malha fina" da despesa pública com o objetivo de garantir a correta aplicação do dinheiro do contribuinte.

A expansão resultou na adesão, até meados de 2019, de 14 estados, 19 tribunais de contas estaduais e 2 tribunais de contas municipais, 29 municípios que aderiram ao projeto por intermédio dos respectivos estados e 01 ministério público estadual, com 65 entes no total, além da própria CGU, conforme mapa a seguir:

Figura 4: Rede do Observatório da Despesa Pública

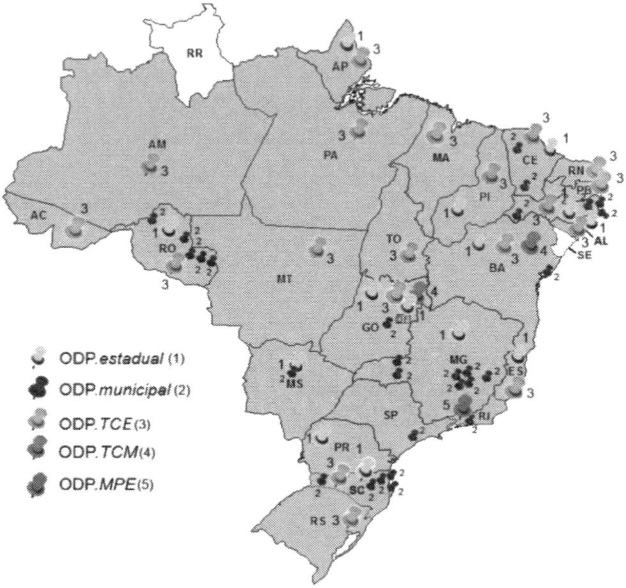

Fonte: Elaborado pelo autor a partir de dados da CGU (2022).

Foi realizado, em decorrência dessas parcerias, diversos estudos, dentre eles destacamos o de despesas previdenciárias. As tipologias identificadas resultaram na detecção das seguintes ocorrências irregulares: pensionista em razão de dependência econômica de servidor federal ou estadual que tem outra remuneração paga pela União ou por outros estados; pensionista com mais de duas pensões pagas pelos cofres públicos; aposentado por invalidez ocupando cargo efetivo ou em comissão; servidores que acumulam cargos com carga horária acima dos parâmetros de compatibilidade (acima de 60 horas); servidores que acumulam cargos em diferentes estados ou cidades distantes, de forma incompatível geograficamente, em um mesmo estado; servidores que acumulam cargos em desacordo com o disposto na Constituição Federal; servidores públicos que recebem renda pelo programa bolsa família ou que estão cadastrados no Cadastro Único, que é um conjunto de informações sobre as famílias brasileiras em situação de pobreza e extrema pobreza;

e servidores públicos que recebem renda pelo programa Seguro-Defeso também conhecido como o seguro desemprego do pescador artesanal profissional, o qual é concedido em períodos em que o mesmo é proibido de pescar.

Outro estudo realizado foi o de compras governamentais, sendo que as tipologias de irregularidades identificadas mais comuns foram: licitantes com o mesmo endereço; licitante utilizando o mesmo IP[19] de endereçamento eletrônico nos pregões; vínculo societário entre licitantes; empresas licitantes cujo sócio é servidor público estadual; contratação de empresas inidôneas, suspensas ou proibidas de licitar com a administração pública; dispensa irregular de licitação; empresas com quadro de funcionários reduzido ou inexistente (indício de incapacidade técnico-operacional); empresas com elevado número de atividades econômicas no cadastro nacional de atividades econômicas.

Cabe destacar que os achados mencionados foram possíveis graças ao trabalho articulado de cruzamento de dados interagências e uma metodologia comum. Com o encerramento dos prazos de 60 meses dos acordos de cooperação técnica, houve a descontinuidade da rede de forma estruturada e coordenada, e não houve renovação dos acordos de cooperação técnica.

Dentre os motivos determinantes, destacam-se as assimetrias entre as agências, nos aspectos de equipes técnicas especializadas perenes, ausência de bases de dados estruturadas nos estados e municípios que atendessem às condições de confidencialidade, integridade e disponibilidade, apoio gerencial e político dos superiores em nível estratégico e dificuldade na definição de uma estrutura de gerenciamento e de coordenação em nível estadual e municipal para conduzir futuros estudos de interesse mútuo.

4. CONCLUSÕES E RECOMENDAÇÕES

A literatura relativa aos arranjos colaborativos interagências diferencia os termos cooperação, coordenação e integração. Segundo Figueiredo e Moreira (2022), o alicerce da estrutura das relações inicia-se com a cooperação, caracterizada como o nível mais básico, por ser mais informal

19 *Internet Protocol* que identifica de forma única uma máquina conectada à internet.

e baseada em relacionamentos pessoais, voluntarismo e participação discricionária, não sistematizada e pouco institucionalizados de seus membros. A coordenação somente ocorre quando a cooperação está sedimentada por relações de confiança (daí a importância de *networking* entre os gestores e especialistas), podendo, então, haver a desejável plena integração.

Ainda conforme Figueiredo e Moreira (2022), a coordenação poderia ser definida como um aperfeiçoamento da cooperação, graças à institucionalização da relação interagências. Por ser mais formal e institucionalizado, permite, por meio de arranjos mais elaborados, que as agências considerem em seus planejamentos os objetivos, visões, propósitos e estados finais desejados da outra agência partícipe da relação.

A experiência relatada no projeto da CGU com outras agências subnacionais, a Rede do Observatório da Despesa Pública-ODP, demonstrou que os aspectos que fortalecem parcerias e a integração em rede envolvem, entre outros, o compartilhamento de dados informatizados estruturados que atendam aos requisitos de confidencialidade, integridade e disponibilidade.

Outros aspectos fundamentais são equipe técnica especializada e dedicada ao tema, apoio gerencial e político dos superiores em nível estratégico, uma estrutura de gerenciamento e de coordenação que fortaleça as ações de gestão das unidades, a otimização de recursos no planejamento das ações, gerando economia e o aumento da eficiência, escopo comum de levantamento dos dados, de disponibilização dos dados e de tratamento dos temas por uma linguagem comum às agências envolvidas.

Evidenciou-se, de igual modo, a necessidade de capacitação e treinamento para diminuir as lacunas de conhecimento, minimizar as assimetrias entre os especialistas e gerar relações de confiança. Tudo isso deve estar aliado à visão estratégica dos gestores em ter subsídio para a tomada de decisão visando o interesse público.

As dificuldades e obstáculos, por sua vez, envolvem as restrições de acesso a base de dados, inconsistências, burocracia e outros impedimentos ao uso pleno de tecnologias, além da falta de tempestividade e os prazos longos nos tratamentos dos temas e na elaboração de relatórios, bem como a indefinição entre as agências, inclusive quanto ao papel central de a quem cabe coordenar.

Outro fator primordial é a dificuldade de capacitação, haja vista, conforme já dito, as assimetrias de conhecimento entre os especialistas, principalmente em nível estadual e municipal das equipes técnicas, muitas delas composta por servidores terceirizados, com baixa remuneração, com diferentes níveis de maturidade, falta de sistemas e de infraestrutura devido a orçamentos escassos alocados, o que impacta na motivação, no comprometimento, na disponibilidade integral das equipes e na continuidade dos projetos de inovação.

Relativamente aos aspectos externos que impactam na continuidade de projetos dessa natureza, merecem destaque as mudanças de gestão, trocas de governos, ingerência política e visão limitada dos gestores quanto às parcerias em rede, bem como ausência de comprometimento e de conhecimento de gestores e de agentes políticos da importância da inteligência estratégica para a defesa, o desenvolvimento e a salvaguarda dos interesses do Brasil.

Por todo o exposto, recomenda-se o uso do Sistema Macros como um instrumento de superação de obstáculos na compartimentação e no compartilhamento de dados e de informações relevantes de interesse das agências de inteligência, a exemplo do ocorrido na Rede do Observatório da Despesa Pública-ODP, haja vista, integrar a tríade: especialistas, tecnologia e metodologia em sua concepção, em um esforço integrado de contribuir para dar maior efetividade às ações de fiscalização e de auditoria da implementação das políticas públicas.

Podemos observar que o tema de uso da tecnologia como fator de integração nacional entre as agências que lidam com ações de combate a ilícitos e aos desvios criminosos de dinheiros públicos não é recente, pois está na pauta da Estratégia Nacional de Combate à Corrupção e à Lavagem de Dinheiro-ENCCLA desde sua criação, em 2003. (BRASIL, 2022)

As ações abrangem o levantamento de sistemas informatizados e de bases de dados (ação 09/2004 e 08/2016), elaborar manuais contendo descrição das bases (ação 14/2008) , atuação conjunta das agências (ação 06/2012), estimular a criação de mecanismos eletrônicos para solicitar, receber e fornecer informações e documentos entre os órgãos envolvidos (ação 09/2005) , a integração do acesso ao conteúdo das bases de dados (ações 29/2006 e 06/2015), promover a articulação entre os órgãos estaduais e municipais buscando a integração de ações (ação 17/2008), a criação, acesso, integração, interoperação e aprimoramento de sistemas de informação (ação 01/2009), ampliar o compartilhamento de dados (ações 07/2017 e 07/2020), usos de *big data* e de inteligência artificial voltados para o combate à corrupção e à lavagem de dinheiro (ação 08/2021) e, ainda, criar mecanismos para o compartilhamento direto e contínuo de bancos de dados, em ambiente seguro, entre os atores estatais responsáveis pela prevenção, detecção e repressão à corrupção, à lavagem de dinheiro e ao financiamento do terrorismo (ação 01/2021 e 01/2022).

Podemos observar que avanços tem sido feito no sentido da plena integração das agências envolvidas no combate à corrupção e aos ilícitos. As ações no âmbito do ENCCLA e os arranjos colaborativos-coordenados tem se tornado cada vez mais uma realidade. E nessa perspectiva, a união de especialistas, tecnologia e metodologia com vistas a trabalho articulado é fator primordial de sucesso.

Sempre há oportunidades de avanços em nível institucional de planejamento das ações conjuntas interagências. Por conseguinte, recomendamos aos gestores das agências integrantes do SISBIN, e também nos níveis subnacionais de estados e municípios, planejamento integrado para viabilizar sistemas informatizados interoperáveis, trocas de conhecimento, atualização e socialização constante das informações, treinamentos conjuntos, convergindo para uma linguagem comum em termos de objetivos de interesses mútuos na solução dos problemas complexos a serem enfrentados no combate a ilícitos nos desvios de recursos públicos e à lavagem de dinheiro, consoante as ações em andamento na ENCCLA.

Faz-se necessário cada vez mais convergir e racionalizar esforços, recursos materiais e financeiros, otimizar talentos, com apoio recíproco, sem a necessidade de as agências competirem entre si, numa cultura de inteligência estratégica coordenada e integrada.

REFERÊNCIAS

BRASIL. Lei nº 9.883, de 7 de dezembro de 1999. **Institui o Sistema Brasileiro de Inteligência, cria a Agência Brasileira de Inteligência, e dá outras providências**. Brasília, DF: Presidência da República, [1999]. Disponível em: http://www.planalto.gov.br/ccivil_03/leis/l9883.htm. Acesso em: 7 maio 2022.

BRASIL. Agência Brasileira de Inteligência. **Sistema Brasileiro de Inteligência-SISBIN**. Brasília, DF: Presidência da República, [2020]. Disponível em: https://www.gov.br/abin/pt-br/assuntos/sisbin. Acesso em: 7 maio 2022.

BRASIL. Escola Nacional de Administração Pública (ENAP). **Concurso Inovação: de 2011 a 2015** (16ª a 20ª edição). [2016] Sistema Macros. Disponível em: https://repositorio.enap.gov.br/handle/1/2567?locale=pt_BR. Acesso em: 15 maio 2022.

BRASIL. Controladoria-Geral da União. **Rede do Observatório da Despesa Pública**. Brasília, DF: Controladoria-Geral da União, [2014-2017]. Disponível em: https://www.gov.br/cgu/pt-br/search?SearchableText=rede%20odp. Acesso em: 07/05/2022.

BRASIL Controladoria-Geral da União. **Acordos de Cooperação Técnica da Rede do Observatório da Despesa Pública**. Brasília, DF: Controladoria-Geral da União, [2015-2018].

BRASIL. Agência Brasileira de Inteligência-ABIN. **Doutrina Nacional da Atividade de Inteligência**. Brasília, DF, 2016, 99 p.

BRASIL. Ministério da Defesa. **Coleção Manuais: Operação Interagências**. Brasília, DF, 2012, 50 p. Disponível em: https://bdex.eb.mil.br/jspui/handle/123456789/188. Acesso em: 15 maio 2022.

BRASIL. Decreto nº 8.793 de 29 de junho de 2016. **Aprova a Política Nacional de Inteligência**. Brasília, DF: Presidência da República, [2016]. Disponível em: http://www.planalto.gov.br/ccivil_03/_ato2015-2018/2016/decreto/D8793.htm. Acesso em: 15 maio 2022.

BRASIL. Decreto de 15 de dezembro de 2017. **Aprova a Estratégia Nacional de Inteligência**. Brasília, DF: Presidência da República, [2017]. Disponível em: http://www.planalto.gov.br/ccivil_03/_ato2015-2018/2017/dsn/Dsn14503.htm. Acesso em: 15 maio 2022.

BRASIL. **Estratégia Nacional de Combate à Corrupção e à Lavagem de Dinheiro** (ENCCLA). Ações de 2022. Brasília, DF: Câmara dos Deputados, [2021]. Disponível em: http://enccla.camara.leg.br/acoes. Acesso em: 16 maio 2022.

ABREU DE FIGUEIREDO, T.; XAVIER MOREIRA, N. Coordenação e planejamento: categorias centrais nas relações interagências. **Coleção Meira Mattos: revista das ciências militares**, v. 16, n. 56, p. 279-293, 11 maio 2022.

GONÇALVES, JOANISVAL BRITO. **Atividade de Inteligência e Legislação Correlata**. 6ª ed. Niterói: Editora Impetus, 2018.

INTELIGÊNCIA DE SEGURANÇA PÚBLICA: ESTRATÉGIA DE ENFRENTAMENTO AO CRIME ORGANIZADO

KLEBER LUIS MONTEIRO DA SILVA[20]

SUMÁRIO: 1 Introdução - 2 Revisão literária - 2.1 Atividade de Inteligência e Segurança Pública - 2.2 Das facções criminosas - 3 Resultados obtidos e análise - 4 Conclusões e recomendações - 5 Referências.

RESUMO: O estudo analisa a importância da atividade de inteligência de segurança pública no enfrentamento às organizações criminosas, com enfoque voltado ao estado do Amapá. O objetivo foi analisar como esta ferramenta pode ser eficaz na prevenção e repressão de crimes praticados por estes grupos criminosos. O trabalho foi desenvolvido com base na bibliografia especializada e em levantamentos de dados junto à Coordenadoria de Inteligência e Operações da Secretaria de Estado da Justiça e Segurança Pública do Amapá. Verifica-se que o crescimento das organizações criminosas causa enorme pressão nos órgãos de Segurança Pública, exigindo a adoção de estratégias capazes de combater de forma eficaz os crimes perpetrados por estas organizações delitivas. No Amapá a atividade de inteligência tem se mostrado uma importante ferramenta para otimizar os resultados da política estadual de segurança.

PALAVRAS-CHAVE: Inteligência; Segurança Pública; enfrentamento; Crime Organizado.

20 Tenente Coronel da Polícia Militar do Amapá. Especialista em Inteligência Estratégica pela Escola Superior de Defesa (ESD).

1. INTRODUÇÃO

O crescimento vertiginoso do crime organizado, notadamente das chamadas facções criminosas, oriundas do sistema prisional, tem provocado um profundo sentimento de insegurança e temor na população brasileira, na medida em que estes grupos delitivos concorrem diretamente para aumento da criminalidade nas regiões em que atuam. Roubos, tráfico de drogas, de armas, homicídios, extorsões, e até mesmo crimes transnacionais são algumas das infrações penais cometidas pelas facções. Este cenário gera enorme pressão em todo o sistema de segurança pública, para que seus atores adotem estratégias eficazes de prevenção e repressão às ações criminosas desses grupos organizados.

Dentre diversas outras estratégias que possam existir, e como de fato existem, a Inteligência de Segurança Pública (ISP) constitui importante ferramenta no direcionamento das ações de enfrentamento aos crimes perpetrados pelas organizações criminosas, proporcionando o embasamento necessário para a formulação de políticas públicas no campo da segurança. Razão pela qual, no transcorrer do texto são abordados temas como a atividade de inteligência no contexto da segurança pública e alguns aspectos sobre o mundo das facções criminosas.

No que se refere ao estado do Amapá, nos últimos anos, tem-se observado o surgimento de facções criminosas bem estruturadas, o que tem suscitado grandes desafios às Instituições locais. Partindo desse prisma o objetivo geral proposto foi analisar o emprego da atividade de ISP como estratégia de enfrentamento ao crime organizado, com o olhar voltado para a atuação da Coordenadoria de Inteligência e Operações (CIOP) da Secretaria de Estado de Justiça e Segurança Pública do Amapá (SEJUSP). Tendo como objetivos específicos: conhecer a estrutura de inteligência da SEJUSP; identificar as principais facções criminosas que atuam no Amapá.

O tema surgiu das inquietações advindas da própria rotina profissional do autor, que na condição de oficial superior da Polícia Militar do Amapá (PMAP), acompanha a evolução das facções criminosas no estado. De onde surgiu o seguinte questionamento: Qual a importância da ISP no enfrentamento ao crime organizado atuante no Amapá? O tema mostra-se plenamente justificável quando se apresenta a hipótese de que o crescimento do crime organizado exige a adoção de medidas cada vez mais estratégicas, fundadas em inteligência, que sirvam de substrato para as ações de preservação da ordem pública.

O Relatório Técnico Científico (RTC) é estruturado em quatro seções, quais sejam: introdução; revisão literária, resultados obtidos e análise, conclusões e recomendações, e por fim as referências. Foi desenvolvido sob o método exploratório, com base na bibliografia especializada no tema e em levantamentos de dados junto à CIOP/SEJUSP (LAKATOS, 2003).

Desta forma, a partir das experiências profissionais do autor, dos conhecimentos adquiridos durante o Curso Superior de Inteligência Estratégica (CSIE/2022), bem como de todo referencial teórico elaborado, passa-se ao desenvolvimento do trabalho, analisando de forma mais acurada a temática proposta.

2. REVISÃO LITERÁRIA

Nesta seção, busca-se a fundamentação teórica necessária para a compreensão do assunto. Serão abordadas: a atividade de inteligência no contexto da Segurança Pública, e algumas considerações sobre o cenário amapaense.

2.1 ATIVIDADE DE INTELIGÊNCIA E SEGURANÇA PÚBLICA

Inicialmente, na esteira da Segurança Pública, torna-se imperioso reconhecer a atividade de inteligência (AI) como uma das mais formidáveis ferramentas de gestão para o controle da criminalidade. A Inteligência de Segurança Pública (ISP), em especial, fornece os elementos de assessoramento que permitem aos gestores a consciência situacional necessária para a elaboração das políticas públicas no campo da segurança (SANTOS, 2020).

No Brasil, a AI encontra-se regulada pela Lei Federal nº 9.883, de 07 de dezembro de 1999, que criou a Agência Brasileira de Inteligência (ABIN), como órgão central do Sistema Brasileiro de Inteligência (SISBIN). Todavia, diante das especificidades inerentes à Segurança Pública foi criado por meio do Decreto nº 3.695, de 21 de dezembro de 2000, o Subsistema de Inteligência e Segurança Pública (SISP) cuja finalidade é coordenar e integrar as atividades de ISP em todo o território nacional, suprindo os gestores com informações pertinentes que embasem a tomada decisão neste campo (BRASIL, 2000).

A ISP encontra amparo normativo em outros três importantes instrumentos: Política Nacional de Inteligência e Segurança Pública (PNISP), Estratégia Nacional de Inteligência e Segurança Pública (ENISP) e a Doutrina Nacional de Inteligência de Segurança Pública (DNISP). A PNISP, instituída pelo Decreto nº 10.777, de 24 de agosto de 2021, estabelece os parâmetros e os limites de atuação da atividade de ISP. De maneira geral, define a ISP como sendo o exercício de ações especializadas destinadas à identificação, à avaliação e ao acompanhamento de ameaças reais e potenciais no âmbito da segurança pública, com foco na neutralização e na repressão de atos criminosos (BRASIL, 2021a).

Nesta mesma linha, a ENISP, concebida pelo Decreto nº 10.778, de 24 de agosto de 2021, preconiza um conjunto de orientações e objetivos de caráter estratégico que permitem a antecipação a determinadas ameaças, assim como, o aproveitamento de oportunidades no campo da segurança pública.

A DNISP, por sua vez, foi normatizada pela Secretaria Nacional de Segurança Pública (SENASP) por meio da Portaria nº 22, de 22 de julho de 2009, e preconiza que a ISP corresponde ao conjunto de ações especializadas para a identificação, acompanhamento e avaliação de ameaças reais ou potenciais na esfera da Segurança Pública (BRASIL, 2016).

Ainda em termos conceituais, a doutrina mais especializada entende que a atividade de ISP, quando realizada por meio de procedimentos e princípios específicos, constitui importante ferramenta de gestão e suporte decisório, elaborando conhecimentos de interesse da segurança pública como um todo, sobre fatos e situações que possam influenciar na criminalidade (CEPIK, 2003).

Entende-se, portanto, que a correta aplicação da ISP permite a compreensão sobre aspectos gerais intrínsecos à criminalidade, servindo de base para o direcionamento das ações de prevenção ou repressão de atos delituosos que atentem contra a ordem pública, aumentando exponencialmente os resultados pretendidos. Em nível político e estratégico, as normas supramencionadas podem servir de farol para que os estados da federação estabeleçam suas políticas de segurança e criem seus atos normativos reguladores da atividade de ISP (SILVA, 2012).

Neste sentido, Santos (2020, p. 47) afirma que cada estado tem liberdade, autonomia para elaborar suas diretrizes, planos e doutrinas de inteligência de modo que atendam às suas necessidades específicas, sem desconsiderar, entretanto, a essência da atividade de ISP e orientações estabelecidas na PNISP, ENISP e DNISP.

Acompanhando este raciocínio, no Amapá, a SEJUSP utiliza-se da ISP para formular e executar a política de justiça e segurança pública do estado, e apoiar operacionalmente as atividades desenvolvidas por suas entidades vinculadas, notadamente: Polícia Civil (PC), Polícia Militar (PM), Corpo de Bombeiros (CBM), Polícia Técnico Científica (POLITEC) e Instituto de Administração Penitenciária (IAPEN).

Não se pode deixar de destacar o fato de que o Amapá está localizado no extremo norte do país, onde faz divisa ao sul com o estado do Pará, e ao norte fronteira com a Guiana Francesa e Suriname. Por ser um estado fronteiriço, e estar localizado exatamente na foz do Rio Amazonas, é alvo de constantes investidas de organizações criminosas, que buscam, em meio a malha fluvial amazônica, caminhos seguros para o escoamento de drogas ilícitas para outros pontos do Brasil. E somente com a inteligência é possível atuar em um cenário tão peculiar.

A SEJUSP possui em sua estrutura organizacional uma Coordenadoria de Inteligência e Operações (CIOP), responsável pelo exercício permanente da atividade de ISP no âmbito da Secretaria, sendo considerada a agência central de inteligência do estado. Destina-se a produção de conhecimentos voltados principalmente ao assessoramento do Secretário Estadual de Justiça e Segurança Pública.

O quadro de servidores da CIOP é composto por policiais militares, policiais civis, policiais penais e bombeiros militares, os quais exercem suas funções de acordo com a respectiva capacidade técnica, podendo ser: Analistas de inteligência ou Agentes de Operações de Inteligências. Todos atuam sob a chefia do Coordenador de Inteligência da CIOP. O recrutamento dos agentes de inteligência segue os critérios estabelecidos na DNISP, sendo necessário, ainda, que o servidor possua formação técnica e experiência profissional na área de inteligência.

A CIOP é composta por uma Coordenação Geral, um núcleo de Inteligência, e um núcleo de Operações. Ao núcleo de inteligência compete as ações de análise, produção de conhecimentos e ações de contrainteligência. Ao núcleo de operações compete todo trabalho de campo na busca e coleta de dados. Considerada agência central, tem como missão precípua: atuar na atividade de inteligência e contrainteligência; fomentar a integração entre as agências locais; receber e difundir conhecimentos de inteligência; atuar como ponto focal perante o SISBIN e o SISP (AMAPÁ, 2009).

Em síntese, denota-se que a CIOP é responsável pela gestão da atividade de inteligência no âmbito da SEJUSP. Executa suas atribuições por meio de operações de inteligência, com objetivo de obter dados não disponíveis em fontes abertas, bem como, por meio da análise de dados, informações, fatos e situações, que possibilitem a produção de conhecimentos específicos que alicercem as ações de preservação da ordem pública no estado (BRASIL, 2009).

Para a consecução de seus objetivos, a CIOP tem como premissa a atuação integrada com as demais agências de inteligências do estado, num intercâmbio permanente de dados e informações. O que fica claro diante do recente Acordo de Cooperação Técnica de Criação da Força Tarefa de Segurança Pública, firmado entre o Ministério da Justiça e Segurança Pública e a SEJUSP, por meio da CIOP e seus órgãos vinculados, cujo objetivo é intensificar, em caráter especial, as ações de enfrentamento às organizações criminosas, nas suas manifestações de grave ameaça à ordem pública (BRASIL, 2022).

Este modelo de interoperabilidade, desempenhado não apenas no nível estratégico, mas também no nível tático e operacional, mostra-se essencial para o adequado enfrentamento à criminalidade organizada. O que poderia ensejar inclusive na criação de um centro integrado de inteligência estadual, a exemplo do que já ocorre com os centros integrados nacionais, os quais apoiam diretamente as operações integradas de repressão ao crime.

Do mesmo modo, não se pode deixar de considerar o quão interessante seria a criação do Sistema Estadual de Inteligência de Segurança Pública do Amapá. Um órgão colegiado cuja finalidade precípua seria a coordenação e integração das atividades de inteligência de segurança pública no âmbito do Estado, subsidiando todos os órgãos do Sistema de Segurança Pública no direcionamento de suas ações finalísticas.

Diante dos aspectos intrínsecos à criminalidade organizada, a CIOP destaca especial atenção ao acompanhamento das facções criminosas que atuam no estado. O que é plenamente justificável, pois da leitura da ENISP, depreende-se que o crime organizado tem sido considerado uma ameaça real não apenas à segurança pública, mas a todo sistema de justiça criminal do país (BRASIL, 2021b). Deste modo, para melhor compreensão do tema, passa-se a identificação, mesmo que de forma superficial, das principais facções criminosas que atuam no Amapá.

2.2 DAS FACÇÕES CRIMINOSAS

O crime organizado tem crescido significativamente em todo o país, tornando-se uma das principais inquietações do sistema de segurança pública nacional. Utilizando-se quase sempre de extrema violência em roubos, sequestros, homicídios, tráfico de drogas e vários outros crimes, as facções criminosas infligem medo e insegurança na sociedade.

A Lei nº 12.850, 02 de agosto de 2013, ao tratar dar matéria, estabelece que:

> Organizações criminosas como associação de quatro ou mais pessoas estruturalmente ordenadas e caracterizadas pela divisão de tarefas ainda que informalmente com objetivo de obter direta e indiretamente, vantagem de qualquer natureza, mediante a prática de infrações penais cujas penas máximas sejam superiores a 4 anos ou que seja de caráter transnacional. (BRASIL, 2003)

A própria lei trás os requisitos para configuração de uma organização criminosa. Estas organizações possuem uma estrutura hierárquica bem definida e capacidade de se articular e definir seus objetivos. Interessante notar que estas características quase sempre são manifestas em estatutos, códigos internos e procedimentos rígidos de controle. O cumprimento e respeito às normas internas e à autoridade de seus líderes, via de regra, é imposto pelo uso da violência, inclusive, com os chamados "decretos de morte" daqueles que desobedecem ou não observam tais regras (MINGARDI, 1998).

As facções criminosas, enquanto espécie do gênero organização criminosa, fazem do atual contexto da segurança pública nacional um ambiente complexo, volátil, incerto, ambíguo e inseguro para toda a sociedade, sobretudo, em razão da natureza violenta de seus crimes. Ousa-se afirmar que, em determinados casos, as ações perpetradas por estes agentes criminosos podem ser comparadas ao crime de terrorismo, diante da repercussão de medo e insegurança que causam na sociedade, embora não haja o reconhecimento legal para tanto (GONÇALVES, 2017).

No intuito de enriquecer o presente estudo, recorreu-se à CIOP/SEJUSP na busca de informações a respeito das facções criminosas existentes no Amapá, como será apresentado nas linhas seguintes.

Segundo dados colhidos junto à CIOP, no estado existem facções criminosas bem estruturadas que atuam dentro e fora do sistema prisional, coordenando a prática de diversos crimes em todo o estado. As principais facções identificadas são: Primeiro Comando da Capital (PCC), Comando Vermelho (CV), Família Terror do Amapá (FTA), Amigos para Sempre (APS) e União Criminosa do Amapá (UCA). Ressalta-se o fato de que o CV e o PCC são facções de abrangência nacional, presentes em grande parte dos estados da federação e até mesmo em alguns países do entorno regional brasileiro. De acordo com a mesma fonte, ambas serviram de base para o surgimento das 03 (três) principais facções originariamente amapaenses: FTA, APS, UCA (AMAPÁ, 2022).

As consultas realizadas junto a CIOP permitiram identificar importantes aspectos da atual conjuntura referente às facções. Insta salientar, como exemplo, o processo de formação de uma nova facção criminosa, denominada Terceiro Comando do Amapá (TCA), decorrente da união das duas maiores facções nativas, FTA e APS, demonstrando claramente a adaptabilidade e evolução do crime diante das ações de enfrentamento do estado. Eis um fator de preocupação, que na visão do autor, deve ser imediatamente considerado, pois, caso se concretize, poderá resultar num recrudescimento da criminalidade local com aumento significativo dos índices criminais, especialmente dos chamados crimes violentos letais intencionais.

Estas facções apresentam uma enorme capacidade de organização e articulação, inclusive, interagindo com facções criminosas de outros estados. Ainda de acordo com informações cedidas pela CIOP, há registros de uma aliança entre o TCA e o Primeiro Comando Puro (PCP) do

Rio de Janeiro para o intercâmbio de informações, tráfico de drogas, e principalmente para o refúgio de lideranças criminosas do Amapá que, em fuga, escondem-se naquele estado (AMAPÁ, 2022).

Além do que, a pesquisa demonstrou que as fronteiras do Amapá foram ultrapassadas pelo crime, como é o caso de garimpos ilegais no Suriname que se tornaram áreas de influência de algumas das facções amapaenses. Em relação ao PCC, este tem se expandido para além dos limites territoriais brasileiros, estabelecendo-se na maioria dos países da América do Sul, e sua presença no Amapá possibilitou a extensão de uma célula do TCA para a cidade de Leticia na Colômbia como forma de viabilizar o envio de drogas e armas para o estado (GONÇALVES, 2020).

Tais situações expressam a profundidade do tema e os efeitos danosos decorrentes da atuação das facções criminosas, que na busca do lucro incessante, agem sempre de forma violenta e não convencional. Corroborando com este raciocínio, a ENISP afirma que a criminalidade organizada em função da enorme capilaridade que possui, influencia em todos os segmentos da sociedade. Atuando sobre o sistema prisional, transpondo fronteiras interestaduais e transnacionais, e contribuindo para o desenvolvimento de uma série de outros fenômenos criminais que assolam o país (BRASIL, 2021b).

3. RESULTADOS OBTIDOS E ANÁLISE

Como observado no transcorrer do RTC, o tema é complexo e muitas das informações pesquisadas são definidas como sensíveis e possuem certas restrições quanto à divulgação. Buscou-se, dessa forma, o equilíbrio necessário para que a pesquisa fosse desenvolvida sem que houvesse violação das normas vigentes.

A pesquisa considerou os aspectos doutrinários e legais da atividade de ISP, com enfoque na atuação da CIOP/SEJUSP, buscando compreender a importância desta ferramenta no combate às facções criminosas existentes no Amapá. Constatou-se que a SEJUSP se utiliza da atividade de ISP como estratégia para subsidiar suas ações, sobretudo, na formulação, execução e acompanhamento da política estadual de segurança.

A CIOP assume o papel de agência central de inteligência no estado e tem como missão, além da produção de conhecimentos, fomentar a integração entre os órgãos vinculados à SEJUSP. A CIOP mostra-se bastante atuante e reconhecida no âmbito da Segurança Pública amapaense, servindo de alicerce para a realização de diversas operações de combate ao crime organizado em todo o estado.

Verificou-se uma grande capacidade de interação com outras agências de inteligência, tais como: Ministério Público, Departamento de Polícia Federal, Polícia Civil, Polícia Militar, Polícia Rodoviária Federal, ABIN, IAPEN, dentre outras. O que merece relevo, pois, a interoperabilidade entre agências constitui recurso importante em qualquer teatro de operações, otimizando os recursos disponíveis e melhorando os resultados práticos das intervenções no enfrentamento às facções criminosas (SANTOS, 2020).

A CIOP, além do assessoramento em nível estratégico, possui um amplo campo de atuação no contexto das operações de inteligência, agindo também nos níveis tático e operacional, apoiando outras instituições no combate ao tráfico de drogas, porte e posse ilegal de armas de fogo, localização de foragidos da justiça, roubos e incidentes prisionais. No especial caso das facções criminosas, a atuação da CIOP possibilita melhor compreensão da criminalidade organizada, permitindo a construção de diagnósticos e prognósticos sobre a evolução do crime organizado no Amapá.

Uma questão merece ser observada. É premente a necessidade de se adotar uma diretriz estadual de inteligência que sirva de referência para atuação da atividade de ISP, e que envolva todas as agências vinculadas à SEJUSP. Do mesmo modo, considera-se de suma importância a elaboração de um plano de inteligência específico para o estado, calcado na PNISP, ENISP e DNISP, traçando os conhecimentos necessários e norteando as ações a serem adotadas pelas instituições ligadas à inteligência.

A implementação de uma diretriz e um plano estadual de inteligência fortaleceria o processo de integração entre as diversas agências, criando-se um modelo de sistema estadual que abarcasse toda a comunidade de inteligência local. A atual conjuntura tem demonstrado a necessidade de se organizar sistemas de inteligência como forma de integrar esforços para fazer frente às ameaças contemporâneas, especialmente a criminalidade organizada (SANTOS, 2020).

Contudo, seria incorreto pensar que a atividade de ISP por si só resolveria todos os problemas, pois, representa apenas uma dentre inúmeras estratégias possíveis de enfrentamento ao crime organizado. Deve haver um conjunto de ações que perpassem pela elaboração de políticas públicas, maiores investimentos nos órgãos de segurança, capacitação e qualificação dos policiais, e até mesmo atualização da legislação vigente.

4. CONCLUSÕES E RECOMENDAÇÕES

Em razão final deste trabalho, analisou-se o emprego da atividade de ISP como estratégia de enfrentamento ao crime organizado, com enfoque no estado do Amapá. Para tanto, foram realizadas pesquisas bibliográficas e coleta de dados junto à CIOP/SEJUSP, como forma de subsidiar a formulação do entendimento final.

Nesse panorama, após avaliar o conteúdo elaborado conclui-se que o enfrentamento às organizações delitivas, em especial às facções criminosas, é algo extremamente difícil que exige medidas cada vez mais bem planejadas. A atividade de ISP apresenta-se como uma importante ferramenta nesse processo, fornecendo o embasamento necessário para que o respectivo gestor público direcione suas decisões no campo da segurança (SANTOS, 2020).

Outro ponto que chamou a atenção do autor foi a complexidade com que o crime se organiza nos dias atuais. A estrutura piramidal, a divisão de lucros, a divisão de tarefas, o planejamento empresarial e a simbiose com o Estado, fazem com que este fenômeno mereça um tratamento diferenciado, completamente distinto daquele aplicado aos chamados crimes comuns, característicos de uma criminalidade desorganizada. O cenário apresentado é preocupante, diante da existência comprovada de facções criminosas no Amapá, as quais atuam dentro e fora do sistema prisional, na prática de diversos delitos.

Importante destacar a necessidade do fortalecimento da atividade de ISP, fomentando-se uma cultura de inteligência no âmbito das instituições, assim como estimular a integração e o compartilhamento de informações, pois, somente assim, com a somatização de esforços será possível fazer frente às facções criminosas.

Os documentos de inteligência produzidos no âmbito da Segurança Pública permitem identificar a forma mais eficiente de explorar as vulnerabilidades e enfraquecer o poder de atuação dessas organizações criminosas no estado. Para tanto, reafirma-se que o exercício desta atividade, para o alcance de seus objetivos, deve estar revertida de alguns aspectos de primeira ordem, quais sejam: investimentos em tecnologias e capacitação de pessoal, fortalecimento da cultura de inteligência no estado, integração entre as várias agências, formulação de uma diretriz e um plano estadual de inteligência e criação de uma legislação específica que proporcione proteção jurídica ao agente de inteligência.

Por fim, tem-se a plena consciência de que a pesquisa não foi suficiente para esgotar o tema, servindo, porém, de estímulo para que outros pesquisadores possam aprofundar os estudos sobre este tão importante e complexo tema.

REFERÊNCIAS

AMAPÁ. Lei nº 1.335, de 18 de maio de 2009. Altera dispositivos da Lei nº 0811, de 20 de fevereiro de 2004, que dispõe sobre a Organização do Poder Executivo do Estado do Amapá. **Diário Oficial do Estado nº 4497.** Macapá, 2009. Disponível em: http://www.al.ap.gov.br/ver_texto_consolidado.php?iddocumento=25746. Acesso em: 09 jun.2022.

AMAPÁ. Coordenadoria de Inteligência e Operações – SEJUSP. Identificação das organizações criminosas no Amapá. **Relatório Técnico**. Amapá: 2022.

BRASIL. **Doutrina nacional de inteligência de segurança pública**. Ministério da Justiça: SENASP, 2009.

BRASIL. Decreto nº 3.695, de 21 de dezembro de 2000. Cria o Subsistema de Inteligência e Segurança Pública no âmbito do Sistema Brasileiro de Inteligência. **Diário Oficial da União.** Brasília, 2000. Disponível em: http://www.planalto.gov.br. Acesso em: 29 mai.2022.

BRASIL. Lei nº 12.850, de 02 de agosto de 2003. Define organização criminosa e dispõe sobre a investigação criminal, os meios de obtenção da prova, infrações penais correlatas e o procedimento criminal. **Diário Oficial da União.** Brasília, 2003. Disponível em: http://www.planalto.gov.br/ccivil_03/_ato2011-2014/2013/lei/l12850.htm. Acesso em: 07 jun.2022.

BRASIL. Decreto nº 10.777, de 24 de agosto de 2021. Institui a Política Nacional de Inteligência de Segurança Pública. **Diário Oficial da União.** Brasília, 2021a. Disponível em: https://www.gov.br/planalto/pt-br/acompanhe-o-planalto/noticias/2021/08/politica-nacional-de-inteligencia-de-seguranca-publica-e-instituida. Acesso em: 21 mai.2022.

BRASIL. Decreto nº 10.778, de 24 de agosto de 2021. Institui a estratégia Nacional de Inteligência de Segurança Pública. **Diário Oficial da União.** Brasília, 2021b. Disponível em: http://www.planalto.gov.br/ccivil_03/_ato2019-2022/2021/decreto/D10778.htm. Acesso em: 21 mai.2022.

BRASIL. Ministério da Justiça e Segurança Pública. Acordo de cooperação técnica SR/PF/AP – FTSP/AP n° 01/2022. Dispõe sobre Acordo de Cooperação Técnica que entre si celebram a união e a secretária de estado da justiça e segurança pública do amapá, para a criação da força tarefa/AP n° 001/2022 de segurança pública do estado. **Diário Oficial da União,** Brasilia - DF n° 67, de 07 abr de 2022, Seção 3.

CEPIK, M.A.C. Serviços de inteligência na era da informação. **Revista de Sociologia Política**. Curitiba: 2003.

GOLÇALVES, Joanisval Brito. **Terrorismo: conhecimento e combate**. Niterói: Impetus, 2017.

GONCALVES, Anna Beatriz Ramalho. **Atores Não-Estatais Violentos na América Latina e a Governança Informal**: capacidades e potencialidades do Primeiro Comando da Capital (PCC). João Pessoa, 2020. Disponível em: https://repositorio.ufpb.br/jspui/bitstream/123456789/17830/1/ABRG20072020.pdf. Acesso em 09 jun.2022.

LAKATOS, Eva Maria; MARCONI, Marina de Andrade. **Fundamentos de metodologia científica**. São Paulo: Atlas 2003.

MINGARDI, Guaracy. **O Estado e o crime organizado**. São Paulo: IBCCrim, 1998.

SANTOS, Layla Maria de Souza. **Inteligência e Segurança Pública**. Curitiba: IESD, 2020.

SILVA, Wellington Clay Porcino. **O conceito da atividade de inteligência policial**. Conteúdo Jurídico, Brasilia – DF: 09 nov 2012. Disponível em: https://conteudojuridico.com.br/consulta/Artigos/32339/o-conceito-da-atividade-de-inteligencia-policial. Acesso em: 13 jun 2022.

REFLEXOS DA PROTEÇÃO DE DADOS PESSOAIS PARA A ATIVIDADE DE INTELIGÊNCIA – IMPACTOS, CONTROLE E APRIMORAMENTO DO MARCO LEGAL BRASILEIRO

CRISTIANE MIRANDA ARAÚJO[21]

SUMÁRIO: 1 Introdução - 2 A proteção de dados no Ordenamento Jurídico Brasileiro e sua aplicabilidade à A.I. - 3 Principais impactos da LGPD para A.I. - 4 Atual Jurisprudência do STF sobre a matéria - 5 Resultados obtidos, boas práticas e recomendações - 6 Conclusões e considerações finais - 7 Referências.

RESUMO: O artigo discorre sobre o caráter estratégico do processamento de dados na Sociedade da Informação e da importância de se estabelecer legislações para regular o fluxo desses dados, a fim de se garantir a privacidade e adequação no tratamento de dados pessoais, frente aos riscos que as novas tecnologias encerram e as múltiplas finalidades de seu uso, inclusive pelos órgãos estatais. O objetivo geral da pesquisa é avaliar a aplicabilidade e os principais impactos da Lei 13.709/2018 para a Atividade de Inteligência (A.I.) e apontar as ponderações necessárias quanto ao tratamento e compartilhamento de dados pessoais por essa atividade excepcional. Para tanto buscar-se-á apresentar a importância da A.I. para a consecução dos objetivos do Estado e da sociedade brasileira, suas características peculiares, além de reflexões sobre governança, boas-práticas, controle e *accountability* no tratamento de dados pessoais. Também será discutido o entendimento do Supremo Tribunal Federal (STF) sobre a matéria e os reflexos de suas decisões para a comunidade de Inteligência. As análises realizadas visam ainda apontar recomendações, a fim de facilitar a conformidade do tratamento de dados pela A.I., e demonstrar a urgência da necessidade do aprimoramento do marco legal brasileiro. A estratégia metodológica baseou-se na pesquisa de base documental, com a utilização de doutrina, jurisprudência, legislação vigente e de anteprojeto de lei, bem como de artigos especializados para aprofundar a problemática levantada.

PALAVRAS-CHAVE: dados pessoais; informação; Inteligência; tratamento.

21 Servidora Pública Federal, Graduada em Direito pela PUC Minas. Especialista em Direito Tributário pelo IEC PUC/Minas. Especialista em Inteligência Estratégica pela Escola Superior de Defesa (ESD) e Especialista em Direito Público pelo UniCEUB.

1. INTRODUÇÃO

No atual estágio da organização social não há dúvidas de que a informação é o ativo central, que por isso, passa a adjetivar a sociedade. Para BIONI (2021), na sociedade da informação, o fator diferenciador e estratégico é o desenvolvimento de capacidades para organizar e processar, em alta velocidade, a massa de dados e informações disponíveis, convertendo-a em conhecimento aplicável, cada vez mais requerido pelas inovações tecnológicas.

Nesse contexto, houve aumento do fluxo de dados pessoais e sua utilização para diversas e impensáveis finalidades, com reflexos diretos para a privacidade dos indivíduos, que sequer têm consciência de sua utilização, face ao processamento automatizado com Inteligência Artificial por empresas ou pelo próprio Estado. Por essa razão torna-se imperativo regular essas operações, haja vista as múltiplas possibilidades de utilização dos dados pessoais e o risco de vigilância excessiva da sociedade.

Há muito o debate sobre privacidade e dados pessoais tem feito parte do cenário internacional. Cita-se como exemplos, o *Pacto de San José da Costa Rica* (1969); a Resolução da ONU de 25 de novembro de 2013 sobre "Direito à Privacidade na Era Digital; e legislações como a Lei de Hesse na Alemanha na década de 1970 e o General Data Protection Regulation (GDPR) da União Européia de 2016- uma das legislações mais robustas sobre a matéria.

Ademais, episódios de grande repercussão mundial como o caso *Snowden*[22] e o da empresa *Cambridge Analytica*[23] reforçam a importância de se regulamentar o tratamento de dados pessoais e de se preservar a privacidade.

No Brasil, apesar da existência de dispositivos esparsos sobre o tratamento de dados pessoais, não havia uma legislação que tratasse a matéria de forma sistemática e harmônica. A defasagem foi suprida com

---

22 Em 2013, o americano Edward Snowden ex-consultor técnico da Central Intelligence Agency (CIA) e ex-contratado da National Security Agency (NSA) forneceu documentos secretos para os jornais The Guardian (Reino Unido) e Washington Post (EUA), revelando política de monitoramento de dados pessoais de cidadãos americanos, a partir do programa PRISM, inclusive fotos, e-mails e videoconferências de quem usava os serviços de empresas como Google,Skype e Facebook. Os vazamentos demonstraram ainda que a Petrobrás e a Presidente Dilma Rousseff também foram espionados pela NSA.

23 Em 2018, a Cambridge Analytica coletou dados de mais de 50 milhões de usuários do Facebook e foi acusada de influenciar ocomportamento de eleitores pró-Trump. A atuação da empresa também teria sido crucial no plebiscito pró-Brexit.

a edição da Lei nº 13.709, de 14 de agosto de 2018 – Lei Geral de Proteção de Dados Pessoais (LGPD), e com a Emenda Constitucional nº 115/2022, que incluiu esse direito no rol do art. 5º da Constituição Federal (C.F.)/1988.

A nova regulamentação levanta dilemas pela compatibilização de direitos individuais como privacidade e proteção de dados com necessidades do Estado em garantir soberania, independência, defesa da sociedade e repúdio ao terrorismo, para as quais se vale da Atividade de Inteligência (A.I.) – com técnicas e métodos sigilosos –, e que pode incorrer em abusos, caso não lhe sejam impostos mecanismos de controle eficientes, que assegurem finalidade condizente com o interesse público.

Assim, levando-se em consideração que dados e informações constituem matéria-prima para o exercício da A.I e os valores e princípios inerentes a essa função estatal (sigilo, segurança, controle, imparcialidade, amplitude, interação), justifica-se discutir a aplicabilidade da LGPD para a atividade, bem como os potenciais impactos, no que se refere ao tratamento e governança dos dados pessoais, além de avaliar o atual entendimento do Supremo Tribunal Federal (STF), com reflexos diretos sobre o compartilhamento de dados pessoais pela Agência Brasileira de Inteligência (ABIN) e pelo Sistema Brasileiro de Inteligência (SISBIN).

Não se pode olvidar que, cada vez mais, a Inteligência vem trabalhando em rede para fazer frente às ameaças atuais sobre os cidadãos, de forma que o compartilhamento e manutenção do fluxo integrado de informações entre os órgãos que exercem essa função é essencial para a geração de conhecimentos úteis, oportunos e estratégicos, com fins de assessoramento do Poder Decisório Nacional e para a segurança da sociedade de do Estado.

Dessa forma, é importante que o ordenamento pátrio tenha regras claras sobre a atuação da A.I., a fim de respaldar e fortalecer sua atuação, sem contudo, submeter os cidadãos a ingerências injustificáveis em sua privacidade e dados pessoais.

2. A PROTEÇÃO DE DADOS NO ORDENAMENTO JURÍDICO BRASILEIRO E SUA APLICABILIDADE À A.I.

Desde a década de 1990, a proteção de dados começou a ser regulada de forma setorial no País. Há disposições sobre a matéria no Código Civil Brasileiro, no Código de Defesa do Consumidor, na Lei de Acesso à Informação e no Marco Civil da Internet, entre outras. Contudo, apenas com a Lei nº 13.709, de 14 de agosto de 2018 – Lei Geral de Proteção de Dados (LGPD), o tema foi disciplinado de forma sistemática.

Os objetivos da referida lei são assegurar ao cidadão o controle e a titularidade sobre seus dados pessoais (autodeterminação informativa), evitando-se riscos aos direitos da personalidade e da privacidade, assim como prover segurança jurídica no ambiente digital, para que a utilização dos dados pessoais no Brasil se dê em patamares de segurança, transparência e boa-fé, garantindo-se ainda o desenvolvimento econômico, tecnológico e a inovação, tanto no setor público como no privado.

A proteção de dados pessoais, por fazer parte do rol do art. 5º da C.F./1988[24], é de observância impositiva a todos os entes públicos e privados. Ainda assim, questiona-se se a LGPD seria aplicável à A.I, uma vez que essa norma excluiu certas atividades estatais de seu âmbito de abrangência (segurança pública, defesa nacional, segurança do Estado e atividades de investigação e repressão de infrações penais).[25]

Embora a A.I. não tenha sido listada expressamente nessas exclusões, infere-se, por interpretação teleológica[26], sua inserção nos termos **defesa nacional e segurança do Estado**, por serem a razão de ser da A.I. Apesar desse esforço interpretativo, ainda assim, a exclusão da LGPD não é total, uma vez que, mesmo tais atividades devem observar um regramento mínimo quanto à proteção de dados, nos termos do § 1º do art. 4º da lei[27].

---

24 CF/1988. Art. 5º (...) LXXIX - é assegurado, nos termos da lei, o direito à proteção dos dados pessoais, inclusive nos meios digitais.

25 Vide LGPD, Art. 4º, inciso III.

26 A interpretação teleológica refere-se à busca pela finalidade ou objetivo de uma norma, sua razão finalística.

27 LGPD, Art. 4º, § 1ºO tratamento de dados pessoais previsto no inciso III será regido por legislação específica, que deverá prever medidas proporcionais e estritamente necessárias ao atendimento do interesse público, observados o devido processo legal, os princípios gerais de proteção e os direitos do titular previstos nesta Lei (grifo nosso).

Dessa forma, a análise conjunta e sistemática dos dispositivos citados com a C.F./88 não deixa dúvida de que mesmo para as atividades ressalvadas, aplica-se a LGPD, no que se refere ao devido **processo legal, aos princípios gerais de proteção e direitos do titular da LGPD,** que devem ser, observados, ainda que com mitigações, independentemente da edição de nova legislação específica para a A.I.

3. PRINCIPAIS IMPACTOS DA LGPD PARA A A.I.

Inicialmente, importante esclarecer que a LGPD considera dado pessoal qualquer informação relacionada a pessoa natural identificada ou identificável. Além disso, são considerados pessoais sensíveis, por exemplo, os de origem racial ou étnica, convicção religiosa, opinião política, relacionados à vida sexual ou biométricos. O tratamento de dados pessoais refere-se a qualquer operação a eles relacionada.

Esses conceitos[28] são importantes para se avaliar as diretrizes do § 1º do art. 4º da LGPD a seguir listadas e os principais impactos para o trabalho da A.I.:

3.1. EDIÇÃO DE *LEGISLAÇÃO ESPECÍFICA* PARA O TRATAMENTO DE DADOS PESSOAIS, COM PREVISÃO DE *MEDIDAS PROPORCIONAIS* E ESTRITAMENTE *NECESSÁRIAS* AO ATENDIMENTO DO *INTERESSE PÚBLICO:*

Em 8 de junho de 2022 foi apresentado o Projeto de Lei (PL) nº 1515/2022, com o objetivo de regulamentar o tratamento de dados pessoais para todas as atividades previstas nas exceções do inc. III, do art. 4º da LGPD. No PL, foi incluída a A.I., como desdobramento das

28 Vide art. 5º LGPD.

atividades de segurança do Estado e Defesa Nacional (§ 3º, do art. 7º)[29]. Até o momento do encerramento deste Relatório não houve qualquer andamento na tramitação do PL.

3.2. DEVIDO PROCESSO LEGAL:

Trata-se de mandamento constitucional (art. 5º, inciso LIV), assim como exigido na lei do processo administrativo - Lei 9.784/99 e não representa novidade para a Inteligência, pois é princípio obrigatório para toda a administração pública. Logo, não há impacto.

3.3 PRINCÍPIOS GERAIS DE PROTEÇÃO (ART. 6º DA LGPD):

Podem ser segmentados em três grupos:

3.3.1 Compatíveis:

Boa-fé, adequação, finalidade, prevenção, não-discriminação, responsabilização e prestação de contas.

A boa-fé, a adequação, a finalidade e a não-discriminação coincidem com os pressupostos de atuação da Doutrina Nacional de Inteligência (DNAI), os limites legais e a missão institucional da A.I.

---

29 PL 1515/2022, Art. 7º O tratamento de dados pessoais para atividades de segurança do Estado e de defesa nacional poderá ser realizado desde que haja previsão legal específica. § 1º A previsão legal de que trata o *caput* deste artigo se consubstanciará nas competências legais dos órgãos incumbidos das atividades mencionadas no *caput* deste artigo e nos diplomas legais exarados pelo Ministro de Estado Chefe do Gabinete de Segurança Institucional da Presidência da República, pelo Ministro de Estado da Defesa, pelo Diretor-Geral da Agência Brasileira de Inteligência e pelos Comandantes das Forças Armadas.
§ 2º O compartilhamento de dados pessoais para os fins de segurança do Estado e de defesa nacional poderá ser realizado entre os órgãos incumbidos dessas atividades, com o objetivo de proporcionar eficácia às ações daqueles órgãos, devendo ser observados, para tanto, os princípios descritos no art. 4º desta lei.
§ 3º As atividades a serem regulamentadas nos diplomas legais mencionados no §1º constituem-se, dentre outras, naquelas referentes à inteligência de Estado; à garantia da lei e da ordem (GLO); às de emergência e de ajuda humanitária; às missões de paz: à segurança de grandes eventos; aos exercícios ou operações militares; e aos casos de emprego real das Forças Armadas, na forma da lei.

É o que se verifica ao analisar a base legal da Atividade (Lei 9.883/99)[30].

Quanto à prevenção, há harmonia com o art. 2º, §1º da Lei 9.883/99, que determina como obrigação do SISBIN/ABIN a salvaguarda das informações de inteligência contra acessos não autorizados. Da mesma forma, o art. 9º-A e seu § 2º exigem a manutenção de sigilo sobre os assuntos de inteligência sob pena de responsabilização administrativa, cível e penal.

No que se refere à responsabilização e à prestação de contas não há impacto porque são princípios inerentes à democracia e constituem mecanismos de responsabilização e *accountability*[31] que mantêm a A.I. sob controle, inclusive para se realizar a ponderação sigilo *versus* transparência. O controle além de necessário é benéfico, pois confere maior respaldo ao Serviço. Contudo, há que se observar que, diante da sensibilidade dos assuntos tratados na Inteligência, deve ser realizado internamente pelo órgão (autotutela) ou externamente por órgãos de supervisão no Poder Executivo e pelo Poder Legislativo (art. 6º da Lei 9.883/99).

3.3.2. Apresentam dificuldades de ordem prática ou operacional: segurança e qualidade dos dados.

No que se refere à segurança, verifica-se coincidência com a DNAI, que determina a adoção de medidas de salvaguarda adequadas a cada situação.

30 Vide arts. 3º e 4º da Lei 9.883/99:
Art. 3º (...) Parágrafo único. As atividades de inteligência serão desenvolvidas, no que se refere aos limites de sua extensão e ao uso de técnicas e meios sigilosos, com irrestrita observância dos direitos e garantias individuais, fidelidade às instituições e aos princípios éticos que regem os interesses e a segurança do Estado.
Art. 4º À ABIN, além do que lhe prescreve o artigo anterior, compete:
I planejar e executar ações, inclusive sigilosas, relativas à obtenção e análise de dados para a produção de conhecimentos destinados a assessorar o Presidente da República;
II planejar e executar a proteção de conhecimentos sensíveis, relativos aos interesses e à segurança do Estado e da sociedade;
III avaliar as ameaças, internas e externas, à ordem constitucional;
IV promover o desenvolvimento de recursos humanos e da doutrina de inteligência, e realizar estudos e pesquisas para o exercício e aprimoramento da atividade de inteligência.

31 Vide *accountability* em GONÇALVES (2019, p. 15): "Termo sem tradução precisa em português, *accountability* relaciona-se à "prestação de contas" – ou a obrigação de fazê-lo –, em sentido amplo, inerente à atividade pública. Trata-se de um processo por meio do qual um órgão ou agente do Estado está obrigado a responder clara e completamente perante uma autoridade à qual deve prestar contas, por exemplo, a uma comissão parlamentar. Carlos Henrique Fêu assinala que *accountability* "representa a obrigação que a organização tem de prestar contas dos resultados obtidos, em função das responsabilidades que decorrem de uma delegação de poder". Daí acrescentar que "a palavra *accountability* significa a obrigação de prestar contas dos resultados conseguidos em função da posição que o indivíduo assume e do poder que detém".

Contudo, em termos práticos, a observância plena desse princípio exige a adoção de capacitação e ferramentas para maior governança dos dados pelos agentes de tratamento, que devem mapear as situações de tratamento, bem como incorporar aos seus processos medidas técnicas e administrativas aptas a proteger os dados pessoais de acessos não autorizados e de situações acidentais ou ilícitas de destruição, perda, alteração e comunicação, assim como estabelecerem canais técnicos para adequada difusão.

Essas observações também se aplicam à qualidade dos dados, representando uma boa-prática o investimento em desenhos de processos capazes de garantir correção e atualização desde a origem do tratamento (*privacy by design*), assim como as demais qualidades da informação (integridade, disponibilidade, autenticidade e primariedade), sob pena de comprometimento dos referidos princípios.

3.3.3. Incompatíveis: transparência, livre acesso, necessidade.

Em que pese a importância da transparência e do livre acesso para o controle da Administração Pública, há especificidades a serem consideradas para a A.I, que é peculiar e visa prevenir a sociedade e o Estado de ameaças extremamente relevantes[32], com necessidade de buscar dados negados e utilizar técnicas sigilosas para produção de conhecimentos sensíveis, cuja proteção é obrigatória, assim como a preservação das ações e fontes sigilosas que lhes deram origem, conforme prescrito pelos arts. 4º, inciso I, 9º e 9º-A da Lei 9.883/99 e arts. 6º, inciso III e 23 da LAI.

O sigilo para a A.I. representa verdadeira condição para a efetividade e eficácia das ações de prevenção contra as graves ameaças que afligem a sociedade. Conceder transparência e livre acesso, sobretudo às ações em curso e informações sensíveis, equivaleria a abrir mão da proteção e antecipação que se busca com o trabalho de Inteligência. Por isso, entende-se que os princípios da transparência e do livre acesso tornam-se incompatíveis com a A.I., o que demanda sua mitigação, por sopesamento com o

32 Vide as principais ameaças citadas no item 6 da Política Nacional de Inteligência (PNI) /2016.

interesse público[33], pela legislação especial (Lei 9883), em prol da segurança contra as ameaças listadas na Política Nacional de Inteligência (PNI).

Quanto à necessidade, verificam-se incompatibilidades de ordem doutrinária, prática e operacional. É inerente à A.I. o princípio da amplitude (obter os mais completos resultados nos trabalhos). Dessa forma, delimitar o tratamento ao mínimo necessário, a fim de se evitar incorrer em excessos, torna-se tarefa bem complexa e poderá não satisfazer o tomador de decisão ou mesmo comprometer a utilidade do conhecimento produzido. Além disso, acesso integral a bases de dados e tecnologias de *big data* são necessárias para o processamento de massas de dados, com fins de melhorar e garantir a oportunidade de conhecimentos úteis. Contudo, a amplitude desses cruzamentos de dados esbarraria no princípio da necessidade, que diante do caso concreto, deve ser mitigado, face às ameaças ao interesse público delimitadas na PNI, sob acompanhamento da A.I.

3.4 DIREITOS DO TITULAR (ART. 18 DA LGPD):

No que se refere aos direitos do titular entende-se que, em sua maior parte, são de difícil compatibilização com a A.I. Confirmar a existência do tratamento ou conceder acesso aos dados, informar os órgãos para os quais houve compartilhamento ou eliminar dados tratados sem o consentimento representam direitos incompatíveis com a sensibilidade dos temas tratados pela A.I.. A concessão de tais direitos poderiam minar completamente o trabalho no caso concreto, não sendo razoável ou proporcional ao interesse público que se conceda, por exemplo, a mera confirmação de tratamento dos dados de um alvo de terrorismo ou membro de uma organização criminosa.

33 "A exigência simultânea de agilidade e acurácia se mostra dilemática, assim como as demandas por efetividade e transparência das ações. Mais do que mecanismos legais de controle e fiscalização, a forma mais eficiente de se manter a Atividade de Inteligência voltada para o cumprimento de suas missões de maneira democrática e republicana é elegendo governantes sérios e responsáveis, especialmente para o Poder Executivo (federal e estaduais).Simplesmente limitar as ações de inteligência ou submetê-las a cada vez mais fiscalização pode acarretar comprometimento da segurança, vazamentos e, consequentemente, perda da efetividade. Não existe solução mágica para esse dilema, pelo contrário, esse quadro exige monitoramento e ajustes constantes. A sociedade precisa entender o impasse, escolher qual modelo deseja e ter consciência do seu papel. A efetividade da Atividade de Inteligência depende totalmente do sigilo. Por outro lado, a legitimidade está intrinsecamente ligada ao correto direcionamento que se dá às ações de Inteligência, e isso está condicionado ao comportamento das autoridades governamentais". (SANTOS, 2020, p. 89)

Dessa forma, entende-se que tais direitos são inerentes ao tratamento, no qual o consentimento do titular dos dados é necessário (inciso I, art. 7º da LGPD). Contudo, a base legal de tratamento para a A.I. é diversa e decorre do cumprimento de obrigação legal ou para a execução de políticas públicas (incisos II e III do art. 7º da LGPD).

Todavia, direitos relacionados à correção, exatidão, atualização, anonimização, bloqueio ou eliminação de dados desnecessários, excessivos ou em desconformidade, ainda que não possam ensejar direito de petição direta dos titulares junto aos órgãos de Inteligência, devem ser observados, pois decorrem dos princípios de qualidade dos dados, finalidade e necessidade.

4. ATUAL JURISPRUDÊNCIA DO STF SOBRE A MATÉRIA

O reconhecimento da proteção de dados pessoais como direito fundamental e conforme os parâmetros definidos pela LGPD reflete-se na jurisprudência da mais alta Corte do País, a exemplo dos julgamentos da Ação Direta de Inconstitucionalidade (ADI) nº 6.529 e da Arguição de Descumprimento de Preceito Fundamental (ADPF) nº 695. Em ambos os casos, as situações de tratamento e compartilhamento de dados envolveram a ABIN, ensejando reflexos para a comunidade de Inteligência como um todo, pois trata-se do órgão central e coordenador do SISBIN.

4.1. ADI Nº 6.529/2020:

proposta pela Rede Sustentabilidade, contestou a constitucionalidade do p.u. do art. 4º da Lei 9.883/99[34] e do § 3º do art. 1º do Decreto 10.445/2020[35], por entender que a redação da norma derivada

34 Lei 9.883/99, Art. 4º, parágrafo único. Os órgãos componentes do Sistema Brasileiro de Inteligência fornecerão à ABIN, nos termos e condições a serem aprovados mediante ato presidencial, para fins de integração, dados e conhecimentos específicos relacionados com a defesa das instituições e dos interesses nacionais.

35 Decreto 10.445/2020, Art. 1º, § 3º Os órgãos componentes do Sistema Brasileiro de Inteligência fornecerão à ABIN, sempre que solicitados, nos termos do disposto no Decreto nº 4.376, de 13 de setembro de 2002, e na legislação correlata, para fins de integração, dados e conhecimentos específicos relacionados à defesa das instituições e dos interesses nacionais.

representaria alargamento no poder de requisição de dados pela ABIN junto aos órgãos do SISBIN, e geraria risco potencial de supressão de jurisdição para quebra de sigilos constitucionalmente protegidos, como o das comunicações e de dados. O STF julgou parcialmente procedente o pedido para considerar válidos os dispositivos questionados e o compartilhamento de dados nas seguintes condições:

- Interesse público objetivamente comprovado, a fim de vedar abuso de direito e desvio de finalidade;
- Motivação expressa, que permita controle de legalidade;
- Vedação de compartilhamento de comunicações telefônicas ou dados sujeitos à reserva de jurisdição, enquanto direitos fundamentais;
- Procedimento formalmente instaurado; e
- Existência de sistemas eletrônicos de segurança e registro de acesso, para fins de responsabilização por omissão, desvio ou abuso;

Na verdade, tais limites, imperativos para a ABIN e SISBIN, já eram previstos de forma indubitável pela Lei 9.883/99[36]. Ademais, nesse julgado, aprofundou-se a discussão sobre a A.I., reconhecendo-se sua importância para a preservação da segurança nacional e sua peculiaridade, enquanto atividade não habitual, reservada às questões mais importantes de política exterior e internas suscetíveis de destruir o Estado. Ressaltou-se que sua efetividade estaria associada ao caráter sigiloso das informações coletadas, não obstante essa função estatal, no Estado Democrático de Direito, dever estar submetida a controle que permita análise da adequação às finalidades públicas a que se dirige. Houve ainda o reconhecimento da constitucionalidade do SISBIN e legitimou-se sua estruturação, bem como apontou-se a devida diferenciação entre inteligência e investigação.

Verifica-se que a decisão da ADI 6.529 constituiu avanço para a A.I., pois em análise abstrata, conferiu constitucionalidade à base legal da A.I e legitimidade da atuação da ABIN/SISBIN. Por fim, clareou os

36 Lei 9883/99, Art.1º(...) §1º O Sistema Brasileiro de Inteligência tem como fundamentos a preservação da soberania nacional, a defesa do Estado Democrático de Direito e a dignidade da pessoa humana, devendo ainda cumprir e preservar os direitos e garantias individuais e demais dispositivos da Constituição Federal, os tratados, convenções, acordos e ajustes internacionais em que a República Federativa do Brasil seja parte ou signatário, e a legislação ordinária.

parâmetros sobre os quais devem ocorrer o compartilhamento de dados de Inteligência.

4.2. ADPF Nº 695/2020:

Proposta pelo Partido Socialista Brasileiro, a ação questiona as tratativas entre ABIN e SERPRO para o compartilhamento de dados da base do Denatran, apontando risco de vigilância massiva de 76 milhões de brasileiros. O julgamento está pendente, mas o Min. Gilmar Mendes concedeu medida cautelar, na qual considerou o compartilhamento de dados pessoais irregular, sob os seguintes argumentos: Denatran não pertence ao SISBIN[37]; não há legislação específica[38] permitindo o compartilhamento de dados; o processamento dos dados seria diverso da finalidade para a qual foram inicialmente coletados (proteção do sistema de trânsito); e inexistência de mecanismos adequados para controle das finalidades do compartilhamento. Houve citação do direito comparado e de precedentes do STF, nos quais ressaltou-se a dupla dimensão objetiva/subjetiva do direito à proteção de dados.

A conclusão do relator foi de que o compartilhamento de dados pessoais entre o Denatran e a ABIN teria **potencial** de violar a proteção de dados e a autodeterminação informativa dos cidadãos brasileiros (art. 5º, incisos X e XII da CF/88), não satisfazia o teste da proporcionalidade entre os bens jurídicos em conflito (privacidade e segurança) e não possuiria base legal que lhe amparasse nem se mostraria proporcional ante suas finalidades."[39]

Depreende-se da decisão, que apenas o dever de sigilo quanto ao tratamento e compartilhamento dos dados pessoais pela A.I não é suficiente para garantir a proteção constitucional, diante de potencial risco de desvio de finalidade do tratamento e da capacidade reduzida dos órgãos de manterem mecanismos adequados de controle do processamento. Percebe-se também que a fundamentação do tratamento amparado na Lei 9.883/99 e na Política Nacional de Inteligência (legalidade ampla) foi considerada genérica, ressaltando-se a necessidade de legislação própria

37 Passou a membro do SISBIN a partir de 27/04/2021.
38 Conforme exigido pelo §1º do art. 4º da LGPD.
39 STF, ADPF fls. 42

(legalidade específica) para o compartilhamento de dados pessoais pela Inteligência, conforme exigido pela LGPD.

Essa posição restritiva para o compartilhamento de dados com a ABIN, reflete-se para todo o SISBIN e demais subsistemas de Inteligência, pois àquela é o órgão que, necessariamente, representa esse segmento da burocracia estatal. Acaso mantida essa linha de julgamento pelos demais ministros do STF, poder-se-á inviabilizar a atuação em rede da comunidade de Inteligência, bem como a integração e cooperação, instrumento previsto para conferir eficiência e efetividade à Política Nacional de Inteligência (Decreto 8.793/2016).[40]

5. RESULTADOS OBTIDOS, BOAS-PRÁTICAS E RECOMENDAÇÕES

Verifica-se das análises realizadas, que os impactos da atual regulamentação brasileira de proteção de dados para a A.I. podem ser divididos em dois grandes grupos:

1. De natureza, finalidade e base legal – como nas tensões "transparência x sigilo" e "consentimento x obrigação legal"; ou
2. De adequação de procedimentos/governança de dados – como no caso do acesso integral a banco de dados e salvaguardas.

Na primeira situação, defende-se que exigências da LGPD incompatíveis com a DNAI e com a base legal da A.I. (Lei 9.883/99 e PNI) necessitam ser mitigadas, mediante juízo de ponderação, como por exemplo, no que se refere aos princípios do livre acesso e da transparência no tratamento de dados de interesse da A.I. Lembre-se que as ações dos órgãos envolvidos da A.I. acham-se legitimadas por órgãos de controle: CREDEN (Executivo) e CCAI (Legislativo)[41], representantes da soberania popular. Logo, nesse primeiro grupo, entende-se que não haveria "impacto" propriamente dito, pois prevaleceriam a Lei 9.883/99 e a legislação específica, prevista no § 1º do art. 4º da LGPD a ser editada.

40 Vide item 5. INSTRUMENTOS (...) V – intercâmbio de dados e conhecimentos no âmbito do SISBIN, nos termos da legislação em vigor;

41 Lei 9.883/99, Arts. 5º e 6º.

Contudo, para o segundo grupo, no qual a incompatibilidade decorre de despadronização de procedimentos e governança, entende-se que há impactos relevantes, pois podem ser verificados problemas por ausência de meios técnicos adequados, falta de mapeamento dos dados, determinação do ciclo de vida ou mesmo justificativa clara da necessidade dos dados tratados. Nesses casos, demanda-se amadurecimento institucional e adoção imediata de medidas técnicas e boas práticas para fins de adequação de conformidade. À título de exemplo, poderiam ser citadas: implementação de medidas de segurança, inclusive desde o desenho do sistema (*privacy by design*), a fim de permitir rigoroso controle sobre o tratamento e difusão de dados pessoais e que permitam auditabilidade; capacitação e conscientização ética dos agentes de tratamento, rigoroso trabalho de gestão de risco para evitar vazamentos ou tratamento em desconformidade com a base legal ou desvios de finalidade da A.I.

Como demonstrado, a legalidade do compartilhamento de dados de interesse da A.I. foi questionada por atores políticos (partidos) junto ao STF. Apesar da ADI nº 6529 ter assegurado o compartilhamento, foram estabelecidas condicionantes para sua legitimidade. Em relação à ADPF nº 695 decidiu-se pela insuficiência de base legal sólida, inclusive que assegure medidas de salvaguarda, adequação e proporcionalidade, no compartilhamento de dados para a A.I. Esse último entendimento do STF é deveras restritivo e poderá representar risco à atuação em rede da comunidade de Inteligência, para cujo trabalho o compartilhamento de dados é essencial.

Contudo, registra-se que o Judiciário reconheceu a mora do Legislativo em editar base legal específica, que contemple de forma mais detalhada, como deve se dar o compartilhamento de dados pessoais tratados pela A.I. Nesse sentido, há o PL 1515/2022, que encontra-se em tramitação inicial. Entretanto, o texto não foi discutido anteriormente no âmbito da ABIN/SISBIN, apresenta disposições vagas e sequer previu a alteração na Lei 13.709/2018 para excepcionar expressamente a Inteligência de suas normas gerais. Ademais, os princípios do tratamento e direitos dos titulares tiveram avanços, mas não respeitaram todas as peculiaridades necessárias à A.I.

Verifica-se que o PL nº 1515/2022 não preenche adequadamente o vácuo normativo para a A.I., principalmente considerando os parâmetros da ADPF 695, e caso não seja acrescido de dispositivos mais específicos, o tratamento e compartilhamento de dados pessoais da A.I. continuará sem base legal sólida e mecanismos de controle adequados[42], tendo em vista o posicionamento do STF. Diante de todo o exposto, recomenda-se:

1. Sinergia de esforços da comunidade de Inteligência, mediante criação de Grupo de Trabalho (GT) interministerial (GSI/ABIN, MD e MJSP) para discutir o aprimoramento do marco legal brasileiro, no que se refere à constitucionalização da A.I. e de regras mais claras e adequadas para o tratamento de dados pessoais para essa função estatal, considerando suas peculiaridades, a fim de se apresentar alterações ou substitutivo ao PL nº 1515/2022;
2. Estratégias para buscar celeridade do Poder Legislativo para discutir e aprovar a legislação mencionada, a fim de que a partir de bases legais mais sólidas sobre a matéria, confira-se controle adequado e segurança jurídica ao trabalho dos profissionais da área;
3. Medidas de sensibilização do Poder Judiciário, quando da continuidade do julgamento do ADPF nº 695, pois acaso mantida a interpretação excessivamente restritiva do relator, poder-se-á inviabilizar o trabalho de Inteligência, haja vista que restrições demasiadas sobre o compartilhamento de dados nessa atividade, acarretarão prejuízos irremediáveis para a eficácia da Política Nacional de Inteligência, e consequentemente para a segurança da sociedade e do Estado brasileiros; e
4. Adoção imediata de boas práticas pelos integrantes do SISBIN, com fins de adequação e conformidade do tratamento de dados pessoais por eles realizados, naquilo que a LGPD for compatível com a A.I.

---

42 Cf. assinala Gonçalves, ao citar Ugarte: "é que o controle também se exerce por meio da aprovação de leis que estabeleçam mandado, limitem as ações de inteligência e protejam a sociedade contra abusos cometidos pelos serviços secretos. Essa legislação é constitucional e infraconstitucional e também encontra amparo nos regimes jurídicos internacionais" (2019, op.cit., p. 80).

6. CONCLUSÕES E CONSIDERAÇÕES FINAIS

A constitucionalização da proteção de dados pessoais e sua regulamentação por meio da LGPD constituiu marco relevante no ordenamento jurídico e na cultura de proteção do País. Para além do significado principiológico que representa – respeito à dignidade da pessoa humana – fundamento do Estado Democrático de Direito e garantia à privacidade –, não se pode olvidar de seu significado estratégico, pois a regulação do tratamento dos dados pessoais é essencial para conferir segurança jurídica no meio digital e manter o fluxo informacional, assegurando condições de desenvolvimento tecnológico e econômico para o Brasil.

Ambos os significados têm relevância para a AI. O principiológico reafirma seus pressupostos e controle, pois mesmo sendo função estatal peculiar, em um Estado Democrático de Direito, deverá observar condições e limites, de forma a atuar com legitimidade, necessidade e proporcionalidade no tratamento e compartilhamento de dados pessoais, evitando abusos e danos potenciais à privacidade dos cidadãos.

A digitalização dos serviços e as novas tecnologias de processamento de dados demonstram o caráter estratégico da informação, cuja adequada governança propicia agilidade na produção de conhecimentos úteis ao decisor, bem como segurança e auditabilidade no tratamento dos dados pessoais.

Obviamente a conciliação de valores igualmente relevantes para o estado brasileiro demanda a necessidade da A.I. aperfeiçoar procedimentos, a fim de realizar o tratamento de dados pessoais de forma adequada, necessária e proporcional, com mecanismos de controle efetivos, para assegurar a finalidade exclusiva de atendimento ao interesse público.

Para tanto, torna-se primordial regulamentação clara e específica do tratamento de dados pessoais pela A.I. mas que contemple as especificidades dessa função estatal e assegure o compartilhamento de dados e informações no âmbito do SISBIN e demais subsistemas de Inteligência, de forma a manter-se a cooperação e atuação em rede desses órgãos.

A preservação de princípios inerentes à A.I, como o sigilo e segurança, devem ser considerados na proposta de aprimoramento do marco legal sobre a matéria, principalmente para que haja harmonização com a Lei 9.883/99. Contudo, não se pode descurar da necessidade de controle e *accountability* sobre os trabalhos desempenhados pelos órgãos de Inteligência, além de reforçar que a Atividade deve pautar sua atuação, no que se refere ao tratamento de dados pessoais, para finalidades legítimas, segundo valores democráticos.

REFERÊNCIAS

BIONI, Bruno Ricardo. **Proteção de dados pessoais: a função e os limites do consentimento.** Rio de Janeiro: Editora Forense, 2021.

BRASIL. Agência Brasileira de Inteligência (ABIN). **Doutrina Nacional da Atividade de Inteligência: Fundamentos doutrinários.** Brasília, DF, 2016.

_________. Constituição (1988). Constituição da República Federativa do Brasil. **Diário Oficial da União.** Brasília, 1988. Disponível:< http://www.planalto.gov.br/ccivil_03/constituicao/constituicaocompilado.htm>. Acesso em 10 abr. 2022.

_________. Lei nº 9.883, de 7 de dezembro de 1999. Institui o Sistema Brasileiro de Inteligência, cria a Agência Brasileira de Inteligência-ABIN. **Diário Oficial da União.** Brasília, 1999. Disponível em:< http://www.planalto.gov.br/ccivil_03/leis/l9883.htm>. Acesso em 20 abr. 2022.

_________ . Lei nº 12.527, de 18 de novembro de 2018. Lei de Acesso à Informação (LAI). **Diário Oficial da União.** Brasília, 2018a. Disponível em: <http://www.planalto.gov.br/ccivil_03/_ato2011-2014/2011/lei/l12527.htm>. Acesso em 21.04.2022.

__________. Lei nº 13.709, de 14 de agosto de 2018. Lei Geral de Proteção de Dados (LGPD). **Diário Oficial da União.** Brasília, 2018b. Disponível em:< http://www.planalto.gov.br/ccivil_03/_ato2015-2018/2018/lei/L13709.htm>. Acesso em: 26 abr. 2022.

__________. Decreto 8.793, de 23 de junho de 2016. Política Nacional de Inteligência. **Diário Oficial da União.** Brasília, 2016. Disponível em:< http://www.planalto.gov.br/ccivil_03/_ato2015-2018/2016/decreto/D8793.htm>. Acesso em: 24 maio 2022.

__________. Decreto de 15 de dezembro de 2017. Estratégia Nacional de Inteligência. **Diário Oficial da União.** Brasília, 2017. Disponível em:< http://www.planalto.gov.br/ccivil_03/_ato2015-2018/2017/dsn/Dsn14503.htm>. Acesso em: 24 maio 2022.

__________. Projeto de Lei nº 1515 de 8 de junho de 2022. **Diário Oficial da União.** Brasília, 2022. Disponível em:

<https://www.camara.leg.br/propostas-legislativas/2326300>. Acesso em: 22 jun. 2022.

CASTELLS, Manuel. **Sociedade em Rede: a era de informação, economia, sociedade e cultura.** Trad.: Roneide Venancio Majer. 6 ed. São Paulo: Paz e Terra, 1999.

COUTINHO, Lilian. **LGPD e Inteligência: os limites no tratamento de dados pessoais coletados em fontes abertas. RBI.** Brasília: ABIN, 2021.

CHUCRE, Caroline Nazaré. **Impactos da Lei Geral de Proteção de Dados ao tratamento de dados pessoais realizado pela Agência Brasileira de Inteligência.** Brasília: ABIN, 2020.

GONÇALVES, Joanisval Brito. **Políticos e espiões: o controle da atividade de inteligência.** 2.ed. Niterói, Rio de Janeiro: Impetus, 2019.

KENT, Sherman. **Informações estratégicas.** Tradutor: Cel Hélio Freire. Rio de Janeiro, Bibliex, 1967.

MENDES, Gilmar Ferreira et ali. **Curso de direito constitucional.** 10 ed. São Paulo, Saraiva:2015.

PAIVA, Marcella da Costa Moreira de et ali. Coord, MARTINS, Plinio Lacerda. **Proteção de dados: Estudos do Grupo de Proteção de Dados Pessoais - UFF.** IDPP: Rio de Janeiro, 2021.

PINHEIRO, Patricia Peck. **Proteção de dados pessoais – comentários à Lei n. 13.709/2018 (LGPD).** São Paulo: Saraiva Jur, 2020.

SANTOS, Layla Maria de Sousa. **Inteligência e Segurança Pública.** Curitiba, Paraná: IESDE, 2020.

VAINZOF, Rony; MORAES, Henrique Fabretti (coord). **Data Protection Officer (Encarregado): Teoria e prática de acordo com a LGPD e o GDPR**. São Paulo: Thompson Reuters Brasil, 2020.

SUPREMO TRIBUNAL FEDERAL. **ADPF nº. 695.** Rel. Gilmar Ferreira Mendes. Julgamento: 24.06.2020. Disponível em: https://portal.stf.jus.br/processos/downloadPeca.asp?id=15343579920&ext=.pdf

SUPREMO TRIBUNAL FEDERAL. **ADI nº.6529.** Rel. Cármem Lúcia Antunes Rocha. Julgamento: 08.10.2020. Disponível em: https://portal.stf.jus.br/processos/detalhe.asp?incidente=5972837

A FORMALIZAÇÃO DA ATIVIDADE DE INTELIGÊNCIA NOS ÓRGÃOS DO SISTEMA BRASILEIRO DE INTELIGÊNCIA

SIMONE ALVES DAS FLÔRES[43]

SUMÁRIO: 1 Introdução - 2 Desenvolvimento - 2.1 O Sistema Brasileiro de Inteligência - 2.2 Os Órgãos do Sistema Brasileiro de Inteligência - 2.3 O Conselho Consultivo do Sistema Brasileiro de Inteligência- 2.4. O Plano Nacional de Inteligência - 2.5 As Escolas de Inteligência - 3 Resultados obtidos e análises - 4 Conclusões e recomendações - 5 Referências.

RESUMO: O Sistema Brasileiro de Inteligência (SISBIN) integra as ações de planejamento e execução das atividades de Inteligência do País. O ingresso dos órgãos no sistema ocorre por meio de solicitação institucional ao Conselho Consultivo do SISBIN (CONSISBIN), ao qual cabe realizar as análises devidas e autorizar a admissão do órgão. A partir da publicação do decreto, caberá ao órgão estruturar o seu setor de inteligência, com as atribuições específicas para a execução da Atividade de Inteligência (AI). Por meio da revisão das estruturas regimentais e da realização de uma pesquisa com integrantes do SISBIN, constatou-se que há órgãos cujos setores de inteligência não se encontram formalizados, o que compromete a eficácia da AI. No presente trabalho, a autora pretende responder à seguinte questão: qual é o percentual de órgãos do SISBIN que possui seu setor de inteligência formalmente estruturado? Este relatório evidencia que a ausência de um setor formalmente estabelecido para conduzir a AI, em vários órgãos do SISBIN, tende a comprometer a qualidade do assessoramento acerca dos temas peculiares de cada órgão. O objetivo geral é apresentar a necessidade de instrumentos formais que orientem os órgãos na criação dos setores da AI e o objetivo específico é estabelecer os instrumentos necessários para a consolidação da AI nos órgãos do SISBIN, como Estrutura Regimental, Regimento Interno, Plano de Inteligência Organizacional e Plano de Capacitação da Atividade de Inteligência.

PALAVRAS-CHAVE: SISBIN; CONSISBIN; formalização; regulamentos internos.

43 Capitão-de-Fragata (T). Professora especialista em Inteligência de Estado, com formação em TI, redes de computadores, gestão de segurança da informação, inteligência de imagens e inteligência estratégica.. Especialista em Inteligência Estratégica pela Escola Superior de Defesa (ESD).

1. INTRODUÇÃO

A Atividade de Inteligência (AI) é uma ferramenta utilizada pelos chefes de Estado para obterem subsídios acerca dos temas de interesse de seu país. Trata-se de um instrumento de assessoramento, sobre o qual cada nação tem suas próprias diretrizes. No Brasil, a AI subsidia os titulares das Unidades Federativas, sejam Prefeitos, Governadores e o Presidente da República, além das autoridades da Segurança Pública e Poder Legislativo. Em nível federal, a organização da AI se dá por meio do Sistema Brasileiro de Inteligência (SISBIN), do Sistema de Inteligência da Segurança Pública (SISP) e do Centro de Inteligência do Poder Judiciário.

O Sistema Brasileiro de Inteligência (SISBIN) é o mais antigo desses sistemas, sendo integrado por órgãos da Administração Pública Federal (APF). Em 2002, o SISBIN foi regulamentado, tendo sido concebido com 22 órgãos. No momento da confecção deste relatório técnico, sua composição conta com 48 órgãos. O ingresso dos demais órgãos é feito por meio de solicitação ao Conselho Consultivo do Sistema Brasileiro de Inteligência (CONSISBIN). Cabe à Agência Brasileira de Inteligência (ABIN) atuar como órgão central desse sistema.

Considerando o tempo de criação e a complexidade do SISBIN, verificou-se a pertinência de se realizar uma análise dos setores que executam a AI nos órgãos integrantes, quanto à sua formalização nos instrumentos regimentais, à proximidade do setor ao titular do órgão, à qualificação dos profissionais e à existência de um Plano de Inteligência. Dessa forma, buscou-se mensurar o nível de maturidade em que a AI se encontra, utilizando-se como método o caráter exploratório, com base no arcabouço teórico, jurídico e numa pesquisa realizada com os integrantes dos órgãos que compõem do SISBIN.

2. DESENVOLVIMENTO

2.1 O SISTEMA BRASILEIRO DE INTELIGÊNCIA

O SISBIN integra as ações de planejamento e execução das atividades de inteligência do País, tendo sido instituído por meio da Lei 9.883, de 07/12/1999, com a finalidade de assessorar o Presidente da República nos assuntos de interesse nacional. O SISBIN fundamenta-se em preservar a soberania nacional; em defender o Estado Democrático de Direito e a dignidade da pessoa humana; em cumprir e preservar os direitos e garantias individuais; e em cumprir a Constituição Federal, e demais instrumentos jurídicos internacionais que a República Federativa do Brasil seja parte ou signatária. (BRASIL, 2002)

2.2 OS ÓRGÃOS DO SISTEMA BRASILEIRO DE INTELIGÊNCIA

Os órgãos passam a constituir o SISBIN após ato do Presidente da República. Os mesmos devem ser órgãos e entidades da APF, em especial aqueles responsáveis pela defesa externa, segurança interna e relações exteriores, com potencial de produzir conhecimentos de interesse da AI. Cabe a tais órgãos fornecer à ABIN os dados e conhecimentos específicos relacionados com a defesa das instituições e dos interesses nacionais. Além disso, a esses órgãos cabem as seguintes atribuições, no âmbito das suas competências:

> I. Produzir conhecimentos, em atendimento às prescrições dos planos e programas de inteligência, decorrentes da Política Nacional de Inteligência;
> II. Planejar e executar ações relativas à obtenção e integração de dados e informações;
> III. Intercambiar informações necessárias à produção de conhecimentos relacionados com as atividades de inteligência e contrainteligência;
> IV. Fornecer ao órgão central do Sistema, para fins de integração, informações e conhecimentos específicos relacionados com a defesa das instituições e dos interesses nacionais; e
> V. Estabelecer os respectivos mecanismos e procedimentos particulares necessários às comunicações e ao intercâmbio de informações e conhecimentos no âmbito do Sistema, observando medidas e procedimentos de segurança e sigilo, sob coordenação da ABIN, com base na legislação pertinente em vigor.

A ABIN é o órgão central do SISBIN, com a atribuição de planejar, executar, coordenar, supervisionar e controlar as atividades de inteligência do País; promover o desenvolvimento de recursos humanos e da doutrina de Inteligência, e realizar estudos e pesquisas para o exercício e o aprimoramento da atividade de Inteligência. (BRASIL, 2002)

2.3 O CONSELHO CONSULTIVO DO SISTEMA BRASILEIRO DE INTELIGÊNCIA

Em 27 de junho de 2019, por meio do Decreto nº 9.881, o Governo Federal Instituiu o Conselho Consultivo do Sistema Brasileiro de Inteligência (CONSISBIN), colegiado de assessoramento ao Gabinete de Segurança Institucional da Presidência da República (GSI/PR). (BRASIL, 2002) O Conselho é presidido pelo GSI/PR, sendo composto pelos seguintes órgãos: ABIN, Ministério da Justiça e Segurança Pública, Ministério da Defesa, Ministério das Relações Exteriores, Ministério da Economia, Comando da Marinha, Comando do Exército e Comando da Aeronáutica. O CONSISBIN tem como atribuições:

> I. Emitir pareceres sobre a execução da Política Nacional de Inteligência;
> II. Propor normas e procedimentos gerais para o intercâmbio de conhecimentos e as comunicações entre os órgãos que constituem o Sistema Brasileiro de Inteligência, inclusive no que respeita à segurança da informação;
> III. Contribuir para o aperfeiçoamento da doutrina de inteligência;
> IV. Opinar sobre propostas de integração de novos órgãos e entidades ao Sistema Brasileiro de Inteligência;
> V. Propor a criação e a extinção de grupos de trabalho para estudar problemas específicos, com atribuições, composição e funcionamento regulados no ato que os instituir; e
> VI. Propor ao seu Presidente o regimento interno. (BRASIL, 2002)

2.4. O PLANO NACIONAL DE INTELIGÊNCIA

Em 03 de maio de 2018, por meio da Portaria nº 40, o GSI/PR aprovou o Plano Nacional de Inteligência (PLANINT), documento que estabelece as ações executadas pelos órgãos do SISBIN. O PLANINT é um instrumento da AI, necessário à implantação dos objetivos da Inteligência Nacional, fixados na Política Nacional de Inteligência (PNI). (BRASIL, 2016)

> Contribuir para a promoção da segurança e dos interesses do Estado e da sociedade brasileira, por meio de atividades e da produção de conhecimentos de Inteligência que possibilitem:
>
> I. Acompanhar e avaliar as conjunturas interna e externa, assessorando o processo decisório nacional e a ação governamental;
> II. Identificar fatos ou situações que possam resultar em ameaças, riscos ou oportunidades;
> III. Neutralizar ações da Inteligência adversa;
> IV. Proteger áreas e instalações, sistemas, tecnologias e conhecimentos sensíveis, bem como os detentores desses conhecimentos; e
> V. Conscientizar a sociedade para o permanente aprimoramento da atividade de Inteligência. (BRASIL, 2016)

2.5 AS ESCOLAS DE INTELIGÊNCIA

A Estratégia Nacional de Inteligência (ENINT) estabelece 33 objetivos a serem alcançados. Dentre os quais, estão: integrar as Escolas de Governo para a ampliação da oferta de cursos afetos à Inteligência; gerir, por competências, a capacitação em Inteligência; promover a educação à distância; e aperfeiçoar a qualificação dos adidos de demais entes diplomáticos.

A Escola de Inteligência (Esint) é responsável pela formação, capacitação e aperfeiçoamento dos profissionais de Inteligência da ABIN. Além disso, tem como atribuição a qualificação e o aprimoramento em

Inteligência de servidores dos órgãos pertencentes ao SISBIN. A Esint tem a missão declarada de formar e desenvolver recursos humanos para o exercício da atividade de Inteligência. (BRASIL, 2020).

A Escola de Inteligência Militar do Exército (ESIMEX) surgiu baseada em escolas de Inteligência de Exércitos de outros países, com a atribuição de aperfeiçoar o pessoal do Exército Brasileiro (EB) e acompanhar a evolução permanente da Atividade de Inteligência no mundo. Além do aperfeiçoamento para militares das Forças Armadas e da segurança pública, dentre os cursos oferecidos, a Escola oferece o Estágio Especial de Inteligência para Órgãos (EEIOC). (EXÉRCITO, 2019).

3. RESULTADOS OBTIDOS E ANÁLISES

Segundo Bertalanffy (1975), um sistema é qualquer organismo formado por partes interligadas e interdependentes, que interagem entre si com objetivos comuns, formando um todo, onde cada parte comporta-se, individualmente, como um sistema. Tal conceito surgiu no estudo interdisciplinar de sistemas distintos entre si, denominado Teoria Geral dos Sistemas (TGS), que teve como um dos objetivos observar os sistemas, a fim de se descobrirem padrões e regras que sejam aplicados em diversos campos do conhecimento. Em sua obra, Bertalanffy (1975) acrescenta que:

> (...) apesar de serem formados por diversas partes independentes, os sistemas possuem características e atributos únicos que não existem em nenhuma das partes isoladas que o compõem. Essas características são:
>
> Propósito: os sistemas sempre visam atender uma finalidade que não pode ser satisfeita por nenhuma das suas partes isoladas.
>
> Totalidade: tendo em vista que os sistemas são organismos, qualquer alteração sofrida em uma das partes produzirá consequências em todas as outras.

Com o fulcro de levantar a existência dos "mecanismos e procedimentos particulares" cuja atribuição de execução é dos órgãos do SISBIN, foi realizada uma pesquisa, com a aplicação de um questionário semiestruturado, com a amostragem de 20 dos 48 órgãos (41%) que foi respondida por 26 servidores, no período de 17 a 27/05/2022.

Tais servidores são lotados nos setores de inteligência e em demais setores dos seguintes órgãos: Agência Brasileira de Inteligência, Centro de Inteligência da Marinha, Centro de Inteligência do Exército, Centro de Inteligência da Aeronáutica, Polícia Rodoviária Federal, Polícia Federal, Advocacia Geral da União, Controladoria Geral da União, Ministério da Saúde, Ministério da Ciência e Tecnologia, Secretaria Nacional de Segurança Pública, Secretaria de Assuntos Estratégicos da Presidência da República, Ministério da Defesa, Ministério do Trabalho e Previdência, Departamento Penitenciário Nacional, Secretaria Nacional de Trânsito, Ministério da Agricultura, Receita Federal, Centro Gestor e Operacional do Sistema de Proteção da Amazônia, Ministério das Comunicações. Ressalta-se que alguns órgãos tiveram mais de um representante. Os resultados da pesquisa encontram-se abaixo:

Gráfico 1: Existência da AI nos Órgãos do SISBIN

A Atividade de Inteligência (AI) é executada no seu Órgão?

26 respostas

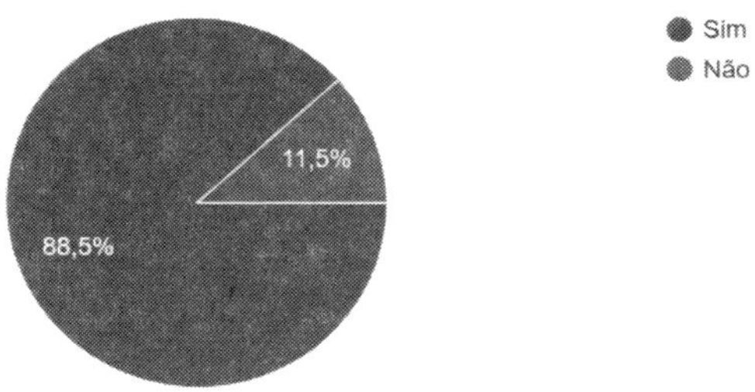

Observação: responderam à pergunta todos os entrevistados.

A pesquisa demonstrou que, da amostragem de 20 órgãos, 17 executam a AI e 3 não executam.

Gráfico 2: Existência do Plano de Inteligência

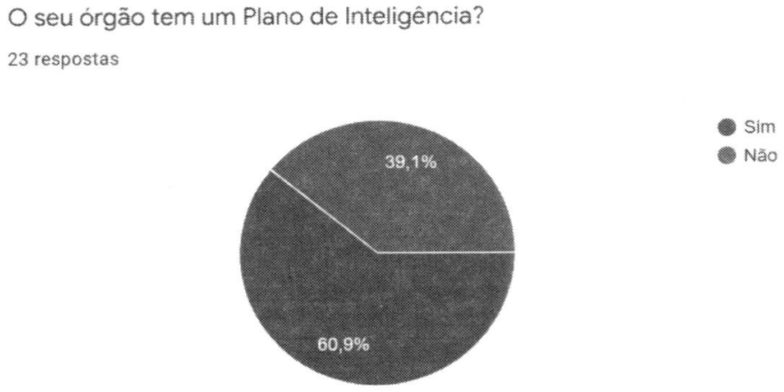

Observação: responderam à pergunta apenas os servidores cujos órgãos possuem AI.

A pesquisa constatou que 9 entrevistados atuam em órgãos que não tem PLANINT e 14, atuam em órgãos que têm o PLANINT.

Gráfico 3: Atualização do Plano de Inteligência

Observação: responderam à pergunta 11 dos 14 servidores, cujos órgãos têm PLANINT, osdemais não souberam, não quiseram responder ou não puderam responder em virtude do sigilo. Os números dentro dos círculos indicam o dia do mês em que o documento foi atualizado.

A pesquisa constatou que todos os PLANINT foram atualizados nos últimos 4 anos, considerando a data da realização da pesquisa.

Gráfico 4: Capacitação dos profissionais de Inteligência

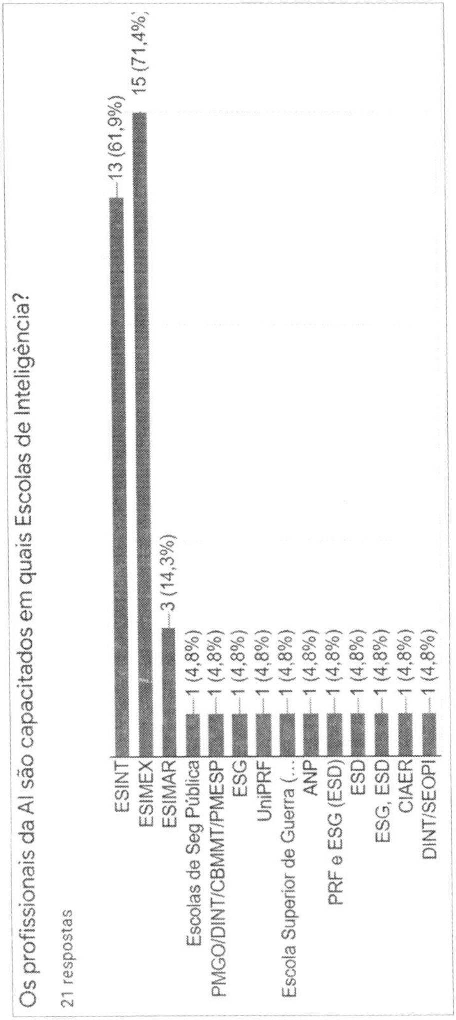

Observação: responderam à pergunta 21 servidores cujos órgãos possuem AI e cujos profissionais de inteligência se aperfeiçoaram nas escolas de inteligência.

A pesquisa constatou que a ESIMEX é a instituição que capacitou o maior número de entrevistados, totalizando 71,4%.

Gráfico 5: Formalização da AI no Regimento Interno

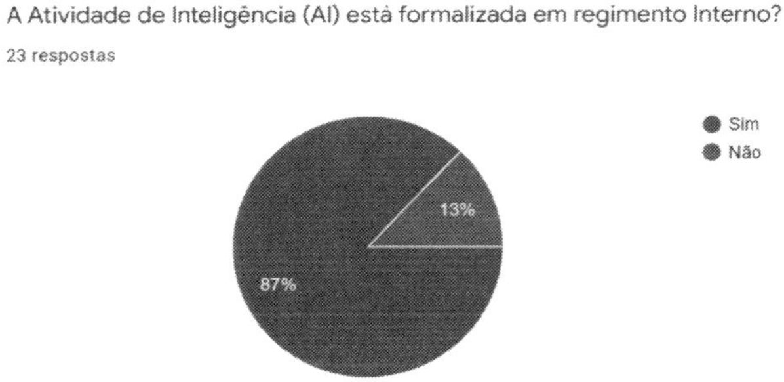

Observação: responderam à pergunta 23 servidores cujos órgãos possuem AI.

A pesquisa constatou que, dos 23 entrevistados, cujos órgãos possuem AI, 20 atuam em órgãos com a AI prevista no Regimento Interno e 3 não possuem o setor formalizado na estrutura regimental do órgão.

Gráfico 6: Posição da AI na Estrutura Regimental

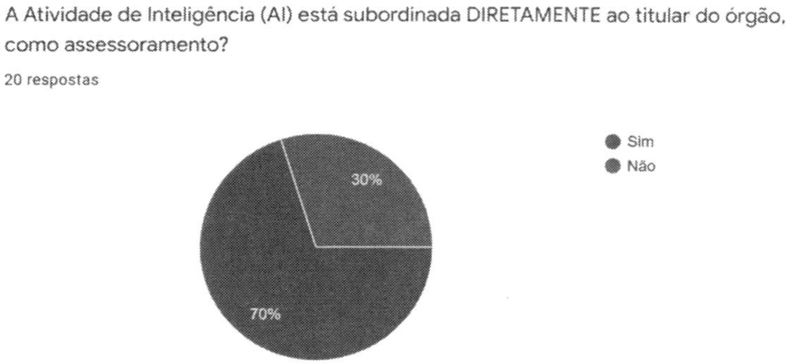

Observação: responderam à pergunta 20 servidores cujos órgãos possuem AI.

A pesquisa constatou que, dos 20 entrevistados, 14 atuam em órgãos cuja subordinação é direta ao titular dos órgãos e 6 atuam em órgãos cuja AI não está posicionada diretamente subordinada ao titular.

4. CONCLUSÕES E RECOMENDAÇÕES

A crescente busca por uma AI forte, coesa e atuante tem sido objeto de ações de considerável parte dos órgãos do SISBIN. Desde sua criação, os decisores e profissionais da Inteligência têm se empenhado para estabelecer os instrumentos legais que norteiam, limitam e orientam a AI. Considerando os papéis institucionais já atribuídos aos órgãos do SISBIN, à ABIN e ao CONSISBIN, é relevante que esses entes se empenhem no cumprimento de suas atribuições, a fim de que o decisor seja devidamente assessorado.

Os órgãos do SISBIN têm a atribuição de realizar ações internas, a fim de consolidarem a AI. Por meio da formalização da AI em Regimento Interno como setor de assessoramento, da publicação do PLANINT organizacional, da qualificação dos profissionais nas Escolas de Inteligência, e da criação de Grupos de Trabalho para resolver problemas pontuais, será possível elevar o patamar da AI brasileira a níveis aceitáveis.

O presente relatório evidenciou que a ESIMEX é a escola que mais capacita os órgãos integrantes do SISBIN, seguido pela ESINT e demais Escolas de Inteligência da Segurança Pública. Ressalta-se que a atribuição de qualificar o pessoal do SISBIN é da ESINT. Segundo a pesquisa, 30% dos entrevistados não têm órgãos com os setores de AI subordinados diretamente ao titular, o que compromete o assessoramento tempestivo. Este trabalho apresentou a deficiência que existe, ao menos, em três órgãos integrantes do SISBIN que sequer possuem AI, sendo procedente inferir que, na prática, a inteligência nacional é composta por, no máximo, 45 órgãos atuantes.

Os PLANINT organizacionais estão datados de 2018 até 2022, logo após a publicação do PLANINT nacional. Considerando que alguns órgãos do SISBIN são diretamente ligados à Presidência da República, tendo as respectivas demandas oriundas diretamente do Chefe do Executivo Federal, infere-se que os PLANINT organizacionais devem decorrer do PLANINT nacional, considerando-se as capacidades e especificidades de cada órgão.

Por fim, os resultados da pesquisa indicam oportunidades de melhorias no SISBIN, considerando-se que nem todos os 48 órgãos têm atuado conforme suas atribuições. Há órgãos que não possuem a estrutura mínima para executar e fomentar a AI, o que pode comprometer todo o sistema, visto que os princípios básicos da Atividade são: interação, segurança e exploração sistêmica. Essas oportunidades podem ser aproveitadas a partir de medidas práticas estimuladas e supervisionadas pelo próprio CONSISBIN, conforme competência estabelecida no Decreto Nº 4.376, de 13 de setembro de 2002, no inciso II, do seu Art. 7º: "propor normas e procedimentos gerais para o intercâmbio de conhecimentos e as comunicações entre os órgãos que constituem o Sistema Brasileiro de Inteligência, inclusive no que diz respeito à segurança da informação". (BRASIL, 2002) Assim, vislumbram-se como medidas que poderiam ser adotadas: orientação objetiva, confecção do PLANINT, inclusão da AI em regimento interno, subordinação do setor da AI diretamente ao titular do órgão, consultorias de segurança e capacitação, entre outras.

REFERÊNCIAS

BRASIL. Presidência da República. Decreto nº 3.695, de 21 de dezembro de 2002. Dispõe sobre a organização e o funcionamento do Sistema Brasileiro de Inteligência, instituído pela Lei 9.883, de 7 de dezembro de 1999 e dá outras providências. **Diário Oficial da União.** Brasília, 2002. Disponível em: http://www.planalto.gov.br/ccivil_03/decreto/2002d4376.htm. Acesso em: 18 de maio de 2022.

______. Presidência da República. Decreto nº 8.793, de 29 de junho de 2016. Fixa a Política nacional de Inteligência. **Diário Oficial da União.** Brasília, 2016. Disponível em: http://www.planalto.gov.br/ccivl_03/_ato2015-2018/2016/decreto/D8793.htm. Acesso em: 18 de maio de 2022.

______. Presidência da República. Decreto nº 9.881, de 27 de junho de 2019. Altera a Decreto 4.376, de 13 de setembro de 2002, que dispõe sobre a organização e o funcionamento do Sistema Brasileiro de Inteligência. **Diário Oficial da União.** Brasília, 2019. Disponível em: http://www.planalto. gov.br/ccivil_03/ _ato 2019-2022/2019/decreto/D9881.htm. Acesso em: 25 de maio de 2022.

______. ABIN. **Escola de Inteligência**. Disponível em: https://www.gov.br/abin /pt-br/assuntos/escola-de-inteligencia#:~:text=A%20Escola%20de%20Intelig%C3%Aancia%20(Esint,Brasileiro%20de%20Intelig%C3%Aancia%20(SISBIN). Acesso em: 27 de maio de 2022.

______. Ministério da Defesa. Comando do Exército. **História da Escola de Inteligência Militar do Exército**. S.n: s.d. Disponível em: <http://www.esimex.ensino.eb.br/historico.html>. Acesso em: 27 de maio de 2022.

______. Estado Maior do Exército. **Manual de Fundamentos: Doutrina Militar Terrestre.** 2. ed. Brasília: s.n., 2019.

BERTALANFFY, Ludwig von. **Teoria Geral dos Sistemas.** 2a ed. Petrópolis: Vozes, 1975. Disponível em: https://edisciplinas.usp.br/pluginfile.php/5568238/mod_resource/content/1/Ludwig%20von%20Bertalanffy%20-%20Teoria%20Geral%20dos%20Sistemas-Editora%20Vozes%20%282010%29%20%282%29.pdf. Acesso em: 27 de maio de 2022.

PARTE II

INFORMAÇÕES E PERCEPÇÕES

A PROPAGANDA COMO INSTRUMENTO DE INFLUÊNCIA ESTRATÉGICA

MAURÍCIO VIEGAS PINTO[1]

RESUMO: O presente estudo aborda o emprego da propaganda como instrumento de influência estratégica em ações psicológicas destinadas a defender interesses nacionais. O tema é abordado sob duas perspectivas distintas: a teoria de crises internacionais e a teoria da subversão. Algumas hipóteses de emprego são formuladas com o propósito de assinalar diferentes situações que possibilitariam a aplicação da propaganda nestes cenários. As hipóteses apresentadas permitem inferir a possibilidade de utilização da propaganda tanto em face das decisões resultantes de um cenário de crise internacional, quanto no contexto dos estágios de um processo de subversão. Em conclusão, considera-se que o tema seja essencial para que o analista de Inteligência Estratégica possa prestar o devido assessoramento ao processo decisório governamental, havendo, portanto, a necessidade de formação de quadros especializados para o planejamento e execução de ações que utilizem a propaganda como instrumento de influência estratégica em defesa de interesses nacionais.

PALAVRAS CHAVE: ações psicológicas; influência estratégica; propaganda.

1 Especialista em Inteligência Estratégica pela Escola Superior de Defesa (ESD). Máster internacional em Operações de Inteligência e Contrainteligência pela UDIMA (Espanha). Especialista em Inteligência e Segurança Internacional pela Universidade de Alicante (Espanha).

1. INTRODUÇÃO

"Quatro jornais hostis são mais temíveis do que mil baionetas."

NAPOLEÃO BONAPARTE

Para desenvolver este estudo, deve-se inicialmente estabelecer o que se entende por propaganda. Essa tarefa, contudo, conforme nos assinalam grandes expoentes do assunto, não é algo simples. Nesse sentido, Domenach (1963, p. 50) ressalta que a propaganda "é polimorfa e dispõe de recursos quase ilimitados". Ou seja, trata-se de um tema que não se deixa capturar facilmente.

De fato, os registros históricos mais antigos já nos permitem identificar o uso da propaganda como instrumento de influência e persuasão de massas. Isso é o que se depreende, por exemplo, dos estudos desenvolvidos por Thomson (1999, p. 132), nos quais o renomado historiador refere-se ao Pentateuco (designação dada aos primeiros cinco livros do Antigo Testamento) como sendo "uma das obras de propaganda mais ricas e mais eficazes de todos os tempos". Ainda conforme o entendimento de Thomson (1999, p. 132), "além dos profetas literários, havia os escritores de crônicas, de salmos e de provérbios, que deram ao Antigo Testamento ao menos quatro diferentes estilos de escrita persuasiva".

De igual modo, ao longo de toda a História, diversas outras manifestações (não apenas religiosas mas também literárias, artísticas, científicas, políticas e filosóficas) também recorreram à propaganda para influenciar atitudes, criar opiniões e provocar comportamentos pré-determinados.

Dessa forma, a disputa pela conquista de corações e mentes[2] culminaria, em 22 de junho de 1622, com a institucionalização da *Sacra Congregatio de Propaganda Fide*, organização eclesiástica oficialmente criada pelo Papa Gregório XV com o objetivo de difundir a fé católica no Novo Mundo.

Registre-se, neste ponto, que o estudo que o leitor tem em mãos foi submetido para avaliação no dia 22 de junho de 2022, ou seja, exatamente

2 A expressão inglesa "*Hearts and minds*" (corações e mentes), atribuída ao ex-presidente dos Estados Unidos Lyndon Johnson, é tradicionalmente utilizada para designar os objetivos perseguidos pela propaganda junto aos seus destinatários.

quatro séculos após a criação oficial da primeira organização de propaganda do mundo. Interessante notar, quanto a este aspecto, que no decorrer dos últimos quatrocentos anos o emprego da propaganda como instrumento de influência apenas se intensificou. Primeiro, com a modernização da prensa de Gutemberg (que já existia desde 1430) e, posteriormente, com o desenvolvimento de novas tecnologias que permitiriam a difusão de mensagens de forma massiva e praticamente instantânea, tais como o rádio, a televisão e a Internet.

Não obstante, foi apenas com o advento da Grande Guerra que a propaganda passou a ser considerada um instrumento de influência estratégica. O seu papel decisivo para a mudança da percepção da sociedade norte-americana quanto ao envolvimento dos Estados Unidos em um conflito que ocorria "do outro lado do mundo" e que, ao menos inicialmente, parecia não lhe dizer respeito, despertou a atenção para o seu emprego potencial em situações de crises internacionais.

Conquanto, em uma abordagem coloquial, a propaganda seja habitualmente entendida como sinônimo de publicidade, no contexto da Atividade de Inteligência ela assume contornos específicos, que a diferenciam de ações unicamente voltadas ao aspecto da promoção comercial, estando, desta maneira, mais relacionada à difusão de ideias, sistemas e doutrinas. Nesse sentido, Quintero (1990, p. 26) assinala que "Propaganda, em sua definição mais neutra e imediata, consistiria no processo comunicativo que dissemina, difunde, dá a conhecer, promove ideias"[3].

Deve-se ressaltar, todavia, que o processo comunicativo ao qual nos referimos como propaganda não se esgota com a mera difusão de ideias, mas contempla ainda outros aspectos, de natureza persuasiva, os quais se refletem na capacidade de influenciar atitudes e provocar comportamentos específicos em seus destinatários. Desse modo, Quintero (1990, p. 27, grifo nosso) esclarece que a propaganda, como fator de persuasão, pretende criar uma "dependência interativa entre emissor e receptor mediante a formação, reforço ou modificação da resposta do receptor. É, pois, um **processo comunicativo cuja finalidade ou objetivo é a influência**"[4].

3 *"Propaganda, pues, en su definición más neutral y inmediata, consistiría en el proceso comunicativo que disemina, difunde, da a conocer, promociona ideas".*

4 *"(...) dependencia interactiva entre emisor y receptor mediante la formación, reforzamiento o modificación de la respuesta del receptor. Es, pues, un proceso comunicativo cuya finalidad o objetivo es la influencia".*

Para a mesma direção aponta o Manual de Campanha de Operações Psicológicas do Exército Brasileiro, Brasil (1999, p. 1-7, grifo nosso), ao definir propaganda como "a difusão de qualquer informação, ideia, doutrina ou apelo especial, visando gerar emoções, provocar atitudes, **influenciar opiniões ou dirigir o comportamento de indivíduos ou grupos**, a fim de beneficiar, direta ou indiretamente, quem a promoveu".

Este mesmo Manual de Campanha, Brasil (1999, p. 1-4 e 1-5, grifo nosso), ao definir a expressão "Operações Psicológicas", também destaca a importância do processo de influência, ao afirmar que tais operações consistem em um "conjunto de ações de qualquer natureza, destinadas a **influir nas emoções, nas atitudes e na opinião de um grupo social**, com a finalidade de obter comportamentos predeterminados".

Importante registrar que, em ambos os conceitos apresentados acima, existe a necessidade de que o resultado da influência não seja aleatório. Ao contrário, ele deve ser previamente estabelecido de modo a atender a um objetivo psicológico específico, e assim beneficiar, ainda que de modo potencial, ao seu patrocinador.

No escopo deste estudo, em que se busca apreciar o tema em sua dimensão estratégica, os objetivos psicológicos que se pretende alcançar com a influência consubstanciam-se em ações voltadas à defesa de interesses nacionais, entendimento este que se alinha ao estabelecido no segundo volume do Manual Básico da Escola Superior de Guerra, Brasil (2009, p. 93), de acordo com o qual "A Atividade de Inteligência Estratégica ocupa espaço específico como instrumento do Estado para a defesa das instituições e dos interesses nacionais".

Dessa maneira, ao se analisar o emprego da propaganda como mecanismo de ação psicológica no contexto da Atividade de Inteligência, considerar-se-á a sua utilização como instrumento de influência estratégica, tendo em vista a perspectiva de sua aplicação no assessoramento ao processo decisório do mais alto nível governamental.

2. INSTRUMENTOS DE INFLUÊNCIA ESTRATÉGICA

2.1 PRESSUPOSTOS FUNDAMENTAIS

A premissa básica deste estudo reside na constatação de que Estados em conflito frequentemente recorrem à propaganda, isoladamente ou em conjunto com outros mecanismos de ação psicológica, como instrumento de influência estratégica para a defesa de interesses nacionais[5].

Por essa perspectiva, a capacidade de reconhecer diferentes situações em que a propaganda possa ser empregada como instrumento de influência estratégica confere ao analista de Inteligência a possibilidade de identificar oportunidades para a exploração deste recurso no assessoramento ao processo decisório governamental de alto nível e, ainda, adotar medidas adequadas para a prevenção e contraposição de ações de propaganda adversa, que configurem potencial ameaça aos interesses nacionais.

Neste estudo, busca-se examinar essa capacidade sob duas perspectivas diferentes: a teoria da crise internacional e a teoria da subversão.

A escolha por esses dois prismas de análise justifica-se por eles permitirem uma associação, em maior ou menor grau, com dois importantes ambientes conjunturais da análise de Inteligência Estratégica, a saber: o campo externo e o campo interno. Desse modo, ao se vislumbrar situações decorrentes do contexto de crises internacionais, considera-se a possibilidade de aplicação da propaganda como instrumento de influência estratégica em disputas travadas com outras nações. Por outro lado, ao se refletir sobre o tema no contexto da teoria da subversão, transfere-se o foco da análise para o campo interno, ao se perscrutar possíveis ações adversas que venham a ser conduzidas em território nacional com o objetivo de promover desestabilização política e social, a fim de gerar rupturas institucionais que levem à derrubada do poder constituído, por parte de atores hostis.

Registre-se, contudo, que independentemente do contexto em que a propaganda venha a ser empregada como instrumento de influência estratégica (campo externo ou campo interno), a sua eficácia sempre

---

5 Por *interesse nacional* entende-se a busca por uma situação vantajosa, que facilite o fortalecimento do Poder Nacional. Em outras palavras, algo que leve à consecução dos Objetivos Nacionais nos campos político, econômico, militar, psicossocial ou científico e tecnológico.

estará atrelada à observação de dois requisitos essenciais: a escolha dos métodos adequados para a persuasão do público-alvo e a seleção correta dos objetivos psicológicos que se pretende atingir. Quanto ao primeiro aspecto, Cragin e Gerwehr (2005, p. 20) observam que "[...] os métodos de persuasão que se compatibilizam a um determinado tipo de audiência podem ser inadequados – ou mesmo contraproducentes – para utilização em outro tipo [de audiência]"[6]. Em relação ao segundo requisito mencionado, Oliveira (1996, p. 81) assinala que "O processo criativo da propaganda [...] pode conduzir ao sucesso mais retumbante ou a um desastroso e irrecuperável fracasso. A diferença entre o fracasso e o sucesso reside [...] no estabelecimento das metas que se pretende alcançar", ou seja, para que uma ação psicológica dessa natureza tenha êxito, será necessário um alto grau de especialização por parte dos profissionais responsáveis pelo seu planejamento e execução.

2.2 EMPREGO DA PROPAGANDA EM FACE DE UM CENÁRIO DE CRISE INTERNACIONAL

Após a apresentação dos pressupostos fundamentais, passa-se agora a analisar situações que possibilitem o emprego da propaganda como instrumento de influência estratégica no contexto de crises internacionais.

Cabe destacar, quanto a esse aspecto, que a teoria da crise internacional apresentada por Brecher (1989, p. 209) estabelece que "Em termos da crise política internacional como um todo, as opções de decisão podem ser designadas na seguinte escala: não fazer nada, atrasar, aceitar, negociar, confrontar"[7], conforme se observa na tabela a seguir:

Tabela 1 – Escala com as opções de decisão em uma situação de crise internacional.

Opções de decisão em uma situação de crise internacional				
Não fazer nada	**Atrasar**	**Aceitar**	**Negociar**	**Confrontar**

Fonte: Elaborada pelo autor com base em Brecher (1989, p. 209).

6 *"[...] the methods of persuasion that suit one type of objective may be inappropriate – or even counterproductive – for accomplishing another".*

7 *"Viewed in terms of a foreign policy crisis as a whole, the decision options may be designated along a scale: do nothing, delay, comply, negotiate, fight".*

De fato, e conforme se pretende demonstrar, pode-se imaginar o emprego da propaganda como instrumento de influência estratégica para a defesa de interesses nacionais em todas as categorias que compõem a escala apresentada acima.

Caso a decisão seja por "não fazer nada", por exemplo, a propaganda poderia contribuir para inculcar na opinião pública a percepção do quanto seria inconveniente a adoção de uma postura combativa em face do desafio proposto pelo ator adverso. Pense-se, hipoteticamente, em uma situação semelhante a que presenciamos em 2006, quando a Bolívia, então sob o comando do presidente Evo Morales, ocupou as instalações da Petrobrás e decidiu nacionalizar a exploração de hidrocarbonetos. Supondo que fosse interesse do Brasil adotar uma postura de "não fazer nada" diante deste fato, e ao se perceber que aflorava em determinados segmentos de nossa sociedade um sentimento de resposta, inclusive com o emprego do Poder Militar, a propaganda, como instrumento de influência estratégica, poderia ser utilizada – em tese – para arrefecer os ânimos e promover a desejada conformidade social.

Considere-se agora a decisão de "atrasar" a resposta diante de uma situação específica. Imagine-se, a título de exemplo, que o pleito de um determinado país para ingressar em um bloco econômico contrarie os interesses de outra nação, já integrante deste mesmo grupo e com direito a veto no que se refere à admissão de novos participantes. Neste caso, a propaganda poderia ser empregada como instrumento de influência estratégica para persuadir os demais integrantes quanto à necessidade de examinarem o pleito cuidadosamente, por mais tempo, antes de se colocar em votação o pedido de entrada do novo candidato, atrasando, dessa maneira, o seu ingresso no referido grupo.

De modo análogo, pode-se cogitar o emprego da propaganda como instrumento de influência estratégica em um cenário no qual o interesse nacional seja o de "aceitar" as exigências impostas por um ator antagônico. Note-se que a postura de "aceitação" difere da ausência de resposta que se observa na primeira categoria examinada, ou seja, a de "não fazer nada". Enquanto a opção por "não fazer nada" implicaria, no máximo, no emprego de uma propaganda que buscasse demover os seus destinatários de ideias que contrariassem os interesses nacionais, a decisão pela "aceitação" constituiria um esforço direcionado para persuadir o público-alvo a adotar uma postura específica. Pode-se ilustrar essa situação, por exemplo, com a promoção de uma campanha que tivesse por objetivo alterar o comportamento de um grupo, anteriormente contrário à instalação de uma base militar estrangeira em território nacional, para que passasse a aceitar esse fato de forma pacífica.

Por outro lado, caso a decisão fosse por "negociar", o resultado obtido com o emprego da propaganda como instrumento de influência estratégica também poderia ser bastante significativo, na medida em que, ao sensibilizar a opinião pública e pressionar determinados centros decisórios, poderia construir o ambiente adequado para negociações favoráveis aos interesses nacionais. Pense-se, por exemplo, no questionamento de sanções econômicas impostas por organismos multilaterais, e na forma como a percepção de eventuais danos decorrentes da aplicação destas sanções poderia ser explorada na mídia internacional.

Por fim, imagine-se que a decisão tomada fosse a de "confrontar". Note-se que esta opção não corresponde ao início das hostilidades militares em si, ou seja, o "confronto" previsto no espectro da teoria da crise internacional precede – mas não se confunde – com o estado de guerra, posto que esta, ao ser conflagrada, ultrapassa o conceito de crise. Desse modo, ao se contrapor diretamente às exigências impostas por um ator antagônico, e diante de um cenário que indique a possibilidade de guerra, a propaganda poderia ser empregada como instrumento de influência estratégica para fortalecer o moral da própria população, motivando-a e mobilizando-a de forma a defender os interesses nacionais, e também para abalar o moral da população e das tropas inimigas, buscando dissuadi-las de prosseguir em seu intento beligerante. Nesta última hipótese de emprego, a propaganda contribuiria para gerar o efeito de dissuasão estratégica.

2.3 EMPREGO DA PROPAGANDA EM FACE DOS DIFERENTES ESTÁGIOS DO PROCESSO DE SUBVERSÃO

Passa-se a analisar agora diferentes situações que possibilitariam o emprego da propaganda como instrumento de influência estratégica no contexto do processo de subversão, o qual foi descrito por Bezmenov (2018) como uma "atividade agressiva e destrutiva, que objetiva destruir o país, nação ou área geográfica do inimigo"[8].

8 *"A destructive aggressive activity aiming to destroy the country, nation or geographic area of your enemy".*

Registre-se que o processo de subversão descrito por Bezmenov (2018)[9] resulta de uma ação psicológica coletiva, cujo principal efeito que se procura obter consiste na alteração da percepção da realidade por parte dos seus alvos. De acordo com o especialista russo, "A suprema arte da guerra não está em combater, mas sim em subverter tudo o que possa ter valor no país do inimigo, até que a sua percepção da realidade esteja tão distorcida que ele já não te veja como um inimigo, e que o teu sistema, a tua civilização e as tuas ambições lhe pareçam uma alternativa – senão desejável – ao menos viável".[10]

Com efeito, um grau tão profundo de alteração na percepção da realidade, caso fosse alcançado, faria com que indivíduos respondessem à propaganda adversa manifestando, de forma expressa e voluntária, opiniões e atitudes contrárias aos interesses de seu próprio país. Para exemplificar tal situação, pode-se imaginar, hipoteticamente, uma ação de influência estratégica que busque persuadir cidadãos brasileiros a questionar, por exemplo, a legitimidade do Brasil em exercer sua soberania sobre a região amazônica.

Note-se que um efeito psicológico de tamanha magnitude, que resulte na alteração da percepção da realidade por parte de uma parcela significativa da sociedade, não seria alcançado da noite para o dia. Por essa razão, o processo de subversão apresentado por Bezmenov (2018) encontra-se estruturado em quatro estágios distintos, os quais são por ele designados como: *Desmoralização*, *Desestabilização*, *Crise* e *Normalização*[11].

De forma análoga ao raciocínio formulado anteriormente, quando se analisou o emprego da propaganda como instrumento de influência estratégica no contexto da teoria da crise internacional, pretende-se, a partir deste ponto, examinar a sua aplicação como elemento essencial a todos os estágios que constituem o processo de subversão.

No que se refere ao primeiro estágio – *Desmoralização* – o emprego da propaganda é autoexplicativo, e expresso literalmente por Bezmenov (2018, grifo nosso) ao afirmar que esta fase inicial inclui "[...] **métodos**

---

9 Os conceitos sobre a Teoria da Subversão que embasam este trabalho foram originalmente apresentados pelo especialista russo Yuri Bezmenov, durante conferência ministrada na Summit University of Los Angeles, em 1983.

10 *"The highest art of warfare is not to fight at all, but to subvert anything of value in the country of your enemy, until the perception of reality of your enemy is screwed up to such an extent that it does not perceive you as an enemy, and that your system, your civilization and your ambitions look to your enemy as an alternative – if not desirable – then at least feasible".*

11 *"Demoralization, Destabilization, Crisis, Normalization".*

de propaganda e contato direto com as várias áreas nas quais a opinião pública é formulada ou moldada"[12]. Conquanto fuja ao escopo deste trabalho examinar em detalhes todas as áreas afetadas nos diferentes estágios do processo de subversão, percebe-se aqui, a partir da explicação apresentada por Bezmenov (2018), o propósito de se promover a *desagregação* das instituições que configuram os pilares sobre os quais se edifica uma nação.

Interessante destacar, nesse mesmo sentido, o alerta que consta no segundo volume do Manual Básico da Escola Superior de Guerra, Brasil (2009, p. 63), no qual pode-se ler que "No ato de conviver, os homens interagem, isto é, exercem influências recíprocas que interferem no comportamento. Qualquer interação social pode trazer dois tipos de resultados: agregação e desagregação". Com efeito, o emprego da propaganda como instrumento de influência estratégica no contexto da subversão busca, essencialmente, enfraquecer a sociedade ao fomentar, em diferentes níveis, o processo de desagregação política e social.

Cabe ressaltar, ademais, que os efeitos dessa desagregação serão potencializados na medida em que a propaganda seja veiculada de forma coordenada com outros mecanismos de ação psicológica, promovidos por integrantes do público-alvo ao qual se destina a mensagem hostil. Os responsáveis pela execução dessas ações são designados como agentes de influência. Conforme descrito por Moraes (2020, p. 175), agentes de influência são "pessoas que usam de sua posição, poder e credibilidade, para promover objetivos de uma potência estrangeira".

De acordo com Bezmenov (2018), o estágio da *Desmoralização*, que é o mais longo de todos, dura em torno de quinze a vinte anos, período esse que, segundo assinalado pelo especialista russo, seria "suficiente para educar uma geração de estudantes".[13]

O próximo estágio do processo de subversão denomina-se *Desestabilização*.

Enquanto na fase anterior (*Desmoralização*) objetivou-se, por meio da desagregação social, criar um ambiente adequado à implantação e disseminação de ideias contrárias aos interesses do país alvo do processo de subversão, neste segundo estágio (*Desestabilização*) busca-se a radicalização dessas ideias. Assim, ao descrever os efeitos dessa etapa na área da

12 *"Propaganda methods, direct contacts of various areas where public opinion is formulated or shaped".*

13 *"This is sufficient time to educate one generation of students".*

economia, por exemplo, Bezmenov (2018) assevera que "radicaliza-se o processo de negociação. Se no estágio anterior conseguíamos chegar a algum acordo, ao menos em tese, a alguma conciliação entre as partes litigantes [...] aqui ocorre a radicalização"[14]. Em outras palavras, é na fase da *Desestabilização* que se intensifica a desagregação social, a qual se materializa na forma de greves gerais, grandes protestos e manifestações violentas. Desse modo, não é difícil imaginar que neste estágio do processo de subversão a propaganda seja intensamente empregada como poderoso instrumento de influência estratégica.

No estágio da *Desestabilização* costumam ocorrer revoltas e grandes manifestações sociais, geralmente com contornos de violência (saques, depredação de patrimônio público e agressão a pessoas inocentes), que aparecem de forma silenciosa e logo ganham grande expressividade, mesmo sem um motivo claro que as legitime ou justifique racionalmente.

A propaganda promovida com o fito de gerar desestabilização política e social costuma ser designada como AGITPROP, um acrônimo para *Agitação e Propaganda*. As mensagens de AGITPROP são altamente contagiantes, espalham-se de forma rápida e provocam a ebulição acelerada das massas. No entendimento de Ellul (1973, p. 71) a propaganda de agitação é "na maioria das vezes uma propaganda subversiva e com caráter de oposição. Ela é conduzida por um partido que procura derrubar o governo ou a ordem estabelecida" . Sobre o assunto, Oliveira (1996, p. 103) acrescenta ainda que "Lenin instituiu até mesmo o binômio AGIT/PROP (*Agitação e Propaganda*), caracterizando a ampla e total aplicação de recursos psicológicos, alcançando as pessoas em todas as camadas e em todos os locais".

De acordo com Bezmenov (2018) a mídia desempenha papel importante no estágio da *Desestabilização*. Ao manipular o entendimento das notícias, veículos de comunicação contribuem para a formação da opinião pública, amplificam os efeitos da propaganda e possibilitam que a ação psicológica alcance os seus objetivos. Assim, a mídia auxilia, de forma consciente ou inconsciente, na precipitação do terceiro estágio do processo de subversão, ao qual se denomina como *Crise*.[15]

---

14 *"[...] the radicalization of bargaining process. If on that stage we could still achieve, theoretically, some positive compromise between the negotiation sides [...], here it is radicalization".*

15 *"Crisis is when society cannot function productively anymore. It collapses. Obviously, that is the word for crisis".*

Na hipótese de que os eventos desestabilizadores sejam bem sucedidos, o estágio de *Crise* inicia-se, e o país alvo do processo de subversão tende a colapsar. De fato, conforme assinalado por Bezmenov (2018), *colapso* é a palavra que melhor define a *Crise* como terceiro estágio do processo de subversão. O especialista russo destaca em sua apresentação que "A crise ocorre quando a sociedade já não consegue funcionar produtivamente. Ela colapsa. Obviamente, esta é a palavra para crise".

Note-se que ao se configurar o estágio da *Crise*, no decorrer do processo de subversão, a propaganda continua a ter papel preponderante para a promoção de interesses nacionais adversos (contrários aos objetivos do país alvo), uma vez que nesse momento seriam veiculadas diversas mensagens pugnando pela derrubada do poder e da ordem estabelecida.

O estágio da *Crise*, de acordo com Bezmenov (2018), apresentará como desfecho uma das seguintes situações: "Guerra civil ou invasão"[16]. No caso de guerra civil (artificialmente implantada), o país alvo poderá se esfacelar, deixando de existir enquanto unidade política soberana, de forma que não haverá mais choque entre os seus interesses e as aspirações de outras nações. No caso de invasão, será anexado por uma potência estrangeira (indutora do processo de subversão), para a qual passará a direcionar todos os seus meios e recursos disponíveis.

Chega-se, então, ao último estágio do processo de subversão, o qual é designado como *Normalização*. Com efeito, durante esse estágio, a propaganda viabilizará a promoção da paz social, tão necessária em uma nação que foi fragmentada e enfraquecida durante um longo processo de subversão. Além disso, ela será imprescindível para fomentar a mobilização da população em prol dos interesses impostos pela potência dominadora (em caso de invasão) ou pelo grupo que assumir o poder (em caso de guerra civil).

Ressalte-se ainda que, isoladamente ou em conjunto com outros mecanismos de ação psicológica, a propaganda também poderá ser empregada na fase da *Normalização* para enfraquecer eventuais núcleos de resistência, que ainda defendam os interesses do Estado que sucumbiu ao processo de subversão.

O diagrama a seguir apresenta, de forma sintética, os principais objetivos que se procura alcançar com o emprego da propaganda no curso de um processo de subversão:

16 _ *"Civil war or invasion".*_

Figura 1 - Emprego da propaganda ao longo dos quatro estágios do processo de subversão.

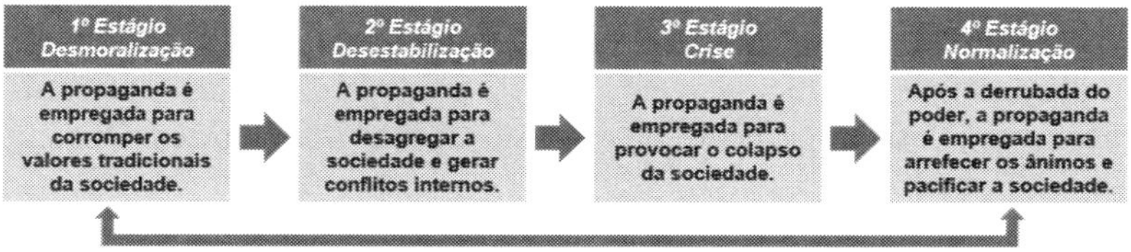

Fonte: Elaborada pelo autor com base em Bezmenov (2018).

Constata-se assim, com base no exposto, que o emprego da propaganda em ações de influência estratégica assume importante papel no processo de indução de revoltas e manifestações sociais que busquem insuflar um determinado grupo contra o poder constituído. Tais eventos, descritos por Koribko (2018, pp. 12-13) como "revoluções coloridas", consistem em meios não militares utilizados para provocar a desestabilização social, e estariam relacionados às grandes manifestações populares que se formaram, por exemplo, na Ucrânia em 2004 e no Líbano em 2005. De acordo com Koribko (2018, p. 28), "o objetivo de uma revolução colorida, uma vez iniciada, é tomar o poder e derrubar a liderança do Estado." Note-se que, segundo alguns autores , esse mesmo fenômeno poderia ter ocorrido em momentos recentes da história do Brasil.[17]

Cabe destacar que a opção adotada neste trabalho por examinar o emprego da propaganda como instrumento de influência estratégica sob duas perspectivas distintas, a saber, em face das decisões tomadas em uma situação de crise internacional e no curso de um processo de subversão, objetivou demonstrar que o tema pode ser abordado tanto pela ótica da conjuntura externa quanto pelo prisma da conjuntura interna. Deve-se notar, contudo, que a fronteira entre esses dois objetos de análise é tênue, e que em contextos específicos pode não existir uma separação clara entre ambos.

Imagine-se, nesse sentido, uma situação de crise internacional prolongada, que envolva a disputa por interesses considerados vitais, e que não possa ser escalada para o estado de guerra declarada. Nessa hipótese, conforme assinala Koribko (2018, p. 11), "pode ser que existam certas

17 Veja-se, nesse sentido, a percepção de William Engdahls (2016) sobre as megamanifestações de 2013 no Brasil.

restrições (por exemplo, alianças, paridade militar etc.) que impeçam uma parte de lançar hostilidades militares contra a outra. Neste caso, a guerra indireta é a única opção para desestabilizar o adversário".

A expressão *guerra indireta*, utilizada pelo autor no exemplo acima, implicaria, essencialmente, o emprego da propaganda e outros mecanismos de ação psicológica com o propósito de subverter a ordem e, assim, sobrepujar o inimigo.

3. CONSIDERAÇÕES FINAIS

Registre-se que embora algumas das situações examinadas neste trabalho demandem uma apreciação mais detalhada sobre aspectos éticos e legais referentes ao emprego da propaganda como instrumento de influência estratégica, tal abordagem escaparia, largamente, ao escopo deste breve estudo.

Ademais, infere-se que o tema em análise enquadra-se no conceito de *Interferência Externa*, ameaça expressamente definida pela Política Nacional de Inteligência (PNI) como sendo:

> A atuação deliberada de governos, grupos de interesse, pessoas físicas ou jurídicas que possam influenciar os rumos políticos do País com o objetivo de favorecer interesses estrangeiros em detrimento dos nacionais. (BRASIL, 2016, p. 13).

Desse modo, ao se constatar que dentre os instrumentos utilizados para se exercer interferência externa no ambiente político internacional encontram-se as ações de influência estratégica realizadas com o emprego da propaganda, considera-se que o analista de Inteligência deva ser capaz de identificar as diversas situações comentadas neste estudo, e muitas outras que se poderia vislumbrar, para que possa prestar um assessoramento adequado – e de alto nível – ao processo decisório governamental.

Conforme demonstrado ao longo do estudo, pode-se admitir que ocorra o emprego sistemático de recursos de propaganda com o objetivo de criar óbices aos interesses de nosso País. Em muitos casos, tais situações não são abordadas da forma devida em razão da falta de um assessoramento técnico-especializado que ofereça aos decisores a percepção dos danos provocados por essas ações. Em outras circunstâncias, respostas mal elaboradas contribuem para o agravamento da situação, na medida em que, além de não anularem o efeito das ações adversas, ainda afetam a imagem do Brasil diante da opinião pública internacional.

Surge daí a necessidade de se capacitar profissionais para fazer frente a esse importante desafio, o que passa, necessariamente, pela especialização de analistas de Inteligência em disciplinas específicas, notadamente na área de Operações Psicológicas, nas quais se explore o emprego da propaganda como instrumento de influência estratégica, de modo a viabilizar o planejamento e a execução de ações destinadas a promover a defesa de interesses nacionais, bem como a prevenir, identificar, avaliar, explorar e neutralizar ações adversas que a eles se contraponham.

REFERÊNCIAS

BEZMENOV, Yuri. **A Subversão nos Países Alvo da Extinta URSS - Legendado**. Youtube, 13 out. 2018. Disponível em: https://www.youtube.com/watch?v=zx3alT_1dPs. Acesso em: 10 abr. 2022.

BRASIL. Escola Superior de Guerra. **Manual Básico da Escola Superior de Guerra**. v.2. Rio de Janeiro: ESG, 2009. Disponível em: https://adesgmg.org.br/arquivos/Manual_Basico_V_II_2009.pdf. Acesso em: 26 maio. 2022.

_____. Ministério da Defesa. Exército Brasileiro. **Manual de Campanha Operações Psicológicas.** 3. ed. 1999.

_____. Presidência da República. Gabinete de Segurança Institucional. **Política Nacional de Inteligência - PNI**. Brasília-DF, 2016.

BRECHER, Michael. Toward a Theory of Crisis in World Politics. In: BRECHER, Michael; WILKENFELD, Jonathan. **Crisis, Conflict and Instability**. Oxford: Ergamon Press, 1989.

CRAGIN, Kim; GERWEHR, Scott. **Dissuading Terror**: strategic influence and the struggle against terrorism. Rand Corporation, 2005. Disponível em: https://www.rand.org/content/dam/rand/pubs/monographs/2005/RAND_MG184.pdf. Acesso em: 26 maio. 2022.

DOMENACH, Jean-Marie. **A Propaganda Política**. São Paulo: Difusão Europeia do Livro, 1963.

ELLUL, Jacques. **Propaganda**: the formation of men's attitudes. New York: Vintage Books, 1973.

ENGDAHLS, William. **Washington Tries to Break BRICS – Rape of Brazil Begins**. Information Clearing House, 2016. Disponível em: http://www.informationclearinghouse.info/article45561.htm. Acesso em: 26 maio. 2022.

KORIBKO, Andrew. **Guerras Híbridas**: das revoluções coloridas aos golpes. São Paulo: Expressão Popular, 2018.

MORAES, Marcio Bonifacio. **Inteligência Estratégica**: entendendo o mundo secreto da espionagem. Rio de Janeiro: Marcio Bonifacio Moraes, 2020.

OLIVEIRA, Lucio Sergio Porto. **Informação ou Propaganda**: O que recebemos? O que percebemos? Brasília-DF: Thesaurus, 1996.

QUINTERO, Pizarroso Alejandro. **Historia de la Propaganda**. Madrid: Eudema Universidad, 1990.

THOMSON, Oliver. **Uma História da Propaganda**. Lisboa: Temas e Debates, 1999.

A TECNOLOGIA BLOCKCHAIN COMO UMA CAMADA DE COMUNICAÇÃO ENTRE AGÊNCIAS DE INTELIGÊNCIA NO MODELO DO SISBIN

RONALD CESAR THOMPSON[18]

RESUMO: O objetivo deste artigo é apresentar uma visão executiva sobre a tecnologia *blockchain*, desmistificando sua complexidade e demonstrando o seu potencial para ser uma camada de troca de informações entre agências de Inteligência, que viabilizaria um modelo federativo, colaborativo e com rastreabilidade. Neste paradigma, a subordinação se dá para com a tecnologia; portanto, a confiança se dá sobre um modelo tecnológico testado e que representa uma nova proposta para a colaboração de conhecimentos de Inteligência. Em outras palavras, a adoção da tecnologia *blockchain* para a comunicação de dados de Inteligência representa um modelo *peer-to-peer* de troca de informação versus o paradigma centralizado adotado no modelo do SISBIN (Sistema Brasileiro de Inteligência). Desta forma, as interações entre agências de Inteligência se dariam por regras pré-definidas entre os pares, com conceito de canais criptográficos e de consenso. Este é o mesmo paradigma tecnológico que viabilizou a troca de moedas digitais (criptomoedas) sem a necessidade de uma autoridade central, sendo sua robustez já testada e comprovada. Quanto ao modelo de negócios, esta proposta foi adotada com sucesso no Mercosul - projeto bConnect da RFB (Receita Federal do Brasil)-, vencendo o desafio de comunicação de dados aduaneiros entre países que perdurou por mais de uma década. A utilização de termos tecnológicos foi restrita àqueles que são necessários para dar a compreensão dos conceitos que fundamentam esta proposta.

18 Auditor da Receita Federal do Brasil, formado em engenharia de computação pela PUC-RJ. MBA pela Coppead UFRJ-RJ, especialização pela Geórgia Tech-Usa, com 5 prêmios de inovação pela Receita Federal e pela Enap. Representante da Receita Federal no Brasil e no exterior em eventos relacionados com a tecnologia Blockchain. Especialista em Inteligência Estratégica pela Escola Superior de Defesa (ESD).

PALAVRAS CHAVE: *blockchain;* camada de comunicação; interagência; Inteligência.

1. INTRODUÇÃO

O modelo adotado no SISBIN (Sistema Brasileiro de Inteligência) é baseado em um ponto central de gestão do negócio e da tecnologia. Isso significa que os participantes da rede SISBIN se submetem a uma estrutura central de gestão da informação, inclusive aos computadores e sistemas desenvolvidos pela ABIN (Agência Brasileira de Inteligência).

Toda implementação baseada em uma autoridade centralizadora enfrenta, em maior ou menor grau, um problema de confiança entre a autoridade centralizadora e os pares subordinados. Esta situação se materializa tanto pela perda da gestão e da propriedade autoral sobre a informação (soberania), quanto pela desconfiança de como esta informação poderá ser utilizada ou modificada (sigilo).

Em todos os casos, a razão para o problema de confiança está na própria topologia da implementação, onde tudo e todos se submetem a um único modelo de negócios e a um único membro com poder de decisão.

Este foi o mesmo desafio enfrentado pelo Brasil junto aos países do Mercosul para a troca de informações aduaneiras protegidas ou não por sigilo fiscal. Com a criação do Mercosul, o trânsito de mercadorias entre os países passou a seguir um regime diferenciado e que, teoricamente, deveria ser mais célere e simplificado. Todavia, por mais de uma década os países não chegaram a um consenso de como viabilizar este objetivo.

A causa para esta inércia tinha origem no aspecto da confiança em sentido amplo, pois nenhum país aceitava abrir mão de sua soberania e adotar um sistema desenvolvido por um dos países do bloco, e também os países não conseguiam convergir para um desenvolvimento multi partícipe de solução tecnológica, pois cada membro tinha uma proposta e visão que precisava de alinhamento.

Em entrevista, o Auditor-Fiscal da RFB (Receita Federal do Brasil), Elton Carlos Busarello, em 08 de abril de 2022, explicou a importância do projeto *bConnect*:

> Hoje o *bConnect* é a principal ferramenta que a SUANA (Subsecretaria de Administração Aduaneira da RFB) tem para troca de informações com outras administrações aduaneiras.
>
> Dentro do Mercosul já utilizamos para a troca de dados sobre OEA (Operador Econômico Autorizado) e temos projetos para outros dados (tabelas de referência, trânsito internacional terrestre, etc.) em diferentes fases de estudo e implementação. Além disso, alguns convênios de troca de informações aduaneiras em fase de estudos, a exemplo da Rússia e da China, também envolvem o uso do *bConnect*.
>
> A solução para este desafio foi a adoção de uma camada de troca de informações baseada em novo paradigma tecnológico, que surgiu com as criptomoedas, mas que percebeu-se ser útil para resolver outros problemas de confiança entre pares. Esta tecnologia é conhecida pelo nome *blockchain* (...)

1.1 O SISBIN

No caso do SISBIN, todos os participantes fazem parte do estado brasileiro, mas isso não significa que todas as informações devem, podem e precisam ser compartilhadas de forma ampla. Por exemplo, as informações protegidas por sigilo fiscal precisam de uma rigorosa cadeia de custódia e as informações de Inteligência estratégica das forças armadas precisam de rigor quanto ao seu acesso.

Se de um lado, o parágrafo único do artigo Art. 4o a lei 9883 de 07 de dezembro de 1999, define que cabe à ABIN a responsabilidade de centralização dos dados de Inteligência:

> Parágrafo único. Os órgãos componentes do Sistema Brasileiro de Inteligência fornecerão à ABIN, nos termos e condições a serem aprovados mediante ato presidencial, para fins de integração, dados e conhecimentos específicos relacionados com a defesa das instituições e dos interesses nacionais (...)

De outro lado, a ADIN (Ação Direta de Inconstitucionalidade) 6529 DF, conclui sobre a necessidade de uma rastreabilidade e gestão dos dados compartilhados que permita o, eventual, controle de legalidade pelo judiciário.

> A. Os órgãos componentes do Sistema Brasileiro de Inteligência somente podem fornecer dados e conhecimentos específicos à ABIN quando comprovado o interesse público da medida, afastada qualquer

possibilidade de o fornecimento desses dados atender a interesses pessoais ou privados;

B. Toda e qualquer decisão de fornecimento desses dados deverá ser devida e **formalmente motivada para eventual controle de legalidade pelo Poder Judiciário**;

C. Mesmo quando presente o interesse público, os dados referentes às comunicações telefônicas ou dados sujeitos à reserva de jurisdição não podem ser compartilhados na forma do dispositivo, em razão daquela limitação, decorrente do respeito aos direitos fundamentais;

D. Nas hipóteses cabíveis de fornecimento de informações e dados à ABIN, são imprescindíveis procedimento formalmente instaurado e **a existência de sistemas eletrônicos de segurança e registro de acesso, inclusive para efeito de responsabilização em caso de eventual omissão, desvio ou abuso** (...). (Grifo nosso)

No modelo atual, para que haja efetividade e capacidade de gerar resultado, os membros do SISBIN precisam abrir mão da sua soberania sobre seus dados para que a tese original da iniciativa de Inteligência alcance este objetivo. Sendo que abrir mão da soberania de um dado, pode significar a perda do controle sobre "quem" tem acesso ao mesmo, colocando em risco o gestor responsável pelo dado e a proeminência sobre o trabalho de Inteligência que foi desenvolvido.

A questão que surge é como conciliar a necessidade de gerar informação de Inteligência pelo Estado com as exigências do estado democrático de direito, sem que nenhuma delas sufoque a outra, sob risco, em ambas as situações, de consequências irreparáveis para o país.

Esta questão passou a ser abordada por diversos autores como nas obras: *"Quem vigia os vigilantes? O controle da atividade de Inteligência no Brasil e o papel do Poder Legislativo"* (GONÇALVES, 2010), e em *"Políticos e Espiões: O Controle da Atividade de Inteligência"* (GONÇALVES, 2019), ambas usadas como referência no acórdão da Min. Carmem Lúcia do Superior Tribunal Federal, a qual escreve em seu voto:

> A democracia não admite arbitrariedades e exige que todos se submetam à lei. Poder sem controle é arbítrio (...)
>
> (...)Assim, tratando-se de democracia e controle da Administração Pública, é fundamental que se tenha clara a ideia de que este é alicerce daquela. Em outras palavras, o poder/dever/necessidade de controle da Administração, pelos administrados é intrínseco ao modelo (...) (LÚCIA, 2022)

Da mesma forma que as criptomoedas aboliram uma autoridade central, que poderia interferir no controle financeiro destes participantes, a tecnologia *blockchain* parece ser um elemento que estabelece uma camada inabalável de confiança, pois compartilha entre muitos a sua gestão, sem que isso seja o empecilho para o sucesso do objetivo finalístico da atividade de Inteligência.

Ou seja, se a pergunta fosse: *"Como viabilizar uma estrutura de troca de informações de Inteligência, com o menor risco de usurpação de poder?"*. Parece que a resposta é a mesma que encontramos para resolver o respeito à soberania dos dados aduaneiros no Mercosul e que a comunidade tecnológica criou para se negociar ativos sem a intervenção de um elemento centralizador que poderia "confiscar" seus ativos. Para todos os casos, a resposta foi a tecnologia *blockchain* e a sua proposta de substituir a necessidade de confiança entre os pares, para uma forma de confiança para com a tecnologia unicamente.

2. DESENVOLVIMENTO

2.1 O QUE É *BLOCKCHAIN*?

Blockchain é uma camada lógica, madura e amplamente testada para sincronismo e compartilhamento de dados em que se substitui o conceito de centralização para um conceito de pulverização do poder. Enquanto no modelo centralizado a topologia se comporta como uma estrela, na qual os entes são nós (node em inglês), no modelo *blockchain* todos os entes têm o potencial de conversar entre si, substituindo um modelo estrela pelo modelo par-a-par (*peer-to-peer*).

Para perceber toda a potencialidade da tecnologia *blockchain* é importante compreender algumas expressões tecnológicas que servem para sintetizar as ideias e soluções que suportam este conceito. Estes neologismos são importantes simplificar a compreensão do potencial disruptivo desta nova tecnologia e a sua adequação nesta proposta. Neste sentido, precisa-se compreender que:

> **Primeiro**: *blockchain* é um banco de dados distribuído no qual quando um dado é escrito em um dos bancos de dados, este mesmo dado é automaticamente replicado para os demais bancos de dados de forma totalmente transparente, automática e sem que os usuários se preocupem em manter a sincronia de atualização destes dados. É como se fosse uma planilha Microsoft-Excell® que diversos usuários têm uma cópia, e que qualquer alteração sempre será replicada, sem os usuários precisarem se preocupar em operacionalizar esta ação.
>
> **Segundo:** *blockchain* é uma estrutura de dados que garante imutabilidade do dado. Ou seja, *blockchain* é uma estrutura de dados especial que impede, graças a matemática da criptografia, que um dado mais antigo seja alterado. Em síntese, estas duas definições podem ser reescritas em linguagem popular como sendo *"um banco de dados que quando um dado é escrito, os demais participantes também recebem esta alteração, e que uma vez escrito não permite alteração a posteriori, é como se fosse escrito em pedra"*.
>
> **Terceiro:** *blockchain* também é a capacidade de executar s*martcontracts*. Acima foram listadas duas definições para *blockchain*, mas *blockchain* também se caracteriza por permitir que programas de software sejam executados, dentro do próprio contexto do *blockchain*. Estes "programas de software" são chamados contratos-inteligentes (*smartcontract*) e podem ser usados para implementar regras e procedimentos durante o funcionamento da rede.

Isso significa que este paradigma tecnológico permite que uma regra possa ser desenvolvida para definir a governança e o comportamento da rede *blockchain*. Portanto, acompanhado das duas primeiras características, é o mesmo que dizer que este *smartcontract* (esta regra de comportamento e de governança) seja replicado entre todos os participantes da rede, fique "gravado em pedra" e defina como a rede deva se comportar. Todas estas características baseadas em um modelo pactuado, de amplo conhecimento e imutável.

Estas regras podem ser expandidas para conceitos mais elaborados como: definição da titularidade sobre um dado, ou seja, quem pode alterar um dado; sobre quem pode colaborar, mas não alterar definitivamente um dado; sobre grupos e subgrupos que podem compartilhar um dado (canais criptográficos de troca de informação); métodos de autogestão da rede, dentre outras.

Outras características da rede *blockchain* é que podem ser tanto do tipo aberta, quanto fechada a um grupo restrito de usuários, mas que em todos os casos os participantes gozam da capacidade de ler, validar e auditar todas as regras, pois trata-se de uma implementação baseada no conceito "código-fonte aberto".

Desta forma, além desta tecnologia dar transparência das regras e acordos entre os participantes, o *blockchain* permite total processo de auditoria do que está custodiado na rede. Isso não significa que qualquer membro da rede terá necessariamente poder de gestão igual, mas isso significa que para cada membro da rede poderá ser dado um nível de autoridade na rede, desde uma autoridade igualitária até níveis distintos de prerrogativa.

Pode-se afirmar que, se de um lado o modelo centralizado é uma proposta monolítica e cristalizada de organização de negócio, de outro, *blockchain* permite todos os tons de cinza possíveis de organização que se traduzem diferentes graus de participação federativa e colaborativa.

Sintetiza GREVE *et al,* 2018:

> *Blockchain* implementa uma máquina de estados replicada para a manutenção consistente de um estado global compartilhado por um conjunto de pares distribuídos numa rede P2P. Todos os nós possuem e mantêm uma réplica do registro de transações efetuadas, materializado na forma de um livro-razão (*ledger*) distribuído, que é imutável, pode ser verificado e auditado, e está sempre disponível.

3. RESULTADOS OBTIDOS E ANÁLISES

Segundo as pesquisas deste autor, o SISBIN enfrenta desafios típicos dos encontrados nos sistemas centralizados de gestão da informação e que, de acordo com, MARTINS, 2022, em *A atuação do Sistema Brasileiro de Inteligência nos Estados Federados pós grandes eventos: Implicações das ações de integração para a Atividade de Inteligência,* criam as reatividades para a própria promoção da iniciativa do SISBIN:

> Essa última recomendação, de suma importância, se coaduna com o correto entendimento do SISBIN como sistema responsável pelo assessoramento ao processo decisório do Poder Executivo, cujo principal cliente é o próprio Presidente da República. Essa visão sistêmica deve ficar clara para os parceiros estaduais, **a fim de que as demandas do SISBIN não sejam vistas erroneamente como demandas da ABIN.** Não se pode perder o foco do objetivo precípuo do SISBIN, para evitar a **percepção equivocada de que o Sistema existiria para propiciar espécie de "trocas de favores" entre órgãos, corroborando o dito circulante de que a ABIN teria "muito a pedir, mas pouco a oferecer"**, ou que a interação seria "pouco atrativa" aos órgãos estaduais. A conscientização almejada refere-se também ao reconhecimento, por parte de todos os órgãos membros, do fato de que efetivamente pertencem ao SISBIN e, como tal, não apenas têm um papel significativo a desempenhar em prol da Inteligência nacional, **como devem desenvolver um modo de atuação sistêmico** no trato de questões afetas à Inteligência. **Na ausência dessa visão sistêmica, o todo se enfraquece, pois esforços isolados são sempre limitados** (...) (grifo nosso)

Por esse artigo, parece que o desafio não está na vontade dos participantes, mas na forma como eles decidiram se organizar. Pois se houvesse uma forma que impedisse o risco de desvio de finalidade da iniciativa e de participação colaborativa no processo, imediatamente gerar-se-ia a confiança necessária entre os pares.

4. CONCLUSÕES E RECOMENDAÇÕES

A definição legislativa de que o SISBIN seja gerido centralizadamente pela ABIN parece ser o ponto nevrálgico desta questão e que poderia ser contornado com a mudança do paradigma centralizado para um paradigma de multi-gestão, *peer-to-peer*, capaz de ser implementado pela tecnologia *blockchain*.

O SISBIN tem enfrentado reatividades e desafios que impedem um resultado efetivo para o Brasil. Estas questões além de enfraquecerem e desperdiçarem a força potencial da ABIN criam fraturas que motivam a perpetuação de subsistemas de Inteligência.

Por mais que pudesse, eventualmente, ter passado pela vontade do legislador criar um mecanismo compartilhado, naquele momento, não havia uma forma viável de implementar este conceito de forma racional e eficaz.

Entretanto, tal qual os países do Mercosul não trocaram informações aduaneiras por mais de uma década, pois enfrentavam o desafio da confiança e da gestão soberana de seus dados, no SISBIN, os detentores da informação enfrentam a mesma questão.

Mas a evolução tecnológica surpreendeu com um novo paradigma de interação. Ao invés da submissão entre entes, surge um modelo de colaboração em que a submissão se dá para com a tecnologia e não mais entre os membros participantes da rede de colaboração. Isso permite toda uma flexibilidade de desenhos para a implementação de compartilhamento, inclusive uma modelagem em que caberia à ABIN o papel gestor e impulsionador da iniciativa.

Uma vez que a tecnologia *blockchain* utiliza softwares livres, baseados em tecnologia código-aberto, a auditoria da implementação é comum a todos os participantes da rede, assim como as regras de governança e comportamento *(smartcontracts)* que podem ser lidas e validadas por qualquer participante.

Além dessas vantagens, graças à padronização das regras de comportamento e governança da rede *blockchain*, pode-se explorar o conceito de titularidade sobre um dado. A titularidade resolve o problema da soberania e viabiliza o conceito da colaboração; em outras palavras, se um ente alterar um dado que não é de sua titularidade, automaticamente a rede *blockchain* trataria a alteração como uma colaboração sobre o dado, preservando o poder do titular do dado validar ou não a colaboração que foi feita.

Quanto à modelagem do dado a ser gravado na rede *blockchain*, este dado pode ser o próprio dado de Inteligência ou uma requisição por um dado de Inteligência. Isso significa que a rede *blockchain* poderia ser modelada para ser um "grande repositório de dado a serem compartilhados" ou poderia ser modelada para ser "um canal de comunicação padronizado" onde o requisitante do dado faz um pedido de informação, este pedido é compartilhado com todos os entes da rede, e a rede é usada apenas para transitar a resposta àquela solicitação.

Portanto, parece que a adoção da tecnologia *blockchain* poderia trazer ganhos em um sistema integrado de Inteligência e poderia ser um trampolim para a adoção do conceito de IA (inteligência artificial) sobre uma base comum de dados de Inteligência. Portanto, a combinação de IA com *blockchain* *"muda a inovação de silos tradicionais de poder para um sistema exponencialmente mais poderoso de criatividade e governança distribuída."* (SNET, 2022).

Também há de abordar a questão dos preconceitos para com a atividade de Inteligência, e por saber que estes se remetem a um momento recente da história de nosso país, a utilização de um novo e disruptivo paradigma parece também ser um remédio para as amarras deste pensamento do imaginário da sociedade. Nada melhor do que "um novo modelo tecnológico" para provar que se trata de um "novo modo de fazer Inteligência".

REFERÊNCIAS

BRASIL. Lei 9.883, de 7 de dezembro de 1999. **Diário Oficial da União.** Brasília, 1999. Disponível em: http://www.planalto.gov.br/ccivil_03/leis/l9883.htm. Acesso em: 11 jul. 2022.

GREVE, Fabíola; SAMPAIO, Leobino; ABIJAUDE, Jauberth; COUTINHO, Antonio; VALCY, Ítalo; QUEIROZ, Silvio. **Blockchain e a Revolução do Consenso sob Demanda.** UFSCAR, **Capitulo5.pdf (ufscar.br)**. Disponível em: http://www.sbrc2018.ufscar.br/wp-content/uploads/2018/04/Capitulo5.pdf Acesso em: 31 maio 2022.

GONÇALVES, Joanisval Brito. **Quem vigia os vigilantes? O controle da atividade de Inteligência no Brasil e o papel do Poder Legislativo.** *In:* Revista de Informação Legislativa. Brasília a. 47 n. 187 jul./set. 2010. Disponível em: https://www12.senado.leg.br/ril/edicoes/47/187/ril_v47_n187_p125.pdf. Acessado em 12 jul. 2022.

GONÇALVES, Jonisval Brito. **Políticos e Espiões: O Controle da Atividade de Inteligência**. 2. Ed. Impetus: Niterói/RJ, 2019,p.164-165 *apud* LUCIA (2022).

LÚCIA, Carmem. Supremo Tribunal Federal. **Ação Direta de Inconstitucionalidade 6529**. Disponível em: https://stf.jusbrasil.com.br/jurisprudencia/1303041724/acao-direta-de-inconstitucionalidade-adi-6529-df-0099452-9320201000000/inteiro-teor-1303041733, p35. Acessado em 12 jul. 2022.

MARTINS, Erika França de Souza. **A atuação do Sistema Brasileiro de Inteligência nos Estados Federados pós grandes eventos: Implicações das ações de integração para a Atividade de Inteligência.** Disponível em: https://janusbrasilis2022.online/a-atuacaodosistemabrasileirodeinteligencianos/ Acesso em: 12 jul. 2022.

SNET. **SingularityNET.** Disponível em: https://singularitynet.io/ Acesso em: 31 maio 2022.

A INVESTIGAÇÃO SOCIAL NOS PROCESSOS DE SELEÇÃO E INGRESSO NA POLÍCIA MILITAR DO ESTADO DE SÃO PAULO SOB A ÓTICA DO ESTADO DEMOCRÁTICO DE DIREITO E DA INTELIGÊNCIA ESTRATÉGICA

DEMÉTRIUS GOMES LOPES[19]

RESUMO: O presente relatório aborda a atividade de Inteligência de Segurança Pública aplicada à Investigação Social de candidatos a ingresso na Polícia Militar do Estado de São Paulo (PMESP) sob a ótica do Estado Democrático de Direito e da Inteligência Estratégica – vertente da Contrainteligência. A problemática discorre sobre a legalidade da atividade desenvolvida pelo Centro de Inteligência (CIPM) em sede de concurso público e a existência de conflito entre os princípios constitucionais enunciados no Artigo 37 da Constituição Federal de 1988 e os princípios estabelecidos na Política Nacional de Inteligência de Segurança Pública (PNISP). Do ponto de vista metodológico, utilizou-se a análise documental como técnica de coleta de dados, com destaque às principais legislações relacionadas ao tema – Lei de Ingresso da PMESP, Lei de Acesso à Informação, Lei Geral de Proteção de Dados, os Decretos

19 Mestre em Ciências Policiais de Segurança e Ordem Pública pelo Centro de Altos Estudos (CAES) da PMESP, São Paulo. Especialista em Direito Penal pela Escola Superior do Ministério Público do Estado de São Paulo; Especialista em Criminologia, Política Criminal e Segurança Pública pela Universidade Anhanguera, São Paulo; Especialista em Inteligência Estratégica pela Escola Superior de Defesa (ESD).

da PNISP e ENISP –, assim como a doutrina especializada. O trabalho também aborda a judicialização das decisões administrativas (reprovações) ocorridas na etapa de investigação social, depreendendo-se um desconhecimento das normas que regem a atividade de Inteligência de Segurança Pública, resultando na exposição dos processos e meios empregados na atividade. Os resultados alcançados sugerem a necessidade de adaptação e atualização dos protocolos e terminologia aplicados à investigação social, bem como o imperativo de amplificação da doutrina de Contrainteligência, particularmente, junto à comunidade jurídica.

PALAVRAS CHAVE: concurso público; investigação social; Contrainteligência; Polícia Militar.

1. INTRODUÇÃO

A Constituição da República Federativa do Brasil de 1988 ao discorrer sobre os princípios balizadores da administração pública consolidou que a investidura em cargo ou emprego público depende de aprovação prévia em concurso público de provas ou de provas e títulos, de acordo com a natureza e a complexidade do cargo ou emprego (BRASIL, 1988).

Nesse sentido, os concursos públicos para provimento dos cargos de Soldado 2ª Classe e Aluno-Oficial da Polícia Militar do Estado de São Paulo (PMESP) são realizados sob a égide da Lei de Ingresso.[20]

Passando ao largo das discussões e estudos sobre a temática dos concursos de ingresso e o papel do Centro de Inteligência da Polícia Militar (CIPM), importantes normatizações abordando a atividade de Inteligência ingressaram na ordem jurídica, a exemplo da Política Nacional de Inteligência de Segurança Pública (PNISP)[21], que apresenta clara preocupação com ***o combate ao crime organizado*** *e* ***à prática da corrupção como prioridades do Estado****, no enfrentamento às vicissitudes tendentes a* ***comprometer a estabilidade e o bom funcionamento das instituições e do Estado Democrático de Direito*** (sic; grifo nosso).

20 Lei Complementar Nº 1.291, de 22 de julho de 2016.
21 Decreto nº 10.777, de 24 de agosto de 2021.

Sensível ao problema, a PMESP prevê em seus concursos de ingresso a realização de Investigação Social dos candidatos, atividade desenvolvida pelo CIPM, sendo o primeiro filtro para a identificação de pessoas com histórico de vida pregressa incompatível com as missões e responsabilidades da carreira de militar do Estado (Inteligência), assim como a neutralização à ameaça de infiltração de integrantes, associados e/ou simpatizantes de organizações criminosas em seus quadros (Contrainteligência), atividade estratégica na busca por um efetivo probo.

Pelo exposto, para desenvolvimento do estudo, a metodologia empregada será a dedutiva, baseada na análise documental, abordando a atividade de Inteligência desenvolvida pelo CIPM na etapa de investigação social dos concursos de ingresso à luz da legislação vigente, cujo resultado pretende contribuir para o enriquecimento do debate acadêmico de tema relevante à sociedade, assim como assessorar a tomada de decisão dos administradores públicos.

2. DESENVOLVIMENTO

2.1 A INVESTIGAÇÃO SOCIAL NOS CONCURSOS DE INGRESSO - GESTÃO DE PESSOAS NA PMESP

Em 1996, a PMESP adotou a Gestão pela Qualidade[22] como estratégia organizacional, decisão que induziu a mudanças substanciais nos processos internos, introduzindo ferramentas de gestão destinadas ao planejamento, organização, liderança e controle, classificando suas atividades em nove áreas de conhecimento: *Pessoas, Saúde, Conhecimento e Inovação, Comunicação Social, Organizacional, Finanças, Logística, TIC (Tecnologia da Informação e Comunicação) e Inteligência.*

A Gestão de Pessoas na PMESP é estratégica para a qualidade dos serviços prestados à sociedade, razão pela qual o cuidado com a seleção e alistamento é determinante para o sucesso das demais etapas – processo de formação, qualificação e treinamento, fixação e distribuição de efetivo, políticas de valorização e controle de pessoal.

22 GESPOL – Sistema de Gestão da PMESP inspirado no Modelo de Excelência da Gestão (MEG), da Fundação Nacional da Qualidade (FNQ) que utiliza o pensamento e atuação sistêmicos para construção da estratégia da Instituição, que está lastreada em 3 fundamentos: Direitos Humanos, Polícia Comunitária e Excelência da Gestão.

Para consecução desses objetivos a PMESP estabeleceu a Diretiva de Seleção e Alistamento de Pessoal objetivando *suprir a necessidade de pessoal, por intermédio de processo seletivo e de alistamento transparentes que permitam a incorporação de pessoas com requisitos, qualificações, aptidões e habilidades adequadas às necessidades da Instituição* (SÃO PAULO, 2021).

Com efetivo fixado atualmente em 93 mil vagas, há o desafio permanente de se manter controlada a rotatividade de efetivo – *turnover*, exigindo a realização de estudos contínuos para provimento originário de cargos a partir dos parâmetros estabelecidos no Plano de Completamento de Efetivo[23].

A Investigação Social, etapa própria e específica dos concursos de ingresso, encontra-se disciplinada na Lei de Ingresso na PMESP, é realizada pelo CIPM, através de pesquisa social em procedimento sigiloso, que avalia documentos e informações fornecidas pelo próprio candidato no Formulário de Avaliação da Conduta Social, da Reputação e da Idoneidade (FACSRI)[24].

De caráter eliminatório, a Investigação Social procede à checagem da vida pregressa e atual do candidato, verificando o preenchimento dos requisitos de conduta social irrepreensível, na vida pública e na vida privada, reputação ilibada e idoneidade moral, a partir de parâmetros estabelecidos nos respectivos editais de concurso.

Anterior ao início de qualquer atividade de pesquisa, o CIPM confere *o* ***Termo de Ciência, Declaração e Autorização sobre Avaliação da Conduta Social, da Reputação e da Idoneidade***, constante no formulário por ele preenchido e assinado, onde de livre e espontânea vontade, firma o seu aceite perante a Administração do Concurso, materializado sua ciência e compreensão sobre a finalidade da coleta de suas informações pessoais, bem como autoriza que a PMESP utilize essas informações para a realização da pesquisa sigilosa.

Destaca-se que as informações declaradas no FACSRI, assim como todos os documentos produzidos no desenvolvimento da Investigação Social são classificados como "informação pessoal", nos termos do artigo

23 Prevê a necessidade quantitativa de ingresso de novos policiais militares, considerando, inclusive, a previsão de tempo para a formação do profissional e o provável decurso até a sua inatividade, demandando a realização de concursos públicos regulares para provimento dos cargos de Soldado 2ª Classe e Aluno-Oficial da PMESP.

24 A Lei de Ingresso prevê a realização da investigação social dentro da Etapa de Avaliação da Conduta Social, da Reputação e da Idoneidade (ACSRI), razão pela qual a denominação do formulário foi alterada para FACSRI em substituição ao nome anterior de Formulário de Investigação Social (FIS)

4º, inciso IV, da Lei Federal n.º 12.527/11 – Lei de Acesso à Informação, e do artigo 3º, incisos XIV e XV, do Decreto n.º 58.052/12, impondo ao CIPM que o tratamento das informações pessoais dos candidatos seja feito com total respeito à intimidade, vida privada, honra e imagem das pessoas, bem como às liberdades e garantias individuais.

2.2 PRINCIPAIS QUESTIONAMENTOS UTILIZADOS NAS PETIÇÕES INICIAIS APRESENTADAS ÀS VARAS DE FAZENDA PÚBLICA DO TRIBUNAL DE JUSTIÇA DE SÃO PAULO

Estudo desenvolvido pelo CIPM identificou que 80% dos candidatos reprovados na Investigação Social dos concursos de Soldado PM 2ª Classe ajuizaram ações pedindo a anulação da decisão administrativa de reprovação no certame[25].

Como regra, os advogados dos candidatos fundamentam suas teses em 3 (três) pontos: a) Inobservância ao princípio da publicidade, pois a PMESP não divulga listagem com os nomes dos candidatos reprovados na investigação social; b) Ausência de motivação e obscuridade nas decisões administrativas, pois não são informados os motivos que fundamentaram as reprovações; e c) Afronta aos princípios constitucionais da ampla defesa e do contraditório, vez que não é permitido ao candidato manifestar-se sobre o(s) motivo(s) da reprovação.

Importa esclarecer que o edital prevê a possibilidade de interposição de recurso administrativo, oportunidade que será informado ao candidato o(s) motivo(s) da reprovação, observado o sigilo das fontes das informações obtidas na Investigação Social.

Destaca-se que os resultados dos concursos (etapas e resultado final) são publicados no Diário Oficial do Estado, visto que o acesso a tal informação permanecerá disponível ao público em geral (fonte aberta), inclusive em buscadores na *internet*. Por essa razão a PMESP não publica os nomes dos reprovados na etapa de investigação social justamente para proteger a imagem do próprio candidato, vez que o resultado lógico da ausência de seu nome na relação de aprovados é sua desclassificação naquela etapa.

25 No período de 2017 a 2021 ingressaram no CIPM 1.659 pedidos de informações judiciais. Destaca-se que em 2020 os Editais permaneceram suspensos em decorrência das restrições impostas pela pandemia do novo coronavírus.

Em razão de seu **caráter eminentemente avaliatório** e de **efeitos estritamente limitados ao respectivo concurso**, a Investigação Social **não profere acusação, não imputa responsabilidade de qualquer ordem, seja administrativa, penal ou civil, tampouco condiciona seus dados, informações e documentos aos objetivos de uma investigação criminal ou à instrução de feito apuratório sobre um delito administrativo**. Ou seja, tem como única finalidade a avaliação e emissão de parecer favorável ou desfavorável à admissão do candidato nos quadros da PMESP.

O entendimento aplicado pela PMESP foi ratificado pela 1ª Turma do Supremo Tribunal Federal (STF), em sede de Recurso Extraordinário 233.303/CE, Relator Exmo. Sr. Ministro Carlos Alberto Menezes Direito, de 27.5.08 (DJe 31.7.08), que reconheceu **a inexigibilidade do contraditório e da ampla defesa em processo seletivo de candidatos a ingresso em cargos públicos, afastando** a aplicação do art.5º, LV, da Constituição Federal, **quando se trate de investigação sumária sobre a vida pregressa para efeito de inscrição em concurso público.**

Recorda-se que concurso é o meio técnico posto à disposição da administração pública para obter-se moralidade, eficiência e aperfeiçoamento do serviço público e, ao mesmo tempo, propiciar igual oportunidade a todos os interessados que atendam aos requisitos da lei, consoante determina o art. 37, II, da CF. Para esse fim, a administração pública é livre para estabelecer as bases do concurso e os critérios de julgamento, desde que o faça com igualdade para todos os candidatos, tendo, ainda, alterado as condições e requisitos de admissão dos concorrentes, para melhor atendimento ao interesse público (MEIRELLES, 2012).

As consequências da aprovação de indivíduos com histórico de condutas reprováveis em concurso públicos são potencialmente danosas para o exercício dos cargos pretendidos, daí a importância de um processo seletivo rigoroso, que por disposição editalícia, recaia igualmente sobre todos os candidatos.

Novamente, corroborando com a postura adotada pela PMESP, a 1ª Turma do Supremo Tribunal Federal validou ato administrativo da Polícia Militar de Minas Gerais (PMMG) de excluir um candidato de concurso público por inidoneidade moral na fase de investigação de vida pregressa. O voto proferido pelo Exmo. Sr. Ministro Alexandre de Moraes sustenta que *os Órgãos Militares, como a Polícia Militar, tem regramento especial na Constituição Federal por serem o braço armado do Estado, justificando maior rigor em seus concursos públicos.*[26]

2.3 REFLEXOS DA JUDICIALIZAÇÃO DOS RESULTADOS DAS INVESTIGAÇÕES SOCIAIS - FRAGILIZAÇÃO DA SEGURANÇA ORGÂNICA (SEGOR).

Não obstante aos posicionamentos do STF apresentados, o número de ações judiciais questionando as reprovações na etapa da Investigação Social é preocupante e sensível à atividade de Inteligência.

Carecendo dos necessários aprofundamentos para identificação da(s) razão(ões) da judicialização[27] observada, merece reflexão a proliferação de cursinhos preparatórios, páginas e canais em redes sociais especializados no "assessoramento" de concursos, inclusive com a participação de veteranos e/ou ex-integrantes das instituições. Antes voltados exclusivamente à preparação dos candidatos para a realização das provas de conhecimento, essa assessoria se expandiu para outras fases dos concursos, particularmente àquelas com maior taxa de reprovação – *fase psicológica e investigação social.*

Na busca por alunos, esses cursinhos passaram a adotar estratégias mais agressivas de captação, destacando-se a inclusão serviços de assessoramento jurídico no caso de reprovação, com peças publicitárias apresentando casos de vitórias obtidas na Justiça em favor de seus ex-alunos.

Não obstante a inquestionável relevância do princípio consagrado no Artigo 5º, XXXV da CF/88[28], é necessário esclarecer que a Investigação Social, realizada com ciência e consentimento dos candidatos a ingresso na PMESP, não se restringe a simples conferência das informações prestadas no formulário e exame documental.

Analisando a questão da seleção de pessoas no âmbito da iniciativa privada, atividade que denominou de "investigação de segurança", Barbosa Neto destaca que o direito é dinâmico, razão pela qual os excluídos da seleção têm a faculdade constitucional de petição, podendo recorrer ao Poder Judiciário para obstar o ato administrativo (2009).

---

26 Agravo na Reclamação nº 47.586, de Minas Gerais.

27 Entende-se por judicialização o fenômeno do ingresso do Poder Judiciário em questões de natureza política ou social em detrimento das instâncias políticas tradicionais dos Poderes Legislativo e Executivo.

28 A lei não excluirá da apreciação do Poder Judiciário lesão ou ameaça a direito.

Frente à natureza do cargo e a responsabilidade sobre a investidura do Poder de Polícia, o CIPM lança mão de todos os recursos legais e legítimos para verificação da vida pregressa dos candidatos. Embora bancos de dados, arquivos oficiais, prontuários escolares e trabalhistas sejam uma excelente fonte de consulta, são as diligências e entrevistas com pessoas dos círculos de convívio cotidiano do candidato (família, amigos, vizinhança, trabalho, escola) que fornecem informações valiosas sobre o comportamento social. Em razão dessa proximidade, a concordância em conversar com os policiais militares entrevistadores só é possível, na maioria das vezes, sob a garantia de manutenção do sigilo da fonte.

Nessas situações, o CIPM firma com o declarante o compromisso legal, moral e ético de manter sua identidade e declarações sob sigilo, razão pela qual seus dados de qualificação não são revelados sob quaisquer circunstâncias.

Ocorre que nas respostas ao Poder Judiciário, por maior cautela que se adote na apresentação dos fatos – *supressão de datas, locais, nomes de pessoas, detalhes circunstanciais* – as informações prestadas à autoridade judicial são naturalmente compartilhadas com a defesa (ampla defesa e contraditório) e, por consequência, chegarão ao conhecimento do próprio candidato reprovado. Nesse ponto, a simples menção do evento possibilita a identificação da provável fonte da informação assim como os procedimentos empregados na pesquisa sigilosa, com evidente comprometimento das medidas de SEGOR.

2.4 FUNDAMENTOS DOUTRINÁRIOS DA ATIVIDADE DE INTELIGÊNCIA APLICADOS À INVESTIGAÇÃO SOCIAL.

A Doutrina Nacional de Inteligência (DNI) estabelece que o exercício da atividade de Inteligência seja regido por normas básicas e gerais de conduta, sintetizadas em 8 (oito) princípios, a saber: *objetividade, segurança, oportunidade, controle, imparcialidade, simplicidade, amplitude e interação* (BRASIL, 2016).

Nesse sentido, ao discorrer sobre os princípios norteadores da atividade de Inteligência, Joanisval Brito Gonçalves elege a ética à categoria de princípio, entendendo que a atividade de Inteligência deve estar pautada em preceitos éticos, levando em conta os princípios legais e constitucionais aos quais está subordinada em um regime democrático (2018).

Para o referido autor a relevância da ética enquanto princípio pode ser atestada nos principais documentos norteadores da atividade de Inteligência no Brasil – Política Nacional de Inteligência (PNI) e Doutrina Nacional de Inteligência (DNI), onde *os valores éticos devem balizar tanto os limites de ação de seus profissionais quanto os de seus usuários. A adesão incondicional a essa premissa é o que a sociedade espera de seus dirigentes e servidores* (BRASIL, 2016).

Aprofundando-se a análise para o campo da Segurança Pública, observa-se que a PNISP reforçou esse entendimento, estabelecendo como pressuposto da atividade de Inteligência de Segurança Pública a obediência à Constituição e às leis, assim como apontou expressamente a relevância da conduta ética dos profissionais de Inteligência, reafirmando seu alinhamento aos princípios estabelecidos no artigo 37 da CF/88 – *Legalidade, Impessoalidade, Motivação, Publicidade e Eficiência.*

Como nota negativa, não obstante a clara preocupação da PNISP com o incremento das medidas de Segurança Orgânica (SEGOR), o texto não apresenta qualquer referência direta às atividades desenvolvidas pelas agências de Inteligência em sede de Investigação Social para ingresso no serviço público.

Da mesma forma, a Estratégia Nacional de Inteligência de Segurança Pública (ENISP)[29], também silencia sobre a temática investigação social nos 43 (quarenta e três) Objetivos Estratégicos estabelecidos, realizando tímida menção ao "***fortalecimento dos mecanismos de Contrainteligência no ingresso de novos profissionais de segurança pública** [...] em especial, no **que concerne à investigação social dos candidatos** por meio do compartilhamento de dados*" (grifo nosso).

3. RESULTADO S OBTIDOS E ANÁLISES

O estudo permitiu visualizar que as atividades desenvolvidas pelo CIPM relativas à consecução da Investigação Social dos candidatos ao ingresso na PMESP estão em consonância com os princípios e parâmetros constitucionais assim como ao arcabouço legal brasileiro vigente.

Contrariando o senso comum sobre o tema e acusações de que a Administração Pública atua com secretismo ou obscurantismo, a análise

29 Decreto nº 10.778, de 24 de agosto de 2021.

da legislação demonstrou que a aplicação do sigilo aos dados, procedimentos e conteúdos obtidos no desenvolvimento da Investigação Social pelo CIPM obedecem à classificação estabelecida na Lei de Acesso à Informação (LAI) – *informação pessoal* –, impondo aos órgãos e profissionais de Inteligência responsabilidade no manuseio desses conteúdos, não havendo incompatibilidade e/ou conflito com os princípios constitucionais.

Nesse sentido, os princípios éticos estabelecidos na PNISP e ENISP – *respeito, imparcialidade, discrição, senso crítico e excelência* – são uma garantia de acatamento absoluto à privacidade, à intimidade, à imagem e à honra dos candidatos submetidos à Investigação Social. Concomitantemente a isso, possibilitam que a Administração Pública exerça o poder e o dever de realizar a melhor escolha para completamento de seus quadros funcionais.

A análise da LGPD demonstrou que os protocolos adotados pelo CIPM, desde os anos 1980, para realização da Investigação Social estão em consonância com os princípios de proteção dos dados pessoais introduzidos pela nova lei. Anos antes da conceituação dos institutos da "*finalidade*", "*consentimento*" e "*informações pessoais sensíveis*", a PMESP já adotava medidas próprias da atividade de Inteligência/Contrainteligência, tais como: classificação de sigilo "Reservado" ao Formulário de Investigação Social (FIS) preenchido pelos candidatos e a todo o conteúdo produzido na Investigação Social; a exigência da assinatura do termo de ciência e autorização de Investigação Social pelo candidato; credenciamento dos policiais militares para atuação na atividade de Investigação Social; destinação de área física de acesso restrito para recebimento, manuseio e arquivamento dos FIS.

O estudo permitiu ainda a abordagem de uma dimensão pouco explorada nos concursos de ingresso – a Investigação Social –, vez que, como regra, os trabalhos acadêmicos sobre os processos de seleção de pessoal abordam a dimensão legal (normas que disciplinam os certames) e administrativa (planejamento, estabelecimento de calendário, execução e gestão dos recursos para efetivação do concurso), dispensando pouca ou nenhuma atenção à relevância da atividade de Inteligência de Segurança Pública aplicada aos concursos como ferramenta de enfrentamento à cooptação/corrupção de agentes públicos e, consequentemente, ao crime organizado.

Ao realizar pesquisas na vida pregressa e atual dos candidatos o CIPM busca não apenas identificar dados formalizados em registros de boletins de ocorrência, inquéritos, processos; registro de sanções disciplinares no ambiente escolar e/ou trabalho; protestos judiciais e/ou extrajudiciais por dívidas; reiteradas infrações de trânsito de natureza grave.

Complementarmente a esse objetivo, a Investigação Social busca detectar vulnerabilidade/fragilidades imperceptíveis aos registros em bancos de dados e que possam influenciar e/ou interferirem na tomada de decisão do futuro policial militar – ambiência criminosa; vícios em drogas, sexo, álcool; comportamentos violentos; má reputação no ambiente familiar, vizinhança, escola, trabalho; desequilíbrio financeiro.

Dessa forma a Investigação Social configura-se como atividade de Contrainteligência de Segurança Pública (segurança orgânica), pois *visa a prevenção, a detecção, a neutralização de ações e atividades que constituam ameaça [...] a atuação livre dos órgãos de segurança pública e das estruturas de Inteligência, nas quais se incluem os dados e os conhecimentos sensíveis em poder do Estado (PNISP, 2021).*

Por fim, o estudo apontou os reflexos negativos do crescente número de ações judiciais questionando as reprovações na etapa da investigação social, circunstância em que há claro comprometimento da segurança orgânica assim como do sigilo da fonte das informações coletadas, vez que as informações prestadas ao Poder Judiciário chegarão ao conhecimento do candidato reprovado por intermédio de seus advogados.

Como destacado na PNISP e ENISP, a criminalidade organizada e a corrupção são particularmente preocupantes e estão diretamente relacionadas. Especialistas apontam como característica indelével dessas organizações criminosas o alto poder financeiro associado a cooptação de agentes públicos como método usual para assegurar a continuidade de suas atividades ilícitas (MINGARDI, 2014). Nesse ponto, a atuação da Contrainteligência de Segurança Pública na fase de Investigação Social ganha importância estratégica na construção de efetivos probos, ainda mais se tratando de cargos inseridos no contexto da Segurança Pública, pois, frisa-se, o exercício do poder de polícia se dá na esfera dos direitos individuais do cidadão.

4. CONSIDERAÇÕES FINAIS E RECOMENDAÇÕES

Frente ao estudo realizado, conclui-se que as atividades desenvolvidas pelo CIPM relativas à consecução da Investigação Social dos candidatos a ingresso na Polícia Militar estão em consonância com os princípios e parâmetros constitucionais assim como ao arcabouço legal brasileiro.

Para o necessário e salutar aperfeiçoamento da atividade de Inteligência de Segurança Pública, apresentam-se as seguintes recomendações: a) **Substituição da expressão "investigação social"**, vez que gera questionamentos e confusões conceituais advindas das acepções do termo *investigação* (BARBOSA NETO, 2009), sugerindo-se a aplicação da terminologia "avaliação da conduta social, da reputação e da idoneidade" ou simplesmente "pesquisa social sigilosa"; b) **Inclusão do tema avaliação da conduta social na PNISP e ENISP**, pois não há menção expressa na PNISP, tampouco nos Objetivos Estratégicos (OE) da ENISP, recomendando-se que seja incluído um OE específico na atualização desses documentos; c) **Inclusão do Termo de Ciência e Autorização para Pesquisa Social Sigilosa** frente à introdução dos institutos da "finalidade" e "consentimento" pela LGPD, sugerindo-se que as instituições desenvolvam e incluam o referido termo nos respectivos concursos de ingresso; d) **Difusão da doutrina de Contrainteligência de Segurança Pública junto aos operadores do direito** pelo fomento de cursos/seminários/simpósios sobre o tema, particularmente direcionado a juízes de direito, promotores, defensores públicos e advogados para compreensão das atividades desenvolvidas pelos órgãos de Inteligência, particularmente nas atividades de pesquisa social sigilosa.

Por fim, propõe-se que trabalhos futuros explorem a necessidade de constitucionalização da atividade de Inteligência, preenchendo relevante lacuna deixada pelo legislador constituinte de 1988.

Pelo todo exposto, conclui-se que a atividade de Inteligência de Segurança Pública aplicada à Pesquisa Social Sigilosa de candidatos a ingresso na PMESP está em harmonia com os princípios do Estado Democrático de Direito e da Inteligência Estratégica. Não obstante a isso, os resultados alcançados sugerem a necessidade de adaptação e atualização dos protocolos e terminologia aplicados à pesquisa sigilosa.

REFERÊNCIAS

BARBOSA NETO, Francisco de Assis. **Investigação de Segurança: uma medida necessária na gestão de pessoas.** Monografia (Pós-graduação em Inteligência Estratégica) – Universidade Gama Filho. São Paulo, p. 121. 2009.

BRASIL. Lei nº 12.527 de 18 de novembro de 2011. Lei de Acesso à Informação (LAI). **Diário Oficial da União.** Brasília, 2011. Disponível em: http://www.planalto.gov.br/ccivil_03/_ato2011-2014/2011/lei/l12527.htm. Acesso em: 06 abr. 2022.

______. Lei nº 13.709 de 14 de agosto de 2018. Lei Geral de Proteção de Dados Pessoais (LGPD). **Diário Oficial da União.** Brasília, 2018. Disponível em: http://www.planalto.gov.br/ccivil_03/_ato2015-2018/2018/lei/l13709.htm. Acesso em: 06 abr. 2022.

______. Constituição da República Federativa do Brasil de 1988. **Diário Oficial da União.** Brasília, 1988. Planalto gov. Disponível em: http://www.planalto.gov.br/ccivil_03/constituicao/constituicao.htm. Acesso em: 06 abr. 2022.

______. Decreto 8.793, de 29 de junho de 2016. Fixa a Política Nacional de Inteligência. **Diário Oficial da União.** Brasília, 2016. Disponível em: http://www.planalto.gov.br/ccivil_03/_ato2015-2018/2016/decreto/D8793.htm. Acesso em: 06 abr. 2022.

______. Decreto 10.777, de 24 de agosto de 2021. Fixa a Política Nacional de Inteligência de Segurança Pública. **Diário Oficial da União.** Brasília, 2021. Disponível em: http://www.planalto.gov.br/ccivil_03/_ato2019-2022/2021/decreto/D10777.htm. Acesso em: 06 abr. 2022.

______. Decreto 10.777, de 24 de agosto de 2021. Fixa a Política Nacional de Inteligência de Segurança Pública. **Diário Oficial da União.** Brasília, 2021. Disponível em: http://www.planalto.gov.br/ccivil_03/_ato2019-2022/2021/decreto/D10777.htm. Acesso em: 06 abr. 2022.

______. Decreto de 15 de dezembro de 2017. Aprova a Estratégia Nacional de Inteligência. **Diário Oficial da União.** Brasília, 2017. Disponível em: http://www.planalto.gov.br/ccivil_03/_ato2015-2018/2017/dsn/Dsn14503.htm. Acesso em 06 abr. 2022.

______. Decreto 10.778, de 24 de agosto de 2021. Aprova a Estratégia Nacional de Inteligência. **Diário Oficial da União.** Brasília, 2021. Disponível em: http://www.planalto.gov.br/ccivil_03/_ato2019-2022/2021/decreto/D10778.htm. Acesso em 06 abr. 2022.

______. Lei Federal Nº 9.883, de 07 de dezembro de 1999. Institui o Sistema Brasileiro de Inteligência, cria a Agência Brasileira de Inteligência - ABIN. **Diário Oficial da União.** Brasília, 1999. Disponível em: http://www.planalto.gov.br/ccivil_03/leis/l9883.htm#:~:text=LEI%20No%209.883%2C%20DE,ABIN%2C%20e%20d%C3%A1%20outras%20provid%C3%AAncias. Acesso em 06 abr. 2022.

______. Ministério da Justiça. Secretaria Nacional de Segurança Pública. **Resolução Nº 01, de 15 de julho de 2009.** Regulamenta o Subsistema de Inteligência de Segurança Pública e dá outras providências. Brasília: CGI, 2009. Disponível em: https://www.migalhas.com.br/quentes/90861/

justica-regulamenta-o-subsistema-de-inteligencia-de-seguranca-publica. Acesso em: 06 abr. 2022.

______. Ministério da Justiça. Secretaria Nacional de Segurança Pública. **Doutrina Nacional de Inteligência de Segurança Pública.** Brasília: CGI, 2016.

______. Nota Complementar de Estudo NCE-2017 DAIE, de 23 de fevereiro de 2017. **Inteligência Estratégica.** Divisão de Assuntos de Inteligência Estratégica – Escola Superior de Guerra. Rio de Janeiro, 2017.

BLUM, Renato Opice; LÓPEZ, Nuria. **Lei Geral de Proteção de Dados no setor público: transparência e fortalecimento do Estado Democrático de Direito.** Cadernos Jurídicos, São Paulo, ano 21, nº 53, p. 171-177, jan./mar. 2020.

GONÇALVES, Joanisval Brito. **Atividade de Inteligência e Legislação Correlata.** 6ª edição. Niterói: Impetus, 2018.

MINGARDI, Guaracy. **Crime Organizado.** LIMA, Renato Sergio de (Org.). Crime Polícia e Justiça no Brasil. São Paulo: Contexto, 2014.

MEIRELLES, Hely Lopes. **Direito Administrativo Brasileiro.** 37ª Ed. São Paulo: Malheiros, 2012.

SANTOS, Layla Maria de Sousa. **Inteligência de Segurança Pública.** Curitiba: IESDE, 2020.

SÃO PAULO. Secretaria de Segurança Pública. **Edital de Concurso Público nº DP-3/321/21.** Polícia Militar do Estado de São Paulo, Comando Geral-CMDO G, Diretoria de Pessoal. Disponível em: http://www.concursos.policiamilitar.sp.gov.br/wp-content/uploads/2022/01/2.2-minuta-do-edital-3.321.21-publicado-em-DOE-versao-site-e-vunesp-1.pdf. Acesso em 31 mar. 2022.

______. Secretaria de Segurança Pública. **Edital de Concurso Público nº DP-2/321/21.** Polícia Militar do Estado de São Paulo, Comando Geral-CMDO G, Diretoria de Pessoal. Disponível em: http://www.concursos.policiamilitar.sp.gov.br/wp-content/uploads/2022/01/1.-Edital-no-DP-2.321.21-Sd-PM-2a-Cl-versao-final-site-e-vunesp.pdf. Acesso em 31 mar. 2022.

______. Polícia Militar GESPOL: **Sistema de Gestão da Polícia Militar do Estado de São Paulo.** 3. ed. São Paulo : Polícia Militar do Estado de São Paulo, 2021.

O EMPREGO DAS OPERAÇÕES DE APOIO À INFORMAÇÃO COMO ESTRATÉGIA DE PREVENÇÃO CRIMINAL NO DISTRITO FEDERAL

LAYLA MARIA DE SOUSA SANTOS[30]

RESUMO: Este trabalho aborda a possibilidade de emprego das Operações de Apoio à Informação, também conhecidas como Operações Psicológicas, como estratégia de prevenção criminal no Distrito Federal. Tal abordagem se mostra necessária, uma vez que o tema ainda é pouco estudado no âmbito acadêmico e esta pesquisa pode constituir ponto de partida para estudos futuros. O objetivo deste relatório é compreender como essas operações podem sem empregadas pela Polícia Militar do Distrito Federal (PMDF) com a finalidade de prevenir o cometimento de crimes. Este propósito é levado a efeito a partir da pesquisa descritiva baseada em revisão bibliográfica e documental. A análise demonstrou que o comportamento das pessoas é influenciado pelo medo do crime e esta percepção de risco nem sempre é resultado de experiências de violência, sejam elas diretas ou indiretas. Como resultado, espaços públicos deixam de ser utilizados pela comunidade e passam a ter usos ilegítimos, que favorecem a desordens públicas e ocorrência de crimes. Além disso, a intervenção de vizinhos e membros da comunidade local para evitar desordens e ilícitos leves, configurando controle social informal, aumenta a sensação de segurança. Produtos de propaganda, planejados e divulgados pela PMDF, têm potencial para incentivar comportamentos positivos e mitigar o medo do crime, promovendo a ocupação legítima dos ambientes e, consequentemente, diminuindo o cometimento de delitos.

30 Oficial Superior da Polícia Militar do Distrito Federal. Especialista em Gestão de Organizações de Inteligência pela Escola de Inteligência Militar do Exército Brasileiro. Especialista em Inteligência Estratégica pela Escola Superior de Defesa (ESD).

PALAVRAS CHAVE: operações psicológicas; operações de apoio à informação; prevenção criminal; medo do crime.

1. INTRODUÇÃO

Maior disponibilidade de informações sobre eventos criminosos pode gerar a percepção de que a probabilidade de aquele evento ocorrer é maior do que as estatísticas indicam, aumentando o medo do crime. Por outro lado, informações positivas e auspiciosas tendem a conter esse fenômeno, gerando a chamada sensação de segurança.

Este trabalho trata das Operações de Apoio à Informação, também conhecidas como Operações Psicológicas, e sua possibilidade de emprego com foco em Segurança Pública, objetivando impactar as dinâmicas criminais.

O objetivo desta pesquisa é compreender como essas operações podem sem empregadas pela Polícia Militar do Distrito Federal (PMDF) para prevenir o cometimento de crimes. Analisando dados de pesquisas sobre vitimização e medo do crime, pode-se direcionar o planejamento das operações a serem desenvolvidas como estratégia de prevenção criminal.

Durante a realização do estudo, assumiu-se como hipótese de pesquisa o impacto positivo das Operações de Apoio à Informação no medo do crime e, consequentemente, na prevenção criminal.

Quanto aos fins, esta pesquisa é classificada como descritiva, pois visa identificar, registrar e analisar dados acerca do problema de pesquisa. Quanto aos meios, foram executadas pesquisas bibliográfica e documental. Os estudos de James Garofalo, Ray Jeffrey, Paul Cozens, Terence Love e Daniel Kahneman constituem o referencial teórico do trabalho. Além disso, foram analisados os relatórios da Pesquisa Distrital de Segurança Pública de 2014 e 2017, realizada pela Secretaria de Estado de Segurança Pública do Distrito Federal (SSPDF). Sem prejuízo à pesquisa bibliográfica, foi realizada também pesquisa documental em leis, doutrinas e manuais que regem as Operações de Apoio à Informação.

Pesquisas que buscam compreender e analisar estratégias de prevenção criminal podem gerar relevante contribuição social, uma vez que esse aspecto da vida em sociedade tem impacto direto no bem-estar dos indivíduos. O presente estudo pode constituir produto de assessoramento estratégico ao comando da PMDF acerca de estratégias de manutenção da ordem pública. Além disso, o tema ainda é pouco estudado no âmbito acadêmico e o trabalho de revisão bibliográfica desenvolvido pode se tornar ponto de partida para pesquisas futuras.

2. DESENVOLVIMENTO

A diminuição dos índices criminais é uma meta central para as instituições de Segurança Pública, porém o medo do crime (percepção da criminalidade) também tem papel determinante nas dinâmicas sociais, influenciando decisões em todos os níveis e impactando o cenário político e econômico.

2.1 MEDO DO CRIME E PREVENÇÃO CRIMINAL

Garofalo (1981) apresenta um modelo com três fontes principais de informações sobre crime às quais uma pessoa é exposta: experiência direta como vítima ou testemunha; experiência indireta, por meio da comunicação interpessoal sobre crimes que vitimaram terceiros; e os meios de comunicação de massa. Ainda, segundo o autor, essas informações podem distorcer o entendimento e a avaliação de fenômenos criminais. Além disso, a posição que o sujeito ocupa na estrutura social influencia, fortemente, a quantidade e a natureza de informações sobre a criminalidade às quais tem acesso e, consequentemente, sua percepção de risco (GAROFALO, 1981).

As dinâmicas sociais são diretamente impactadas pelas consequências dessa leitura de cenário da criminalidade que os indivíduos fazem, pois é natural que as pessoas adotem comportamentos que mitiguem o risco e o chamado medo do crime.

Extraindo-se o conceito de medo do crime de uma revisão de literatura feita por Hale (1996), é adequado afirmar que se trata de uma reação emocional negativa gerada pelo crime ou símbolos associados. Contudo, pode-se depreender, de publicações sobre o tema, que medo do crime e vitimização "são fenômenos autônomos e que se assentam em causas diferentes" (COSTA; DURANTE, 2021, p. 613).

Isso quer dizer que as pessoas se pautam pela percepção de risco comumente distorcida pela quantidade ou forma de apresentação de informações sobre crimes, e não pelo risco real ao qual estão expostas.

Dados de pesquisas de vitimização promovidas pela Secretaria de Estado de Segurança Pública nos anos de 2015 e 2017 indicam que desordens ambientais e humanas são a principal causa do medo do crime, não havendo relação com experiências diretas com vítimas ou testemunhas de crime (DISTRITO FEDERAL, 2020).

As pesquisas de Jeffrey (1972) e Newman (1976) são as bases científicas para o desenvolvimento da estratégia de Prevenção Criminal pelo Design Ambiental (*Crime Prevention Through Environmental Design*), popularizada por sua sigla em inglês – CPTED. Essa estratégia baseia-se na premissa de que fatores ambientais adequados previnem o cometimento de crimes (COZENS; LOVE, 2015). Em linhas gerais, o uso legítimo dos espaços públicos tende a diminuir as desordens ambientais e humanas, fazendo com que as pessoas frequentem mais esses locais, tornando-os inibidores de comportamentos ilícitos e mitigadores do medo crime, em uma espécie de círculo virtuoso da prevenção criminal.

2.2 PERCEPÇÃO DE RISCO E OPERAÇÕES DE APOIO À INFORMAÇÃO

Heurística é o processo cognitivo, consciente ou inconsciente, que ignora parte das informações disponíveis e cria atalhos mentais. O processo heurístico não é algo necessariamente ruim, tendo em vista que ele confere agilidade e simplicidade à tomada de decisão. Contudo, por desconsiderar alguns fatores, pode redundar em distorção ou erro, gerando vieses cognitivos e, consequentemente, acarretando decisões prejudiciais (KAHNEMAN, 2011).

Um dos atalhos mentais mais comuns é a heurística de disponibilidade, que ocorre quando as pessoas tomam decisões baseadas na percepção da probabilidade de algo ocorrer como, por exemplo, ser vítima de um crime. O "cálculo" mental dessa probabilidade é feito por ativação de ideias na memória associativa. Assim, quanto maior a exposição a determinadas informações, mais fácil ativá-las e utilizá-las na tomada de decisão (KAHNEMAN, 2011).

As Operações de Apoio à Informação, ou Psicológicas, empregam métodos de comunicação planejada e direcionada para influenciar emoções, opiniões e comportamentos, com o objetivo de moldar as percepções (BRASIL, 1999). Forças de Segurança e Defesa ao redor do mundo têm doutrinas, manuais e cursos sobre o tema, bem como unidades especializadas na condução dessas operações.

A utilização de Operações de Apoio à Informação, que envolvem uso do instrumento da propaganda e contrapropaganda, pode ser muito útil para a consecução da missão constitucional de manutenção da ordem pública desempenhada pela PMDF.

A propaganda tem seus objetivos voltados para o emprego planejado de qualquer forma de ação comunicativa destinada a afetar as ideias e emoções de um dado grupo inimigo, neutro ou amigo, com uma determinada finalidade estratégica ou tática (BRASIL, 2019). Vê-se o conceito de propaganda intimamente ligado à oportunidade de divulgação de aspectos vantajosos para a instituição e com os quais se possa incentivar comportamentos sociais mitigadores do medo do crime. Já a contrapropaganda é destinada a refutar um determinado tópico ou tema da propaganda adversa, podendo ser aplicada para contrapor informações que fomentem a sensação de insegurança e ampliem a percepção de risco.

3. RESULTADOS OBTIDOS E ANÁLISES

Por meio do Sistema de Informação ao Cidadão (e-SIC), foram solicitados os resultados das pesquisas de vitimização realizadas pela SSPDF entre os anos de 2014 e 2021. A resposta obtida contemplou os relatórios da Pesquisa Distrital de Segurança Pública, realizada nos anos de 2015 e 2017, bem como relatório sobre "Sensação de Insegurança na Vizinhança", que apresenta os dados da Pesquisa Distrital de Segurança Pública realizada nos anos de 2015, 2017 e 2018.

Os dados sobre vitimização, subnotificação e sensação de insegurança nos ajudam a entender as decisões dos moradores do DF quando o assunto é medo do crime e os comportamentos adotados em decorrência da percepção de risco.

O relatório de Pesquisa Distrital de Segurança Pública define que "a sensação de insegurança na vizinhança reflete o estado emocional das pessoas ao transitar nas ruas da vizinhança onde reside, de ter sua residência violada e da convivência com as pessoas do que residem no entorno" (DISTRITO FEDERAL, 2020).

> Para a construção do indicador de insegurança foram consideradas as três variáveis: (1) Sensação de segurança ao andar nas ruas da vizinhança durante o DIA, (2) Sensação de segurança ao andar nas ruas da vizinhança durante a NOITE e (3) Sensação de segurança quando está em casa sozinho. Para cada uma dessas perguntas, os respondentes podiam responder: (0) confia pouco e seguro, (1) seguro, (2) inseguro e (3) muito inseguro. O número entre parênteses é o valor atribuído para cada uma das opções de computação do índice. A partir dos dados levantados, foi calculado um score de insegurança para cada indivíduo com base na média simples das três respostas (DISTRITO FEDERAL, 2020).

A pesquisa foi feita presencialmente com amostra da população do DF, por meio de perguntas sobre sensação de segurança, vitimização, avaliação de serviços públicos e percepção de desordens.

Dois resultados dessa pesquisa são especialmente relevantes para este estudo: a relação entre desordens urbanas na vizinhança e sensação de insegurança e a relação entre controle social informal e sensação de insegurança. A análise dos dados permite concluir que "há correlação direta moderada entre percepção de desordens urbanas na vizinhança (incivilidades, comércio informal, desordens físicas, violência urbana e violência doméstica) com a sensação de insegurança na vizinhança".

Gráfico 1 – Relação entre insegurança e desordens urbanas

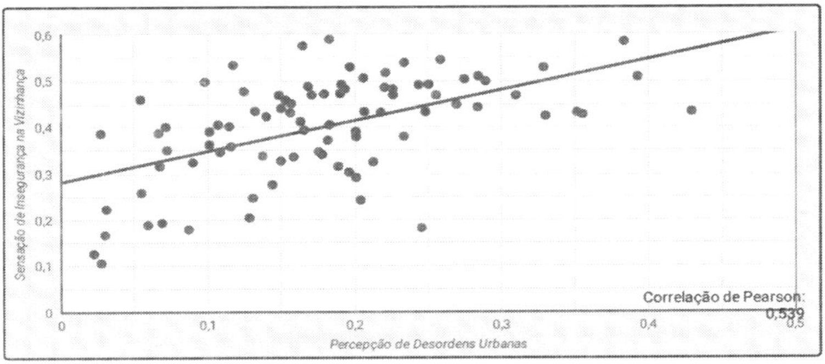

Fonte: Distrito Federal (2020).

Complementarmente, o relatório elenca as desordens urbanas com maior índice de correlação com a sensação de insegurança. Ou seja, quanto mais se percebe a ocorrência dessas situações na vizinhança, maior a percepção de risco (DISTRITO FEDERAL, 2020).

Tabela 1 – Itens de desordens urbanas com maior correlação com a sensação de insegurança.

	Tipo	Item	Correlação
1.	Violência Urbana	Pessoas sendo assaltadas	0,631
2.	Incivilidade	Pessoas pedindo esmolas ou outro tipo de ajuda na rua	0,611
3.	Violência Urbana	Barulhos de tiros	0,570
4.	Comércio Informal	Vendedores ambulantes, camelôs na rua.	0,565
5.	Comércio Informal	Pessoas oferecendo ligação clandestina de tevê a cabo (gato net)	0,544
6.	Incivilidade	Ruídos ou música alta	0,540
7.	Violência Urbana	Pessoas andando com arma de fogo na rua que não fossem policiais ou seguranças legais ou autorizados	0,511
8.	Desordem Física	Lixo espalhado pela rua	0,501

Fonte: Distrito Federal (2020).

Por outro lado, "os dados indicam que existe correlação inversa moderada entre controle social informal com a sensação de insegurança na vizinhança" (DISTRITO FEDERAL, 2020). Assim, pode-se concluir que quanto mais controle social informal na vizinhança, menor o medo do crime.

Gráfico 2 – Relação entre insegurança e controle social informal

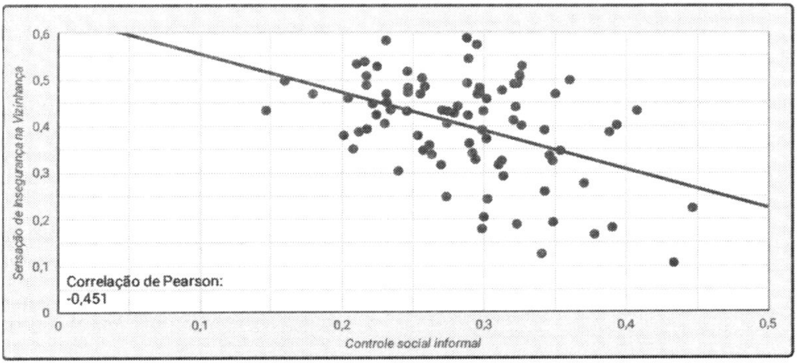

Fonte: Distrito Federal (2020).

Também foram avaliados os comportamentos adotados pelos residentes da vizinhança que configuram controle social informal e mais impactam na percepção de risco.

Tabela 2 – Intervenções na vizinhança com maior correlação com a sensação de insegurança.

	Tipo	Item	Correlação
1.	Interferir em situações na vizinhança que envolvam	Adolescentes consumindo drogas ilícitas.	-0,494
2.	Interferir em situações na vizinhança que envolvam	Crianças/adolescentes desrespeitando um adulto	-0,395
3.	Interferir em situações na vizinhança que envolvam	Crianças/adolescentes matando aula	-0,390
4.	Interferir em situações na vizinhança que envolvam	Briga em frente à sua casa	-0,306

Fonte: Distrito Federal (2020).

Sobre isso o relatório conclui que "quanto mais os vizinhos estão dispostos a enfrentar essas situações, menor a sensação de insegurança" (DISTRITO FEDERAL, 2020).

Considerando os dados acima apresentados, pode-se concluir que ações de propaganda, objetivando a indução de comportamentos voltados ao controle social e ao uso legítimo de espaços públicos, tendem a diminuir o medo do crime e reforçar as estratégias de Prevenção Criminal pelo Design Ambiental.

4. CONCLUSÕES E RECOMENDAÇÕES

Aplicar o policiamento considerando os dados oriundos de registros de ocorrências otimiza o trabalho policial e tende a reduzir os índices criminais. Contudo, há uma dimensão subjetiva das dinâmicas sociais que também deve ser considerada na manutenção da ordem pública. As pessoas tendem a adotar comportamentos balizados pela percepção de risco, denominada medo do crime, e a polícia também pode agir, de maneira preventiva, influenciando essa sensação.

Produtos de propaganda como vídeos, *slogans* e *spots* de rádio[31] com o objetivo de fortalecer projetos de prevenção, incentivando as denúncias, bem como dando publicidade aos bons resultados obtidos, têm o potencial de diminuir o medo do crime.

Pode-se desenvolver também cartilhas de orientação e programas curtos de treinamento sobre o que fazer em caso de desordens públicas ou suspeitas de crime. Tais ações reforçariam as intervenções da comunidade, o que gera maior sensação de segurança, conforme os dados analisados indicam.

Planejar as mensagens e meios de difusão a serem utilizados pela PMDF pode aprimorar as ações preventivas desenvolvidas pela Corporação. E a criação de uma doutrina de Operações de Apoio à Informação da PMDF, baseada na literatura especializada e nas boas práticas documentadas sobre o tema, constitui um importante passo para o emprego efetivo dos instrumentos da propaganda e contrapropaganda.

31 Emprega a interpretação humana (um ou mais locutores) e elementos sonoros (músicas, efeitos especiais), para a construção de uma peça sonora pensada para o veículo do rádio. Sua principal função é fixar no ouvinte a mensagem ou anúncio gravado (SOM S/A, 2022).

A PMDF conta com um programa chamado "Rede de Vizinhos Protegidos", pautado na "metodologia *neighborhood watch* (vizinhança vigiada), na qual cada morador é um vigilante dos espaços públicos e privados, comunicando aos vizinhos qualquer situação suspeita que possa vir a configurar um risco à segurança local" (BRASÍLIA, 2022).

Figura 1 - Modelo de placa do Programa Rede de Vizinhos Protegidos

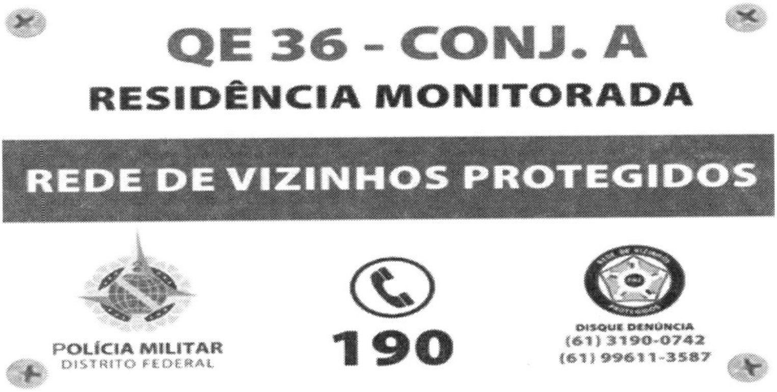

Fonte: PMDF.

Além do número oficial de contato com a Polícia Militar (190), cada Batalhão integrante do programa disponibiliza telefones de contato para estabelecer uma "linha direta" com a comunidade local.

A placa acima já se configura como propaganda direcionada tanto aos moradores da região, focando no incremento da sensação de segurança, quanto a eventuais criminosos, com o objetivo de dissuasão.

Capacitar policiais militares para planejar e divulgar propaganda pode ampliar os resultados positivos do programa "Rede de Vizinhos Protegidos". Essa importante ferramenta deve ser usada de maneira integrada com as ações de policiamento e voltada para o interesse público. Assim, é recomendável que os policiais especializados atuem sob coordenação única com fiel obediência à doutrina.

REFERÊNCIAS

BRASIL. Ministério da Defesa. Exército Brasileiro. Manual de Campanha C45-4: **Operações Psicológicas**, 1999.

_______. Ministério da Defesa. Exército Brasileiro. Manual de Campanha EB70-MC-10.220: **Contrainteligência**, 2019.

BRASÍLIA. Polícia Militar do Distrito Federal. Governo do Distrito Federal. **PMDF inaugura rede de vizinhos protegidos na 208 Norte.** Disponível em: http://www.pmdf.df.gov.br/index.php/institucionais/24240-pmdf-inaugura-rede-de-vizinhos-protegidos-na-208-norte. Acesso em: 22 maio 2022.

COSTA, Arthur; DURANTE, Marcelo. Medo do crime, desordens e coesão social no Distrito Federal. **Revista Sociedade e Estado,** v. 36, n. 2, p. 613-637, 2021.

COZENS, Paul; LOVE, Terence. A review and current status of Crime Prevention Through Environmental Design (CPTED). **Journal of Planning Literature,** [S.L.], v. 30, n. 4, p. 393-412, 6 ago. 2015.

DISTRITO FEDERAL. Subsecretaria de Gestão da Informação. Secretaria de Estado de Segurança Pública do Distrito Federal. **Pesquisa Distrital de Segurança Pública 2015 e 2017: vitimização e subnotificação.** Brasília, 2018. 15 p.

______. Secretaria de Estado da Segurança Pública do Distrito Federal. Secretaria de Estado da Segurança Pública do Distrito Federal. **Pesquisa Distrital de Segurança Pública: sensação de insegurança na vizinhança**. Brasília, 2020. 10 p.

GAROFALO, James. The fear of crime: causes and consequences. **Journal of Criminal Law and Criminology**, v. 72 ,n .2, p. 839-857, 1981.

HALE, Chris. Fear of crime: a review of the literature. **International Review of Victimology,** Vol. 4, pp. 79-150, 1996.

JEFFERY, Ray. Crime prevention through environmental design. **Criminology**, v. 2. N. 10, 191-192, 1972.

KAHNEMAN, Daniel. **Rápido e Devagar: duas formas de pensar.** Rio de Janeiro: Objetiva, 2011.

NEWMAN, Oscar. **Defensible space: Crime prevention through urban design.** New York: Coolier Books, 1976.

SOM S/A. **O que é um Spot de Rádio?** Disponível em: https://somsa.com.br/faq-items/o-que-e-um-spot-de-radio/. Acesso em: 22 maio 2022.

ANÁLISE DA PERCEPÇÃO DE TOMADORES DE DECISÃO DA POLÍCIA CIVIL DO DISTRITO FEDERAL SOBRE A ATIVIDADE DE INTELIGÊNCIA POLICIAL JUDICIÁRIA

CLÁUDIA PERSCH[32]

SUMÁRIO: 1 Introdução - 2 Metodologia e resultados - 3 Análise dos resultados - 4 Conclusões e recomendações - 5 Referências.

RESUMO: O objetivo da atividade de Inteligência Policial Judiciária é a produção do conhecimento para o assessoramento de tomadores de decisão (usuários/consumidores), subsidiando o processo decisório nos níveis político, estratégico, tático e operacional. Na Polícia Civil do Distrito Federal (PCDF), os principais usuários dos produtos de sua Agência de Inteligência (AI) são Delegados de Polícia, integrantes fundamentais do ciclo da atividade de Inteligência. Devido à falta de critérios exclusivamente técnicos para a ocupação de cargos de tomada de decisão é possível a assunção de profissionais desconhecedores da atividade de Inteligência a consumidores dos produtos da Inteligência, o que traz prejuízo à atividade. Desta forma, este estudo tem por finalidade analisar a percepção destes servidores sobre a atividade de Inteligência produzida pela PCDF. Por meio de pesquisa de natureza qualitativa e quantitativa buscou-se identificar o nível de capacitação dos gestores na área de Inteligência, sua percepção sobre o papel desempenhado pela AI na instituição e se consideram aptos a assumirem cargos na área. Como resultado, a pesquisa apontou que os Delegados de Polícia da PCDF estão capacitados e percebem a Inteligência como atividade de assessoramento, principalmente, em nível tático e operacional na instituição, sendo que em nível estratégico e político a percepção é menor, mas existe. Além disso, a maior parte dos profissionais da carreira, a despeito da capacitação, não se sentem aptos a comandar uma AI e aproveitar todas as potencialidades que a atividade proporciona. Por fim, concluiu-se que

32 Agente de Polícia da Polícia Civil do Distrito Federal. Especialista em Investigação Policial pela Universidade Católica de Brasília. Especialista em Inteligência Estratégica pela Escola Superior de Defesa (ESD).

tomadores de decisão, em qualquer nível de poder decisório, precisam ter uma noção conceitual mínima sobre Inteligência Policial, sugerindo-se o investimento no desenvolvimento de uma mentalidade de Inteligência por meio das fases de sensibilização, conscientização e capacitação entre os gestores da instituição.

PALAVRAS CHAVE: capacitação; Inteligência policial; tomador de decisão; mentalidade de Inteligência.

1. INTRODUÇÃO

A Inteligência de Polícia Judiciária é uma espécie de Inteligência de Segurança Pública, e define-se, conforme a Doutrina Nacional de Inteligência de Segurança Pública (DNISP) como:

> [...] o exercício permanente e sistemático de ações especializadas para identificar, avaliar e acompanhar ameaças reais ou potenciais na esfera de Segurança Pública, orientadas para produção e salvaguarda de conhecimentos necessários para assessorar o processo decisório no planejamento, execução e acompanhamento de uma política de Segurança Pública (DNISP, 2015, p. 20).

O produto resultante da atividade de Inteligência, ou seja, o conhecimento, possui como público alvo os tomadores de decisão ou gestores da organização e, segundo Kent (1967, p. 83), "[...] deve orientar e refletir as flutuações do gosto do consumidor, ou melhor, as necessidades do consumidor". Assim, o objetivo precípuo da atividade de Inteligência Policial Judiciária é a produção do conhecimento para o assessoramento de tomadores de decisão (usuários/consumidores), subsidiando o processo decisório nos níveis político, estratégico, tático e operacional.

Cepik (2003, p. 33) pontua que os tomadores de decisão são um dos responsáveis por identificar lacunas e necessidades informacionais, estabelecer prioridades e as transmitir para os dirigentes da área de Inteligência, os quais produzem conhecimentos para atender as necessidades percebidas pelos próprios usuários. Nesse sentido, o ciclo da atividade de Inteligência, pode ser condensado em três etapas, conforme figura 1:

A) Necessidades informacionais: que consiste na identificação de lacunas e necessidades de informação;

B) Produção: que consiste na produção do conhecimento com uso de metodologia própria; e

C) Utilização: que consiste no consumo do conhecimento pelo usuário e sua avaliação.

Figura 1 – Ciclo da Atividade de Inteligência.

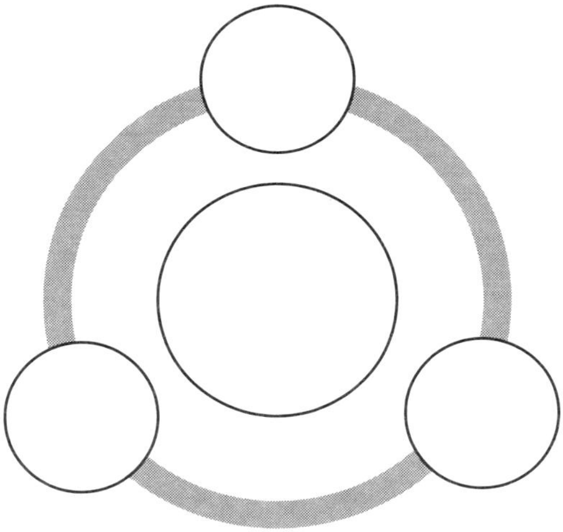

Fonte: Elaborado pela autora a partir de leitura dos seguintes autores: CEPIK, 2003 e BUBACH, 2019.

Uma vez parte integrante e fundamental do ciclo, tomadores de decisão capacitados na doutrina e bases da atividade de Inteligência, juntamente com os profissionais da área, contribuem para que a Inteligência torne o processo decisório governamental, nas áreas relevantes de ordem pública, mais racional e realista, ou seja, menos baseado em intuições e convicções preconcebidas e mais baseado em evidências e reflexão (CEPIK, 2003, p. 65).

A Agência de Inteligência (AI) da Polícia Civil do Distrito Federal - PCDF possui, como principais consumidores de seus produtos, profissionais da carreira de Delegado de Polícia. Estes, por sua vez, ocupam cargos de direção na instituição de livre nomeação e exoneração, tendo como requisitos o tempo de serviço do servidor e/ou o exercício de funções de gestão, a depender do cargo a ser ocupado.

Verifica-se que as relações patrimonialistas ainda interferem na administração pública, pois conforme Holanda (1995, p. 146), "a escolha dos homens que irão exercer funções públicas faz-se de acordo com a confiança pessoal que merecem os candidatos". A organização privada, desta forma, apropria-se do domínio público, produzindo na esfera política a noção de que o quadro administrativo é um prolongamento da família.

Ressalta-se que a competência ou o conhecimento técnico são avaliados para a assunção de cargos na instituição, porém laços de amizade ou confiança podem se sobrepor durante a escolha. E uma vez que o critério de escolha para o cargo não é exclusivamente tecnocrático, a eficácia e eficiência dos trabalhos pode ser impactada a cada troca de gestão.

Partindo-se da ideia de que este artigo tem como tema a visão e a capacitação dos usuários dos produtos da atividade de Inteligência na PCDF, o objetivo geral do estudo é analisar a percepção dos Delegados de Polícia da PCDF sobre a atividade de Inteligência em sua instituição, por meio da aplicação de um questionário, conforme metodologia abaixo.

Esse objetivo desdobra-se em outros específicos, a saber: identificar se os gestores estão capacitados na área de Inteligência; revelar a percepção dos gestores sobre o papel desempenhado pela AI na instituição; e descobrir se os gestores se consideram aptos a assumirem cargos na área de Inteligência.

O trabalho justifica-se pelo fato de que não há na PCDF política de divulgação da atividade de Inteligência e de capacitação dos servidores da carreira de Delegado de Polícia com o intuito de suprir a falta de regramento técnico para ocupação de cargos de gestão na PCDF. Quando gestores que não possuem conhecimento sobre a atividade de Inteligência figuram como usuários dos produtos da AI, observa-se que não são aproveitadas todas as potencialidades da atividade e o papel da agência não é compreendido em sua totalidade, prejudicando o próprio assessoramento daquele gestor. Corre-se, ainda, o risco de desvirtuamento de suas finalidades (ROCKEMBACH, 2018).

2. METODOLOGIA E RESULTADOS

A metodologia utilizada para o desenvolvimento deste estudo piloto baseou-se na pesquisa qualitativa e quantitativa junto à carreira de Delegado de Polícia da PCDF, na forma de questionário semiestruturado, por meio da ferramenta *Google Forms*, contendo perguntas abertas e fechadas, a fim de atender aos objetivos definidos. O questionário foi difundido via aplicativo *Whatsapp* em grupos constituídos por Delegados de Polícia, incluído na rede intranet da PCDF, e enviado pessoalmente para 50 servidores, no período de 02 a 13 de maio de 2022.

Como resultado inicial, destaca-se que foram respondidos 22 (vinte e dois) questionários no total, o que representa 5,26% dos profissionais da carreira de Delegado de Polícia, atualmente composta por 418 servidores. Além disso, os entrevistados, em sua maioria (63,6%), possuem de três a oito anos no cargo de Delegado de Polícia e 54,5% dos pesquisados responderam que já atuaram ou atuam como gestores/tomadores de decisão.

Questionados sobre a atuação em AI dentro ou fora da instituição, 77,3% dos servidores informam não ter experiência na área; no entanto, 59% da amostra gostaria de trabalhar na área, pois possuem interesse no tema Inteligência, bem como consideram a atividade importante e estratégica para a polícia ou vislumbram o aperfeiçoamento de técnicas investigativas.

Observou-se também que 77,3% dos entrevistados informam que já realizaram cursos na área de Inteligência ao longo da sua formação profissional e 90,9% da amostra deseja realizar outros cursos na área.

Indagados o motivo pelos quais os profissionais gostariam de realizar cursos na área de Inteligência, foram obtidas 20 respostas. Deste montante, 20% dos pesquisados gostariam de aprender a atividade; 30% gostariam de aprofundar o aprendizado sobre a atividade; e 40% gostariam de aplicar os conhecimentos na área fim da polícia, ou seja, otimizar investigações. Por fim, 10% das respostas referiram-se a colocar em prática o trabalho de prognose e antecipação dos cenários de risco e obtenção de informações completas acerca das ferramentas disponíveis para a Inteligência.

Os servidores que responderam que não gostariam de realizar cursos de Inteligência, ou seja, 9,1% dos pesquisados, citam a falta de interesse pelo tema e a especialização em outras áreas do conhecimento policial.

Quanto aos serviços prestados pela AI, 86,4% afirmam conhecê-los e utilizá-los. Dentre os que utilizam os produtos da DIPO, como por exemplo, relatórios de Inteligência, comunicados e relatórios técnicos, 36,4% dos pesquisados afirmam utilizá-los ocasionalmente 22,7% raramente, 22,7%, frequentemente, 9,1% muito frequentemente e 9,1% nunca os utilizar.

A respeito do papel que a AI desempenha na instituição, os respondentes citaram que esta deve desempenhar suas atividades para dar suporte às delegacias, seja para facilitar a produção de provas, ou para auxiliar na localização de alvos, em especial foragidos; ajudar na melhoria dos índices de solução de crimes; realizar o serviço de Contrainteligência do órgão; atuar em casos de crises, sensíveis ou complexos; e assessorar o processo decisório por meio da produção do conhecimento de Inteligência nos níveis político, estratégico, tático e operacional.

Das 22 respostas à pergunta, a função de assessoramento de tomada de decisão foi citada em oito respostas; auxiliar investigações policiais, em oito; assessoramento estratégico, em quatro; e assessoramento político, em uma resposta.

Por fim, foi indagado aos pesquisados se estes se consideravam aptos a comandar uma AI, observando-se que 45,5% dos participantes não se consideram aptos a comandar uma AI; 36,4% se consideram aptos, mas precisam se capacitar melhor; e apenas 18,2% se consideram aptos para comandar uma AI.

3. ANÁLISE DOS RESULTADOS

A metodologia aplicada para compreender a percepção de Delegados de Polícia da PCDF sobre a atividade de Inteligência da instituição, bem como identificar a capacitação destes na área trouxe indicativos relevantes. Incialmente, destaca-se o fato de que apesar de amplamente divulgado, o questionário foi respondido por apenas 5,26% dos servidores da carreira. Os motivos para a baixa adesão podem estar relacionados à necessidade de *login* na plataforma *Google*, o que pode ter gerado receio sobre a identificação do pesquisado a despeito das ações de preservação do anonimato das respostas; ao medo de ser avaliado; à baixa valorização dos estudos científicos; ao desconhecimento da área; à falta de interesse dos candidatos sobre a área de Inteligência; ou à desconfiança do serviço.

Analisando-se apenas os aspectos relativos à Inteligência, o desconhecimento do tema pode ser reflexo do secretismo da atividade, ratificando o que Cepik (2003, p.15) considera como um traço persistente da trajetória dos serviços de Inteligência "[...] a sua relativa opacidade, o manto do segredo que cerca suas atividades".

Se a atividade de Inteligência não é de conhecimento público, não é divulgada e não se faz conhecer pela sociedade, é natural também que não haja interesse sobre o assunto. Além disso, a visão negativa que os cidadãos possuem da Inteligência, a associação dos serviços secretos com um Estado autoritário e de repressão do passado, e o secretismo necessário às atividades podem ter influenciado no quantitativo de respostas ao questionário. Ressalta-se, porém, que o fato de a Inteligência frequentemente ter de trabalhar com o segredo, não é óbice para a desmistificação da atividade por meio da divulgação dos seus serviços e dos impactos no trabalho policial.

Ainda sobre o perfil dos pesquisados, é possível que o estudo represente a opinião somente de profissionais que conheçam minimamente a área de atuação da Inteligência ou que tenham interesse em nela trabalhar.

Quanto aos motivos pelos quais os pesquisados gostariam de trabalhar na área de Inteligência da PCDF, a análise dos dados revela que os profissionais percebem a importância, o papel estratégico da atividade para a polícia e a necessidade de capacitação para o desempenho da atividade. Para Hamada e Moreira (2017, p. 75), a capacitação do corpo técnico de uma AI é fator essencial ao êxito no cumprimento das missões das instituições de Segurança Pública. Logo, os usuários dos produtos da Inteligência, como parte integrante do ciclo da atividade, também devem ser capacitados.

A capacitação promovida pela Escola Superior de Polícia Civil da PCDF, em conjunto com a Seção de Doutrina e Ensino de Inteligência da AI da instituição, consiste no oferecimento de cursos de Contrainteligência, Ferramentas Tecnológicas utilizadas para atividade de Inteligência, Inteligência Financeira, Metodologia da Produção do Conhecimento, Noções de Inteligência, seminários e palestras sobre o tema.

Além disso, é possível capacitar-se em instituições parceiras, tais como Ministério de Justiça e Segurança Pública, Secretaria de Segurança Pública do Distrito Federal, órgãos das Forças Armadas e demais órgãos de Inteligência. Salienta-se que são oferecidas vagas em cursos para profissionais que não atuam na área de Inteligência, como forma de estimular o conhecimento da atividade.

Verifica-se com o estudo que os departamentos de ensino da PCDF estão cumprindo o seu papel, pois 77,3% dos pesquisados encontram-se capacitados em cursos na área de Inteligência e aproximadamente 90% gostariam de continuar qualificando-se. Demonstra-se, desta forma, que os pesquisados possuem interesse em conhecer o tema ou aperfeiçoar-se.

No entanto, o estudo não detalhou os cursos realizados e almejados pela categoria, não sendo possível identificar o grau de especialização dos pesquisados, nos quesitos atinentes ao estudo da doutrina e da atividade propriamente dita da Inteligência. Não é possível saber se a capacitação adquirida ou almejada se refere a doutrina, sistemas de Inteligência, palestras ou seminários na área ou cursos com abordagens gerais sobre o assunto. Além disso, não foi detalhado no questionário se a capacitação ocorreu no âmbito interno ou externo à instituição.

Quanto à motivação para a realização de cursos na área de Inteligência, o estudo revela que os pesquisados utilizariam o conhecimento para assessoramento policial tático-operacional, atuando em apenas dois dos quatro níveis de assessoramento. Apenas um profissional discorreu sobre assessoramento em nível estratégico, com a finalidade de aprender a projetar cenários e antecipar situações. A obtenção de conhecimento na área com o intuito de aprender a assessorar o planejamento e desenvolvimento de políticas de Segurança Pública, ou seja, em assessoramento de nível político, sequer foi mencionada como motivação para qualificação.

É possível que a visão aproximada e talvez confusa de conceitos de Inteligência Policial Judiciária e Investigação Policial influenciem as respostas à pergunta analisada. Tanto a Inteligência quanto a Investigação lidam com objetos idênticos, tais como crime, organizações criminosas e criminalidade. Gomes (2009, p. 48), inclusive, apresenta o entendimento de que os serviços de Inteligência de polícia judiciária "[...] se voltam, especificamente, para a realização da justiça criminal, de propósito instrutório e probatório criminal [...], bem como para a prevenção e controle de criminalidade".

No entanto, os aspectos diferenciais entre Inteligência Policial Judiciária e investigação policial são relevantes e encontram-se descritos na DNISP (2015, p. 21):

> [...] enquanto a investigação policial está orientada para o modelo de persecução penal previsto e regulamentado na norma processual própria - tendo como objetivo a produção de provas (autoria e materialidade delitiva) a Inteligência Policial Judiciária está orientada para a produção de conhecimento e apenas, excepcionalmente, à produção de provas.

Além disso, para Telemberg (2015, p.111) o assessoramento político-estratégico está relacionado a uma formação avançada do profissional de Inteligência, pois na medida em que crescem os níveis de produção de conhecimento, eleva-se a necessidade de um maior conhecimento de natureza político-social, visão interdisciplinar, sólidos conhecimentos da doutrina, das técnicas e dos métodos para a produção de documentos prospectivos.

Em relação ao questionamento sobre o papel da agência de Inteligência na instituição, a análise das respostas evidencia que a categoria, em sua maioria, compreende a Inteligência como atividade de assessoramento, mas a identifica, principalmente, em nível tático e operacional.

Esta percepção pode estar associada ao fato de que a atividade de Inteligência desenvolvida pela AI, nos últimos anos, se concentra em apoiar as unidades policiais em investigações de casos complexos e/ou sensíveis.

Além disso, ressalta-se que o termo "assessoramento estratégico" é citado apenas por quatro dos pesquisados, e que apenas um dos Delegados de Polícia, com experiência na atividade de Inteligência, relaciona o papel da AI ao assessoramento político. A baixa correlação entre a atividade de Inteligência e seu papel de assessoria estratégica ou política pode estar relacionada com a pouca divulgação do serviço nesta área, com a baixa atuação da Inteligência neste nível de assessoramento ou com a não correlação entre o assunto Inteligência e o assessoramento de políticas públicas. A atuação de AIs em níveis políticos e estratégicos demonstram uma maturidade na área, reflexo da profissionalização de seu corpo técnico, nele incluídos os tomadores de decisão.

Finalmente, observa-se que, apesar da maioria dos pesquisados estarem capacitados na área de Inteligência, 45,5% não se sente apto a ocupar cargos de gestão na área de Inteligência, não sabendo o que demandar ou esperar dos profissionais da atividade.

Este resultado pode ser um indício de que a qualificação no tema não esteja sendo desenvolvida na vertente do ensino de doutrina de Inteligência, inserindo-se neste rol cursos básicos, intermediários ou avançados de Inteligência, Cursos de Metodologia da Produção do Conhecimento ou Cursos de Inteligência voltada para assessoramento estratégico e político.

As análises deram ensejo para o seguinte questionamento: se os profissionais não se sentem preparados para ocupar cargos na AI, saberiam eles utilizar os produtos do serviço de Inteligência em outros cargos de gestão?

Embora sem a pretensão de esgotar a questão neste trabalho, importa destacar que os tomadores de decisão, em qualquer nível de poder decisório de todas as áreas policiais, precisam ter uma noção conceitual mínima sobre os diversos métodos, procedimentos, fontes, tecnologias e técnicas através dos quais os serviços de Inteligência coletam, analisam e distribuem informações (CEPIK, 2003, p. 27). Corroborando com isso, Rockembach (2018) sinalizou que se os gestores não se interessam ou não conhecem a Inteligência, não saberão como aproveitar as potencialidades da atividade. O autor apontou que desenvolver a mentalidade de Inteligência entre os tomadores de decisão se constitui em um dos desafios para a Inteligência de Segurança Pública nos próximos anos, pois não basta ter uma AI profissionalizada e competente, se há um descompasso entre esta e os gestores.

4. CONCLUSÕES E RECOMENDAÇÕES

O objetivo da atividade de Inteligência Policial Judiciária é a produção do conhecimento para o assessoramento de tomadores de decisão. Os tomadores de decisão são atores fundamentais dentro do ciclo da atividade de Inteligência e, por isso, necessitam profissionalizar-se para melhor utilização dos serviços da AI.

A pesquisa desenvolvida neste estudo, mesmo com os vazios identificados em sua metodologia, aponta que os Delegados de Polícia da PCDF estão capacitados e percebem a Inteligência como atividade de assessoramento, principalmente, em nível tático e operacional na instituição. Como assessoramento estratégico e político a percepção é menor, mas existe.

O estudo piloto identificou também que a maior parte dos profissionais da carreira, a despeito da capacitação, não se sentem aptos a comandar uma AI e aproveitar todas as potencialidades que a atividade proporciona.

Para mitigar os impactos que a instituição sofre com a falta de critérios técnicos para ocupação de cargos de gestão, sugere-se o investimento no desenvolvimento de uma mentalidade de Inteligência entre os gestores da instituição.

A construção da mentalidade de Inteligência se daria, primeiramente, por meio da sensibilização dos gestores, através da divulgação da atividade de Inteligência, ou seja, da propaganda do serviço, para que estes tomem conhecimento de sua existência. Em seguida, a conscientização da categoria seria feita com a apresentação de trabalhos realizados pela AI (sobre informações desclassificadas) e seus resultados no campo policial e jurídico, como forma de demonstrar a importância, eficiência e eficácia da Inteligência. Por fim, a capacitação na área, se daria com a implementação de uma grade curricular obrigatória de Inteligência, baseada em competências definidas, em cursos de formação e progressão da carreira. Sugere-se uma sequência progressiva na educação, intercalada com a prática da profissão para o desenvolvimento da atividade de Inteligência, ou seja, módulos de Inteligência.

É mister que os usuários dos produtos desenvolvidos pela Inteligência tenham noção conceitual mínima sobre a forma como se produz e se distribui Inteligência para saberem o que demandar e o que esperar dos profissionais de Inteligência. A educação como base da formação proporciona um nivelamento de conhecimento que resultará em profissionais preparados para a assunção de cargos de gestão, pois a profissionalização aumenta a efetividade da atividade.

Dessa forma, sinaliza-se que a construção de uma mentalidade de Inteligência, entre os tomadores de decisão antes mesmo destes ocuparem cargos, é uma ferramenta estratégica para o alcance da maturidade na atividade e traz benefícios a toda a instituição.

REFERÊNCIAS

BRASIL. Decreto nº 10.777, de 24 de agosto de 2021. Institui a Política Nacional de Inteligência de Segurança Pública. **Diário Oficial da União.** Brasília, 2021a. Disponível em: http://www.planalto.gov.br/ccivil_03/_Ato2019-2022/2021/Decreto/D10777.htm. Acesso em: 24 set. 2021.

______. Decreto nº 10.778, de 24 de agosto de 2021. Aprova a Estratégia Nacional de Inteligência de Segurança Pública. **Diário Oficial da União.** Brasília, 2021b. Disponível em: https://www.planalto.gov.br/ccivil_03/_ato2019-2022/2021/decreto/d10778.htm. Acesso em: 24 set. 2021.

______. **Portaria nº 2**, de 12 de janeiro de 2016. Aprova a Doutrina Nacional de Inteligência de Segurança Pública, 4ª edição, de acordo com as deliberações do Conselho Especial do SISP. Disponível em: https://www.in.gov.br/web/guest/materia/-/asset_publisher/Kujrw0TZC2Mb/content/id/22179187/do1-2016-01-25-portaria-n-2-de-12-de-janeiro-de-2016-22179154. Acesso em: 24 set. 2021.

BUBACH, Rogério. **O ciclo da inteligência e os requisitos para a produção do conhecimento**. 2019. Tese (Mestrado em Segurança Pública). Universidade Vila Velha, Espírito Santo, 2019.

CEPIK, Marco. **Espionagem e Democracia:** Agilidade e Transparência como dilemas na Institucionalização de Serviços de Inteligência, Rio de Janeiro: FGV, 2003.

FERNANDES, Fernando do Carmo. Inteligência ou informações? **Revista Brasileira de Inteligência** 2-3/7-21. Brasília: ABIN, set. 2006.

GOMES, Rodrigo Carneiro. Prevenir o crime organizado: inteligência policial, democracia e difusão do conhecimento. **Segurança Pública & Cidadania**, v. 2, n. 2, p. 107-137, 2009.

HAMADA, H. H.; MOREIRA, R. P. Referenciais Básicos para a Capacitação de Profissionais de Inteligência de Segurança Pública no Brasil. **Revista Brasileira de Inteligência**, n. 12, p. 65-76, 1 dez. 2017.

HOLANDA, Sérgio Buarque de. **Raízes do Brasil.** São Paulo: Companhia das letras, 1995.

JUNIOR, Eli. *et al.* O papel da Inteligência Policial na Polícia de Ordem e Segurança Pública: desafios e perspectivas. **Unisanta Law and Social Science**, p. 245-255, vol.8, nº1, 2019.

KENT, Sherman. **Informações Estratégicas**. Tradução de Hélio Freire. Rio de Janeiro: Bibliex, 1967.

DISTRITO FEDERAL. Polícia Civil do Distrito Federal. **Instrução Normativa nº. 190**, de 17 de outubro de 2018. Dispõe sobre a criação do Sistema de Inteligência Policial (SINTEL) da Polícia Civil do Distrito Federal.

ROCKEMBACH, Silvio Jacob**. Os desafios da Inteligência de Segurança Pública para os próximos cinco anos.** Inteligência Policial, 2018. Disponível em: http://www.inteligenciapolicial.com.br/2018/01/os-desafios-da-inteligencia-de.html#:~:text=Um%20dos%20grandes%20desafios%20da,manuais%20de%20Intelig%C3%AAncia%20de%20Estado. Acesso em: 21 maio 2022.

TELEMBERG, Márcia Stein. Formación en inteligencia. **Inteligencia estratégica latinoamericana: perspectivas y ejes predominantes para la toma de decisiones estratégicas ante un mundo en cambio, Antología**. 1ª ed. Ciudad Autónoma de Buenos Aires. Ministerio de Defensa, 2015.

UEHARA, Silvio. **A capacitação para a atividade de inteligência de defesa**: Escola de Inteligência de Defesa. Escola Superior de Guerra: Rio de Janeiro, 2013. Disponível em: https://repositorio.esg.br/bitstream/123456789/1383/1/Silvio%20Uehara-Capacitacao%20para %20a%20Atividade%20de%20Inteligencia%20d.pdf Acesso em: 21 maio 2022.

A INTELIGÊNCIA E O PODER DA INFORMAÇÃO DAS MÍDIAS SOCIAIS

PAULO ROBERTO DA SILVA FLORISBAL [33]

SUMÁRIO: 1 Introdução - 2 Desenvolvimento - 3 Discussão - 4 Conclusões e recomendações - 5 Referências.

RESUMO: O presente trabalho possui, como objetivo, fomentar a discussão em torno da propagação de desinformação, bem como, explorar o seu surgimento e o momento de maior relevância na história mundial. Nesse sentido, busca conceituar o termo *fake news* e maneiras de fazer o seu enfrentamento de forma efetiva, em especial, nas mídias sociais. Assim, busca-se esmiuçar o entendimento acerca do desenvolvimento das tecnologias e a forma com a qual as informações chegam até a população.

PALAVRAS CHAVE: Inteligência; informação; *fake news.*

1. INTRODUÇÃO

O termo *fake news* é considerado novo, começando a ser propagado em 2016, ganhando força e visibilidade nas eleições dos Estados Unidos por conta de Donald Trump e as desinformações acerca da candidata, e sua adversária, Hillary Clinton. Com esse *boom*, ficou comprovada a existência de agências, não só para a criação de falsas informações, mas também para dispará-las.

A notícia falsa não se baseia em fontes e pode vir de qualquer local. Geralmente são publicadas em *sites* que não tem qualquer intuito de repassar informações verossímeis, ou até mesmo por aplicativos de mensagens, como o *WhatsApp* e *Telegram*. Apesar de o termo ser considerado novo, as *fake news* existem desde a Segunda Guerra Mundial. Por exemplo, na Inglaterra eram criadas rádios se passando por rádios alemãs onde traziam notícias a respeito de Hitler.

33 Especialista em Inteligência Estratégica pela Escola Superior de Defesa (ESD).

O crescimento exponencial desse tipo de tática se deu através da *internet*, que se tornou uma facilitadora no repasse para um número maior de pessoas, que acabam não tendo o cuidado para compreender se tal notícia é falsa ou não, principalmente quando é dado seu surgimento de forma elevada, como ocorreu nos últimos anos.

As *fake news*, que vêm crescendo na última década, aumentam consideravelmente em períodos eleitorais. Ao distorcer a realidade, manipulando o pensamento de uma parcela de população, torna-se extremamente perigosa, pois pode mudar os rumos da história, criando versões que jamais existiram sobre fatos passados.

Portanto, este trabalho visa estudar as *fake news* de forma conceitual, e maneiras de neutralizá-las, propondo soluções viáveis para o fim desta propagação de desinformação que ocorre nas redes sociais.

2. DESENVOLVIMENTO

Existem questionamentos que estão em torno do surgimento do termo *fake news*. Esta denominação ganhou força a partir das eleições do ano de 2016, nos Estados Unidos. E é a primeira vez que vemos esta palavra estampar jornais, palestras e noticiários por todo o mundo. Entretanto, seu surgimento e seu significado é mais antigo.

Notícias falsas são criadas para descredibilizar alguém ou um ideal, da mesma maneira que pode ampliar ideias que não necessariamente corroboram com a verdade. É comum a sua utilização no meio político, a fim de defender ideias de candidatos, para diminuir adversários, como podemos observar na rivalidade nas eleições entre Donald Trump e Hillary Clinton, onde foi descoberto um dos maiores escândalos envolvendo serviços de criação e divulgação de *fake news* por parte de Trump.

Com o avanço das tecnologias, a internet se tornou uma ferramenta indispensável para a disseminação de informações, se tornando uma grande colaboradora para este desencadeamento de mentiras divulgadas. Apesar de notícias falsas não serem de agora, a facilidade em seu encaminhamento cresceu muito, principalmente por plataformas como o *Whatsapp*. Não somente isto, mas plataformas que se passam por sites de jornais confiáveis, fazendo a divulgação de imagens adulteradas. Estas estratégias são semelhantes às usadas por Joseph Goebbels na época da

Segunda Guerra Mundial. A diferença é que se utilizavam de rádios para a repercussão de notícias, mesmo com o baixo número de rádios que eram liberadas para o povo. (Mello. 2020, p. 21)

As rádios do povo tinham alcance limitado e as únicas estações que pegavam direito eram as alemãs – que funcionavam sob censura e transmitiam basicamente pronunciamento do Führer, músicas clássicas e folk alemãs, além de notícias enaltecendo o nazismo. À noite, às vezes, era possível captar o sinal de emissoras estrangeiras, como a BBC, mas quem fosse pego ouvindo uma estação de país inimigo poderia ser preso.

Utilizando o Nazismo como ponto principal, conseguimos compreender como a desinformação ganhou força em detrimento dos fatos. A filósofa judia Hannah Arendt, estudiosa do regime totalitário no pós-guerra, afirma, em "Verdade e Política", que a mentira é constituinte endêmica desta política de exceção:

> O resultado de uma substituição total e consistente da verdade factual por mentiras não é que a mentira será agora aceita como verdade e que a verdade será difamada como uma mentira, mas que o próprio senso pelo qual nos orientamos no mundo real — e a categoria de verdade como oposta à de falsidade está entre os recursos mentais que nos orientam — está sendo destruído. (HANNAH ARENDT, 1995, P. 316 e 317)

Dessa maneira, podemos perceber como o contexto histórico e social podem potencializar as notícias falsas e a desinformação, e como elas podem desempenhar um papel que muda a história. Como cita Foucault , no livro "Em Defesa da Sociedade":

> O efeito do poder soberano sobre a vida só se exerce a partir do momento em que o soberano pode matar. Em última análise, o direito de matar é que detém efetivamente em si a própria essência desse direito de vida e de morte: é porque o soberano pode matar que ele exerce seu direito sobre a vida. É essencialmente um direito de espada. Não há, pois, simetria real nesse direito de vida e de morte. Não é o direito de fazer morrer ou de fazer viver. Não é tampouco o direito de deixar viver e de deixar morrer. É o direito de fazer morrer ou de deixar viver. O que, é claro, introduz uma dissimetria flagrante. (FOUCAULT, 1976, P. 290)

Portanto, a partir disso, é compreensível que o termo pode ser diferente e a forma de utilizá-lo também, mas o conceito ainda é o mesmo. Então, pode se dizer que o novo não são as notícias falsas, elas sempre existiram. Entretanto, nunca antes havia um meio tão poderoso em alcance de pessoas para a execução delas. Mesmo que o rádio seja um grande meio, ele é muito limitado em relação à internet e seu alcance.

Quando se fala da internet, é necessário compreender como a inteligência artificial funciona. Algoritmos são capazes de analisar, através dos dados, gostos pessoais, crenças, ou seja, ferramentas necessárias para se aproximar daquele usuário que tenta convencer. Em qualquer plataforma, o algoritmo entrega o conteúdo que mais vai agradar àquele usuário. Muitas delas não se atentam a notícias falsas, sendo geradas por perfis que, muitas vezes, têm bastante engajamento. Afinal, estas plataformas estão se importando mais com o número de acessos que recebem do que com as informações passadas através destes posts.

Com o surgimento da internet, na década de 1990, os veículos de massa foram os responsáveis pela disseminação das *fake news*. Na atualidade, é possível diferenciar as desinformações das mídias sociais e da mídia tradicional, como jornais, tv e rádio. A facilidade e a rapidez da troca de mensagem por plataformas como *Facebook*, *Twitter* e *Whatsapp* mudou a maneira de se comunicar.

> A constituição progressiva de uma prática midiática baseada no tempo real a partir da digitalização dos meios e sua operação em rede define uma forma de experiência pública do tempo em que são valorizados aspectos como a transmissão instantânea de informações, o sincronismo de ações e a multiplicidade de eventos em conexão temporal. (MARCONDES, 2014, P. 331)

Em suma, entende-se que a maior problemática que envolve as fake news acaba por ser a inteligência artificial. Algoritmos e engajamento são as principais ferramentas para este compartilhamento em massa. Nunca antes havia uma forma tão fácil de se passar conteúdos a um grande número de pessoas. Portanto, após a análise evidencia-se que, apesar de as notícias falsas não serem algo desta década, foram amplificadas nela. Há falta de responsabilidade com o compartilhamento e com a desinformação em relação às fontes.

3. DISCUSSÃO

Compreende-se, a partir das leituras feitas, que só é necessário melhorias para reduzir a imensa quantidade de notícias falsas. Entretanto, é necessário, principalmente, que esta intervenção venha através do Estado, utilizando inteligência artificial. Ou seja, do mesmo mecanismo que exerce a função de compartilhamento destas informações para o bom funcionamento de informações corretas. Assim a divulgação de canais sérios informativos, para os usuários se informarem de forma correta. Também, ainda utilizando a inteligência artificial é necessário criar algoritmos que fiscalizem sites, identificando, nas plataformas, a divulgação destas *fakes news* e bloqueando-as.

É determinante que estas notícias parem de ser criadas, mas, também, criar a consciência da não divulgação sem fontes confirmadas. Ou seja, o hábito de ir atrás da fonte, revisar a notícia e, principalmente, ler o que compartilha. Portanto, a checagem é realmente muito necessária, procurar em outros meios e sempre desconfiar de *urls*[34] irregulares.

4. CONCLUSÕES E RECOMENDAÇÕES

Diante do espectro, recomenda-se que as Agências de Inteligência tenham em seus planos de atuação, profissionais capacitados para acompanhamento e assessoramento dos gestores sobre assuntos relacionados às mídias sociais. Na Secretaria de Segurança Pública do Rio Grande do Sul foi criada uma seção para análise dessas redes, às quais cabem fazer a filtragem de notícias, postagens e ocorrências para a verificação da sua veracidade, impacto, repercussão e seu potencial de distorcer fatos que prejudiquem a administração pública, no que tange a análise de postagens em jornais ou qualquer outro meio de comunicação.

Cabe salientar que a esse setor incumbe a pesquisa em tempo real, bem como utilizar ferramentas de OSINT para relatórios mais detalhados que visem auxiliar outros setores da Inteligência. Esse trabalho é realizado com a cooperação de outras agências. Caso seja abordada uma situação na qual não se tenha acesso à informação é feito contato com o órgão diretamente, informa-se o caso com um breve relato, o operador confirma o dado, ou então, descreve o fato que tenha conhecimento. Este procedimento poderá ser repetido com várias agências

34 URL é a sigla de *Uniform Resource Locator*, que é um termo técnico cujo significado em português é "localizador uniforme de recursos". Um URL se refere ao endereço de rede no qual se encontra algum recurso informático.

para convencimento na obtenção e confecção de relatório preliminar, que será enviado aos gestores.

A propagação das *fake news* podem trazer consequências irreversíveis na sociedade. Deparamos-nos com diversos casos de violência que podem acarretar na morte de pessoas inocentes. Existem algumas diretrizes que ajudam no combate desse tipo de desinformação, como ler a notícia na íntegra antes de compartilhar, evitando a divulgação de informações imprecisas.

É indispensável procurar informações nos meios de comunicação que passam veracidade e credibilidade. Além disso, as ferramentas que estão dispostas para pesquisa, como o Google, também podem atestar a veracidade e a credibilidade de uma notícia. Em caso de dúvidas, deve ser feita a consulta aos órgãos oficiais e avaliar se o fato é realmente verdadeiro.

Em suma, compreender que em tempos eleitorais ela é mais frequente e pode ser decisiva em um resultado, torna tudo mais preocupante. Utilizar-se de notícias falsas para repassar ideias vem de muito tempo, mas é uma prática criminosa e que deve ter fim. Ela é prejudicial para a democracia e, principalmente, para o bem da sociedade. Os danos causados por notícias falsas podem ser irreversíveis, afinal, a partir do momento em que uma notícia destas é compartilhada, mesmo que desmentida, não é garantido que a notícia verdadeira tenha a mesma repercussão. Portanto, atentar-se ao conteúdo que se consome é a chave principal para o fim desta era de *fake news*.

REFERÊNCIAS

ARENDT, Hannah. **Origens do totalitarismo.** São Paulo: Companhia das Letras, 1989.

FNDC. **PL sobre "Fake News" demanda mais discussão antes de ser votado.** Brasília, 02 jun. 2020. Disponível em: https://fenaj.org.br/votacao-do-pl-das-fake-news-poe-em-risco-

liberdade-de-expressao-online-e-nao-pode-ser-votado-as-pressas-2/. Acesso em: 20 maio 2022.

BBC News Brasil. **Perigo de notícias falsas é hoje maior do que já foi.** São Paulo. 11 de agosto de 2018. Disponível em

<https://www.bbc.com/portuguese/geral-45090376> Acesso em: 20 maio 2022.

DELMAZO, Caroline; VALENTE, Jonas C.L. ***Fake news* nas redes sociais online: propagação e reações à desinformação em busca de cliques.** Media & Jornalismo, Lisboa.

FOUCAULT, Michel. **Em defesa da sociedade.** São Paulo: Martins Fontes, 2012.

MARCONDES, Ciro. **Dicionário da comunicação.** São Paulo: Paulus, 2014.

LEVITSKY, Steven; ZIBLATT, Daniel. **Como as democracias morrem.** Rio de Janeiro: Zahar, 2018.

MELLO, Patrícia. **A máquina do ódio.** São Paulo, 2020. p.21.

TARDE, Gabriel. **A opinião e as massas**. São Paulo: Martins Fontes, 2005.

REFLEXOS DAS *FAKE NEWS* PARA A PRODUÇÃO DO CONHECIMENTO DE INTELIGÊNCIA

EULER DE PAULA GOMES[35]

SUMÁRIO: 1 Introdução - 2 Desenvolvimento 2.1 Considerações sobre as *fake news* 2.2 Os reflexos das *fake news* para a produção do conhecimento de Inteligência 2.3 Medidas para a mitigação dos reflexos negativos das *fake news* na produção do conhecimento de Inteligência - 3 Conclusões e recomendações - 4 Referências.

RESUMO: O presente relatório técnico-científico trouxe os reflexos das *fake news* para produção do conhecimento de Inteligência. Formulou-se o seguinte problema de pesquisa: Quais os reflexos das *fake news* para a produção do conhecimento de Inteligência? A metodologia aplicada para a consecução deste relatório foi a pesquisa básica, exploratória e qualitativa, mediante a revisão literária, utilizando as fontes teórico-conceituais, as estruturas e análise. As notícias falsas, ou *fake news* são um fenômeno antigo que foi potencializado pela evolução e popularização dos meios de comunicação, tendo como principais ferramentas a internet e, mais recentemente, as redes e mídias sociais, como o *Facebook e WhatsApp.* O acesso à informação deixou de ser o principal problema do analista de Inteligência, sendo substituído pelos desafios de alcançar o dado confiável para a produção do conhecimento. As *fake news* trouxeram inúmeros reflexos negativos para a Inteligência, em particular, a tentativa deliberada dos meios de comunicação de realizar desinformação, a fim de alcançar objetivos. Algumas ferramentas mitigadoras desses reflexos são apresentadas no presente relatório. As considerações finais apontam as dificuldades impostas pelas informações falsas e reforçam as ações a serem adotadas para a produção de conhecimentos com credibilidade para os tomadores de decisão.

PALAVRAS CHAVE: *Fake news;* fontes abertas; produção de conhecimento; Inteligência.

35 Tenente Coronel do Exército, formado na Academia Militar das Agulhas Negras (AMAN). Com cursos de aperfeiçoamento de oficiais da Escola de Aperfeiçoamento de Oficiais (ESAO) e de comando e estado - maior da Escola de Comando e Estado - Maior (ECEME). Especialista em Inteligência Estratégica pela Escola Superior de Defesa (ESD).

1. INTRODUÇÃO

A evolução dos meios de comunicação proporcionou inúmeras possibilidades e facilidades aos seus usuários, sejam indivíduos, empresas, instituições ou mesmo governos. Ademais, a cada instante são ofertadas diversas interações, no ambiente infindável de novas informações, o que dificulta a identificação e distinção do dado verídico em relação às inverdades.

Essa conjuntura facilita a difusão de notícias falsas – *fake news* - através dos meios de comunicação de maneira instantânea, numa velocidade inimaginável, com reflexos e, por vezes, repercussões imediatas.

Neste ambiente complexo e volátil está inserido a produção do conhecimento de Inteligência, que tem como fator basilar o compromisso com a verdade, para o correto assessoramento aos decisores dos diversos níveis.

Assim, o presente relatório tem por objeto de análise os reflexos das *fake news* para a produção do conhecimento de Inteligência.

Como forma de balizar os resultados da pesquisa foram elencados os seguintes objetivos específicos:

- Apresentar os reflexos das *fake news* para a produção do conhecimento de Inteligência; e
- Apontar possíveis medidas para a mitigação destes reflexos na produção do conhecimento de Inteligência.

Tomando como base as premissas supramencionadas, se alcançou a problemática central do estudo, consubstanciada na seguinte questão: **"Quais os reflexos das *fake news* para a produção do conhecimento de Inteligência?"**

Ao buscar responder a situação-problema, chega-se a seguinte hipótese:

- As *fake news* causam reflexos negativos para a produção do conhecimento de Inteligência.

A metodologia aplicada para a consecução deste Relatório foi a pesquisa básica, exploratória e qualitativa, mediante a revisão literária, utilizando as fontes teórico-conceituais, as estruturas e análise.

A importância do tema da pesquisa é decorrente da atual conjuntura de Inteligência, inserida na era da informação[36], caracterizada pelo aumento exponencial da quantidade de dados disponíveis em meios como a internet, mídias sociais, aplicativos de mensagens, entre outros.

Além disso, a proliferação das *fakes news,* difundidas sobre a forma de notícias de caráter público, tiveram um aumento preocupante, o que tornou um desafio para os analistas de Inteligência[37], considerando que, de acordo com BRASIL (2015), as notícias obtidas pelas fontes abertas[38] são muito exploradas na produção do conhecimento.

O tema é tão relevante que o termo *fake news* está sendo amplamente discutido pela sociedade brasileira, alcançando o Congresso Nacional através do projeto de lei 2.630/2020, conhecido como a Lei das Fake News.

O uso da expressão *fake news* tem se tornado obrigatório em todos os meios de comunicação, sendo reverberado no meio político, como no contexto da Comissão Mista Parlamentar (CPI) da COVID-19, que ocupou a agenda política e pública do País no período de 13 de abril a 26 de outubro de 2021.

Dessa forma, o estudo dos reflexos do fenômeno das *fake news* na produção do conhecimento de Inteligência possibilitará à Comunidade de Inteligência a reunião de dados mais eficiente e uma análise mais confiável, inclusive nos mais altos níveis, como o da Inteligência Estratégica, amenizando os aspectos negativos das falsas notícias para o processo decisório.

2. DESENVOLVIMENTO

2.1 CONSIDERAÇÕES SOBRE AS *FAKE NEWS*

As denominadas falsas notícias sempre tiveram presentes ao longo

36 A era da informação é caracterizada pela popularização da Internet e de novas tecnologias, que traz modificações sociais, culturais e comportamentais. (CASTELLS, 1999).

37 Analistas de Inteligência: profissional que tem por missão fornecer aos decisores, de forma oportuna, informações relevantes sobre o ambiente operacional, as ameaças (atuais e potenciais), o terreno, os efeitos meteorológicos e as considerações civis. (BRASIL, 2019)

38 Fontes abertas: fontes de caráter público, tais como os meios de comunicação (rádio, televisão e jornais), propaganda de Estado, periódicos técnicos, internet, manuais técnicos e livros. (BRASIL, 2015)

da história, o que mudou foi a nomenclatura, o meio utilizado para a divulgação, o potencial de persuasão e a velocidade de divulgação que este fenômeno adquiriu ao longo dos últimos anos. (LENILSON; AUGUSTO, 2020).

Notícias falsas podem parecer novas, mas a plataforma usada é a única novidade. A propaganda[39] existe a séculos e a Internet é apenas o mais recente meio de comunicação a ser abusado para espalhar mentiras e desinformações. (GU, 2017).

Ademais, conforme Arashiro e Mesquita (2018), na atualidade as mídias sociais (*Twitter, Facebook, Instagram,* entre outras), associados aos aplicativos de mensagens (*Whatsapp, Telegram,* etc) potencializam o rápido compartilhamento de informações, ocasionando a propagação de notícias (dados) imprecisos e desorientados em cascata, sendo parte do cotidiano do usuário da rede mundial de computadores.

Por sua vez, o termo *fake news* passou a ser adotado de forma mais comum a partir das eleições presidenciais dos Estados Unidos da América (EUA) no ano de 2016, o que, de acordo com a BBC Brasil (2017), levou o *Collins Dictionary* a escolher o mesmo como a "Palavra do Ano 2017", após a constatação do aumento de 365% do seu uso.

Assim, conforme Collins (2018), *fake news* é a informação falsa, muitas vezes sensacionalista, disseminada sob disfarce de notícias. Observa-se que, muitas vezes, o grau de sofisticação das notícias falsas as torna verossímeis e plausíveis, sendo fácil aceitá-las como verdadeiras.

Ainda, de acordo com Skillsyouneed (2018), a intenção deliberada de enganar é crucial para a definição de *fake news.* Reforça este pensamento as questões apresentadas por GU (2017), de que as notícias falsas são um meio para o alcance de um objetivo, não um propósito em si só, conseguindo manipular o público, caracterizado, em sua grande maioria, por serem leitores cujo tempo de atenção a determinada notícia é muito curto.

As notícias falsas ou *fake news* de acordo com Obercom (2018), podem ter inúmeras motivações, como: jornalismo, paródia, provocação, paixão, partidarismo, lucro, influência política e propaganda,

39 Propaganda: é a disseminação de qualquer ideia, crença, opinião ou apelo a respeito de um fato e possui algumas consequências, tais como: influenciar opiniões, exaltar qualidades, anunciar produtos específicos, até mesmo canalizar o comportamento de indivíduos ou grupos. (BRASIL, 1999)

sendo amplamente utilizada por interesses políticos e ideológicos para promover desinformação e que venham, de alguma maneira, a beneficiar os seus interesses.

Outra consideração a ser destacada é a de Freitas Junior (2019), que atrela o conceito de *fake news* a veículos de comunicação, diferenciando o termo de simples boatos propagados por pessoal não profissional da comunicação.

No entanto, a identificação da publicação de *fake news* por meio de comunicação o desqualificam por dois motivos. Primeiro, a confiança da fonte é afetada, pois se caracteriza o dolo em publicar notícia falsa para denegrir oponente e atingir objetivo específico. Segundo a fonte perde em competência, ao publicar dados, sem confirmação, incompatíveis com a realidade e com conteúdo incoerente.

Como contraponto à problemática supramencionada, foram criadas inúmeras Agências de Checagem tendo como objetivo tratar as informações falsas. Todavia, como no caso do Brasil, estas agências estão ligadas às grandes mídias, sendo cabível questionar se a finalidade não é melhorar a credibilidade das mídias tradicionais, diante de repetidos casos de *fake news*.

De fato, a desinformação na conjuntura atual é um fenômeno global, porém, os mecanismos de identificação de *fake news*, tanto institucionais como individuais são incipientes e por vezes sujeitos a questões ideológicas.

De acordo com Brasil (2019), os analistas de Inteligência sabem que não podem presumir que tudo o que chega à sua caixa de entrada é válido, mas nem todos tratam tais preocupações de forma eficaz em suas práticas de trabalho, uma vez que aceitar que as informações recebidas são deliberadamente enganosas, é colocado um fardo cognitivo significativo sobre ele.

2.2 OS REFLEXOS DAS *FAKE NEWS* PARA A PRODUÇÃO DO CONHECIMENTO DE INTELIGÊNCIA

Na atualidade a Comunidade de Inteligência têm se utilizado dos meios de comunicação como fonte de informação de código aberto ou fontes abertas denominados de *Open Source Intelligence* (*OSINT*)[40]. (BRASIL, 2015),

As OSINT devem sempre ser encaradas com um nível de desconfiança, acerca da veracidade das notícias, tendo implicações significativas e permanentes para produzir um trabalho profissional e com credibilidade dos dados. (KLENSMITH, 2017).

Ademais, a conjuntura é marcada por uma enorme quantidade de informações disponíveis, o que inverteu uma das lógicas da produção do conhecimento de Inteligência. Essa ideia é ratificada por Kleinsmith (2017), apontando que antes do fenômeno da internet e das mídias sociais, a grande dificuldade era obter dados, sendo que agora, o êxito está conectado na capacidade de discernimento do que é falso ou irrelevante, daquilo que é realmente importante e verdadeiro.

Outro desafio para todo o analista de Inteligência é o viés da confirmação, que de acordo com a escritora israelense Tali Sharot (2012), é a procura do ser humano de confirmar as suas próprias opiniões, fazendo o cérebro resistir a evidências contrárias a nossas crenças, o que é denominado como viés de confirmação ou resistência ao contraditório.

Freitas Júnior (2019), informa em seus estudos, que o algoritmo das redes sociais tem como base o viés de confirmação e a resistência ao contraditório, baseado na análise do histórico de pesquisa/engajamento de forma individualizada. Este conhecimento tem sido utilizado para que cada *fake news* seja desenvolvida estrategicamente para um público-alvo, com base nas convicções e crenças, o que dificulta a rejeição às mesmas.

Com isso, o analista de Inteligência tem que considerar que a tendência natural do ser humano é não duvidar de um dado, se esse não é contrário ao quadro de referência do que se sabe sobre o tema. Esse viés de confirmação pode ser reforçado pelo comportamento de exposição seletiva, onde o analista, apenas busca notícias ou informações que confirmem suas ideias preconcebidas.

Conforme Kleinsmith (2017), as *fake news* vem sendo empregadas na dissimulação de difusão de informações e bem como uso de propaganda.

---

40 OSINT – também denominada de Inteligência de Fontes Abertas é a Inteligência baseada em informações coletadas de fontes de caráter público, tais como os meios de comunicação (rádio, televisão e jornais), propaganda de estado, periódicos técnicos, internet, manuais técnicos e livros. (BRASIL, 2015)

Brasil (1999), informa que a dissimulação é planejada "para enganar o adversário, manipulando, distorcendo ou falsificando provas, a fim de induzi-lo a reagir de maneira a favorecer as forças amigas".

Para a compreensão dos reflexos das *fake news* para a produção do conhecimento de Inteligência é preciso considerar que o conhecimento é obtido através de um processo denominado Ciclo de Inteligência[41], que conforme BRASIL (2019), é dividido em quatro fases: orientação, obtenção, produção e difusão.

Do exposto, depreende-se que as *fake news* podem gerar erros em todo o ciclo de produção do conhecimento, sendo mais suscetíveis os efeitos maléficos nas fases de obtenção e produção.

Na fase de produção, conforme BRASIL (2019), são obtidos dados, informações e conhecimentos que servirão de matéria prima para a etapa de produção, por meio do planejamento e emprego de meios especializados ou não (pessoal e material). Nesta fase, as *fake news* têm grande influência na produção do conhecimento, uma vez que está inserida nos dados que são obtidos.

Não menos problemático são os efeitos das *fake news* na fase de produção, na qual se converte dados, informações e conhecimentos obtidos, em novos conhecimentos de Inteligência.

2.3 MEDIDAS PARA A MITIGAÇÃO DOS REFLEXOS NEGATIVOS DAS *FAKE NEWS* NA PRODUÇÃO DO CONHECIMENTO DE INTELIGÊNCIA

Considerando a importância dos dados disponíveis provenientes das fontes abertas, adicionada à invasão de notícias falsas com objetivos específicos de distorcer a realidade e conduzir a opinião pública, os analistas de Inteligência devem adotar medidas básicas e implementar procedimentos modernos, a fim de realizar a produção do conhecimento com oportunidade e credibilidade.

Bombassaro e Oliveira e (2018), descrevem que o Brasil sofre forte influência dos acontecimentos das potências mundiais, sendo que esses eventos acabam por alcançar o País com certo atraso, particularmente

41 Ciclo de Inteligência: também denominado de Ciclo de Produção do Conhecimento, é o processo de compreender uma sequência de atividades mediante a qual a inteligência obtém e reúne dados, transforma-os em conhecimento de Inteligência. (BRASIL, 2015)

os de cunho ideológico, como observado nos protestos de *black bocks* de 2013, na manipulação de preços de *commodities* e na propagação de uma pandemia.

Com isso, a previsibilidade de dias ou semanas pode ser utilizada pelos analistas de Inteligência, particularmente do nível estratégico, para a indicação de oportunidades e riscos.

Nesse sentido, os analistas de Inteligência não podem deixar de considerar a construção de narrativas feitas por agentes estatais. Segundo Bombassaro e Oliveira (2018), Rússia e China são países que têm um histórico de campanhas de operações psicológicas e desinformação.

O uso de técnicas de análise estruturada, como a detecção de dissimulação, pode ser útil na identificação de fragmentos coesos, porém falsos, patrocinados ou produzidos por agentes estatais.

A Detecção de Dissimulação é um conjunto de listas de verificação que os analistas podem usar para ajudá-los a determinar quando procurar por dissimulação, bem como descobrir se a dissimulação realmente está presente e o que fazer para evitar ser enganado. (BRASIL, 2019).

Ainda, Brasil (2019), descreve alguns procedimentos são úteis para lidar com a dissimulação, os quais também podem ser adaptados na análise de dados de fontes abertas. Entre esses, podem ser destacados:

- Evitar a excessiva dependência de uma única fonte de informação;
- Procurar ouvir opiniões das pessoas mais próximas à origem da informação;
- Questionar as fontes que não sejam conhecidas ou cujas informações não estejam claras;
- Gerar e avaliar um conjunto completo de hipóteses plausíveis no início de um projeto; e
- Conhecer as capacidades e limitações daquela fonte em difundir *fake news*.

Outra ferramenta para a avaliação da veracidade de uma informação é o uso do pensamento crítico. A The Foundation for Critical Thinking (2018), define o pensamento crítico como o processo intelectualmente disciplinado de ativamente e habilidosamente conceituar, aplicar, analisar, sintetizar e/ou avaliar informações obtidas ou geradas por experiências, observação, reflexão, raciocínio ou comunicação como um guia para a crença e a ação.

Moore e Parker (2009), indicam que as habilidades da relevância de pensamento crítico constituem ferramentas importantes para a determinação da veracidade de uma afirmação, o que envolve dois campos de verificação: o primeiro é o campo da fonte da afirmação, e o segundo campo é o conteúdo da afirmação.

Pherson, K. e Pherson, R. (2013), orientam quanto a aplicação do pensamento crítico na validação de notícias, em particular as que circulam na *web* (rede mundial de computadores). Essa orientação pode ser feita aplicando os seguintes procedimentos:

- Utilizar o conteúdo de indivíduos ou organizações renomadas;
- Investigar as credenciais das fontes;
- Avaliar as qualificações e o ponto de vista da fonte;
- Considerar o patrocínio do site;
- Avaliar a proposta do site;
- Distinguir entre opinião e informação verificável;
- Verificar a atualidade da notícia e os links; e
- Considerar que websites podem ser alterados ou desaparecer sem aviso prévio.

Disso posto, o método para a produção do conhecimento de Inteligência deve ser integrado ao pensamento crítico, o que é ratificado por Cunha e Souza (2016), que indicam que pensar criticamente está intrínseco nessa metodologia, agregando valor ao processo científico. Assim, o pensamento crítico permite ao analista a adoção de uma ferramenta em busca da credibilidade do conhecimento de Inteligência.

É importante considerar que os serviços de Inteligência mundiais, militares e civis, fazem o uso de modelos teóricos para avaliar as informações coletadas, em particular os analistas que usam as fontes abertas. Esses modelos adotam como parâmetro principal o julgamento da fonte e do conteúdo de forma separada e não relacionada. (PHERSON; PHERSON, 2013).

O Exército Brasileiro utiliza a Técnica de Avaliação de Dados [42](TAD) apresentada no Manual EB 70-MT-10.401 (Produção do Conhecimento de Inteligência - 2019), que de acordo com a doutrina, impõe o uso de uma fração significativa somente após a avaliação de sua credibilidade.

Ademais, Freitas Junior (2019), orienta a não deixar de considerar o viés de confirmação e a resistência ao contraditório, inerentes do ser humano. Para minimizar esta tendência é importante que cada analista tenha um rol de fontes confiáveis, sejam públicas, usuários e até mesmo, consagrados *youtubers*.

A assertiva apresentada anteriormente é reforçada por Bombassaro e Oliveira (2018), que definem como uma boa prática o uso de uma relação de fontes confiáveis, aquelas que publicam rotineiramente questões desfavoráveis a sua organização, desde que apresentem frações significativas, que repetidas vezes, descrevem a verdade quando confrontadas com outras fontes mais favoráveis e confiáveis, amenizando assim o viés de confirmação.

3. CONCLUSÕES E RECOMENDAÇÕES

A popularização da internet associado ao surgimento das redes sociais potencializaram a quantidade de informações disponíveis aos analistas de Inteligência, bem como ampliou o alcance das notícias falsas, ou *fake news*.

Concomitantemente, a busca pela eficiência na produção do conhecimento tornou-se mais desafiadora, na medida que os reflexos das *fake news* demandam medidas mitigadoras, de modo a preservar a credibilidade do conteúdo produzido e evitar consequências e impactos negativos para as organizações.

Os analistas de Inteligência devem adotar soluções para obter a verdade, direcionando esforços para o local onde procurar, de modo a selecionar, priorizar, ratificar e até mesmo descartar o conteúdo suspeito, isso tudo, com oportunidade, de modo a atender ao recurso mais importante de qualquer organização e essencial aos tomadores de decisão, o tempo.

42 Técnica de Avaliação de Dados: é o processo que tem por finalidade estabelecer a aferição da credibilidade de dados, matéria-prima para a produção do conhecimento, condição essencial para que possam ser utilizados na elaboração dos diversos tipos de conhecimento de Inteligência. (BRASIL, 2019)

É indispensável aos analistas de Inteligência que permaneçam em constante aperfeiçoamento na busca de encontrar soluções para o problema apresentado, não deixando de considerar a afirmação de Taleb (2019) "de que não ter um mapa é melhor do que ter um mapa errado."

O presente relatório procurou elencar medidas que auxiliem o analista neste desafio em busca da informação confiável. Assim, a adoção de procedimentos para a detecção de dissimulação pode ser usada para a análise de conteúdo das fontes abertas.

Em grande medida, a execução do Ciclo de Inteligência associada à metodologia da produção do conhecimento, permite que todos os aspectos da situação sejam avaliados, afiançando a certeza da credibilidade do produto, dando as bases científicas ao conhecimento produzido.

O acompanhamento constante dos eventos de outros países é recomendável, pois permite a antecipação de repercussões ao Brasil. Assim, é fator preponderante a coleta seletiva de informações, particularmente, das potências mundiais, não deixando de considerar se há coerência, além da ligação natural e clara.

O pensamento crítico, quando adequadamente utilizado, permite maior credibilidade ao conhecimento produzido. É certo que as habilidades e os métodos da forma de pensar criticamente proporcionam uma avaliação mais criteriosa, racional e controlada da fonte e do conteúdo da informação.

A TAD é outra importante ferramenta para a checagem dos dados, uma vez que permite ao analista a realização de um processo mental que foca nos elementos principais, a credibilidade da fonte e a confiabilidade do conteúdo, consentindo uma avaliação racional, criteriosa e isenta.

Também, na aplicação da TAD se deve considerar a atuação das agências de checagem e a capacidade dos meios de comunicação de se articularem para a produção de conhecimento enganoso. Com isso, o profissional de Inteligência deve buscar identificar, por citação[43] ou similaridade[44], o conteúdo e o alinhamento da informação, evitando falsas confirmações, que ocorrem, quando mais de um meio de imprensa profissional produz a mesma notícia falsa.

43 Citação: é a transcrição na íntegra de parte da obra do autor. (NEVES; DOMINGUES, 2017).
44 Similaridade: é uma ferramenta ou forma de localizar em textos as correspondências ou semelhanças. (NEVES; DOMINGUES, 2017)

Ao analista de Inteligência cabe reputar as armadilhas cognitivas que podem dificultar o discernimento entre o que é falso e o que é verdadeiro. O viés de confirmação ou resistência ao contraditório podem ser potencializados pelas *fake news*, por meio de bolhas e caixas de ressonância, materializadas pela busca de dados apenas nos meios que vão ao encontro de suas convicções e ideologias.

É plausível pautar que a era da informação sempre trará novos desafios referentes às *fake news* para a produção do conhecimento de Inteligência, cabendo aos analistas a busca constante de soluções, particularmente tecnológicas, para o combate a essa ameaça.

Finalmente, a adoção das medidas mitigadoras elencadas neste relatório, são uma importante ferramenta contra os reflexos negativos das *fake news* para a produção do conhecimento de Inteligência, sendo útil para toda a Comunidade de Inteligência e, consequentemente, permitirá aos decisores estratégicos a implementação de soluções baseadas em informações confiáveis.

REFERÊNCIAS

ARISHO, Kensei; MESQUITA, Tiaraju Kanomata de. **O pensamento crítico e as *fake news*: reflexos para a produção do conhecimento de Inteligência**. Revista "A Lucerna", Ed 9, 2018.

BBC BRASIL. **Fake News é eleita palavra do ano e ganhará menção em dicionário britânico**, 2017. Disponível em: http://www.bbc.com/portuguese/intenacional-41843695. Acesso: 18 maio 2022.

BRASIL. Estado Maior do Exército. **C 45-4: Operações Psicológicas**. 3.ed. Brasília, DF, 1999.

______. Estado Maior do Exército. **EB70-MC-10.207**: Inteligência. 1.ed. Brasília, DF, 2015.

______. Estado Maior do Exército. **EB70-MF-10.107**: Inteligência Militar Terrestre. 2.ed. Brasília, DF, 2015.

______. Estado Maior do Exército. **EB70-MC-10.230**: Operações Psicológicas. 4.ed. Brasília, DF, 2017.

______. Estado Maior do Exército. **EB70-MT-10.401**: Produção do Conhecimento de Inteligência. 1.ed. Brasília, DF, 2019.

______. Ministério da Defesa. **Manual de Abreviaturas, Símbolos e Convenções Cartográficas das Forças Armadas**. 4.ed. Brasília, DF, 2021.

BOMBASSARO, Neto; OLIVEIRA, Genial. **Os impactos das *Fake News* sobre o ciclo de produção do conhecimento de Inteligência**. Brasília, DF, 2021.

CASTELLS, Manuel. **A sociedade em rede**. São Paulo: Paz e Terra, 1999.

CELESTINO, Lenilson; AUGUSTO, Eduardo. **A influência das *fake news* no processo de obtenção e análise dos dados de fontes abertas na atualidade**. Brasília, DF, 2020.

CUNHA, Paulo; SOUZA, Gilson. O Desenvolvimento do Raciocínio com o Pensamento Crítico na Produção do Conhecimento. **Revista A Lucerna**, Brasília – DF, ano 5, n. 7, p. 35 – 47, DEZ. 2016.

FREITAS JUNIOR, Orizon Ruyter de. **Defesa Cibernética e o fenômeno das *Fake News***. Orientador: José Fernando Chagas Madeira. 2019. 44 f. TCC (Especialização) – Curso de Política, Estratégica e Alta Administração do Exército, Escola de Comando e Estado – Maior do Exército, Rio de Janeiro, 2019. Disponível em: https://bdex.eb.mil.br/jspui/handle/123456789/4968. Acesso em 13 abr. 2022.

GU, Lion; KROPOTOV, Vladimir, YAROCHKIN, Fyodor. **The Fake News Machine: How Propagandists Abuse the Internet and Manipulate the Public**. 2017.

KLEINSMITH, Eric. **Fake News and Data Mining: Mapping Today's Media for Intel Analysis**, 2017. Disponível em: https://inpublicsafety.com/2016/12/fake-news-data-mining-mapping-todays-media-intel-analysis/> Acesso em 16 maio 2022.

MOORE, Brooke, PARKER, Richard. **Critical Thinking**. 9. ed. New York: McGraw-Hill, 2009.

NEVES, Eduardo; DOMINGUES, Clayton. **Manual de Metodologia da Pesquisa Científica**. Rio de Janeiro: ESAO, 2007.

OBERCOM – Observatório da Comunicação. **As *fake news* numa sociedade pós-verdade:** contextualização, potenciais soluções e análise. Lisboa, 2018. Disponível em: https://obercom.pt/wp-content/uploads/2018-Relatorios-Obercom-Fake-News.pdf. Acesso em 27 abr. 2022.

PHERSON, Katherine; PHERSON, Randolph. **Critical Thinking for Strategic Intelligence**. Thousand Oaks, CA: CQ Press, 2013.

SHAROT, Tali. **The optimism bias: why we're wired to look on the bright side,** Telavive, Israel, 2012.

SKILLSYOUNEED. **Critical Thinking and Fake News**, 2018. Disponível em: https://www.skillsyounedd.com/learn/fake-news.html. Acesso: 17 abr. 2022.

TALEB, Nassim Nicholas. **Antifrágil.** Tradução: Eduardo Rieche. 15. Ed. Rio de Janeiro: Best business, 2019, 661 p.

THE FOUNDATION FOR CRITICAL THINKING. **Defining Criticaç Thinking**, 2018. Disponível em http://www.criticalthinking.org/pages/defining-critical-thinking/766. Acesso: 21 maio 2022.

SOCIEDADE DA INFORMAÇÃO: REFLEXOS NA INTELIGÊNCIA DE SEGURANÇA PÚBLICA

EDUARDO RIZZOTTO DE CARVALHO[45]

SUMÁRIO: 1 Introdução - 2 Desenvolvimento Sociedade da informação e suas implicações - 3 As implicações na Inteligência de Segurança Pública - 4 Conclusões e recomendações - 5 Referências.

RESUMO: A Humanidade tem experimentado uma rápida evolução da tecnologia. A informática e a telemática proporcionaram demasiado volume de dados em circulação, o que gerou a Era da Informação. Essa evolução refletiu em comportamentos sociais, fazendo emergir a sociedade da informação. Todo esse movimento também refletiu na Inteligência de Segurança Pública, a qual deve se adaptar rapidamente a esta dinamização de fluxos informacionais. A inteligência corrente e a inteligência fluida se apresentam como mecanismos importantes nesse processo. Ademais, a doutrina de inteligência de Segurança Pública deve se manter atualizada diante da complexidade gerada pela sociedade da informação. A utilização de aplicativo de mensageria próprio seria uma opção para conferir fluidez na comunicação, com vistas a manter a Inteligência de Segurança Pública produtiva e eficiente.

PALAVRAS CHAVE: Sociedade da Informação; Inteligência de Segurança Pública; dinamização de fluxos informacionais; Inteligência corrente; Inteligência fluida.

45 Delegado de Polícia Civil no Estado de Mato Grosso. Especialista em Direito Penal e Processual Penal pela Escola Superior do Ministério Público de Mato Grosso (FESMP-MT). Especialista em Inteligência Estratégica pela Escola Superior de Defesa (ESD).

1. INTRODUÇÃO

A sociedade é dinâmica e oxigenada por revoluções. Após a Revolução Agrícola e a Revolução Industrial, o mundo vive a chamada Revolução Tecnológica. Esse período gerou a chamada "Era da Informação", a qual emergiu no final do século XX em razão da dinamização dos fluxos informacionais.

A principal característica desse período, implementado por meio da informática e telemática, é a velocidade em que as informações são produzidas, armazenadas e difundidas, o que, inclusive, fomentou o fenômeno da globalização.

A revolução tecnológica tem gerado transformações sociais cada vez mais rápidas e descontroladas, criando, assim, a sociedade da informação.

Por outro lado, a Inteligência de Segurança Pública (ISP), conforme definição da Doutrina Nacional de Inteligência de Segurança Pública – DNISP, consiste no exercício permanente e sistemático de ações especializadas para identificar, avaliar e acompanhar ameaças reais ou potenciais na esfera de Segurança Pública, basicamente orientadas para produção e salvaguarda de conhecimentos necessários para subsidiar os tomadores de decisão, para o planejamento e execução de uma política de Segurança Pública e das ações para prever, prevenir, neutralizar e reprimir atos criminosos de qualquer natureza que atentem à ordem pública, à incolumidade das pessoas e do patrimônio (BRASIL, 2014). Em síntese, portanto, a Inteligência de Segurança Pública lida com dados, os quais estão, cada vez mais, abundantes e complexos.

Nesse sentido, trabalhar com produção de conhecimento, na Era da Informação, tem sido cada vez mais desafiador. Hoje, a dificuldade não consiste mais em buscar a informação, mas sim em filtrá-la diante da massiva quantidade de dados.

Por conseguinte, o presente trabalho objetiva demonstrar os reflexos da sociedade da informação na atividade de Inteligência de Segurança Pública, uma vez que a dinamização do fluxo informacional ensejou alterações práticas na metodologia de produção do conhecimento. Entretanto, essas adaptações práticas ainda não encontram amparo na doutrina de Inteligência de Segurança Pública. Para a maioria da comunidade de Inteligência, a interpretação da DNISP não possibilita a produção de conhecimento superficial e rápido, bem como sua difusão por aplicativos de mensageria.

Assim, é importante demonstrar o momento de incerteza da comunidade do subsistema de Inteligência de Segurança Pública, com vistas a prover a adaptação da doutrina, assim como discutir e definir os novos fenômenos da inteligência corrente e Inteligência fluida. A modernização da doutrina de Inteligência de Segurança Pública, desta feita, deve acompanhar esse processo de dinamização do fluxo de informações, inclusive na flexibilização de alguns preceitos. Apenas assim, poderá criar condições para que os analistas de Inteligência consigam produzir conhecimentos oportunos e efetivos em casos urgentes e dinâmicos. O desenvolvimento de aplicativo de mensageria exclusivo para a atividade de Inteligência de Segurança Pública poderia representar um vetor de transformação nesse contexto.

2. SOCIEDADE DA INFORMAÇÃO E SUAS IMPLICAÇÕES

Os avanços tecnológicos sempre foram lentos e graduais na história da humanidade. Entretanto, o desenvolvimento tecnológico nos últimos anos rompeu esse paradigma e está, cada vez mais, acelerado. A maioria das tecnologias e mecanismos criados visa a facilitar a vida das pessoas, gerando mais conforto e eficiência em suas atividades ou eficiência em processos.

Consequentemente, a tecnologia também tem alterado significativamente as relações sociais e promovido mudanças importantes no cenário mundial. Uma das características mais marcantes é a popularização dos meios de comunicação em massa. Hoje em dia, é possível criar um canal no *YouTube* e gerar conteúdo para todo o mundo. Até pouco tempo, essa atividade era privativa de grandes conglomerados de mídia por meio de televisão ou jornal em regra. Nesse ponto, a tecnologia democratizou a informação. As pessoas deixaram de ser receptoras de dados para se tornarem produtoras de dados. No mesmo sentido, a educação à distância (EAD) possibilitou o acesso à informação às pessoas que não teriam acesso pelos meios convencionais.

Além disso, as redes sociais modificaram completamente a forma de se comunicar. Os aplicativos de mensagens instantâneas representaram uma revolução na comunicação, fazendo com que as ligações telefônicas convencionais reduzissem drasticamente. Os aplicativos dinamizaram o processo de comunicação, permitindo, inclusive, o encaminhamento de fotos, vídeos, localizações, realização de pagamentos etc. A Primavera Árabe, que teve início no final de 2010 em países do Oriente Médio e do norte da África, demonstrou o poder dos aplicativos de mensageria, uma vez que as manifestações foram organizadas por jovens nas redes sociais, inclusive para burlar a censura dos governos.

Entretanto, a tecnologia também possui seus efeitos deletérios. As redes sociais e os buscadores de conteúdo na internet, com vistas a manter a atenção dos usuários, sempre sugerem conteúdos similares ao que esse procura, ou seja, conduz o usuário a consumir sempre o mesmo tipo de informação, o que tem potencializado, inclusive, a bipolaridade política no Brasil. Ainda nesse sentido, as redes sociais conseguem oferecer serviços e produtos por meio da análise de perfil dos usuários. Ademais, as empresas conseguem anunciar seus produtos e serviços apenas para aqueles consumidores que já pesquisaram esse serviço ou produto, o que amplia, consequentemente, a probabilidade da transação comercial acontecer. Todavia, ocorre que as redes sociais "bombardeiam" o consumidor com propagandas nesses casos, o que acaba por manipular seu comportamento. Nesse ponto, inclusive, dados se tornaram *commodities* (WERTHEIN, 2000).

Ademais, os crimes pela internet têm crescido massivamente, inclusive demonstrando uma mudança de comportamento dos criminosos, os quais se afastam dos crimes violentos (penas maiores) e se especializam nos crimes cibernéticos ou informáticos, cujas penas são inferiores e a investigação mais complexa. As redes sociais, ainda, aceleraram e facilitaram o processo de recrutamento de movimentos totalitários e terroristas (BELIATO; CASTRO, 2022).

No mesmo sentido, as *fake news* geraram um ambiente de insegurança e descontrole (DIAS, 2022). A desinformação se tornou uma arma nos dias atuais, inclusive com influência em processos eleitorais ou mesmo pela utilização na chamada guerra híbrida, como se observa na atual guerra entre Rússia e Ucrânia. Esse fenômeno gerou, inclusive, o fenômeno conhecido como pós-verdade (SILVA, BLANCO, SILVA, 2018).

Em síntese, a sociedade da informação representa a dinamização dos fluxos informacionais, o que gera alteração no comportamento da sociedade e, consequentemente, reflexos para a atividade de Inteligência de Segurança Pública.

3. AS IMPLICAÇÕES NA INTELIGÊNCIA DE SEGURANÇA PÚBLICA

No contexto da sociedade da informação, a maior quantidade de dados circulando, em tese, facilitaria o desempenho da atividade de Inteligência. Entretanto, o problema é a capacidade de lidar com todo esse conteúdo informacional. O avanço da chamada Indústria 4.0, por meio da robótica, inteligência artificial, computação em nuvem, internet das coisas, tecnologia 5G, dentre outros, continuará aumentando o volume de dados em circulação e, consequentemente, tornando mais complexo seu processamento. A interconectividade estará cada vez mais presente entre sistemas e equipamentos.

Nesse sentido, a Inteligência de Segurança Pública precisa se adequar rapidamente a essa nova realidade, uma vez que a criminalidade moderna se utiliza de todos os recursos tecnológicos à disposição para a consecução de suas atividades ilícitas.

Nesse ponto, a Inteligência de Segurança Pública deve se preparar de maneira global. Consoante ensinamentos de Sherman Kent (1967), a Inteligência se divide em três aspectos, quais sejam: conhecimento, organização e atividade. A adaptação da Inteligência, necessariamente, passará por todos esses aspectos. Sob o enfoque da atividade (processo), a Inteligência de Segurança Pública deverá aprender a trabalhar com grandes volumes de dados, filtrando aqueles de interesse à Segurança Pública e necessários ao assessoramento do tomador de decisão. Enquanto organização (produtor), a Inteligência deverá se estruturar para o novo desafio por meio de aquisição de ferramentas que possibilitem a análise, tais como, investimento em *big data*, mineração de dados e inteligência artificial. Com investimento e desenvolvimento desses dois aspectos, o conhecimento (produto) será cada vez mais completo e eficiente, chegando a resultados que seriam impossíveis de serem alcançados manualmente por analistas de Inteligência. Enfim, a tecnologia gerou complexidade para a Inteligência, todavia, também criou ferramentas que possibilitam o tratamento e análise desses dados, inclusive de maneira preditiva.

Nesse contexto, dois novos fenômenos pontuais de adaptação da Inteligência de Segurança Pública foram percebidos, notadamente sob o prisma da atividade (processo). O primeiro deles é conhecido como **Inteligência corrente** e o segundo pode ser definido como **Inteligência fluida**.

Sherman Kent (1967) concebeu a ideia de informação corrente em sua obra. Para o prestigiado autor, informações correntes devem acompanhar o rumo das alterações que se processam. Segundo ele, a Inteligência Estratégica não deve se amparar apenas em dados "congelados" nas enciclopédias, mas, sim, manter-se atualizada em todas as áreas de interesse.

Mais modernamente, à Inteligência corrente foi atribuído um novo entendimento. O assunto ainda é pouco estudado e carente de conceituação satisfatória. Entretanto, Sueli Aparecida de Marco (1999) define Inteligência corrente como o fornecimento das primeiras informações sobre um evento, coletadas a partir de fontes que rapidamente disponibilizam informações (como as jornalísticas) e disseminadas diretamente ao usuário, com pouca ou nenhuma análise da informação transmitida. As doutrinas de Inteligência no Brasil ainda não conceituaram a Inteligência corrente. Ademais, o tema é desconhecido pela maioria da comunidade de Inteligência.

De qualquer modo, a Inteligência corrente, ainda que desconhecida da maior parte da comunidade de Inteligência de Segurança Pública, começa a ser praticada de maneira incipiente na atividade de Inteligência de Estado. A ideia consiste em produzir conhecimento rápido com vistas a assessorar o tomador de decisão oportunamente. O volume de dados gerados cotidianamente e a capacidade de produção de dados da mídia em geral impuseram a necessidade de se produzir conhecimentos de maneira sucinta e rápida para que o tomador de decisão não tome conhecimento de determinados assuntos pela própria imprensa. Para tanto, o analista deve coletar os dados, processá-los minimamente e difundi-los o mais rápido possível ao tomador de decisão, inclusive por meio de aplicativos de mensagens, com vistas a acelerar a chegada do conhecimento ao próprio decisor. Caso necessário, o conhecimento aprofundado sobre o tema será amplamente analisado e difundido em seguida com base na metodologia de produção do conhecimento tradicional. A essência da Inteligência corrente é privilegiar o princípio da oportunidade. Para muitos integrantes da comunidade do subsistema de Inteligência de Segurança Pública, essa produção de conhecimento superficial, dinâmica e difundida oralmente ou por meio de aplicativos de mensagens não estaria amparada pela atual doutrina de Inteligência de Segurança Pública.

Impende salientar, entretanto, que o analista de Inteligência não se confunde com o jornalista ou comunicador. A diferença da atividade de Inteligência está no método. Todavia, a completa aplicação da metodologia de produção do conhecimento, em tempos de sociedade da informação, em muitos casos, gera conhecimento tardio e inoportuno. A Inteligência corrente flexibiliza a metodologia de produção do conhecimento para que a própria atividade não caia em descrédito pela extemporaneidade. Vale ressaltar que a aplicação da Inteligência corrente está adstrita aos assuntos urgentes, mas que exijam atenção da Inteligência. A preparação e evolução de uma possível manifestação popular ou monitoramento de fatos que impactam a imagem da instituição policial seriam exemplos da necessidade de aplicação da Inteligência corrente, uma vez que as informações produzidas nesses casos devem chegar imediatamente ao tomador de decisão para que tenha consciência situacional. Nos casos de manifestações populares, ademais, a própria troca de informações, em tempo real, dos agentes de operações infiltrados no movimento e os analistas que acompanham a situação podem ser definidas como Inteligência corrente.

Recentemente, o Decreto nº 10.445 (BRASIL, 2020) impôs à Agência Brasileira de Inteligência (ABIN) a responsabilidade de planejar, coordenar e implementar a Inteligência corrente e a coleta estruturada de dados. A princípio, a ABIN se utiliza da Inteligência corrente para momentos críticos e monitoramento de conflitos, com vistas a reduzir a assimetria informacional e promover consciência situacional. Todavia, a ideia de Inteligência corrente ainda não consta da Doutrina Nacional da Atividade de Inteligência ou outro regulamento.

Além da Inteligência corrente, a sociedade da informação impôs outra alteração prática na atividade de Inteligência de Segurança Pública. Com o desenvolvimento dos aplicativos de mensagens, notadamente *WhatsApp* e *Telegram*, os analistas de Inteligência começaram, inevitavelmente, a coletar dados por meio de solicitações nesses aplicativos. A regra, até então, era a solicitação de dados por meio dos documentos Pedido de Busca - PB (externo) e Ordem de Busca – OB (interno).

Entretanto, a dinamização da comunicação pelos aplicativos de mensageria, como mencionado, também flexibilizou a metodologia de produção do conhecimento, notadamente na fase de reunião de dados. A princípio, esse processo é irreversível.

Não obstante, é certo que a DNISP permite, em atendimento ao princípio da oportunidade, a difusão informal do conhecimento previamente à formalização. Ademais, a DNISP assevera que a comunidade de Inteligência de Segurança Pública deve propiciar um ambiente de informalidade e confiança. Entretanto, o que se pretende demonstrar é a influência da digitalização da comunicação entre analistas de Inteligência com vistas a coletar dados mais rapidamente diante da dinamicidade dos aplicativos de mensagens. Essa troca de dados rápida, informal e dinâmica entre operadores da atividade de Inteligência de Segurança Pública, por meio de aplicativos de mensageria, pode ser definida como Inteligência fluida. Não há como negar essa alteração na cultura organizacional das agências de Inteligência, o que não era possível anteriormente por meio de ligações telefônicas, por exemplo. A Inteligência fluida proporciona a almejada interação interagências, ainda que os contatos continuem, em sua maioria, pessoais e não institucionais.

Os Centros Integrados de Inteligência de Segurança Pública (CIISPs), idealizados pelo Ministério da Justiça e Segurança Pública, podem ser considerados um exemplo da utilização da Inteligência fluida institucionalizada, desde que fomentem a troca de dados informais e rápidos entre agências (informalidade e confiança na comunidade) por meio de seus representantes nos centros integrados, os quais deverão coletar os dados solicitados dentro da rede CIISP e difundir ao demandante. Nesse sentido, o servidor cedido ao centro integrado se torna o ponto focal de sua agência originária para coleta de dados em outras agências conveniadas aos CIISPs. Nesse cenário, a coleta de dados sobre antecedentes criminais de determinado suspeito seria um exemplo da utilização da Inteligência fluida, uma vez que esses dados, em regra, estão contidos em sistemas estaduais e, portanto, sem possibilidade de acesso direto por agência de outro estado. Seria contraproducente, hoje, exigir um Pedido de Busca (PB) para a hipótese. A rede CIISP institucionalizaria o que hoje é feito, largamente, de maneira pessoal.

Importante ressaltar, que a Inteligência fluida se restringiria às ações de coleta, não abrangendo, portanto, as ações de busca, as quais, por definição, são mais complexas e dependentes de operações de Inteligência.

Nesses casos, é imperiosa a formalização, entre as agências, por meio de documentos formais de Inteligência para resguardar, inclusive, o agente de Inteligência na busca do dado negado. Ademais, os conhecimentos tradicionalmente produzidos (relatórios de Inteligência - Relints, por exemplo) devem circular pelos canais oficiais de troca de conhecimento e não pelos aplicativos de mensagem, exceto quando a conjuntura assim o exigir.

Hoje, os grupos de analistas de Inteligência em aplicativos de mensagens são uma realidade. Em verdade, trata-se de comunidades virtuais de Inteligência. Muitas vezes, interagências. A depender do caso, esses grupos ou comunidades virtuais podem se apresentar como de Inteligência corrente e/ou fluida.

O documento Comunicado, previsto na DNISP, se aproxima da ideia ora apresentada. Contudo, trata-se de documento de utilização excepcional. A Inteligência corrente e a Inteligência fluida, hoje, são necessidades cotidianas do profissional de Inteligência de Segurança Pública e devem ser discutidas e formalizadas, inclusive para definir os limites de atuação, sob pena de se vulgarizar a própria atividade de Inteligência.

4. CONCLUSÕES E RECOMENDAÇÕES

A Era da Informação proporcionou e proporciona, de forma cada vez mais acelerada, alterações nas relações e dinâmica sociais. Dessa nova realidade, emergiu a sociedade da informação, caracterizada pela dinamização dos fluxos informacionais.

O processo de dinamização e popularização da informação gerou dificuldades e desafios à atividade de Inteligência de Segurança Pública hodierna.

Inevitavelmente, esse fluxo acentuado no tráfego de informações gerou considerável flexibilização da metodologia de produção de conhecimento de Inteligência de Segurança Pública. Em verdade, com a dinamização dos fluxos informacionais, privilegia-se, hoje, o princípio da oportunidade, com vistas a possibilitar que a atividade de Inteligência se apresente efetiva e funcional para o tomador de decisão em determinadas situações.

A DNISP possui a dinâmica como uma de suas características, cujo sentido é possibilitar a evolução da Inteligência de Segurança Pública, adaptando-se às novas tecnologias, métodos, técnicas, conceitos e processos. Nesse sentido, é conveniente analisar a possibilidade de atualização da própria doutrina sobre aspectos tecnológicos e de dinamização de fluxos informacionais na comunidade de Inteligência, afastando-se, assim, interpretações de descumprimento dos preceitos da própria doutrina. Na sociedade dinâmica atual, é inviável a confecção de Pedido de Busca (PB) para, apenas, coletar um dado protegido por agência de Inteligência congênere.

Assim, é conveniente analisar, inclusive, o desenvolvimento de aplicativo de mensagens próprio, desenvolvido no âmbito da Inteligência de Segurança Pública, visto que traria maior segurança ao fluxo de comunicação. Conforme mencionado, os analistas já se utilizam, na prática, da troca de dados por meio de aplicativos de mensagens. Entretanto, em que pese a segurança da criptografia de ponta a ponta dos aplicativos de mensageria existentes, os dados de Inteligência estão trafegando em servidores de empresas privadas. A elaboração de aplicativo de mensagens exclusivo para operadores de Inteligência de Segurança Pública poderia conferir maior segurança e observância aos preceitos de Contrainteligência, bem como dinamizar o fluxo informacional por meio de sistema customizado para essa finalidade. O aplicativo poderia, inclusive, resolver o problema gerado pela comunicação direta entre os analistas, qual seja, a perda de dados para a agência, uma vez que os dados trocados pelos analistas não vão, atualmente, para o repositório da própria agência. O aplicativo poderia, portanto, alimentar esse repositório complementarmente, tendo em vista que seria um sistema oficial e utilizado apenas para troca de dados e conhecimentos. De todo modo, é possível que o aplicativo encontrasse resistência na comunidade, pois todos já se utilizam massivamente do aplicativo *WhatsApp* e teriam dificuldade de migrar para um sistema exclusivo da Inteligência. A utilização do *WhatsApp* continuaria mais conveniente, uma vez que é o mesmo aplicativo que o analista utiliza em sua vida pessoal.

A ABIN, ademais, já possui o aplicativo de mensagens Athena para comunicação entre pontos focais do Sistema Brasileiro de Inteligência (SISBIN), integrantes da instituição e outras autoridades. Conforme consta do site da agência, o aplicativo conta com criptografia de estado para a integridade e confidencialidade na troca de mensagens. O mecanismo surgiu da necessidade de um sistema de mensageria instantânea para que atendesse o princípio da oportunidade e objetiva agilizar as comunicações da agência de maneira confiável e segura (ABIN, 2020). Ademais, o aplicativo Athena utiliza servidor próprio (não utiliza nuvem ou serviço de terceiros e/ou estrangeiros), criptografia de Estado desenvolvida pela própria ABIN, banco de dados criptografado no aparelho celular e possibilita a destruição do banco de dados de forma remota em caso de extravio, furto ou roubo do aparelho.

A sociedade da informação, desta feita, impactou substancialmente a prática da atividade de Inteligência, notadamente por dinamizar a coleta de dados (Inteligência fluida) e gerar a necessidade de se acelerar o processo de produção do conhecimento em casos urgentes e em andamento (Inteligência corrente). Esses dois fenômenos privilegiam a velocidade no tráfego dos dados, bem como o próprio princípio da oportunidade. Ambos os fenômenos merecem atenção e respaldo por parte da doutrina de Inteligência de Segurança Pública.

Os desafios da Inteligência de Segurança Pública se ampliam rapidamente diante da criminalidade organizada, da criminalidade cibernética e da própria dinamização do fluxo de informações. O acompanhamento da tecnologia, bem como a capacidade de se adaptar da doutrina são vitais para a prestação oportuna, efetiva e satisfatória da atividade de Inteligência de Segurança Pública.

REFERÊNCIAS

ABIN. 2020. Gabinete Institucional de Segurança. **Athena.** Disponível em: https://www.gov.br/ABIN/pt-br/assuntos/tecnologia/athena. Acesso em: 01 jun. 2022.

BELIATO, Araceli Martins; CASTRO, Juliana Niederauer. **Breve estudo sobre a psicodinâmica das massas e a captura psicológica nos movimentos totalitários e terroristas**. In: Inteligência e Contrainteligência. BELIATO, Araceli Martins (org.); ESPUNY, Herbert Gonçalves (org.). Leme-SP: Mizuno, 2022.

BRASIL. Decreto nº 10.445, de 30 julho de 2020. **Aprova a Estrutura Regimental e o Quadro Demonstrativo dos Cargos em Comissão e das Funções de Confiança da Agência Brasileira de Inteligência e remaneja e transforma cargos em comissão e funções de confiança**. **Diário Oficial da União.** Brasília-DF, 30 jul. 2020.

BRASIL. Ministério da Justiça e Segurança Pública. **Doutrina Nacional de Inteligência de Segurança Pública - DNISP**. Brasília, 2014.

DIAS, Alexandre Henrique Augusto. **Contrainteligência na defesa das instituições democráticas e *fake news* na Era Digital**. In: Inteligência e Contrainteligência. BELIATO, Araceli Martins (org.); ESPUNY, Herbert Gonçalves (org.). Leme-SP: Mizuno, 2022.

Gabinete de Segurança Institucional, 2021. Disponível em https://www.gov.br/gsi/pt-br/assuntos/dsi/eventos/coordenacoes-gerais/ABINApresentaooOficinaNSC_27OUT2021.pdf. Acesso em 27 mai. 2022.

KENT, Sherman. **Informações Estratégicas**. Tradutor: Cel Hélio Freire. Rio de Janeiro: Biblioteca do Exército, 1967.

MARCO, S. A. de. **Inteligência competitiva: definições e contextualização**. Transinformação, [S. l.], v. 11, n. 2, 2012. Disponível em: https://periodicos.puc-campinas.edu.br/transinfo/article/view/1553. Acesso em: 26 mai. 2022.

SILVA, Lorena Tavares de; BLANCO, Yuri Augusto; SILVA, Tiago dos Reis Soares da. **Pós-verdade e Fontes de Informação: um estudo sobre fake news**. *Revista Conhecimento em Ação, 3*(1), 93-110, 2018. Disponível em https://doi.org/10.47681/rca.v3i1.16764. Acesso em: 22 mai. 2022.

WERTHEIN, J. **A sociedade da informação e seus desafios**. Ciência da Informação, [S. l.], v. 29, n. 2, 2000. DOI: 10.18225/ci.inf.v29i2.889. Disponível em: https://revista.ibict.br/ciinf/article/view/889. Acesso em: 23 mai. 2022.

PARTE III

INTELIGÊNCIA SETORIAL

INTELIGÊNCIA E ADVOCACIA PÚBLICA FEDERAL

ALESSANDRO VENDRAMINI LANGERHORST[1]

SUMÁRIO: 1 Introdução - 2 Desenvolvimento - 3 Resultados obtidos e análises - 4 Conclusões e recomendações - 5 Referências.

RESUMO: A presente pesquisa apresentou o papel da Advocacia Pública Federal na comunidade de inteligência. Para tanto, explorou-se num primeiro momento noções acerca da inteligência e, em seguida, abordou-se o contexto normativo pátrio. Após, a Advocacia Pública Federal foi exposta tanto em termos jurídicos como organizacionais. Os dados coletados na pesquisa foram objeto de recorte de análise de conteúdo. Concluiu-se pela importância da atuação da Advocacia Pública Federal na comunidade de inteligência e no SISBIN, com aspectos positivos para a sociedade e Estado.

PALAVRAS CHAVE: Advocacia Pública Federal; Inteligência; SISBIN; análise de conteúdo.

1. INTRODUÇÃO

A atividade de inteligência a ser realizada por organizações públicas brasileiras tem a trajetória do Estado brasileiro como sua condição. O trinômio do labor informacional apresenta perspectivas e desafios próprios.

A atividade é submetida ao controle específico da Comissão Mista de Controle das Atividades de Inteligência (CCAI). A estrutura de assessoramento é ampla, multidisciplinar e, na medida em que calhe nesse campo, transparente. Como de conhecimento, diversas doutrinas tratam de metodologias próprias para a produção de inteligências em vasta

1 Procurador da Fazenda Nacional desde 2007, atualmente em exercício na Corregedoria-Geral da Advocacia da União. Mestre em Administração Pública pela Fundação Getúlio Vargas (FGV/EBAPE). Especialista em Inteligência Estratégica pela Escola Superior de Defesa (ESD).

gama governamental, ao tempo em que subordina o conteúdo sigiloso ao conjunto de direitos e garantias fundamentais.

O estudo do contexto legal vigente admite inferências importantes. A perspectiva de inteligência como organização adquiriu modelagem legal a partir da Lei n. 9.883/99, que inseriu na gramática nacional a Agência Brasileira de Inteligência (ABIN) e o Sistema Brasileiro de Inteligência (SISBIN), vocacionado ao assessoramento da Presidência da República.

Apreende-se ainda a ausência de assento constitucional para a atividade de inteligência, em que pese a aplicabilidade direta e protetiva do art. 5º da Constituição Federal.

Tais questões já se encontram consolidadas. Contudo, um aspecto tem passado ao largo dos olhares doutrinários. Há organização pública que apresenta como mister constitucional as atividades de assessoramento e consultoria jurídica. E, em paralelo, faz parte do SISBIN. Trata-se da condição da Advocacia-Geral da União (AGU). Mas qual seria o papel da Advocacia Pública Federal na comunidade de Inteligência?

Busca-se no presente estudo responder à problemática acima. Além disso, pretende-se analisar a necessidade e justificativa da inserção de departamento específico de inteligência na AGU, bem como os pressupostos para o fomento à cultura de inteligência estratégica na Advocacia Pública Federal.

Trata-se de estudo relevante em prol ao princípio da integração e cooperação da atividade de inteligência, além de oferecer ao SISBIN revisitar ativos, possibilidades e ameaças apreendidas na Advocacia Pública Federal.

Nesse sentido, os dados coletados foram submetidos à análise de conteúdo, com apoio no referencial teórico apresentado. Os achados são discutidos na sequência e apontamos implicações.

2. DESENVOLVIMENTO

Comunidade e sociedade são temas presentes nas reflexões das ciências sociais desde sua origem acadêmica (IANNI, 2011, p. 19). Neste campo, Weber (2015) enfoca a relação social como a probabilidade de comportamento social numa determinada forma. A imposição de vontade é poder, a probabilidade de obediência é dominação (WEBER, 2015, p. 13). A sociologia weberiana identificou ao seu tempo três tipos ideais de dominação, sendo o último o mais eficiente: patriarcal, carismático e burocrático (WEBER, 2015).

Relação social, poder e dominação não escapam da vida cotidiana da comunidade, aspecto no qual a realidade se impõe (BERGER; LUCKMANN, 2014, p. 35). Uma das características do corrente curso, assim como o avanço tecnológico, é a expansão da lógica econômica aplicada a espaços e comportamentos originalmente estranhos a sua presença (GAULEJAC, 2014).

E no cotidiano compartilhado em sociedade, o poder vai apresentar características próprias. Caso revelado, se converte em violência (HAN, 2019, p. 5). Para ampliar a probabilidade de obediência e produtividade, vale-se do manejo da própria consciência sobre a tomada de decisões, condição que materializa a noção de psicopoder (HAN, 2000). O sujeito desempenha a dominação expressando a vontade do outro como se sua fosse. (HAN, 2014).

Em tal ambiência, a atividade de inteligência confere ferramenta para o processo decisório de organizações burocráticas. Pode favorecer o desenvolvimento do impulso dinâmico que a organização estatal é apta a desempenhar na sociedade (MAZZUCATTO, 2014, p. 28).

Inicialmente voltada para o trato com outros Estados (KENT, 1967, p. 17), à inteligência calha o amplo aspecto de decisões estratégicas úteis aos interesses nacionais (PLATT, 1974, p. 45; GONÇALVES, 2018, p. 144). Incontornável o trinômio desenvolvido por KENT (1967): inteligência é atividade, organização e conhecimento.

No Brasil, a inteligência é atividade estatal permanente de assessoramento do Presidente da República por força da Lei 9.883/1999 (BRASIL, 1999), sujeita ao controle legislativo próprio da CCAI, "provavelmente a mais legítima das formas de controle externo" (GONÇALVEZ, 2019, p. 188).

Como organização, o legislador pátrio optou pelo SISBIN, conferindo a ABIN o papel central de coordenação do sistema (BRASIL, 2016a). O SISBIN não se confunde com a ampla comunidade de inteligência (GONÇALVEZ), 2018, p. 141).

Na perspectiva de conhecimento, inteligência compreende modelo de produção de informações. Submete-se à metodologia própria que busca identificar oportunidades e ameaças aos interesses nacionais (BRASIL, 2016a). E é balizada pela Política Nacional de Inteligência (BRASIL, 2016b), que indica ainda as diretrizes para os integrantes do SISBIN (GONÇALVEZ, 2018, p. 152).

Entendida a inteligência nestes termos, trata-se de campo compatível à governança contemporânea, que envolve gestão de risco, transparência, *accountability*[2] e integridade (GOMES, 2020). O controle externo consolidado é elemento de modernização da inteligência (COELHO, 2017). *Accountability* e transparência servem ainda para afastar noções de clandestinidade e incrementar a confiança nos serviços de inteligência (GALASSI, 2016), valor fundamental para a sociedade democrática (GONÇALVEZ, 2019, p.18).

Atente-se que o SISBIN incrementa o diálogo interagências (COELHO, 2017). Isto porque a Constituição Federal de 1988 reforçou papel do controle nas políticas públicas, revelando a importância da articulação institucional. (PAULA, 2020). Assim, o SISBIN apresenta aspecto elástico ante a pluralidade de ministérios e instituições que o compõe, cabendo atividade voltada à inteligência econômica e ao processo decisório respectivo (SOUZA, 2018).

Neste sentido, para o Ministério da Defesa, no contexto do Manual de Operações Interagências, a agência consubstancia organização, instituição ou entidade, legalmente lastreada, com competências específicas, militar ou civil, nacional ou internacional, pública ou privada. (BRASIL, 2017).

A atividade de inteligência distinta da atividade de investigação (MAURMANN; PINTO, 2020, p. 20) já foi reconhecida pela Supremo Tribunal Federal no HC n. 147.837/RJ (ROMÃO, 2019). Ante tal distinção, é importante se atentar para o perfil desejado do profissional de inteligência tanto no recrutamento inicial quanto no processo de capacitação (TEIXEIRA, 2006).

Inteligência e gestão estratégica se alimentam reciprocamente (FERNANDES, 2012). O usuário precisa ser aproximado e informado para se fomentar a cultura de inteligência (AFONSO, 2009). A condição

2 Conjunto de práticas de gestão que facilitam a fiscalização, prestação de contas e a responsabilização.

do usuário remete à seguinte simplificação: " [...] inteligência é assessoramento" (SANTOS, 2020, p. 24). Não há menção constitucional ao termo inteligência (BRASIL, 1988). Contudo, a um determinado órgão foi atribuída a função de assessoramento no texto de outubro de 1988: Advocacia-Geral da União (AGU).

A AGU consubstancia função essencial à justiça, obra do constituinte de 1988. Representa amplamente a União em juízo e, nos termos do art. 131, apreende do assessoramento e consultoria do Presidente da República. No mesmo sentido, a Lei 13.844/19 (BRASIL, 2019a) indica a AGU como integrante da Presidência da República.

Ou seja, a AGU compete a representação judicial e extrajudicial da União, consultoria e assessoramento jurídico, podendo firmar acordos nas ações de interesse da União (LC n. 73/93), acordos de Leniência e ações de cobrança e de improbidade - Lei Anticorrupção (PAULA, 2020).

Conjugando a Lei Complementar n. 73/93 (BRASIL, 1993) com a Medida Provisória n. 2.229-43/2001 (BRASIL, 2001), temos que o sistema da Advocacia Pública Federal é composto, além da AGU, pela Procuradoria-Geral da Fazenda Nacional (PGFN), Procuradoria-Geral Federal (PGF) e pela Procuradoria-Geral do Banco Central (PGBC). A PGFN também possui assento constitucional, sendo-lhe atribuída a competência pela cobrança da dívida ativa da União e o ajuizamento seletivo de feitos executivos (BRASIL, 2002a). Constitui a PGFN a continuidade do cargo de Procurador Fiscal ainda no período imperial em 1850 (MORAES, 2004).

Depreende-se dos dispositivos legais indicados que a AGU presta consultoria e assessoria jurídica à União, com a exceção do Ministério da Economia, de responsabilidade da PGFN. A PGF atua junto à administração federal indireta, salvo o Banco Central do Brasil, atribuição da PGBC. Assim, a Advocacia Pública Federal está presente em toda a administração pública federal, direta ou indireta (BRASIL, 1967).

Todas as organizações da Advocacia Pública Federal integram o SISBIN (BRASIL, 2002b). Deve-se atentar para o fato de que, ante o assessoramento específico do Ministério da Economia, a PGFN acompanha a formação e coordenação do Processo Decisório Nacional, assim entendido como a confecção do Plano Plurianual (PPA) (BRASIL, 2016a, p. 67).

A Advocacia Pública Federal encontra-se diretamente vinculada ao atendimento pelo Brasil da meta 16 da agenda mundial (BRASIL, 2019b): "promover sociedades pacíficas e inclusivas para o desenvolvimento sustentável, proporcionar o acesso à justiça para todos e construir instituições eficazes, responsáveis e inclusivas em todos os níveis".

Aos membros da Advocacia Pública Federal, burocratas de médio escalão - BME (CAVALCANTE; LOTTA; YAMADA; KASAI, 2018), compete submeter as políticas públicas ao crivo de jurisdicidade (BINENBOJM, 2011), assessorando diretamente o processo decisório dos gestores públicos. Para tanto, somando-se ao regime jurídico estatutário previsto na Lei n. 8.112/90, submetem-se a estatuto jurídico próprio de prerrogativas e responsabilização. Como advogados, são abrangidos pela inviolabilidade profissional prevista no Estatuto da Advocacia (BRASIL, 1994). Ademais, só cabe responsabilização decorrente do exercício do ofício em caso de dolo ou fraude, submetidos aos órgãos correicionais ou disciplinares próprios (BRASIL, 2016c).

Quanto ao percurso metodológico, a fim de responder ao problema de pesquisa posto, e atentando-se às limitações do escopo do presente relatório técnico, valeu-se de recorte inicial do método da análise de conteúdo (BAUER; GASKELL, 2015).

Os dados primários coletados decorrem de respostas a questionamentos veiculados pela plataforma[3] de acesso à informação da Corregedoria-Geral da União, endereçadas às AGU[4] e PGFN[5], em abril e maio de 2022.

Leis e demais atos infra legais configuram os dados secundários da pesquisa.

Foram tecidos os seguintes questionamentos: há departamento ou setor de inteligência especificamente designado e competente para o intercâmbio de informações junto ao Sistema Brasileiro de Inteligência? Em caso negativo, qual setor ou autoridade seria competente para o intercâmbio de informações junto ao Sistema Brasileiro de Inteligência?

Atentando-se que a pesquisa qualitativa se caracteriza por ser um processo (CRESWELL, 2014, p. 50), os dados primários e secundários

3 https://falabr.cgu.gov.br/publico/Manifestacao/SelecionarTipoManifestacao.aspx?ReturnUrl=%2f
4 Sei n. 01015.001784/2022-19.
5 Sei n. 03005.176307/2022-42.

foram submetidos a recorte da análise de conteúdo, tida como "método de análise de texto[...]" descritivo (BAUER; GASKELL, 2015, p. 190), sem necessariamente ensejar categorizações

3. RESULTADOS OBTIDOS E ANÁLISES

A resposta da AGU, que abrange a PGF, indica o próprio gabinete do Advogado-Geral da União como órgão competente para a tramitação de informações no SISBIN:

> (AGU) "(...) informa-se que no âmbito da Advocacia-Geral da União o setor responsável pelo intercâmbio de informações junto ao Sistema Brasileiro de Informações é o próprio Gabinete do Advogado-Geral da União".

Percebe-se que não se trata de departamento constituído especificamente para o manejo de informações de acordo com a metodologia de inteligência. Tal condição insere a AGU/PGF em essência como órgãos consumidores de informações do SISBIN. Além disso, em que pese se tratar de estrutura no ápice organizacional, não se apreende a utilização da inteligência para a tomada de decisões estratégicas na AGU.

Já a PGFN respondeu nos seguintes termos:

> (PGFN) "1. Em resposta à Consulta que consta no Doc. 23984863, informo que o Departamento designado e competente para o intercâmbio de informações junto ao Sistema Brasileiro de Informações é a Coordenação-Geral de Estratégias de Recuperação de Créditos, integrante da Procuradoria-Geral Adjunta da Dívida Ativa da União e do FGTS. 2. Não há setor de inteligência especificamente designado para esta finalidade. A atribuição concorre com outras relacionadas à Coordenação-Geral de Estratégias de Recuperação de Créditos".

Depreende-se que, no caso da PGFN, o cenário é o oposto. O setor responsável pelo intercâmbio de informações no SISBIN, mesmo integrando o órgão central, não é vocacionado para o assessoramento direto do Procurador(a)-Geral da Fazenda Nacional.

Além disso, a Coordenação-Geral de Estratégias de Recuperação de Crédito (CGR), em que pese a importância da função, compreende fração das atribuições estratégicas da PGFN. A CGR tende a apresentar perfil mormente investigativo. Não necessariamente abrange aspectos das atividades de consultoria e de representação judicial contenciosa. Estes campos apresentam conteúdo que, processados metodologicamente, pode subsidiar o processo decisório da própria PGFN e da Presidência da República.

De toda sorte, percebe-se que seja integrando o gabinete, seja em órgão setorial, AGU e PGFN não estruturam setores próprios para o processamento de informações de inteligência. Calha afirmar a necessidade dos integrantes do SISBIN considerarem em seus planejamentos ações em prol da inteligência, nos termos do art. 3º do Decreto n. 8.793/2016 (BRASIL, 2016b).

4. CONCLUSÕES E RECOMENDAÇÕES

Buscou-se no presente estudo refletir acerca do papel da Advocacia Pública Federal na comunidade de inteligência. Para tanto, foi traçado o panorama da atividade de inteligência na sociedade contemporânea, bem como o desenho organizacional da AGU, PGFN, PGBC e PGF.

Neste sentido, a AGU e a PGFN foram objeto de e-SIC, a fim de que indicasse a existência de departamento ou setor com a atribuição específica do manejo de trafego de informações nos canais do SISBIN. As respostas foram submetidas a um recorte inicial da análise de conteúdo.

Para a Advocacia Pública Federal ressalta-se a importância da efetiva atuação ativa no SISBIN, como órgãos produtores de informações adequadas à metodologia de inteligência. Internamente, a consolidação da cultura de inteligência tende à confecção de um plano de inteligência setorial (PLANINT) alinhando ao Plano Nacional de Inteligência. Tal situação levaria à identificação dos riscos, ameaças, oportunidades e ativos, fortalecendo as noções e as práticas de segurança orgânica, favorecendo o processo de tomada de decisão estratégica.

Em relação à comunidade de inteligência, a Advocacia Pública Federal, em razão da sua função de consultoria e assessoria jurídica, como ente produtor de inteligência, tende a contribuir efetivamente para a intelecção operacional da atividade. Sujeitos ao crivo de jurisdicidade da advocacia pública, os atores da inteligência seriam munidos de instrumentos que forneceriam segurança jurídica, com o *design* dos limites de atuação, mitigando possíveis responsabilidades decorrentes do ordenamento pátrio (BRASIL, 2019a).

Para a sociedade, a atuação de inteligência nas balizas de uma das Funções Essenciais à Justiça, confere à atividade a ampla adequação ao Estado Democrático de Direito e de prestígio à dignidade da pessoa humana.

Como agenda para as próximas pesquisas, registre-se o campo da inteligência a partir da jurimetria, bem como a identificação prática da aplicação da metodologia de inteligência em órgãos jurídicos.

REFERÊNCIAS

AFONSO, L. S. **Considerações sobre a relação entre a inteligência e seus usuários**. Revista Brasileira de Inteligência, n.5, p. 7-20, 2009.

BERGER, P. L.; LUCKMANN, T. A **Construção Social da Realidade:** Tratado de sociologia do conhecimento. São Paulo: Vozes, 2014.

BINENBOJM, G. **A advocacia pública e o estado democrático de direito**. Revista da Procuradoria-Geral do Município de Juiz de Fora – RPGMJF, 1(1), 219-227, 2011.

BAUER, M. W.; GASKELL, G. **Pesquisa qualitativa com texto, imagem e som**: um manual prático. 13ª ed. Petrópolis: Vozes, 2015

BRASIL. Decreto-lei nº 200, de 25 de fevereiro de 1967. **Diário Oficial da União.** Brasília, 1967. Disponível em: <http://www.planalto.gov.br/ccivil_03/decreto-lei/del0200.htm>. Acesso em jun/2022.

____. Constituição da República Federativa do Brasil de 1988. **Diário Oficial da União.** Brasília, 1988. Disponível em: <http://www.planalto.gov.br/ccivil_03/Constituicao/Constituicao.htm>. Acesso em jun/2022.

____. Lei Complementar nº 73, de 10 de fevereiro de 1993. **Diário Oficial da União.** Brasília, 1993. Disponível em: <http://www.planalto.gov.br/ccivil_03/leis/lcp/Lcp73.htm>. Acesso em jun/2020.

____. Lei nº 8.906, de 04 de julho de 1994. **Diário Oficial da União.** Brasília, 1994. Disponível em: <http://www.planalto.gov.br/ccivil_03/leis/l8906.htm>. Acesso em Acesso em jun/2022.

____. Lei nº 9.883, de 07 de dezembro de 1999. **Diário Oficial da União.** Brasília, 1999. Disponível em: <http://www.planalto.gov.br/ccivil_03/leis/l9883.htm>. Acesso em Acesso em jun/2022.

____. Medida Provisória nº 2.229-43, de 6 de setembro de 2001. Disponível em: <http://www.planalto.gov.br/ccivil_03/mpv/2229-43.htm>. Acesso em Acesso em jun/2001.

____. Lei nº 10.522, de 19 de julho de 2002. **Diário Oficial da União.** Brasília, 2002a. Disponível em: <**http://www.planalto.gov.br/ccivil_03/leis/2002/L10522.htm**>. Acesso em Acesso em jun/2022.

____. Presidência da República. Casa Civil. Decreto nº 4.376, de 13 de setembro de 2002. **Diário Oficial da União.** Brasília, 2002b. Disponível em: <http://www.planalto.gov.br/ccivil_03/decreto/2002/d4376.htm>. Acesso em jun/2022.

____. **Gabinete de Segurança Institucional**. Agência Brasileira de Inteligência. Doutrina Nacional da Atividade de Inteligência: fundamentos doutrinários. Aprovada pela Portaria no 244 - ABIN/ GSI/PR, de 23 de agosto de 2016. Brasília: ABIN, 2016.

____. Decreto nº 8.793, de 29 de junho de 2016. **Diário Oficial da União.** Brasília, 2016. Disponível em: <http://www.planalto.gov.br/ccivil_03/_ato2015-2018/2016/decreto/D8793.htm>. Acesso em jun/2022.b.

____. Ministério da Defesa. Portaria n. 32, de 30 de agosto de 2017. **Diário Oficial da União.** Brasília, 2017. Disponível em <https://www.in.gov.br/materia/-/asset_publisher/Kujrw0TZC2Mb/content/id/19286652/do1-2017-09-12->. Acesso em jun/2022.

____. Lei nº 13.844/2019, de 18 de junho de 2019. **Diário Oficial da União.** Brasília, 2019a. Disponível em: <http://www.planalto.gov.br/ccivil_03/_ato2019-2022/2019/lei/L13844.htm>. Acesso em Acesso em jun/2022.

____. Lei nº 13.869/2019, de 5 de setembro de 2019. **Diário Oficial da União.** Brasília, 2019b. Disponível em: <planalto.gov.br/ccivil_03/_ato2019-2022/2019/lei/L13869.htm>. Acesso em Acesso em jun/2022.

____. Instituto de Pesquisa Econômica Aplicada. ODS 16**.** Cadernos ODS. Brasília, DF: IPEA, 2019c. **Diário Oficial da União.** Brasília, 2019c. Disponível em: <https://www.ipea.gov.br/portal/index.php?option=com_content&view=article&id=34776 >. Acesso em jun/2022.b

CAVALCANTE, P. L., LOTTA, G. S., YAMADA, E. M. K. **O desempenho dos burocratas de médio escalão:** determinantes do relacionamento e das suas atividades. CADERNOS DA EBAPE.BR, 16(1), 2018.

COELHO, D. **A modernização da inteligência estratégica na perspectiva da segurança humana**. Revista Brasileira de Inteligência, n.12, p. 77-90, 2017.

CRESWELL, J. W. **Investigação qualitativa e projeto de pesquisa: escolhendo entre cinco abordagens**. 3ª ed. Porto Alegre: Penso, 2014.

FERNANDES, F. C. **Inteligência e gestão estratégica**: uma relação sinérgica. Revista Brasileira de Inteligência, n.7, p. 21-30, 2012.

GAULEJAC, V. **Gestão como doença social**: ideologia, poder gerencialista e fragmentação social. São Paulo: Ideias & Letras, 2014.

GALASSI, R. F. **Accountability e o controle financeiro das atividades de inteligência**: uma revisão teórica. Revista Brasileira de Inteligência, n.11, p. 19-30, 2016.

GOMES, P. A. **Princípio da integridade da administração pública**. Dissertação. (Mestrado) – Fundação Getúlio Vargas, EBAPE. Rio de Janeiro, 2020.

GONÇALVEZ, J. B. **Políticos e espiões: o controle da atividade de inteligência**. 2.ed. Niterói: Impetus, 2019.

GONÇALVEZ, J. B. **Atividade de inteligência e legislação correlata**. 6.ed. Niterói: Impetus, 2018.

HAN, B. Psicopolítica – **O neoliberalismo e as novas técnicas de poder**. Belo Horizonte: Âyine, 2000.

HAN, B. **O que é poder? Petrópolis**: Vozes, 2019.

IANNI, O. **A sociologia e o mundo moderno**. Rio de Janeiro: Civilização Brasileira, 2011.

KENT, S. **Informações estratégicas. Rio de Janeiro**: Biblioteca do Exé~enciarcito, 1967.

MAURMANN, A. P.; PINTO, M. V. **Guia de entrevista investigativa**: uma coletânea das melhores práticas para a obtenção de testemunhos e declarações. Brasília: Pró-Consciência, 2020.

MAZZUCATO, M. O **estado empreendedor: desmascarando o mito do setor público vs. setor privado**. São Paulo: Portifolio-Penguin, 2014.

MORAES, B. R. Dívida Ativa. São Paulo: Quartier Latin, 2004.

PAULA, M. H. C. N. **A multiplicidade institucional nos acordos de leniência. Dissertação**. (Mestrado) – Fundação Getúlio Vargas, Escola de Direito do Rio de Janeiro. Rio de Janeiro, 2020.

PLATT, W. **A produção de informações estratégicas**. Rio de Janeiro: Biblioteca do Exército, 1974.

ROMÃO, L. F. F. **Agente infiltrado e agente de inteligência: distinções a partir de estudo de caso julgado pelo Supremo Tribunal Federal.** Revista Brasileira de Inteligência, n.14, p. 85-100, 2019.

SANTOS, L. M. S. **Inteligência e Segurança Pública**. Curitiba: IESDE, 2020.

SOUZA, D. N. **Inteligência Econômica de Estado**: necessidade estratégica para o Brasil. Revista Brasileira de Inteligência, n.13, p. 135-163, 2018.

TEIXEIRA, M. M. S. **Perfil do Profissional de Inteligência**. Revista Brasileira de Inteligência, n.3, p. 29-44, 2006, v. 2.

WEBER, M. **Economia e Sociedade**: fundamentos da sociologia compreensiva. 4. ed. Brasília:UNB, 2015, v.1.

A INTELIGÊNCIA POLICIAL JUDICIÁRIA NO ASSESSORAMENTO DOS PROCESSOS DE TOMADA DE DECISÃO

MARCOS VINÍCIUS ALVES E SILVA FILHO[6]

SUMÁRIO: 1 Introdução - 2 O processo decisório na Polícia Judiciária - 3 A Inteligência Policial Judiciária no assessoramento do processo de tomada de decisão - 4 Considerações finais - 5 Referências.

RESUMO: Este trabalho tem como objetivo principal discutir a importância da atuação da Inteligência Policial Judiciária (IPJ) no aperfeiçoamento dos processos de decisão nos níveis estratégico, tático e operacional. Para chegar a tal objetivo, primeiramente buscou-se descrever as vicissitudes do processo de tomada de decisão no âmbito da Polícia Judiciária, apresentando características distintivas de cada nível organizacional. Após essa abordagem conceitual, passou-se à identificação dos aspectos práticos nos quais o assessoramento da IPJ poderia representar um incremento positivo nos processos decisórios, de modo a concretizar o planejamento estratégico do órgão policial. A utilização da metodologia de pesquisa exploratória, com esteio em bibliográfica temática e demais previsões técnicas, permitiu, através de uma revisão integrativa, descrever as peculiaridades dos processos decisórios e a consequente atuação da IPJ nesse cenário escalonado. Em sede de conclusão, restou evidenciada a importância da Atividade de Inteligência no assessoramento das tomadas de decisão em todos os níveis organizacionais da Polícia Judiciária.

PALAVRAS CHAVE: Polícia Judiciária; Processo de Tomada de Decisão; Inteligência Policial Judiciária

6 Delegado de Polícia Civil do Estado de Rondônia. Pós-graduado em Estudos Avançados sobre o Crime Organizado e Corrupção (EMERON). Docente da Academia de Polícia Civil do Estado de Rondônia. Coordenador do Laboratório de Tecnologia Contra Lavagem de Dinheiro (LAB-LD/PCRO). Especialista em Inteligência Estratégica pela Escola Superior de Defesa (ESD)

1. INTRODUÇÃO

As Polícias Judiciárias, enquanto órgãos da Administração Pública direta da União, dos estados e do Distrito Federal[7], têm como missão precípua a apuração da autoria e da materialidade das infrações penais, exceto as militares, praticadas no âmbito de suas respectivas circunscrições materiais, a partir de procedimentos investigatórios regidos pelas legislações processuais penais codificada e extravagante.

Além desse mister, merece destaque o papel das Polícias Judiciárias na promoção e execução de políticas públicas com foco na preservação da ordem pública, bem como da incolumidade e do patrimônio das pessoas, em consonância com políticas, estratégicas e planos definidos em nível nacional.

Em todos os prismas, a atuação dessas Polícias é direcionada por decisões que, de acordo com as características (reflexo institucional, prazo de execução, responsabilidade da autoridade etc.) podem ser escalonadas em três níveis organizacionais.

Em um nível estratégico, as decisões gravitam em torno de questões macroinstitucionais, buscando implementar no planejamento da instituição as diretrizes traçadas em documentos de maior envergadura política (programas, estratégias e planos), além de outras de grande alcance organizacional. Em nível tático, há o desdobramento dos objetivos do nível anterior em ações, dando aspecto concreto ao projeto estratégico. Por fim, em nível operacional, as decisões das autoridades se materializam em entregas ou tarefas imediatas, de curto prazo, garantindo a execução dos referenciais traçados nos níveis tático e estratégico.

Na definição, execução e acompanhamento desses processos decisórios, a Inteligência (produto, atividade e organização[8]) pode ter um papel de assessoramento preponderante. Nesse sentido, a título de

7 A função de Polícia Judiciária da União é exercida pela Polícia Federal, nos estados e no Distrito Federal, e pelas Polícias Civis, nos termos do art. 144, §1º, I e §4º da Constituição de 1988 (BRASIL, 1988).

8 Sherman Kent (1967, p. 3, 69 e 151), considerado por muitos o "pai da atividade de inteligência", apresentou uma conceituação trina para o termo Inteligência. Segundo o autor, a Inteligência (ou "informações" como referida na obra) poderia ser entendida como produto (resultado do processo de produção do conhecimento destinado ao tomador de decisões em diferentes níveis), atividade (processo lógico e metodizado que se desenvolve desde a observação dos fatos e seu processamento até a difusão do conhecimento aos seus destinatários) ou organização (setor ou órgão composto por pessoal especializado que manipula uma categoria especial de conhecimento). (Nota do Autor)

problemática, propõe-se o seguinte questionamento: A Inteligência Policial Judiciária[9] (IPJ) pode representar um fator de qualificação das decisões da Polícia Judiciária nos níveis estratégico, tático e operacional?

Como objetivo geral, propõe-se a discussão acerca da importância da atuação da Inteligência Policial Judiciária no aperfeiçoamento dos processos de tomada de decisão nos níveis estratégico, tático e operacional.

Os objetivos específicos podem ser assim divididos: (a) descrever o processo decisório nos níveis organizacionais da Polícia Judiciária e (b) identificar, dentro do processo multinível de tomada de decisão, aspectos práticos nos quais o assessoramento da IPJ poderia representar um incremento positivo, de modo a concretizar o planejamento estratégico do órgão policial.

A Inteligência pode – e deve – atuar em todos os níveis do processo decisório, assessorando o Tomador[10] com o conhecimento qualificado e utilizando técnicas especializadas para coleta/busca e consequente salvaguarda de dados e de outros ativos institucionais.

Em nível estratégico, a Inteligência pode guarnecer o gestor com informações indispensáveis à formulação de políticas públicas e definição do referencial estratégico (missão, visão, valores e objetivos) da instituição policial. No tático, a atividade de inteligência contribui na definição de ações setoriais e regionais que possam dar cumprimento ao planejamento estratégico do órgão. Por fim, no nível operacional, a Inteligência deve atuar no auxílio da autoridade que conduz o procedimento policial, produzindo um conhecimento útil, significativo e oportuno, além de zelar pela salvaguarda de ativos da investigação, e sem perder de vista do alinhamento estratégico com o panorama traçado nos níveis decisórios superiores.

A metodologia utilizada no estudo é a pesquisa exploratória, a partir de análises de normas e do arcabouço doutrinário, com esteio em bibliográfica temática e demais previsões técnicas (GIL, 2017), permitindo, através de uma revisão integrativa, descrever as peculiaridades dos diversos

9 A Doutrina Nacional de Inteligência de Segurança Pública (DNISP) classifica a Inteligência Policial Judiciária (IPJ) como uma das espécies do gênero Inteligência de Segurança Pública (ISP).

10 Neste artigo, utilizar-se-á, para fins didáticos, os termos "Tomador" e "Usuário" para designar o órgão ou autoridade responsável pela tomada de decisão.

níveis do processo de tomada de decisão e a consequente atuação da IPJ nesses cenários.

O texto está estruturado em três partes: introdução, desenvolvimento e conclusão. O desenvolvimento, especificamente, encontra-se subdividido em duas seções. Na primeira, trata-se dos aspectos conceituais do processo de tomada de decisões nos níveis organizacionais estratégico, tático e operacional. Na segunda seção, introduziu-se a perspectiva da IPJ enquanto ferramenta de assessoramento nos diversos níveis do processo decisório.

2. O PROCESSO DECISÓRIO NA POLÍCIA JUDICIÁRIA

Decisões são escolhas que visam resolver problemas e aproveitar oportunidades. O processo decisório, por sua vez, pode ser representado como uma sequência de fases que, numa modelagem mais básica, inicia com a identificação da situação e finda com a implementação de uma ação viável para a solução (MAXIMIANO, 2004).

Dentro de uma instituição, privada ou estatal, da definição de programas gerais à execução de tarefas imediatas, as decisões são tomadas em diferentes níveis organizacionais: estratégico, tático e operacional. Esses níveis são interdependentes, apesar de distintos, trabalhando de forma integrada para alcançar objetivos e metas. (ANTHONY, 1965).

A atuação da Polícia Judiciária deve, por conseguinte, ser pautada em um planejamento composto por decisões escalonadas, que visam atingir objetivos institucionais por meio de ações orientadas e executadas nos três níveis organizacionais. Há doutrina que classifica como primeiro nível do processo de tomada de decisão o político, sendo seguido dos demais níveis clássicos. Não obstante ser, inegavelmente, no nível político que são decididos os vetores de atuação de qualquer organização, para fins deste estudo, por não serem definidas em deliberações de membros do órgão (Polícia Judiciária), as decisões em nível político são consideradas como matéria-prima básica para o alinhamento estratégico consequente, mas estranhas à estrutura piramidal proposta.

Em um contexto de alinhamento estratégico, os documentos formulados no nível político fixam as diretrizes estratégicas da Segurança

Pública e seus vários órgãos. Cabe, pois, à Direção Superior de cada instituição, em sede de planejamento estratégico, identificar quais referenciais devem orientar a atuação e consequentemente os processos decisórios subsequentes.

A partir das orientações globais do nível estratégico, desenvolve-se, de forma coordenada e integrada, um conjunto de planos táticos, em nível organizacional intermediário (departamental). O desdobramento dos planos táticos origina os planos operacionais específicos, mais detalhados e de curto prazo. (CHIAVENATO, 2014)

As relações entre os três níveis organizacionais "internos" – com a influência do político – podem ser representadas na clássica imagem da pirâmide, que transmite a ideia de importância e abrangência das decisões dentro da organização. Partindo-se do topo, em uma ordem decrescente, as decisões vão diminuindo em abrangência organizacional e consequente importância decisiva para a consecução do projeto estratégico.

Figura 1- Níveis organizacionais

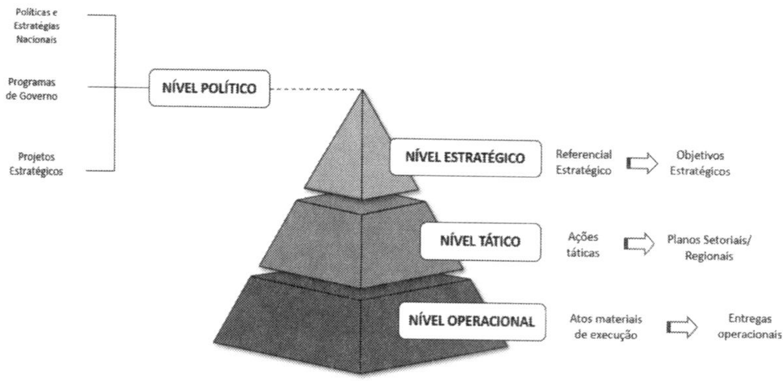

Fonte: Elaborado pelo autor, inspirado na Revista Estratégica PRF (PRF, 2021).

A compreensão das peculiaridades de cada nível permite, entre outras coisas, o efetivo cumprimento das diretrizes de forma consolidada e integrada em toda a instituição. Outrossim, o escalonamento de responsabilidades e funções na estrutura orgânica proporciona ações mais eficazes, pois desdobram grandes e complexas expectativas de futuro em metas exequíveis.

A seguir, serão detalhadas as características de cada um dos níveis organizacionais, e as peculiaridades dos respectivos processos de tomada de decisão.

As decisões tomadas no **nível estratégico** são aquelas que trazem mais repercussão na estrutura organizacional, mostrando "o que fazer" para atingir os objetivos e metas da instituição. Materializam-se, normalmente, em um planejamento de longo prazo, conduzido pela Direção Superior do órgão.

Outra característica marcante do nível estratégico é a avaliação situacional externa e interna. Assim, além da necessidade de conhecimento da capacidade interna da instituição (*forças e fraquezas*), faz-se necessário conhecer a conjuntura na qual o órgão está inserido *(ameaças e oportunidades)*. A análise desses elementos orienta a formulação da Matriz SWOT[11], para implementação e controle do planejamento, de forma a guiar a organização para atingir os objetivos globais.

São esses elementos estratégicos – objetivos, análise das condições internas e externas – que definirão onde a organização pretende chegar no futuro e como se propõe a fazê-lo a partir do presente. (CHIAVENATO, 2014)

As Polícias Judiciárias – e consequentemente seus órgãos decisores – devem ter consciência do seu papel de protagonismo no processo de construção de uma sociedade mais segura. Para tanto, devem ter entre seus objetivos estratégicos a promoção de políticas públicas, especialmente quando relacionadas a temas como a garantia da ordem pública e o enfrentamento a atos criminosos de natureza grave (crime organizado, tráfico de droga, lavagem de dinheiro, corrupção etc.).

Nesse nível são delineados os rumos da instituição policial, que invariavelmente se alinham às políticas e aos programas de espectro organizacional mais abrangentes. Como exemplo, em nível nacional, citam-se a Política e a Estratégica Nacional de Segurança Pública (PNSP

11 A Matriz SWOT é uma das diversas ferramentas de confecção do planejamento estratégico de uma organização. O termo é um acrônimo para as seguintes palavras inglesas: *Strengths* (Forças), *Weaknesses* (Fraquezas), *Opportunities* (Oportunidades) e *Threats* (Ameaças).

e ENSP, respectivamente); em âmbito local/regional, especialmente para as Polícias Civis, existem os programas de desenvolvimento, de governança ou de integridade nos Governos estaduais e distrital.

No **nível tático**, os gestores decidem "como fazer" para que o projeto estratégico do órgão tenha efetividade. Normalmente, as decisões são materializadas em planos, de médio prazo, responsáveis por transformar e interpretar as diretrizes estratégicas em ações a serem seguidas pelas unidades organizacionais em nível gerencial, de forma a adequar o plano às especificidades técnicas de um departamento ou de uma região geográfica.

Nas Polícias Judiciárias, a execução dos objetivos estratégicos, invariavelmente, depreende um esforço organizacional e orçamentário da instituição. A identificação dentro do planejamento estratégico de eixos temáticos (p.ex. feminicídio, tráfico de drogas, pedofilia, corrupção, crime organizado etc.) ou setoriais (p.ex. fronteiras, divisas regionais, macrorregiões, bolsões de criminalidade etc.) demanda a atenção direta das autoridades imediatamente subordinadas à Direção do órgão (nível departamental ou gerencial).

No **nível operacional**, em observância às ações definidas nos planos táticos, são enfim visualizadas as entregas institucionais que materializam os objetivos estratégicos fixados pelo órgão.

Os planos operacionais são pontuais, geralmente com abrangência local, duração curta, observando o direcionamento do plano intermediário que definiu ações a partir de características da criminalidade ou de fatores geográficos.

As tarefas operacionais – que cumprirão as ações táticas – são materializadas, geralmente, em atividades típicas de Polícia Judiciária: investigações e operações policiais. Assim, pode-se concluir que será a autoridade local que moldará a atuação da sua equipe para consecução das ações táticas.

Sintetizando aspectos determinantes, os níveis organizacionais (estratégico, tático e operacional) podem ser individualizados conforme o prazo de execução, a autoridade responsável, o reflexo da decisão e a orientação que subsidiou o respectivo processo decisório.

Tabela 1 – Características das decisões nos três níveis organizacionais da Polícia Judiciária

	NÍVEIS ORGANIZACIONAIS		
	ESTRATÉGICO	**TÁTICO**	**OPERACIONAL**
PRAZO	Longo	Médio	Curto
RESPONSÁVEL	Direção Superior	Diretores/ Gerentes	Delegados
REFLEXO	Organização	Setorial/ Departamental	Local
ORIENTAÇÃO	Interna e Externa	Interna	Interna

Fonte: Elaborado pelo autor.

3. A INTELIGÊNCIA POLICIAL JUDICIÁRIA NO ASSESSORAMENTO DO PROCESSO DE TOMADA DE DECISÃO

Apresentados os conceitos básicos que permeiam a tomada de decisão no âmbito das Polícias Judiciárias, nesta seção será finalmente abordado esse processo sob a perspectiva da Atividade de Inteligência e do seu papel de assessoramento.

Tradicionalmente, a Atividade de Inteligência nas Polícias é mais perceptível – e consequentemente mais incentivada – quando da utilização de técnicas operacionais de inteligência e contrainteligência relacionadas ao mister institucional. Entrementes, o enfrentamento eficaz da criminalidade, invariavelmente, depende de um alinhamento de objetivos e ações fixadas em decisões tomadas em diferentes níveis de gestão.

Para Marco Cepik (2002), o termo "inteligência" teria duas funções fora das ciências cognitivas. A primeira, mais ampla, para designar uma atividade de suporte, correspondendo à coleta e organização de dados para atender a demanda de um tomador de decisões. Na outra acepção, mais restrita, a inteligência seria a coleta de informações sem a cooperação, consentimento ou conhecimento da outra parte envolvida na ação.

Correlacionando a citada classificação com os níveis do processo decisório, pode-se depreender que os níveis estratégico e tático, por tratarem dos objetivos e ações institucionais, a definição mais ampla parece prevalecer em uma primeira ancoragem. Já no operacional, por envolver ações mais concretas de auxílio à atividade finalística (investigação policial), mostra-se mais evidente a função restritiva, até mesmo pelo grau de sigilo inerente a essa atuação. Analisando a coexistência fática das definições, o autor alerta: "No mundo real, porém, as atividades dos serviços de inteligência são mais amplas do que a mera espionagem e mais restritas do que o provimento de informações sobre todos os temas relevantes para a decisão governamental." (CEPIK, 2002, p. 03).

Nas decisões de **nível estratégico**, a contribuição da IPJ se materializa com a produção de um conhecimento útil visando auxiliar o Usuário na identificação de referenciais que possam nortear objetivos institucionais a serem atingidos pelo órgão.

O assessoramento no nível mais alto da pirâmide ganha destaque exatamente na prospecção de cenários, coletando, tratando e difundindo dados de forma a possibilitar à Direção Superior analisar de forma transversal os embates que invariavelmente existem entre o projeto político dominante e grupos não hegemônicos[12], visando sempre à aprovação de programas de interesse da sociedade, como verdadeiras políticas de Estado (e não somente de Governo). Nesse sentido, a Política Nacional de Inteligência (PNI) prescreve a natureza de Estado como um dos pressupostos da Atividade de Inteligência. Segundo a Política (BRASIL, 2016), "Inteligência é atividade exclusiva de Estado e constitui instrumento de assessoramento de mais alto nível de seus sucessivos governos, naquilo que diga respeito aos interesses da sociedade brasileira. Deve atender precipuamente ao Estado, não se colocando a serviço de grupos, ideologias e objetivos mutáveis e sujeitos às conjunturas político-partidárias".

Ainda, é nesse nível do processo decisório que a Inteligência guarnece as Autoridades Superiores do órgão policial com o conhecimento relacionado a assuntos de acompanhamento permanente de interesse da

12 A determinação das políticas públicas sensíveis à Polícia Judiciária e imprescindíveis à sociedade depende da racionalidade diante da realidade e da influência de diversos fatores, com destaque para a conjuntura político-partidária local. É evidente que as necessidades e interesses da sociedade são balizas para tal orientação, mas a consciência diante do ambiente político é essencial para o respaldo e consequente aprovação da agenda institucional.

instituição. Esses pontos temáticos norteiam as decisões mais abrangentes. A definição dos rumos estratégicos da Polícia Judiciária depende, por conseguinte, do panorama geral resultado dessa produção ordinária de conhecimento.

No **nível tático**, por sua vez, buscar-se-á definir quais são as ações que podem viabilizar a execução dos objetivos definidos no nível anterior.

O cumprimento dos objetivos estratégicos previamente estabelecidos no âmbito mais elevado da estrutura organizacional depende de arranjos logísticos e organizacionais que extrapolam a generalidade característica do nível superior, mas não representam a concretude típica daquele imediatamente inferior. Nesse patamar intermediário, a Inteligência atua revelando antagonismos, vulnerabilidades, oportunidades, pressões e outros fatores que possam auxiliar as autoridades executoras em decisões setoriais, departamentais, ou ainda regionais. (GONÇALVES, 2018)

A Atividade de Inteligência pode balizar a adoção de providências para enfrentamento qualificado. É nesse contexto que, com o resultado do assessoramento, o Usuário poderá decidir de forma segura, por exemplo, sobre o quantitativo de policiais a ser mobilizado, instrumentos tecnológicos necessários, deslocamentos de equipes especializadas, criação de unidades de execução (Delegacias, Núcleos ou Grupos) e de assessoramento (Laboratórios especializados em combate à lavagem de dinheiro e crimes cibernéticos), campanhas educativas e de propaganda institucional, investimentos em capacitações específicas entre outras ações.

No último patamar, **nível operacional**, a Inteligência tem uma atuação mais próxima da denominada "burocracia de nível de rua"[13]. É nesse estágio do planejamento da instituição que serão visualizadas as entregas imediatas que visam exatamente cumprir as diretrizes e os objetivos firmados nos planos superiores.

Interessante o registro que, nesse nível organizacional, faz-se mais perceptível a Atividade de Inteligência que propriamente o processo de

13 A expressão foi criada por Lipsky (2010), na sua obra *Street-Level Bureaucracy: Dilelmmas of the individual in public service*, para designar os agentes que são responsáveis pela entrega direta de políticas e serviços públicos aos cidadãos. Esse contingente de profissionais, por atuarem mais próximos do destinatário final do serviço, são imprescindíveis para a correta avaliação de resultados e a consequente construção da imagem do órgão perante a sociedade.

tomada de decisão. Nos níveis superiores, até mesmo pela abrangência dos temas discutidos, o processo decisório – além de imprescindível – é mais incentivado pelos órgãos. Isso, entretanto, não quer dizer que no plano mais básico da estrutura não existam decisões com características próprias, tão importantes quanto as estratégicas e as táticas para a consecução do modelo de gestão programado.

Nesse nível organizacional, a atuação da IPJ se encontra com a maior das ferramentas da Polícia Judiciária, qual seja, a Investigação Policial[14], caracterizada como uma atividade reativa (após o cometimento do crime) com finalidade de produzir elementos de informação através de diligências sem metodologia rígida (variando conforme a natureza do crime apurado e a discricionariedade/tirocínio da autoridade), na qual o sigilo é uma exceção (COSTA, 2018). A Inteligência, por sua vez, é eminentemente preditiva e preventiva, com objetivo de assessorar o processo decisório nos diversos níveis, através de um produto concebido por uma metodologia de produção de conhecimento[15], na qual o sigilo é da sua própria essência. (SANTOS, 2020)

Em um contexto de Atividade de Inteligência, os riscos envolvidos no uso deturpado desse poder são evidentes. Cite-se, por exemplo, a instrumentalização de aparatos de inteligência por parte do governo para fins de perseguição contra opositores, ou ainda em uma autonomização dos órgãos em relação ao Estado, criando verdadeiros centros de poder independentes no sistema político. (CEPIK, 2002)

Nesse diapasão, convém consignar que, em um Estado Democrático, as forças de segurança recebem prerrogativas extraordinárias para preservação das liberdades individuais dos cidadãos. Em razão desse poder-dever, os núcleos coercitivos podem restringir espectros dessas liberdades em prol do bem comum da sociedade.

---

14 Segundo a DNISP (2015, p. 20) "Inteligência Policial Judiciária e a Investigação Policial lidam, invariavelmente, com os mesmos objetos: crime, criminosos, criminalidade e questões conexas".

15 A metodologia da produção do conhecimento e as técnicas operacionais também variam conforme o nível de assessoramento exigido. No nível estratégico, a Inteligência tem a missão de produzir o conhecimento que possa orientar as autoridades superiores da instituição policial na definição de políticas e planos. Nos demais níveis, entretanto, a necessidade de informações mais concretas, como a análise do *modus operandi* de uma organização criminosa que atua em determinada região, pode exigir dados significativos não disponíveis e/ou protegidos para subsidiar ações coordenadas contra esse determinado nicho criminal (nível tático) ou mesmo a produção de um conhecimento para auxiliar em investigações em curso (nível operacional).

Assim, na missão de determinar autoria e materialidade das infrações penais, a Polícia Judiciária tem nas operações de busca de dados negados uma importante ferramenta de combate à criminalidade organizada. As informações coletadas com as operações de inteligência permitem reduzir incertezas, determinar padrões, culminando com ampliação do espectro da investigação policial.

No enfrentamento de organizações criminosas, também se mostra essencial o assessoramento decorrente do ramo da Contrainteligência e seus segmentos. No segmento da segurança orgânica, na detecção, obstrução e neutralização de práticas de criminosos que representem ameaça aos ativos tangíveis e intangíveis da instituição (recursos humanos, equipamentos, documentos, tráfego e armazenamento de dados etc.). Observe-se que a criminalidade organizada tem a seu favor o alto poder de corrupção do aparato estatal. Nesse aspecto, a Inteligência (ramo da Contrainteligência) deve funcionar como verdadeira barreira, dificultando ações adversas que de qualquer forma possam embaraçar a investigação policial, como infiltração e recrutamento. E no segmento da segurança ativa, com a salvaguarda dos ativos relacionados com o procedimento investigatório.

A autoridade policial poderá, a partir de operações de inteligência, com expertise e arcabouço tecnológico apropriado, executar os atos da investigação, desde diligências cartorárias, passando por análises de dados sigilosos (telemáticos, bancários, fiscais etc.) até o planejamento e efetivação de medidas ostensivas (cumprimento de mandados de busca e apreensão e prisão) com mais assertividade e segurança.

O assessoramento da Inteligência possibilita, ainda, minimizar eventuais efeitos prejudiciais de um “achatamento do processo decisório”, no qual a autoridade local, no curso da investigação e sem a devida consciência situacional dos programas do organismo policial, decide algo que repercute negativamente no planejamento global da instituição.

Nesse aspecto, não obstante as incertezas que naturalmente cercam o processo de decisão, não se deve encarar a Inteligência apenas como um dos diversos fluxos informacionais que influenciará no processo de tomada de decisão. O assessoramento qualificado não pode ser rebaixado a uma opinião de especialista ou mera recomendação, tanto que é inegável a vantagem proporcionada por conhecimentos qualificados, mormente quando envolvidos interesses político-estratégicos. (SANTOS, 2020)

Como bem assevera Kent (1967, p. 81), "[...] o profissional de uma organização de informações não pode ser qualquer um. Uma organização de informações é uma estranha e maravilhosa coleção de especialistas dedicados, agrupados numa unidade de produção vigorosa".

4. CONSIDERAÇÕES FINAIS

Neste trabalho, propôs-se um estudo sobre os processos decisório nos três níveis organizacionais das Polícias Judiciárias (estratégico, tático e operacional) e os possíveis resultados do assessoramento decorrente da Inteligência Policial Judiciária.

Observou-se que em todos os níveis são tomadas decisões, com elementos distintos de abrangência, duração temporal e finalidade. E mais, que decisões ruins podem danificar – até mesmo de forma irreversível - a imagem e planejamento de uma organização. Por conseguinte, a tomada de decisões deve ser balizada por alternativas claramente definidas por informações coletadas, tratadas e difundidas de forma qualificada. É nesse contexto, de produção desse conhecimento qualificado, que a Atividade de Inteligência ganha relevo no processo decisório das Polícias Judiciárias.

A Inteligência, seja qual for o prisma etimológico analisado, não pode representar um fim em si mesma. O conhecimento, produto último e esperado, deve cumprir seu mister, qual seja, assessorar a tomada de decisão.

Em relação aos objetivos do trabalho, foram devidamente delimitados os conceitos e características básicas dos processos decisórios nos três níveis organizacionais das Polícias Judiciárias, desde a escolha de objetivos estratégicos baseados nos referenciais de nível político, passando pela definição de ações táticas e, finalmente, pela execução das tarefas ou entregas do nível operacional.

Após, de forma transversal, foi inserida a Inteligência Policial Judiciárias em todos os níveis da instituição, destacando o incremento do processo decisório a partir do assessoramento qualificado pelas técnicas operacionais e metodologias próprias da IPJ.

Em relação ao problema proposto, conclui-se que a IPJ representa um fator decisivo na eficiência e na eficácia dos processos decisórios das Polícias Judiciárias. Em qualquer dos níveis organizacionais, a Inteligência, com suas técnicas operacionais especializadas para coleta e busca de informações, analisadas, produzidas e salvaguardadas conforme uma metodologia própria, mostra-se essencial para o sucesso de qualquer planejamento estratégico.

REFERÊNCIAS

ANTHONY, R. N. **Planing and Control Systems**: A Framework for Analysis. Cambridge. Harvard University Press, 1965.

BRASIL. **Constituição (1988). Constituição da República Federativa do Brasil**. Brasília, DF: Senado Federal: Centro Gráfico, 1988.

_____. Presidência da República. Ministério da Justiça. Secretaria Nacional de Segurança Pública. **Doutrina Nacional de Inteligência de Segurança Pública** – DNISP. – 4. ed. rev. e atual. – Brasília: Ministério da Justiça, 2015.

_____. Decreto n° 8.793, de 29 de junho de 2016. Fixa a Política Nacional de Inteligência. **Diário Oficial da União.** Brasília, 30 jun. 2016.

CEPIK, Marco. Inteligência e Políticas Públicas: dinâmicas operacionais e condições de legitimação. **Security and Defense Studies Review**, v. 2, n. 2, p. 246-267, 2002. Disponível em: https://www.hsdl.org/?view&did=443742. Acesso em: 2 maio 2022.

CHIAVENATO, Idalberto. **Introdução à Teoria Geral da Administração**. 9. ed. Barueri: Ed. Manole, 2014.

COSTA, Romano. **Inteligência Policial Judiciária: os limites doutrinários e legais na assessoria eficaz à repressão ao crime organizado**. Rio de Janeiro: Brasport, 2018.

GIL, Antônio Carlos. **Como elaborar projetos de pesquisa**. 6. ed. São Paulo: Atlas, 2017.

GONÇALVES, Joanisval Brito. **Atividade de Inteligência e Legislação Correlata**. 6. ed. Niterói: Impetus, 2018.

KENT, Sherman. **Informações Estratégicas**. Tradução: Cel. Hélio Freire. Rio de Janeiro, Biblioteca do Exército, 1967.

LIPSKY, Michael. **Street-level bureaucracy**: Dilemmas of the individual in public service. Russell Sage Foundation, 2010.

MAXIMIANO, Antônio Cesar Amaru. **Introdução à Administração**. 6. ed. São Paulo: Atlas, 2004.

POLÍCIA RODOVIÁRIA FEDERAL (PRF). Portaria DG nº 85, de 09 de fevereiro de 2021. **Revista Estratégia PRF**. Disponível em: https://www.gov.br/prf/pt-br/acesso-a-informacao/acoes-e-programas/revista-estrategia. Acesso em: 8 maio 2022.

SANTOS, Maria Layla de Souza. **Inteligência e Segurança Pública**. 1. ed. – Curitiba/PR: IESDE, 2020.

A JUSTIÇA MILITAR DA UNIÃO E A ATIVIDADE DE INTELIGÊNCIA

ADRIANA KINOSHITA[16]

SUMÁRIO: 1 Introdução - 2 Desenvolvimento - 3 Conclusão - 4 Referências.

RESUMO: A atividade de Inteligência tem se desenvolvido no decorrer dos tempos, anteriormente ligada à espionagem e à busca aos segredos de guerra, hoje faz parte da estrutura organizacional de instituições de diversos setores. O Superior Tribunal Militar se encaixa nesse processo e com intuito de se alinhar as diretrizes estabelecidas pelo Conselho Nacional de Justiça no tocante a atividade de inteligência e segurança organizacional tem se movimentado para instituir o Sistema e a Política de Segurança Institucional no âmbito da Justiça Militar da União observados os direcionamentos e limites impostos pelo órgão de Cúpula do Sistema. Este Relatório tem o objetivo de analisar se os contornos de uma Justiça especializada com características peculiares influenciarão na implementação da atividade de inteligência na JMU com observância de sua especificidade relacionada à competência para julgar crimes militares que podem estar ligados aos projetos estratégicos das Forças Armadas.

PALAVRAS CHAVE: Justiça Militar da União; Atividade de Inteligência; Forças Armadas.

1. INTRODUÇÃO

A Atividade de Inteligência é antiga e tem se desenvolvido no decorrer dos tempos, anteriormente ligada à espionagem e à busca aos segredos de guerra, hoje faz parte da estrutura organizacional de instituições de diversos setores. Como observa Layla Maria de Sousa Santos (2020, p. 37): "A Atividade de Inteligência tem como principal função assessorar o

16 Assessora Jurídica do Superior Tribunal Militar, Mestre em Direito Constitucional e Especialista em Inteligência Estratégica pela Escola Superior de Defesa (ESD).

processo decisório por meio da produção de conhecimento útil, significativo e oportuno. Além disso, trata-se de uma atividade transversal, podendo ser empregada nas mais diversas áreas", seja na administração pública, na segurança ou na iniciativa privada.

É possível conceber uma diversidade de categorias para a classificação da Atividade de Inteligência como por exemplo a geral, fornecida por Joanisval Brito Gonçalves (2018, p.32), que a divide em Inteligência Militar, Policial ou Criminal, Financeira, Fiscal, Competitiva, Estratégica e de Estado.

Assim como uma das principais classificações desenvolvida por Greg Hannah, Kevin A. O'Brien e Andrew Rathmell:

> Inteligência Nacional: abrange todos os aspectos de interesse nacional e extrapola o campo de atuação de um único ministério ou agência.
>
> Inteligência Estratégica: voltada para a obtenção de dados e produção de conhecimentos acerca de outros países ou organizações estrangeiras, com foco na elaboração das políticas públicas na área de segurança nacional em tempo de paz, assim como utilização em operações militares em tempo de guerra.
>
> Inteligência Tática: assessora os tomadores de decisão em nível de comando, chefia e direção de órgãos, agências ou departamentos da estrutura governamental.
>
> Inteligência Externa: as agências que desempenham esse tipo de atividade se ocupam de produzir conhecimento com foco nas ameaças externas.
>
> Inteligência Interna ou Doméstica (*Security Intelligence*): tem como principal atribuição a obtenção de dados e produção de conhecimentos para assessorar as agências policiais na preservação e repressão a crimes, ameaças internas.
>
> Contrainteligência: destinada à detecção, identificação e neutralização de ações de inteligência adversa, em especial de países hostis aos interesses nacionais.
>
> Contraespionagem: voltada para evitar ações de espionagem.
>
> Avaliação: conhecimentos que analisam conjunturas e cenários, incluindo atingimento de metas, fornecendo aos decisores subsídios para o aprimoramento das políticas adotadas. (HANNAH; O'BRIEN; RATHMELL, 2005, tradução livre)

A Atividade de Inteligência é defendida por Marco Cepik como essencial ao desenvolvimento e à preservação do Estado Democrático de Direito brasileiro, segundo o autor "todos os países economicamente desenvolvidos, com democracias consolidadas, possuem serviços de inteligência responsáveis, legais e fortes". O Brasil não deve ser exceção "devendo utilizar-se de métodos, técnicas e ferramentas adequados para lidar com as informações necessárias ao desempenho de suas finalidades constitucionais." (CEPIK, 2011, p. 15)

Nessa linha de raciocínio os modelos estatais de inteligência constituem uma determinada "ordenação, adequação e organização de métodos, técnicas e ferramentas de gestão da informação e do conhecimento, especialmente destinados ao processo decisório estatal" , o que facilita sua aplicação a órgãos do poder público em geral com as adequações necessárias.

O Superior Tribunal Militar (STM) se encaixa nesse processo e com objetivo de se alinhar às diretrizes estabelecidas pelo Conselho Nacional de Justiça (CNJ) no tocante à atividade de inteligência e segurança organizacional tem se movimentado para instituir o Sistema e a Política de Segurança Institucional no âmbito da Justiça Militar da União (JMU), observados os direcionamentos e limites impostos pelo órgão de Cúpula do Sistema.

Este artigo tem o objetivo de analisar se os contornos de uma Justiça especializada com características peculiares influenciarão na implementação da atividade de inteligência na JMU com observância de sua especificidade relacionada à competência para julgar crimes militares, que podem estar ligados aos projetos estratégicos das Forças Armadas.

2. DESENVOLVIMENTO

A JMU, especificamente o STM, começa a integrar o Poder Judiciário a partir da Constituição de 1934, quando deixou de pertencer ao Poder Executivo, oportuno referir que tal modelo brasileiro é praticamente único no contexto mundial. Segundo Luciano Roberto Melo Ribeiro, dos 193 países soberanos que fazem parte da Organização das Nações Unidas (ONU), a Justiça Militar brasileira é a única inserida na estrutura do Poder Judiciário (RIBEIRO, 2008, p. 32).

A JMU apesar de não possuir membro representante na composição do CNJ está a ele vinculado e tem assumido o compromisso de se desenvolver com os demais ramos do Poder Judiciário, em concordância com seus projetos estratégicos que objetivam uma prestação jurisdicional moderna, célere e avançada no sentido de seus fundamentos e conceitos.

O CNJ por meio da Resolução 383, de 25 de março de 2021, criou o Sistema de Inteligência de Segurança Institucional do Poder Judiciário, visando uma atuação preventiva e proativa para a identificação e neutralização de vulnerabilidades e riscos que possam restringir o livre exercício da magistratura, com a necessidade de estabelecer sistema, métodos e ferramentas típicos da atividade de Inteligência[17] de acordo com o Comitê Gestor do Sistema Nacional de Segurança do Poder Judiciário (SINASPJ), órgão com atribuição para definir metodologia para produção de conhecimento de inteligência no âmbito da segurança institucional do Poder Judiciário. (BRASIL, 2021)

Na Atividade de Inteligência, conforme delineia Layla Maria de Sousa Santos, sistema e subsistema são conceitos que coexistem ante a necessidade de integração com objetivo de produção de conhecimento para assessorar o processo decisório. Segundo a autora:

> Sistema é o conjunto harmônico e integrado de órgãos ou agências de inteligência e subsistemas são subconjuntos compostos por órgãos ou agências de inteligência que se inter-relacionam em razão de terem atribuições similares ou de atuarem no mesmo espaço geográfico. (SANTOS, 2020, p.56)

A lógica sistêmica da Atividade de Inteligência possibilita a efetiva integração e a interoperabilidade dos órgãos do Poder Judiciário com instituições de segurança pública e inteligência, materializando princípios da Política Nacional de Segurança Pública do Poder Judiciário. (BRASIL, 2021)

O Sistema de Inteligência de Segurança Institucional do Poder Judiciário (SInSIPJ) tem a finalidade de subsidiar o processo decisório relacionado à segurança institucional, por meio da produção e salvaguarda de conhecimentos realizados pela atividade de inteligência. O STM integra o SInSIPJ como órgão de cúpula e compromete-se com a implementação do sistema no âmbito da JMU.

Com esse intuito o STM, em cumprimento às diretrizes estabelecidas pelo CNJ, propôs uma minuta de Projeto de Resolução[18] que dispõe sobre o Sistema e a Política de Segurança Institucional no âmbito

17 De acordo com a Resolução 383/2021 do CNJ, entende-se por atividade de Inteligência o exercício permanente e sistemático de ações especializadas para identificar, avaliar e acompanhar ameaças reais ou potenciais aos ativos do Poder Judiciário, orientadas para a produção e salvaguarda de conhecimentos necessários ao processo decisório no âmbito da segurança institucional.

18 Projeto de Resolução ainda não aprovado pelo Plenário do STM.

da Justiça Militar da União e estabelece o conceito de inteligência e contrainteligência:

> I. Inteligência: ramo de atividade de exercício permanente e sistemático de ações especializadas para identificar, avaliar e acompanhar ameaças reais ou potenciais aos ativos da JMU, orientadas para a produção, difusão e salvaguarda de conhecimentos necessários ao processo decisório dentro dos respectivos níveis e áreas de atribuição no âmbito da Segurança Institucional;
>
> II. Contrainteligência: ramo de atividade que compreende a salvaguarda de conhecimentos, a prevenção, a identificação, a detecção, a obstrução e a neutralização de ações, no tocante à Segurança Institucional;

Estabelece também a definição de Atividade de Inteligência relacionada à Segurança Institucional:

> Art. 52. A atividade de Inteligência consiste na produção e difusão de conhecimentos sobre fatos e situações de imediata ou potencial influência sobre o processo decisório em assuntos afetos à Segurança Institucional.
>
> Art. 53. Para a atividade de Inteligência, conhecimento é o produto final resultante da análise e da interpretação, pelo profissional de Inteligência, com metodologia própria, dos dados coletados durante as atividades.
>
> Art. 54. A produção do conhecimento para a atividade de Inteligência será desempenhada preferencialmente por Agente da Polícia Judicial com formação específica na área e deverá ser realizada nas seguintes situações:
>
> I - em atendimento a um plano de Inteligência; e
>
> II - em atendimento à determinação de autoridade competente.

Vale destacar que a doutrina apresenta uma série de definições de Inteligência em um sentido mais amplo, como a prevista na Lei 9.883, de 7 de dezembro de 1999, que instituiu o Sistema Brasileiro de Inteligência (SISBIN), criou a Agência Brasileira de Inteligência (ABIN) e apresentou conceitos de inteligência e contrainteligência:

> **Art. 1º** [...]
>
> § 2º Para os efeitos de aplicação desta Lei, entende-se como inteligência a atividade que objetiva a obtenção, análise e disseminação de conhecimentos dentro e fora do território nacional sobre fatos e situações de imediata ou potencial influência sobre o processo decisório e a ação governamental e sobre a salvaguarda e a segurança da sociedade e do Estado.
>
> § 3º Entende-se como contrainteligência a atividade que objetiva neutralizar a inteligência adversa". (BRASIL, 1999)

Inteligência no âmbito estatal é definida por Sherman Kent (1967, p. 7) como o conhecimento necessário aos ocupantes de cargos altos para a preservação do bem-estar nacional.

Joanisval Brito Gonçalves cita outra definição clássica de inteligência, criada por Mark Lowenthal:

> Segundo Mark Lowenthal, (...) inteligência é 'o processo pelo qual certos tipos de informação importante para a segurança nacional são requeridos, coletados, analisados e disponibilizados aos tomadores de decisão (policymakers). É, ademais, o resultado desse processo, a salvaguarda desses processos e dessa informação pela contrainteligência, e o desenvolvimento de operações de acordo com a demanda de autoridades legítimas'. (...) Demais disso, inteligência envolve, necessariamente, componentes sigilosos em sua produção, sendo obtida a partir de 'dados negados' (no todo ou em parte). (GONÇALVES, 2018, p. 13)

Para entender melhor o amplo espectro da utilização da Atividade de Inteligência na JMU faz-se necessário explanar as peculiaridades desta justiça especializada. Desde os primórdios da civilização ocidental, onde se conheceu uma estrutura de homens organizados em uma formação voltada para a guerra, havia a prática de crimes considerados como militares. O julgamento de tais delitos era designado a oficiais de patente mais elevada que a do acusado.

A JMU é responsável pela aplicação da lei penal militar, atuando em todo o território da Federação. Atualmente, está dividida em 12 circunscrições judiciárias militares, distribuídas no território nacional em 19 Auditorias militares, cada uma competente para processar e julgar os delitos militares, nos termos do Código Penal Militar (BRASIL, 1969a) e do Código de Processo Penal Militar (BRASIL, 1969b).

As Auditorias têm jurisdição mista com competência para julgar os feitos relativos à Marinha, ao Exército e à Aeronáutica. Na Primeira

Instância, o julgamento é realizado pelos Conselhos de Justiça, formados por quatro oficiais e pelo juiz federal da Justiça Militar da União. No segundo grau o STM é formado por 15 ministros: 5 civis e 10 militares da mais alta patente (4 do Exército, 3 da Marinha e 3 da Aeronáutica).

A especificidade da JMU advém de sua competência para processar e julgar crimes militares. O conceito de crime militar em tempo de paz foi ampliado com a inovação proporcionada pela Lei 13.491, de 16 de outubro de 2017. Após a publicação da referida Lei, por uma substancial alteração do inciso II do art. 9º do Decreto-Lei 1.001, de 21 de outubro de 1969, há a possibilidade de que uma conduta típica prevista na legislação penal comum seja considerada como crime militar, ainda que não encontre tipo penal correspondente na lei penal castrense, o que tem sido nomeado por alguns autores de crime militar por extensão (ROTH, , 2018, p. 156).

Nesse contexto, a Justiça Militar passou a julgar crimes ambientais, abuso de autoridade, perseguição ou *stalking*[19] (Lei 14.132/2021), tortura (Lei 9.455/1997), os crimes previstos na Lei de Licitações, no Código Brasileiro de Trânsito, na Lei de Organizações Criminosas, no Estatuto do Desarmamento (Lei 10.826/2003), na Lei Maria da Penha, dentre outros.

O alargamento do espectro de crimes julgados pela JMU trouxe maior proximidade desta justiça especializada com os delitos ligados aos principais projetos Estratégicos de Defesa desenvolvidos pelas Forças Armadas (FFAA) como o Programa de Desenvolvimento de Submarinos convencionais e de propulsão nuclear (PROSUB), o de Construção do Navio-Aeródromo (Pronae), de Navio-Anfíbio (Pronanf), de Meios de Superfície (Prosuper), o Sistema de Gerenciamento da Amazônia Azul (SisGAAz), coordenado pela Marinha (BRASIL, 2014c); o Projeto F-X2, o Projeto KC-X, o Programa Estratégico de Sistemas Espaciais, gerido pela Aeronáutica (BRASIL, 2014a) e o Projeto Guarani, o Sistema Integrado de Monitoramento de Fronteiras (SISFRON) e o Projeto Proteger, conduzido pelo Exército (BRASIL, 2014b).

19 Em 1º de abril de 2021 entrou em vigor a Lei 14.132 que visa dar maior amplitude à proteção da liberdade individual, tipificando o delito de *stalking e* acrescentando o art. 147-A ao Código Penal. O termo *"stalking"* veio de empréstimo da língua inglesa (verbo *to stalk*) e corresponde à prática da perseguição contumaz, obsessiva e repetida junto à esfera privada da vítima. A conduta de "perseguir alguém, reiteradamente e por qualquer meio, ameaçando-lhe a integridade física ou psicológica, restringindo-lhe a capacidade de locomoção ou, de qualquer forma, invadindo ou perturbando sua esfera de liberdade ou privacidade" passou, com o advento da citada lei, a ser sinônimo de crime.

Não se pretende, contudo, confundir a atividade judicante dos magistrados da JMU com a necessidade de conhecer do decisor estratégico. São figuras diversas e dissociáveis, assim como são os conceitos de inteligência e investigação. O próprio STM já esclareceu a questão em julgado da lavra do eminente Ministro Dr. Péricles Aurélio Lima de Queiroz:

> HABEAS CORPUS. TRANCAMENTO DE INQUÉRITO POLICIAL MILITAR (IPM). NOTÍCIA DE FATO, EM TESE, DELITUOSO POR MENSAGEM DO APLICATIVO WHATSAPP. FATOS JÁ CONHECIDOS DO COMANDO MILITAR. APURAÇÃO PRÉVIA FORMADA POR PESQUISA DE DADOS E LEVANTAMENTO DE INFORMAÇÕES POR SETOR DE INTELIGÊNCIA. VERIFICAÇÃO SUMÁRIA «COM PRUDÊNCIA E DISCRIÇÃO". PLAUSIBILIDADE E VEROSSIMILHANÇA DAS INFORMAÇÕES. MEDIDAS APURATÓRIAS INFORMAIS ADOTADAS TRÊS MESES ANTES DA VEICULAÇÃO DA MENSAGEM NA REDE SOCIAL. TEORIA DA DESCOBERTA INEVITÁVEL E FENÔMENO DA SERENDIPIDADE. PRECEDENTES DO SUPREMO TRIBUNAL FEDERAL E TRIBUNAIS SUPERIORES - STM E STJ. EXPERIÊNCIA DO DIREITO COMPARADO. LEGALIDADE. ORDEM DENEGADA. I (...) II — (...) III (...) IV - A atividade de Inteligência do Comando Militar, por meio do canal técnico das denominadas "Seções de Inteligência", consubstanciada na pesquisa e coleta de dados por ordem superior, desenvolvida de forma supletiva e eventual para o fim de suprir o Comando de informações prévias à abertura de procedimentos investigatórios formais - Sindicância Administrativa e Inquérito Policial Militar - insere-se no âmbito do exercício do Comando, e não configura usurpação das atribuições de polícia judiciária militar, conferidas às autoridades relacionadas no artigo 7- do Código de Processo Penal Militar. V - Habeas Corpus conhecido, Ordem denegada. Decisão unânime.[20]

Nesse contexto, inobstante a JMU tenha iniciado a implantação de seu órgão de inteligência e sua inserção no sistema de inteligência do poder judiciário, sua iniciativa deu ênfase à segurança institucional. Faz-se necessário, num segundo momento, progredir no sentido de proporcionar ao decisor estratégico do STM conhecimentos mais abrangentes e que englobem o acompanhamento dos projetos estratégicos das FFAA.

20 STM. Habeas Corpus 142-55.2016.7.00.0000/RJ. Relator Ministro Dr. Péricles Aurélio Lima de Queiroz. Julgado em 1º de setembro de 2016.

Observe-se que os integrantes do SISBIN podem participar do SInSIPJ mediante convênio com seus membros e autorização do SINASPJ, o que proporciona uma possibilidade transversal de propagação do conhecimento. No mesmo sentido, a participação do STM como integrante do SISBIN promoveria a imprescindível integração com os demais órgãos do sistema e principalmente com as unidades de inteligência militar do Ministério da Defesa e das FFAA.

De acordo com o Manual Técnico de Produção do Conhecimento de Inteligência do Exército Brasileiro, inteligência de Defesa ou Militar "é o conjunto de atividades e tarefas técnico-militares exercidas em caráter permanente, com os objetivos de produzir conhecimentos de interesse da Defesa, em todos os níveis, bem como proteger conhecimentos sensíveis, instalações e pessoal das Forças Armadas."(BRASIL, 2019)

A parte final do conceito é de fundamental relevância para a JMU, quando se fala em "proteção de conhecimentos sensíveis, instalações e pessoal das Forças Armadas" comunga-se da importância de compartilhamento de informações evitando assim que conhecimentos sensíveis referentes aos projetos estratégicos das FFAA sejam expostos em processos que tramitam na JMU.

3. CONCLUSÃO

A Justiça Militar da União deu início ao cumprimento das determinações do CNJ no sentido de promover uma cultura de inteligência e instituir um Sistema e uma Política de Segurança Institucional voltados para proteção de magistrados e ministros com vistas a implementar a atividade de inteligência em toda jurisdição militar.

O primeiro passo em relação a implantação de um órgão de inteligência na JMU foi dado e faz-se necessário o estudo continuado no sentido de incrementar a atividade de inteligência estratégica voltada para assessorar o decisor em assuntos de interesse nacional. Vislumbra-se a necessidade de um acompanhamento contínuo dos projetos estratégicos desenvolvidos pelas FFAA de modo a facilitar a proteção de conhecimentos sensíveis e relevantes relacionados à segurança e à defesa nacional.

Para alcançar esse objetivo é imprescindível sensibilizar o decisor estratégico em relação a importância da atividade de inteligência na

JMU, os benefícios de sua capilaridade nacional que abrange todas as Auditorias das Circunscrições Judiciárias Militares, a necessidade de investimentos em qualificação de pessoal, designação de servidores para as funções de inteligência e capacitação por meio de acordos e convênios com órgãos como o Ministério da Defesa e ABIN.

O STM possui nos seus quadros de prestadores de serviços uma grande quantidade de militares que executam tarefas diversas por tempo determinado, a requisição de profissionais da área de inteligência provenientes das Forças Armadas agilizaria o processo de formação do órgão de inteligência assim como interligaria o Tribunal com as Forças com maior celeridade.

A JMU como um novo sistema de inteligência, integrante do Sistema do Poder Judiciário, deverá planejar sua integração ou cooperação com outros sistemas autônomos como o do Ministério Público, do Poder Legislativo, dentre outros, com vistas a inserir-se gradativamente na Comunidade de Inteligência.

A Escola Nacional de Formação e Aperfeiçoamento de Magistrados da JMU (ENAJUM) poderá ministrar cursos e proporcionar especialização na área de inteligência para seus magistrados de primeiro e segundo grau por meio de convênios com outras escolas de excelência como a Escola de Inteligência Militar do Exército (EsIMEx).

O profissional de inteligência não é forjado da noite para o dia, deve passar por um processo de formação técnico com aprendizado da metodologia de produção de conhecimento. Um longo caminho será necessário para introdução, adequação e implementação do sistema inteligência no âmbito da JMU que, devido a sua especificidade, deve se comunicar com o sistema de inteligência do judiciário assim como com o sistema das Forças Armadas.

REFERÊNCIAS

BRASIL. Conselho Nacional de Justiça. **Resolução 383**, de 25 de março de 2021. Disponível em: https://atos.cnj.jus.br/atos/detalhar/3829. Acesso em: 29 maio 2022.

______. Decreto-Lei 1.001, de 21 de outubro de 1969. **Diário Oficial da União.** Brasília, 1969a. Disponível em: http://www.planalto.gov.br/ccivil_03/decreto-lei/del1001.htm. Acesso em: 29 maio 2022.

______. Decreto-Lei 1.002, de 21 de outubro de 1969. **Diário Oficial da União.** Brasília, 1969b. Disponível em: http://www.planalto.gov.br/ccivil_03/decreto-lei/Del1002Compilado.htm. Acesso em: 29 maio 2022.

______. Ministério da Defesa. Exército Brasileiro. Manual Técnico. **Produção do Conhecimento de Inteligência** - EB70-MT-10.40-1. Brasília, 2019. Disponível em http://bdex.eb.mil.br/jspui/handle/123456789/3270. Acesso em: 9 jun 2022.

______. Ministério da Defesa. **Projetos Estratégicos da Aeronáutica**. Brasília, 2014a. Disponível em https://www.gov.br/defesa/pt-br/assuntos/industria-de-defesa/paed/projetos-estrategicos/projetos-estrategicos-da-forca-aerea-brasileira. Acesso em: 13 jun 2022.

______. Ministério da Defesa. **Projetos Estratégicos de Defesa**. Brasília, 2020. Disponível em https://www.gov.br/defesa/pt-br/assuntos/industria-de-defesa/paed/projetos-estrategicos. Acesso em: 13 jun 2022.

______. Ministério da Defesa. **Projetos Estratégicos do Exército**. Brasília, 2014b.Disponível em https://www.gov.br/defesa/pt-br/assuntos/industria-de-defesa/paed/projetos-estrategicos/projetos-estrategicos-do-exercito-brasileiro. Acesso em: 13 jun 2022.

______. Ministério da Defesa. **Projetos Estratégicos da Marinh**a. Brasília, 2014c. Disponível em https://www.gov.br/defesa/pt-br/assuntos/industria-de-defesa/paed/projetos-estrategicos/projetos-estrategicos-da-marinha-do-brasil. Acesso em: 13 jun 2022.

______. Lei 9.883, de 7 de dezembro de 1999. **Diário Oficial da União.** Brasília, 1999. Disponível em: http://www.planalto.gov.br/ccivil_03/leis/l9883.htm. Acesso em: 29 maio 2022.

______. Lei 13.491, de 16 de outubro de 2017. **Diário Oficial da União.** Brasília, 2017. Disponível em: http://www.planalto.gov.br/ccivil_03/_ato2015-2018/2017/lei/l13491.htm. Acesso em: 29 maio 2022.

CEPIK, Marco (Org.). **Inteligência governamental: contextos nacionais e desafios contemporâneos**. Niterói, RJ: Impetus, 2011.

GONÇALVES, Joanisval Brito. **Atividade de Inteligência e legislação correlata**. 6 ed. – Niterói, RJ: Impetus, 2018.

HANNAH, Greg; O'BRIEN, Kevin A.; RATHMELL, Andrew. **Technical Report**: **Intelligence and Security Legislation for Security Sector Reform**. Prepared for the United Kingdom's Security Sector Development Advisory Team. RAND Europe, Cambridge (June 2005), p. 2. Disponível em: https://www.rand.org/pubs/technical_reports/TR288.html. Acesso em: 9 jun 2022. Tradução livre.

KENT, Sherman. **Informações Estratégicas**. Editora Biblioteca do Exército. Vol. Pub 57-262. 1967.

RIBEIRO, Luciano Roberto Melo. **200 anos de justiça militar no Brasil**, 1908-2008. Rio de Janeiro: Action Ed., 2008.

ROTH, Ronaldo João. Lei 13.491/17: Os Crimes Militares por Extensão e o Princípio da Especialidade. **Revista do Ministério Público Militar nº 29**. Ed. Especial. Lei 13.491/17. Brasília. 2018.

SANTOS, Layla Maria de Sousa. **Inteligência e Segurança Pública**. 1. ed. Curitiba: IESDE, 2020.

A INTELIGÊNCIA ENQUANTO ESTRATÉGIA DE ENFRENTAMENTO AO CRIME ORGANIZADO PELA POLÍCIA RODOVIÁRIA FEDERAL

VICTOR DE OLIVEIRA RIBEIRO[21]

SUMÁRIO: 1 Introdução - 2 Crime organizado no contexto das rodovias federais- 3 Polícia Rodoviária Federal: policiamento orientado por Inteligência - 4 Atividade de Inteligência da Polícia Rodoviária Federal - 5 Resultados obtidos e análises - 6 Conclusões e recomendações - 7 Referências.

RESUMO: O crime organizado, enquanto ameaça ao Estado e a sociedade, possui impacto danoso à Segurança Pública e à Defesa Nacional. Diversas modalidades de tráfico, além do contrabando, se constituem meios para a obtenção de seu lucro. Parte dessas ações ilícitas são perpetradas em rodovias federais. Dada a imensa frota de veículos e a dificuldade de realizar a acertada seleção dos mesmos, a partir de 2018, a Polícia Rodoviária Federal (PRF) adotou o Policiamento orientado por Inteligência. Dados demonstram a efetividade de tal modelo, diante de exponenciais aumentos nas apreensões. A Inteligência atua como a força motriz desse modelo de atuação policial. Destacam-se características na Inteligência diante dessa nova forma de atuação, tais como uso de tecnologia, incremento de efetivo, capacitação e atuação em rede. Assim, restou demonstrada a importância da Inteligência enquanto estratégia de enfrentamento à criminalidade organizada pela PRF.

PALAVRAS CHAVE: Polícia Rodoviária Federal; Inteligência; Policiamento orientado por Inteligência; Estratégia; Crime Organizado.

---

21 Policial Rodoviário Federal. Com curso Superior de Inteligência Estratégica (CSIE) e especialização em Educação Transformadora: pedagogia, fundamentos e práticas (PUC-RS). Especialista em Inteligência Estratégica pela Escola Superior de Defesa (ESD).

1. INTRODUÇÃO

A criminalidade organizada, ameaça descrita na Política Nacional de Inteligência – PNI, requer atenção especial dos órgãos de Inteligência e de repressão nacionais e internacionais por apresentar capacidade de pôr em perigo a integridade da sociedade e do Estado, impactando na defesa e segurança nacionais.

A Política Nacional de Inteligência de Segurança Pública – PNISP em complemento descreve que "o crime organizado se trata de ameaça à segurança pública e ao sistema de justiça, e exige combate enérgico e eficiente por parte das agências de segurança pública, do sistema de justiça criminal e da sociedade" (BRASIL, 2021).

Diante desse cenário, o presente trabalho discorrerá acerca da atuação da PRF, órgão integrante do Ministério da Justiça e Segurança Pública, na prevenção e repressão à criminalidade organizada no âmbito das rodovias federais e demais áreas de interesse da União. Para tanto, será analisada uma das formas de atuação adotada pela instituição a partir de 2018: o Policiamento orientado por Inteligência. Nesse modelo, as ações ostensivas são direcionadas por conhecimentos oriundos da Atividade de Inteligência do órgão. Assim, a título de problemática, propõe-se o seguinte questionamento: Que impactos esse modelo de policiamento, fundamentado em Inteligência, trouxe às ações de combate ao crime organizado realizadas pela PRF?

A PNI ainda relata que "a atuação cada vez mais integrada nas vertentes preventiva (Inteligência) e reativa (Policial) mostra ser a forma mais efetiva de enfrentar esse fenômeno [criminalidade organizada]" (BRASIL, 2016). Assim, o modelo de policiamento que será apresentado neste trabalho materializa a assertiva disposta na PNI, uma vez que agrega ações policiais e Inteligência.

Destacamos que, em razão da natureza ostensiva da PRF, com atuação por meio de abordagens policiais, as prisões e apreensões, com a consequente descapitalização das organizações criminosas, são as principais formas de aferir a efetividade das ações de enfrentamento ao crime organizado realizadas pela instituição. Diante disso, como objetivo geral, será analisado que impactos a adoção do modelo de Policiamento orientado por Inteligência trouxe às apreensões realizadas pela PRF nos últimos anos.

Nesse passo, teremos os seguintes objetivos específicos: (a) analisar que impacto o citado modelo de policiamento trouxe às apreensões de cocaína, maconha, cigarros e fuzis realizadas pela PRF nos últimos anos; (b) quantificar o percentual de participação da Inteligência nas referidas ocorrências e (c) discorrer acerca da atuação da Atividade de Inteligência da PRF frente ao modelo de policiamento em estudo.

A metodologia adotada será descritiva-explicativa fundamentada em pesquisa documental, com base em manuais de procedimentos e relatórios operacionais da PRF, além de revisão de literatura a respeito de conceitos ligados à Inteligência e Segurança Pública. Haverá ainda análise quali-quantitativa à medida que serão realizados estudos estatísticos das apreensões, buscando-se identificar e compreender a participação da Inteligência nas respectivas ocorrências.

2. CRIME ORGANIZADO NO CONTEXTO DAS RODOVIAS FEDERAIS

O crime organizado, à luz da legislação nacional (Lei 12.850/2013), apresenta alguns elementos que lhe são característicos: associação de pessoas; divisão de tarefas; objetivo econômico; e a prática de crimes graves. Nesse contexto, podemos citar os diferentes tipos de tráfico, como de entorpecentes, de pessoas, de armas, além do contrabando, dentre outras práticas ilícitas. Percebe-se que parte da logística para a prática de tais crimes, por vezes, utiliza-se do modal rodoviário em algum momento.

Sabe-se que o tráfico de drogas, normalmente atua de modo transnacional, em rede, e interconectando-se à diversos outros crimes, constituindo-se como um dos eixos mais importantes e rentáveis do crime organizado, fomentando o poderio para aquisição de armas, de bens móveis e imóveis, além de subsidiar recursos para práticas de corrupção – uma outra ameaça listada na PNI.

Na conjuntura da América do Sul, conforme Zarate (2021, p. 12), é possível observar que alguns países possuem parte de sua economia baseada em insumos para os narcóticos e cigarros. Nessa esteira, podemos citar Colômbia, Peru e Bolívia – produção de cocaína; Paraguai – maconha, além de cigarros, armas e munições. Destacamos que todos fazem fronteira com o Brasil. Sabe-se ainda que, na rota do tráfico, o

Brasil tanto apresenta-se como destino, quanto área de passagem – essa última situação ocorre quando a droga, notadamente cocaína, se destina ao continente europeu. Para tanto, quando o crime organizado faz uso do modal rodoviário para o transporte de ilícitos (drogas, armas e contrabando), ele acaba utilizando rodovias federais, que se constituem nos principais eixos de interligação nacional. O transporte de tais ilícitos, por diversas vezes, se faz em meio às cargas lícitas, o que dificulta sua detecção em fiscalizações policiais.

3. POLÍCIA RODOVIÁRIA FEDERAL: POLICIAMENTO ORIENTADO POR INTELIGÊNCIA

Diante do contexto explicitado no capítulo anterior, a PRF passou a ser desafiada a atuar cada vez mais no enfrentamento às organizações criminosas, uma vez que urgia da sociedade e das agendas políticas tal necessidade. Dessa forma, o eixo de atuação da instituição passou a ser redirecionado, visando o incremento no combate à criminalidade, com emprego cada vez maior de recursos humanos e materiais. Por conseguinte, a Inteligência da PRF teve de redirecionar seus esforços e remodelar sua atuação, com vistas a prover o oportuno assessoramento por meio de produção de conhecimento com foco voltado à temática em comento.

Diante disso, algumas ações ostensivas, notadamente uma parcela das abordagens policiais, passaram a ser direcionadas por conhecimento advindo diretamente da Inteligência. As informações seguiam para o efetivo policial ostensivo (unidades operacionais, viaturas em ronda, grupos especializados) buscando assim melhorar a eficiência nas abordagens, almejando maior efetividade nos resultados. Assim, foi fomentado, no âmago institucional, um novo modelo de atuação: o Policiamento orientado por Inteligência.

De acordo com o Manual de Abordagem por Indicativo de Inteligência M-070, o Policiamento orientado pela Atividade de Inteligência é assim definido:

> Trata-se de uma estratégia institucional que visa aprimorar os fins e os meios da atividade de policiamento, norteado pelo conhecimento produzido pela Atividade de Inteligência, resultando maior assertividade das ações que visam a prevenção e repressão qualificada ao crime e às organizações criminosas,

> bem como segurança viária (POLÍCIA RODOVIÁRIA FEDERAL, 2022, p.5).

Ressalta-se que o citado modelo de atuação policial passou a ser adotado pela PRF a partir de 2018. Assim, visando aferir a sua efetividade, serão analisadas, por meio de gráficos, as apreensões relacionadas ao tráfico de drogas (cocaína e maconha), de armas (fuzis) e ao contrabando (cigarros), do período 2014 a 2021. Os tipos de apreensões escolhidos têm como finalidade retratar a pluralidade de crimes conexos perpetrados pelas organizações criminosas. O período de amostra selecionado (08 anos), permite a análise de idêntico tempo, com e sem o emprego do 'novo' modelo de policiamento. Assim, de 2014 a 2017 os dados das apreensões são predominantemente oriundos do policiamento 'tradicional' – abordagens aleatórias, por amostragem, ou reativas. Já no período de 2018 a 2021, os dados trarão o reflexo do emprego do Policiamento orientado por Inteligência. Os dados provêm dos boletins de ocorrências policiais da PRF.

Gráfico 01: Apreensões de cocaína realizadas pela PRF. Período: 2014 – 2021

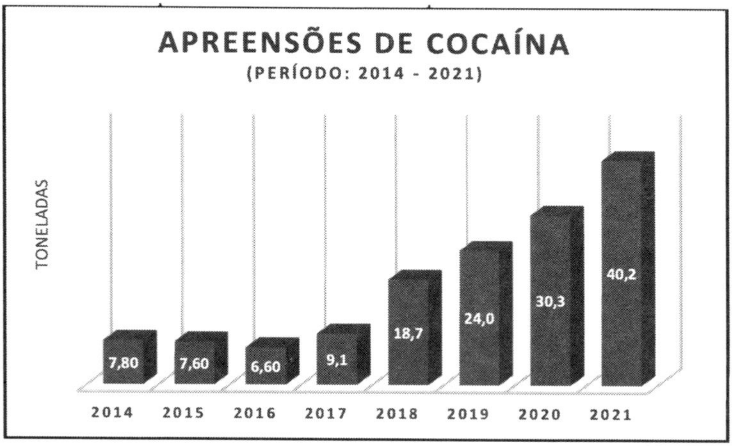

Fonte: Sistemas PRF

O gráfico 01 retrata as apreensões de cocaína realizadas pela PRF do período de 2014 a 2021, sendo possível perceber mudanças acentuadas a partir do ano 2018. Nos primeiros quatro anos, há uma certa constância no volume de apreensões, com média de 7,8 toneladas/ano. A partir do ano 2018, momento de implantação do modelo de Policiamento orientado por Inteligência, o gráfico demonstra uma notória elevação nas apreensões, além de haver uma tendência de crescimento. No primeiro ano do 'novo' modelo de policiamento (2018), as apreensões mais que dobraram, quando comparadas ao ano anterior. A média das apreensões subiu para 28,3 toneladas/ano nos últimos quatro anos, com a adoção do 'novo' modelo de atuação policial.

Gráfico 02: Somatório de apreensões de cocaína. Período: 2014 – 2021

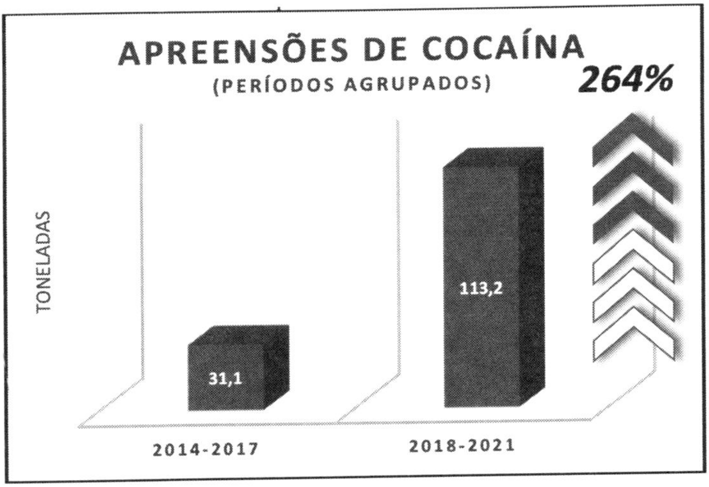

Fonte: Sistemas PRF

O gráfico 02 apresenta o somatório, agrupado por quadriênios, da quantidade de cocaína apreendida, sendo possível observar aumento de 264% no volume apreendido, passando de 31,1 toneladas no primeiro período (2014-2017) para 113,2 toneladas de cocaína no período seguinte (2018-2021), momento em que se empregou o modelo de policiamento em estudo.

Infográfico 01: Percentual de aumento de apreensões de maconha, cigarros e fuzis realizadas pela PRF, agrupadas por período de quatro anos, 2014 a 2017 e 2018 – 2021

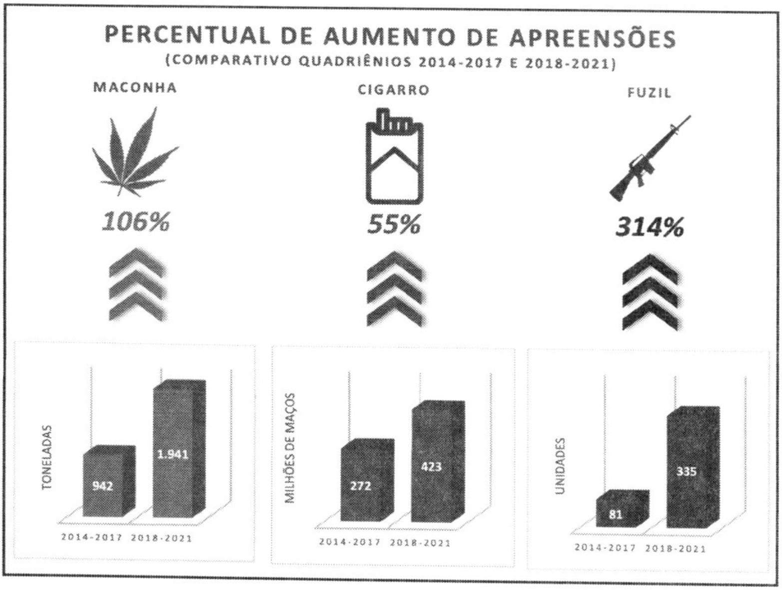

Fonte: Sistemas PRF

A mesma análise demonstrada no gráfico 02 foi aplicada nas demais apreensões (maconha, cigarros e fuzis), sendo apresentada no infográfico anterior, visando facilitar rápida análise comparativa. Assim, se observa que ocorreram aumentos consideráveis nas apreensões em análise desde que se passou a adotar o citado modelo de combate à criminalidade, com base em Inteligência: maconha (106%), cigarros (55%) e fuzis (314%), quando comparamos os mesmos períodos citados no gráfico 02 (2014-2017 x 2018-2021).

Apesar da adoção do modelo de policiamento com base em informações advindas da Inteligência ter iniciado em 2018, somente dois anos depois a PRF implantou sistema específico para aferir, com maior precisão, a participação da Inteligência nas ocorrências policiais. Assim, segue abaixo infográfico com o percentual de participação da Inteligência nas ocorrências policiais, considerando o somatório do biênio 2020-2021.

Infográfico 02: Percentual de participação da Inteligência nas apreensões de cocaína, maconha, cigarros e fuzis realizadas pela PRF, nos anos de 2020 e 2021

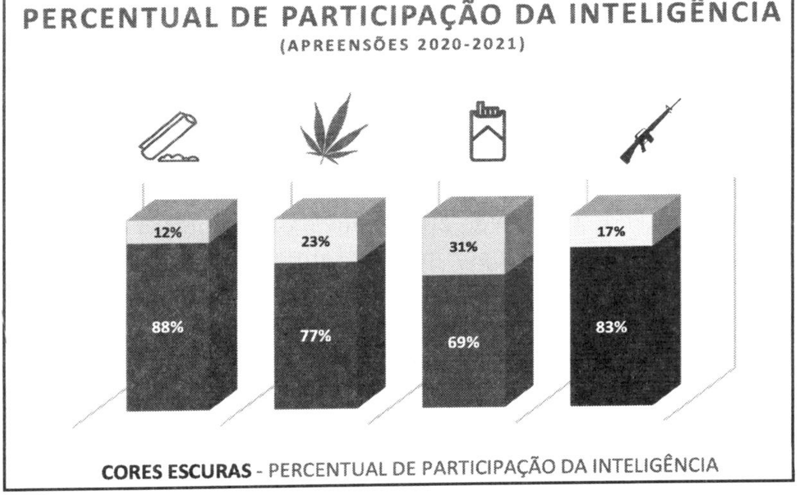

Fonte: Sistemas PRF

O infográfico 02 demonstra, por meio das cores mais escuras, o percentual de participação da Inteligência nas ocorrências da PRF, no somatório dos anos 2020 e 2021, por tipo de apreensão. Assim, temos que 88% da cocaína apreendida pela PRF, no período em análise, teve participação da Inteligência. Da mesma forma, observamos os outros percentuais nas demais apreensões: 77% da maconha, 69% dos cigarros, 83% dos fuzis.

4. ATIVIDADE DE INTELIGÊNCIA DA POLÍCIA RODOVIÁRIA FEDERAL

Antes de detalharmos a respeito de aspectos relacionados exclusivamente à Inteligência, no contexto do modelo de Policiamento orientado por Inteligência, trataremos rapidamente sobre a própria instituição. Nesse condão, ao observarmos o histórico de alguns dos sistemas atualmente existentes na PRF, com potencial influência nas ações de combate à criminalidade, constatamos que o ano de 2013 foi um marco, no que tange à implantação de tecnologia notadamente para coleta e registro de informações durante as abordagens e procedimentos policiais. Conforme Felipe (2019, p. 13) detalha "impulsionada pelo processo global da informatização, a PRF passou a investir em tecnologias voltadas especificamente para sua área de atuação, modernizando sobremaneira a fiscalização, a coleta e o registro de dados". Desta forma, as informações das abordagens policiais passaram a ser coletadas e inseridas em sistemas informatizados, possibilitando assim posterior acesso, análise e intercruzamento com demais bases de dados.

Nessa esteira, a partir de 2013 houve a implantação e posterior expansão, principalmente por meio de integrações, do sistema Alerta Brasil. Tal ferramenta, também atua como um exímio coletor de dados, uma vez que monitora e realiza o registro de passagens de veículos, por meio de câmeras dispostas em rodovias federais.

Assim, a Inteligência da PRF passou a dispor de imensa massa de dados (*big data*) para posterior análise. Esse novo cenário adveio, conforme relatado anteriormente, da adoção de sistemas informatizados para registros de abordagens e ocorrências policiais, além do registro de passagens de veículos.

Conforme Alves (2018, p. 30), "o que o governo estadunidense percebeu, ainda em 2006, é algo que ficará cada vez mais evidente: não haverá Inteligência relevante sem ferramentas analíticas de *big data*". Dessa forma, inserida no mesmo contexto de modernização tecnológica presente na PRF, a Inteligência também passou a intensificar o emprego de tecnologia, com uso de sistemas que viessem a auxiliar no processamento de informações para a consequente produção de conhecimento, buscando imprimir assim maior dinamismo e velocidade ao processamento e entrega da informação.

Contudo, é oportuno frisar a importância e necessidade do incremento de recursos humanos lotados na Atividade de Inteligência, uma vez que os sistemas, com o emprego de tecnologia, são ferramentas que auxiliam o trabalho de análise, e que apesar de processarem imensa quantidade de dados e permitirem inclusive a geração de alarmes automáticos (como veículos com roubo/furto, com licenciamento em atraso etc), não substituem o exímio trabalho realizado pelo analista de Inteligência. Para Alves (2018, p. 35), "uma correta combinação de recursos humanos e tecnológicos confere à Atividade de Inteligência capacidade preditiva singular que a torna cada vez mais indispensável ao processo de tomada de decisões estratégicas". Nesse diapasão, nos últimos anos o efetivo de Inteligência aumentou de forma considerável, em comparação com o efetivo geral.

Entretanto, esse aumento de efetivo teve de vir acompanhado com capacitação, sobretudo nas novas tecnologias e sistemas que passaram a ser adotados pela instituição. Nesse sentido, Alves (2018, p.29) relata:

> O profissional de Inteligência deve, desde o início de sua formação, estar inserido em um contexto de big data, no qual conhece as ferramentas disponíveis, sabe qual o seu papel na produção do conhecimento e segue uma metodologia apropriada para a Atividade de Inteligência.

Destacamos, ainda, que o conhecimento produzido pela Atividade passou a ser difundido diretamente ao efetivo ostensivo, para aplicação imediata, no que veio a se chamar, de acordo com o Manual de Abordagem por Indicativo de Inteligência M-070: Conhecimento de Aplicação Imediata (CAI) (PRF, 2022). Buscou-se assim maior celeridade na difusão do conhecimento a quem efetivamente iria utilizá-lo – efetivo ostensivo operacional. Paula (2018, p. 50) relata que "absorver a volatilidade (mudanças) é crucial na Atividade de Inteligência" e Bessa (2003, p.62), complementa "fornecer conhecimentos antecipados ao usuário é o mais importante papel da Inteligência".

Observamos, ainda, que a Inteligência da PRF fortaleceu sua atuação em rede – tanto interna, quanto externamente. Notamos tal conjuntura com a implantação de unidades de Inteligência em quase todas as Delegacias da PRF, aumentando assim sua capilaridade, fortalecendo suas inter-relações com o efetivo ostensivo da própria instituição, bem como com as demais instituições de Segurança Pública, Defesa Nacional e Inteligência. Clark (2012) argumenta que o alvo típico da Inteligência é uma rede, e McChrystal (2015, p. 84) complementa relatando que é preciso ser uma rede para vencer outra rede.

Figura 01: Diagramas das Redes de Paul Baran

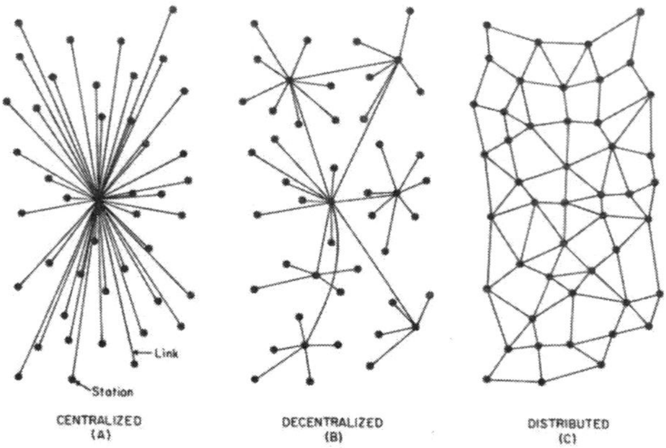

Fonte: Baran, 1964

Assim, ao observarmos os modelos de rede descritos por Baran (1964), temos que a atuação da Inteligência da PRF em rede estaria melhor representada por um misto das redes descentralizada e distribuída (fig. 1). A rede descentralizada (fig. 1-B) que possui vários centros, a partir dos quais ocorrem as conexões com outros nós periféricos, expressaria as unidades de Inteligência da PRF em cada unidade da federação (vários centros), se conectando com os núcleos de Inteligência das delegacias PRF (nós periféricos), mantendo o constante fluxo de informações. Sob um outro prisma, os nós centrais também poderiam representar os núcleos de Inteligências das delegacias em contato com as diversas equipes ostensivas, em troca de informações. Em outra óptica, ainda representaria os contatos das unidades de Inteligência da PRF com os demais componentes do Sistema Brasileiro de Inteligência (SISBIN), do Subsistema de Inteligência de Segurança Pública (Sisp), além de fontes e colaboradores.

Em evolução natural, o modelo de rede distribuída (fig. 1-C) representaria as interações existentes entre todas as unidades de inteligência PRF, com constante compartilhamento de dados, informações e conhecimentos, independente de localização geográfica ou posição hierárquica. Assim também representaria a evolução das relações na comunidade de Inteligência (SISBIN, Sisp etc)

5. RESULTADOS OBTIDOS E ANÁLISES

De acordo com o narrado, corroborado pela análise dos gráficos, infere-se pelo aumento no volume de todas as apreensões (cocaína, maconha, cigarros e fuzis), a partir do emprego do Policiamento orientado por Inteligência, assim como percebe-se o elevado percentual de participação da Inteligência em todos os tipos de ocorrências analisadas.

Nota-se, portanto, nítida otimização dos resultados institucionais, trazendo maior efetividade no combate ao crime organizado, causando prejuízos milionários ao mesmo, havendo por consequência melhor prestação de serviços ao Estado e à sociedade.

Registra-se, assim, o papel estratégico da Atividade de Inteligência da PRF que, em ação integrada com o efetivo ostensivo, por meio do Policiamento orientado por Inteligência, promoveu maior efetividade no enfrentamento à ameaça do crime organizado pela PRF, no âmbito nas rodovias federais e demais áreas de interesse da União.

6. CONCLUSÕES E RECOMENDAÇÕES

O crime organizado, sobretudo por meio do tráfico de drogas, de armas e do contrabando, busca incrementar sua capacidade econômica, assim como almeja o fortalecimento de sua rede, potencializando ameaças ao Estado e a sociedade, afetando à segurança pública e paz social e provocando instabilidades aos governos e a Defesa Nacional dos países atingidos.

Diante dessa conjuntura, a PRF visando maior efetividade no enfrentamento à criminalidade organizada, no âmbito das rodovias federais e demais áreas de interesse da União, passou a adotar, a partir de 2018, o Policiamento orientado por Inteligência. A partir de então as apreensões de ilícitos aumentaram de forma exponencial, causando prejuízos milionários ao crime organizado.

Destaca-se que o centro desse modelo é a Inteligência, que assim assume papel estratégico institucional. Na mesma esteira, a própria PRF, diante da evolução dos resultados alcançados, foi alçada, na conjuntura nacional, à instituição estratégica no combate à criminalidade organizada, contribuindo sobremaneira no enfrentamento à essa complexa ameaça que causa impactos danosos no âmbito da Segurança Pública e Defesa Nacional.

Ademais, preza-se pela ampliação de investimentos em Inteligência, tecnologia e capacitação em âmbito institucional, frente aos novos desafios e em razão dos resultados notadamente já demonstrados; assim como estimamos pela manutenção, fortalecimento e expansão de parcerias institucionais, reforçando sobremaneira a atuação em rede da PRF e de sua Inteligência – área estratégica na persecução de seus objetivos institucionais.

REFERÊNCIAS

ALVES, Paulo M. M. R. O impacto de *big data* na atividade de Inteligência. **Revista Brasileira de Inteligência**. Brasília: ABIN, n. 13, p. 25-44, dez. 2018. Disponível em: https://rbi.enap.gov.br/index.php/RBI/article/view/148/122. Acesso em: 13 abr. 2022.

BARAN, Paul. **On Distributed Communications:** I. Introduction to Distributed Communications Networks. Santa Mônica, RAND Corporations, 1964. Disponível em: https://www.rand.org/pubs/research_memoranda/RM3420.html#download. Acesso em: 25 abr. 2022

BESSA, Jorge da S. **A importância da Inteligência no processo decisório**. In: III ENCONTRO DE ESTUDOS: DESAFIOS PARA A ATIVIDADE DE INTELIGÊNCIA NO SÉCULO XXI, 3., 2004. Brasília. Anais ... Brasília: Gabinete de Segurança Institucional, Secretaria de Acompanhamento e Estudos Institucionais, 2004, p. 51-71. Disponível em: http://dadosabertos.presidencia.gov.br/dataset/2f3a91af-687d-4a83-9577-8171c3288317/resource/1323d7cc-8fa2-43af-9187-19259497883f/download/desafios_atividades_de_inteligencia2004.pdf. Acesso em: 15 abr. 2022.

BRASIL. Decreto Nº 8.793, de 29 de junho de 2016. Fixa a Política Nacional de Inteligência. **Diário Oficial da União,** Atos do Poder Executivo, Brasília, DF, 30 jun. 2016. Seção 1, p. 5. Disponível em: https://www.in.gov.br/materia/-/asset_publisher/Kujrw0TZC2Mb/content/id/21656127/do1-2016-06-30-decreto-n-8-793-de-29-de-junho-de-2016-21656014. Acesso em: 21 mar. 2022.

______. Decreto Nº 10.777, de 24 de agosto de 2021. Institui a Política Nacional de Inteligência de Segurança Pública. **Diário Oficial da União,** Atos do Poder Executivo, Brasília, DF, 25 ago. 2021. Seção 1, p. 2. Disponível em: https://www.in.gov.br/web/dou/-/decreto-n-10.777-de-24-de-agosto-de-2021-340717199. Acesso em: 21 mar. 2022.

CLARK, Robert M. **Intelligence Analysis:** a target centric approach. 4rd. Washington: CQ Press, 2012. 403p. ISBN-978-1-4522-0612-7.

FELIPE, Andrea Piacenzo de Freitas. **Aplicações tecnológicas na modernização do policiamento ostensivo na Polícia Rodoviária Federal: eficácia e eficiência na Segurança Pública**. 2019. 62p. Trabalho de Conclusão de Curso – Monografia (Especialização) - Curso de Altos Estudos de Política e Estratégia (CAEPE), Escola Superior de Guerra, Rio de Janeiro, 2019. Disponível em: https://repositorio.esg.br/handle/123456789/796. Acesso em: 10 abr. 2022.

McCHRYSTAL, Stanley (Gen) et al. **Team of Teams: new rules of engagement for a complex world**. New York: Portfolio, 2015. 304p. ISBN-978-1-5918-4748-9.

PAULA, Marcelo Furtado M. Ambientes complexos e a superação da gestão por comando e controle nas operações de Inteligência. **Revista Brasileira de Inteligência**. Brasília: ABIN, n. 13, p. 45-59, dez. 2018. Disponível em: https://www.gov.br/abin/pt-br/centrais-de-conteudo/revista-brasileira-de-inteligencia/copy_of_RBI13.pdf. Acesso em 17 abr. 2022

POLÍCIA RODOVIÁRIA FEDERAL. **Manual de Abordagem por Indicativo da Inteligência**. Brasília, 2022. 18p.

ZARATE, Claudia Creplive. **Cooperação no Combate ao Crime Organizado: Sistema Penitenciário Federal como mecanismo de Segurança Pública e efeitos para a Segurança e Defesa Nacional**. 2021. 35f. Trabalho de Conclusão de Curso – Artigo (Especialização) – Curso de Altos Estudos em Defesa (CAED), Escola Superior de Defesa, Brasília, 2022. Disponível em: https://repositorio.esg.br/handle/123456789/1416. Acesso em: 04 abr. 2022.

A IMPORTÂNCIA DO FORTALECIMENTO DA INTELIGÊNCIA ESTRATÉGICA NA POLÍCIA RODOVIÁRIA FEDERAL

ALEXANDRE ARCHANJO CARNEIRO[22]

SUMÁRIO: 1 Introdução - 2 Desenvolvimento - 3 Resultados obtidos e análises - 4 Conclusões e recomendações - 5 Referências.

RESUMO: A Polícia Rodoviária Federal (PRF) é um Órgão de Segurança Pública subordinado ao Ministério da Justiça e Segurança Pública, cuja missão é promover a segurança pública, proteger a vida e garantir a mobilidade nas rodovias federais. A PRF tem importância estratégica para o Brasil, uma vez que boa parte da produção nacional passa pelas suas rodovias federais e, por isso, a instituição vem aprimorando a sua atividade de inteligência com vistas ao combate ao crime nestas áreas. Além disso, tem atribuição de atuar em outras áreas de interesse da União. A PRF também produz conhecimentos adicionais em nível estratégico para o país, mas não dispõe de área específica em sua estrutura, nem tampouco de pessoal especializado dedicado a tal finalidade. Com o aprimoramento organizacional e a criação de área dedicada à inteligência estratégica, a especialização de recursos humanos e o aprimoramento de processos, a PRF poderá contribuir, ainda mais, para o assessoramento aos tomadores de decisão e aos demais órgãos dos SISBIN. Assim, a instituição deve buscar o fortalecimento da inteligência a fim de poder garantir a produção de inteligência estratégica no mais alto nível, tanto para os seus gestores, quanto para posicionamentos junto aos demais órgãos, no que concerne à segurança, à defesa e ao desenvolvimento da nação brasileira.

PALAVRAS CHAVE: Polícia Rodoviária Federal; Inteligência Estratégica; Segurança Pública; Defesa.

22 Policial Rodoviário Federal, Especialista em Inteligência Estratégica pela Escola Superior de Defesa (ESD)

1. INTRODUÇÃO

A Polícia Rodoviária Federal (PRF) é o órgão de segurança pública, constitucionalmente previsto, subordinado ao Ministério da Justiça e Segurança Pública e tem a missão de promover a segurança pública, proteger a vida e garantir a mobilidade nas rodovias federais por onde circula boa parte da produção agrícola e industrial brasileira. Neste contexto, a PRF vem buscando, especialmente no combate à criminalidade, um modelo de atuação baseado no policiamento orientado pela inteligência, o que tem aumentado a eficiência da instituição em sua atividade fim, com destaque para os índices de apreensões de todos os tipos de produtos ilícitos nas rodovias federais (BRASIL, 1988).

Além da Sede Nacional, em Brasília/DF, há em cada uma das Unidades da Federação uma Superintendência. A atividade de inteligência na Polícia Rodoviária Federal se estruturou no início dos anos 2000, no Decreto n.º 4376/02 que regulamentou a Lei nº 9.883, de 7 de dezembro de 1999, que instituiu o Sistema Brasileiro de Inteligência SISBIN. A estrutura atual de Inteligência do órgão tem sua unidade central de inteligência em Brasília: a Diretoria de Inteligência (DINT), assim como unidades descentralizadas de inteligência nos estados.

O presente trabalho tem a finalidade de demonstrar a importância de a PRF fortalecer sua atividade de inteligência estratégica – com foco no assessoramento neste nível em sua área de atuação e outros temas de relevância nacional. Através de sugestões de adequações organizacionais na estrutura de Inteligência do órgão que possam favorecer a especialização de analistas e a formulação de conhecimentos estratégicos haverá o fortalecimento da inteligência estratégica visando o assessoramento de decisores no mais alto nível passando a produzir, inclusive, conhecimentos de inteligência do tipo estimativa. Neste sentido, portanto, este documento trata de Inteligência enquanto estrutura organizacional, atividade e produto (KENT, 1967).

Através de análise da estrutura da Polícia Rodoviária Federal, especialmente da sua Diretoria de Inteligência, com base nas análises documental e bibliográfica, este relatório buscará demonstrar a importância do fortalecimento da inteligência estratégica para a PRF, correlacionando o arcabouço teórico com a atividade de inteligência do órgão e propondo o aprimoramento da Diretoria de Inteligência, da atividade de inteligência e da produção de conhecimentos na instituição. A relevância deste trabalho se evidencia na medida em que é analisada a importância estratégica da Polícia Rodoviária Federal para além da sua atividade fim, expondo a necessidade de a PRF fortalecer sua atividade de inteligência estratégica diante dos desafios enfrentados pelo Estado Brasileiro.

2. DESENVOLVIMENTO

A atividade de inteligência produz, através de ações especializadas e metodologia própria, conhecimentos que visam assessorar a tomada de decisão. Cuida de analisar antecipadamente as ameaças e oportunidades que podem ter impacto sobre o processo decisório (BRASIL, 2016).

Neste sentido, vale ressaltar o conceito de Inteligência apresentado pelo Decreto n.º 4376/02, que regulamentou a Lei n.º 9.883/99 e dispõe sobre a organização e o funcionamento do Sistema Brasileiro de Inteligência (SISBIN):

> Art. 2º Para os efeitos deste Decreto, entende-se como inteligência a atividade de obtenção e análise de dados e informações e de produção e difusão de conhecimentos, dentro e fora do território nacional, relativos a fatos e situações de imediata ou potencial influência sobre o processo decisório, a ação governamental, a salvaguarda e a segurança da sociedade e do Estado. (BRASIL, 2002)

Assim, é lícito dizer que os componentes do SISBIN, sistema do qual a PRF faz parte, têm a função de fornecer também conhecimentos de inteligência acerca de questões estratégicas para o País (GOMES, 2022).

A atividade de inteligência na Polícia Rodoviária Federal se estruturou após a criação do Sistema Brasileiro de Inteligência. Desde então, seguindo o que perece ser o caminho natural de vários órgãos do SISBIN, a PRF desenvolveu sua área de inteligência se especializando em sua atividade fim com foco no policiamento e combate ao crime (KRAEMER, 2015).

No ano 2000 foi criado o Subsistema de Inteligência de Segurança Pública – SISP, no âmbito do Sistema Brasileiro de Inteligência. Posteriormente, houve a edição da Doutrina Nacional de Inteligência de Segurança Pública (DNISP), onde ficou clara a especialização da atividade de inteligência nos diversos órgãos de segurança pública, quando a própria DNISP define diversas espécies de inteligência:

> A Inteligência Policial Rodoviária é o exercício permanente e sistemático de ações especializadas para identificar, avaliar e acompanhar ameaças reais ou potenciais na esfera da Segurança Pública e da Segurança Nacional, no âmbito das rodovias e estradas federais (...) são exercidas pelas Ais da Polícia Rodoviária Federal. (DNISP, 2014, p. 18)

Ao longo dos anos, a atividade de inteligência na PRF foi evoluindo até chegar ao modelo de policiamento orientado pela inteligência voltado para a prevenção de crimes, a análise de dados e a execução de ações guiadas por conhecimentos produzidos pela inteligência. Na PRF, este modelo se evidencia, por exemplo, quando a inteligência analisa dados e produz conhecimentos com potenciais alvos para abordagem, otimizando as ações do efetivo operacional. Essa especialização foi acompanhada de aumento claro da efetividade da atuação da PRF nas rodovias federais por onde circula boa parte do Produto Interno Bruto nacional (OLIVEIRA, 2019).

Ante ao exposto, tem-se a Agência Brasileira de Inteligência como órgão eminentemente focado na inteligência de Estado e as instituições de segurança pública, como a PRF, priorizando suas atividades fim. Entretanto, é notório que órgãos como a PRF, como membro do SISBIN, tem importância dual: produzir inteligência para sua atividade fim e inteligência estratégica para seus decisores internos e, subsidiariamente, com foco em questões para além da segurança pública (BRASIL, 2014; KRAEMER, 2015).

Ao separarmos, neste trabalho, inteligência estratégica do policiamento orientado por inteligência, não se trata de atividades de inteligência distintas. Esta diferenciação é feita apenas em razão da especificidade de cada destinação do assessoramento e, por consequência, da necessidade de especialização dos analistas através de cursos específicos e troca de experiências com outros órgãos. Neste sentido, faz-se necessárias adequações na Inteligência da PRF, tanto na sua estrutura organizacional quanto em seus processos, visando a produção de conhecimentos estratégicos que possam ter impacto não só na segurança como na defesa, a exemplo do combate às Organizações Criminosas nas regiões de fronteira (KRAEMER, 2015; ANDRADE, ALMEIDA, 2022).

A Política Nacional de Defesa (PND) também trouxe um conceito ampliado de segurança, que, entre outros aspectos, abrange também a segurança pública:

> Preservar a segurança requer medidas de largo espectro, envolvendo, além da defesa externa, a defesa civil, a segurança pública (...). Enfim, várias ações, muitas das quais não implicam qualquer envolvimento das Forças Armadas. Cabe considerar que a segurança pode ser enfocada a partir do indivíduo, da sociedade e do Estado, do que resultam definições com diferentes perspectivas. A segurança, em linhas gerais, é a condição em que o Estado, a sociedade ou os indivíduos se sentem livres de riscos, pressões ou ameaças, inclusive de necessidades extremas. Por sua vez, defesa é a ação efetiva para se obter ou manter o grau de segurança desejado. (PND, 2012, pág. 3).

Adicionalmente, a Estratégia Nacional de Defesa (END) reforçou a necessidade de cooperação entre órgãos de segurança e as forças armadas no campo da defesa nacional:

> Estratégia Nacional de Defesa é inseparável de Estratégia Nacional de Desenvolvimento. (...) Como decorrência de sua própria natureza, esses setores transcendem a divisão entre desenvolvimento e defesa, entre o civil e o militar. O sistema integrado de Comando e Controle de Defesa deverá ser capaz de disponibilizar, em função de seus sensores de monitoramento e controle do espaço terrestre, marítimo e aéreo brasileiros, dados de interesse do Sistema Nacional de Segurança Pública, em função de suas atribuições constitucionais específicas. De forma recíproca, o Sistema Nacional de Segurança Pública deverá disponibilizar ao Sistema de Defesa Nacional dados de interesse do controle das fronteiras, exercido também pelas Forças Armadas, em especial no que diz respeito às atividades ligadas aos crimes transnacionais fronteiriços. (END, 2012, pág. 1 e 34).

Reforçando essa ideia, a END também traz como uma das suas ações fortalecer a presença de diversos setores governamentais nas áreas estratégicas, como nas fronteiras, em atuação coordenada entre os órgãos de defesa e de segurança pública. Assim, reforça-se a importância da atuação da PRF em áreas estratégicas do País. E, para que a atuação da PRF seja efetiva e vá além da segurança pública, é preciso assessoramento estratégico também em outros pontos relevantes para o Estado, com vistas a cooperar com os órgãos do SISBIN nas rodovias federais e demais áreas de interesse da União (BRASIL, 2013; CRAVO e JANZANTI, 2018; GOMES, 2022).

3. RESULTADOS OBTIDOS E ANÁLISES

Na atual estrutura de Inteligência da PRF (Figura 1), a Unidade Central é a Diretoria de Inteligência (DINT) e a produção de conhecimento é realizada precipuamente pela Coordenação de Análise de Inteligência (COINT), a qual conta apenas com a Divisão de Análise de Inteligência Policial (DAIP).

Figura 1. Parte do organograma da PRF

Fonte: Organograma da Diretoria de Inteligência (PRF, 2021).

Neste cenário, a DAIP concentra todos os analistas da Coordenação de Análise de Inteligência e tem a produção de conhecimentos focada especialmente na segurança viária e no combate ao crime. Esta divisão tem foco no policiamento orientado pela inteligência, com a consequente redução dos índices de criminalidade nas rodovias federais e subsidiariamente produz os conhecimentos estratégicos necessários.

A atual estrutura de inteligência não está adequada à amplitude da necessidade de produção de conhecimentos pela PRF: voltada para a atividade fim e para assessoramento estratégico. O assessoramento de inteligência estratégica requer acompanhamento de temas de interesse, voltados à atividade fim, mas com foco para além do órgão. Além disso, é necessário assessoramento em outras questões inerentes às necessidades do Estado e de outros órgãos do SISBIN. Para tanto, é preciso recursos humanos especializados e dedicados a tal atividade a fim de realizar adequado acompanhamento de temas e aplicar corretamente as técnicas de produção de conhecimento que esse nível exige.

4. CONCLUSÕES E RECOMENDAÇÕES

Neste contexto, seria importante que a PRF determinasse um rol de analistas lotados em área específica, possibilitando a melhor acompanhamento dos temas específicos assim como a melhor especialização dos recursos humanos e técnicos focados em inteligência estratégica, assim como já existem em outros órgãos a exemplo da Polícia Federal, que conta em sua estrutura de Inteligência com o Serviço de Análise Estratégica (PF, 2022). O assessoramento estratégico seria, de fato, mais bem prestado, se houvesse uma área específica na estrutura da COINT voltada à inteligência estratégica dada a necessidade de especialização e foco da área em questão. Por exemplo, poderia ser criada, dentro da COINT, uma Divisão de Análise de Inteligência Estratégica conferindo robustez tanto à inteligência estratégica quanto à própria COINT e, consequentemente, à DINT.

Esta nova área poderia acompanhar temas estratégicos para a instituição possibilitando ao efetivo da DAIP também se especializar ainda mais no combate ao crime. Neste contexto, por exemplo, cada analista da área de inteligência estratégica se especializaria em um tema de interesse da instituição tornando-se o elemento focal ou especialista, além de ser o analista substituto em outro tema, suprindo eventuais ausências do especialista neste último tema. Desta forma, o número de analistas necessários seria proporcional ao número de temas a serem acompanhados. Neste contexto, o Diretor-Geral e o Diretor de Inteligência seriam os destinatários prioritários do conhecimento estratégico produzido e a DAIP subsidiaria as Regionais e a Diretoria de Operações com os conhecimentos produzidos com foco na inteligência policial.

Os analistas especializados em inteligência estratégica teriam, portanto, o encargo de acompanhar seus temas em todas as Unidades da Federação, em contato com as unidades descentralizadas, oferecendo assessoramento oportuno e qualificado ao decisores. Este efetivo especializado deveria ser capaz, inclusive, de produzir não só apreciações, mas também estimativas. Vale ressaltar que a PRF ainda não conta com área e analistas voltados para a produção de inteligência estratégica para a produção de estimativas. Atualmente, há policiais rodoviários federais habilitados para tal produção, mas estão dispersos, sem compor equipes para tal fim. Vale aqui a distinção dos citados tipos de conhecimento, de acordo com a Doutrina Nacional da Atividade de Inteligência, que traz a apreciação como conhecimento voltado ao passado, presente e futuro próximo, sendo, portanto, interpretativo; e a estimativa como conhecimento voltado ao futuro, sendo, assim, interpretativo-prospectivo. Para a produção de estimativas, portanto, é preciso que a PRF amplie seu método de produção de conhecimento, incorporando metodologias específicas e técnicas acessórias (BRASIL, 2016).

Assim, a destinação de recursos humanos específicos voltados para o assessoramento estratégico favoreceria sua melhor especialização e otimizaria os recursos disponíveis. A produção de conhecimento estratégico, como já exposto, requer acompanhamento sistemático de temas e a formulação de estimativas como bem resume a DNISP: "requer não só domínio pleno da metodologia própria da Atividade de Inteligência, mas também o domínio de métodos prospectivos complementares..." (BRASIL, 2014).

A PRF já produz informações estratégicas de relevância, produzindo conhecimentos do tipo apreciação. Porém, o fortalecimento da inteligência estratégica seria mais efetiva com a criação de área específica, na estrutura de Inteligência da PRF, favorecendo também o aprimoramento de técnicas, manuais e métodos a fim de que se tenha a produção de conhecimentos, inclusive estimativas, para assessoramento no mais alto nível. Com isso, a PRF teria condições de melhor se alinhar, em qualquer situação, a outros órgãos e contribuir com o País no fortalecimento da presença do Estado em áreas estratégicas, dentro da expressão do Poder Nacional e na proposição de políticas públicas em temas de interesse da União, contribuindo ainda mais quanto à segurança, ao desenvolvimento e à defesa nacionais (SILVA, 2005; CARDOSO, 2017)

REFERÊNCIAS

ANDRADE, F. S. de; ALMEIDA, F. N. de. Organização criminosa transnacional: respondendo ao risco com Inteligência. **Revista Brasileira de Ciências Policiais**, *[S. l.]*, v.13, n.8, p. 333-358, 2022. DOI:10.31412/rbcp.v13i8.939. Disponível em: <https://periodicos.pf.gov.br:443/index.php/RBCP/article/view/939>. Acessado em: 18 maio. 2022.

BRASIL. Constituição da República Federativa do Brasil de 1988. Brasília, DF: Presidente da República. **Diário Oficial da União.** Brasília, 1988. Disponível em: <http://www.planalto.gov.br/ccivil_03/constituicao/constituicao.htm>. Acessado em 20 maio. 2022.

______. Lei nº 9.883, de 7 de dezembro de 1999. Institui o Sistema Brasileiro de Inteligência, cria a Agência Brasileira de Inteligência – ABIN, e dá outras providências. **Diário Oficial da União.** Brasília, 1999. Disponível em: <http://www.planalto.gov.br/ccivil_03/LEIS/L9883.htm>. Acessado em 10 mar. 2022.

______. Ministério da Defesa. **Política Nacional de Defesa (PND)**. Decreto Legislativo n.373, de 25 de setembro 2013 (APROVAÇÃO). Disponível em: <http://bdex.eb.mil.br/jspui/handle/123456789/145>. Acessado em 25 abr. 2022

______. Ministério da Defesa. **Estratégia Nacional de Defesa (END)**. Decreto Legislativo n.373, de 25 de setembro 2013 (APROVAÇÃO). Disponível em: <http://bdex.eb.mil.br/jspui/handle/123456789/143>. Acessado em: 25 abr. 2022.

______. Presidência da República. **Ministério da Justiça**. Secretaria Nacional de Segurança Pública. Doutrina Nacional de Inteligência de Segurança Pública (DNISP) 4.Ed. rev. e atual. – Brasília: Secretaria Nacional de Segurança Pública, 2014. 146p.

______. Gabinete de Segurança Institucional. Agência Brasileira de inteligência. **Doutrina Nacional da Atividade de Inteligência: fundamentos doutrinários**. Brasília: ABIN, 2016. 99p.

CARDOSO, A. M. A importância da inteligência como objeto de estudo para o campo da Defesa no Brasil. **Revista Brasileira de Inteligência**, Brasília: ABIN, n. 12, p. 51-63, dez. 2017. Disponível em: <https://rbi.enap.gov.br/index.php/RBI/article/view/141>. Acessado em 08 maio, 2022.

GOMES, R. C. A Inteligência policial e a cooperação interagências no combate ao crime organizado nas fronteiras. **Revista Brasileira de Ciências Policiais**, *[S. l.]*, v. 13, n. 8, p. 287-331, 2022. DOI:10.31412/rbcp.v13i8.938. Disponível em: <https://periodicos.pf.gov.br:443/index.php/RBCP/article/view/938>. Acessado em: 18 maio. 2022.

JANZANTTI, P. H. F; CRAVO, S. C. O geoprocessamento como meio operacional e estratégico para a defesa fronteiriça. **Revista Brasileira de Estudos de Defesa**, v. 5, nº 1, jan./jun. 2018. DOI: https://doi.org/10.26792/rbed.v5n1.2018.75063. Disponível em: <https://rbed.abedef.org/rbed/article/view/75063>. Acessado em 20 abr. 2022.

KENT, S. **Informações Estratégicas**. Vol. 57. Tradução Cel. Hélio Freire. Rio de Janeiro, Biblioteca do Exército, 1967, 216p.

KRAEMER, R. Incompreensão do conceito de Inteligência na Segurança Pública. **Revista Brasileira de Inteligência**, Brasília: ABIN, n. 10, p. 73-82, dez. 2015. Disponível em:< https://rbi.enap.gov.br/index.php/RBI/article/view/128>. Acessado em 12 abr. 2022.

OLIVEIRA, M. N. F. **Desafios e paradigmas da aplicação do policiamento orientado pela inteligência no âmbito da Polícia Rodoviária Federal/Policial Rodoviário Federal**. Rio de Janeiro: ESG, 2019. 30p.

Polícia Rodoviária Federal. **Estrutura (Organograma)**. 2021. Disponível em: <https://www.gov.br/prf/pt-br/acesso-a-informacao/institucional/estrutura>. Acesso em: 07 jun. 2022.

Polícia Federal. **Estrutura. 2022**. Disponível em <https://www.gov.br/pf/pt-br/acesso-a-informacao/institucional/estrutura/view> Acessado em 06 jun. 2022.

SILVA, P. F. da. A Relação entre políticas públicas nas áreas de inteligência e de indústria de defesa no Brasil: um debate necessário. **Revista Brasileira de Inteligência**, n. 11, p. 7-18, dez. 2016. Disponível em: <https://rbi.enap.gov.br/index.php/RBI/article/view/132>. Acessado em 20 abr. 2022.

IMPRESCINDIBILIDADE DO PLANO DE INTELIGÊNCIA PARA O MINISTÉRIO PÚBLICO

RODRIGO ALVES BARCELLOS[23]

SUMÁRIO: 1 Introdução - 2 Atividade de Inteligência - 2.1 Inteligência - 2.2 Contrainteligência - 2.3 O Ciclo de Inteligência - 3 Distinção entre Atividade Investigativa e Atividade de Inteligência - 4 A importância da estruturação de um Plano de Inteligência no Ministério Público - 5 Conclusão - 6 Referências.

RESUMO: O Ministério Público é instituição permanente à qual incumbe a defesa da ordem jurídica, do regime democrático e dos interesses sociais e individuais indisponíveis. Para além da compreensão do relevante trabalho realizado pelos integrantes da Instituição, o que o coloca como protagonista no cenário nacional por sua atuação em questões relevantes para o País, tendo, inclusive, sido reconhecida como atividade de risco, é necessário despertar para a importância de desenvolver a Atividade de Inteligência no âmbito da Instituição. Sob esse aspecto e considerando a importância de todos os ativos que formam o Ministério Público, urge a elaboração de um plano de inteligência estruturado sob os vieses normativo, técnico e operacional, contemplando, inclusive, um modelo de contrainteligência para a Instituição.

PALAVRAS-CHAVE: Inteligência; Contrainteligência; Ministério Público.

23 Promotor de Justiça desde 2011. Coordenador do Núcleo de Segurança Institucional e Diretor de Inteligência do Ministério Público do Estado do Tocantins. Doutorando em Direito. Mestre em Prestação Jurisdicional e Direitos Humanos pela Universidade Federal do Tocantins e em Resolução de Conflitos e Mediação na Espanha. Especialista em Inteligência Estratégica pela Escola Superior de Defesa (ESD).

1. INTRODUÇÃO

O Ministério Público, como disposto no texto Constitucional, é instituição permanente à qual incumbe a defesa da ordem jurídica, do regime democrático e dos interesses sociais e individuais indisponíveis. O trabalho desenvolvido pelos integrantes do Ministério Público, além de relevante para a sociedade, já foi reconhecido também como atividade de risco pelo Conselho Nacional do Ministério Público (CNMP), por meio do Procedimento de Controle Administrativo nº 1.0029/2015-49.

Nesse novo tempo marcado pela liquidez das relações transindividuais, é fundamental que a atuação ministerial seja realizada com profissionalismo, adequação e compromisso social, respeitando os métodos, as técnicas e as estratégias próprias da Atividade de Inteligência. Esse texto discorrerá sobre a imprescindibilidade do Plano de Inteligência para o Ministério Público, como documento formal para direcionar a produção de conhecimentos específicos, voltada a auxiliar na tomada de decisão da administração superior, órgãos de execução na atuação finalística e setores de segurança institucional, em consonância com os direitos e garantias fundamentais e os preceitos do Estado Democrático de Direito.

Nesse diapasão, ante sua estatura *sui generis,* faz-se necessário despertar o Ministério Público para a importância da Atividade de Inteligência, que também abrange a Contrainteligência, sobretudo, em tempos de constantes ameaças e desafios pluridimensionais (espionagem, sabotagem, ataques cibernéticos, criminalidade organizada, corrupção etc), como mecanismo para alcançar um conhecimento que possa ser utilizado como vantagem, especialmente em nível estratégico e tático, e para a proteção e salvaguarda dos ativos da Instituição.

2. ATIVIDADE DE INTELIGÊNCIA

A Atividade de Inteligência no Brasil foi instituída pela Lei nº 9.883/99, que trata do Sistema Brasileiro de Inteligência (SISBIN) e da Agência Brasileira de Inteligência (ABIN), regulamentados pelo Decreto nº 4.376, de 13 de setembro de 2002. Em observância a este marco legal, elaborou-se o arcabouço doutrinário nesta temática, quais sejam: a Política Nacional de Inteligência (PNI)[24], que é o "documento de mais alto nível de orientação da atividade de Inteligência no País", a Estratégia Nacional de Inteligência (ENINT)[25] e o Plano Nacional de Inteligência, que "define as ações estratégicas para implantação da PNI, aprovado pela Portaria nº 40, de 3 de maio de 2018, do Ministro-Chefe do Gabinete de Segurança Institucional da Presidência da República".

É importante asseverar que, com o processo de redemocratização do Brasil, a Atividade de Inteligência encontra-se amparada em robusta legislação, repelindo-se, desse modo, qualquer atuação à margem da legalidade, sobretudo, por seu conteúdo ser caracterizado como sigiloso[26] e de acesso restrito, o que reduz os meios de controles formais pela fiscalização direta da sociedade (controle social do ato administrativo).

A Política Nacional de Inteligência estabeleceu a observância estrita ao ordenamento jurídico, "núcleo duro" do Estado Democrático de Direito, constituindo-se, desse modo, matriz de atuação do operador de inteligência, ao dispor no item 2.1:

> A Inteligência desenvolve suas atividades em estrita obediência ao ordenamento jurídico brasileiro, pautando-se pela fiel observância aos Princípios, Direitos e Garantias Fundamentais expressos na Constituição Federal, em prol do bem comum e na defesa dos interesses da sociedade e do Estado Democrático de Direito. (BRASIL, 2016a)

Os dois grandes ramos da Atividade de Inteligência são: Inteligência e Contrainteligência. Enquanto a primeira visa produzir conhecimento para assessorar o decisor estratégico, a segunda busca, também, a coleta e análise de dados, mas com o fim precípuo da salvaguarda do conhecimento produzido, da instituição, e dos ativos que a compõem. Neste aspecto, pondera-se que a Atividade de Inteligência é essencial à segurança da sociedade e do Estado, por caracterizar atuação estratégica com potencial influência no processo decisório para preservação das instituições públicas, como é o caso do Ministério Público brasileiro.

2.1 INTELIGÊNCIA

24 Decreto nº 8.793, de 29 de junho de 2016.
25 Decreto Sem Número, de 15 de dezembro de 2017.
26 Conforme parágrafo único do artigo 3º, da Lei n.º 9.883/99.

O conceito de Inteligência é técnico-jurídico e está no §2º, do art. 1º, da Lei nº 9.883/99, definindo-se como atividade que objetiva a obtenção, análise e disseminação de conhecimentos, dentro e fora do território nacional, sobre fatos e situações de imediata ou potencial influência sobre o processo decisório e a ação governamental e sobre a salvaguarda e a segurança da sociedade e do Estado. A respeito do tema, leciona GIOVANI DE PAULA (2013, p. 35) que:

> A atividade de Inteligência compreende a obtenção e o processamento de um conjunto de ativos informacionais que são de interesse de uma organização ou entidade visando a produção de determinados conhecimentos que possam vir a gerar influências em determinados juízos, ações e comportamentos, em especial no tocante às influências para os processos decisórios voltados para as pessoas, à sociedade e ao Estado.
>
> A necessidade de contornar incertezas, reduzir riscos, perigos e ameaças obrigou as sociedades desde tempos remotos a buscar obter novos conhecimentos capazes de favorecer as vantagens principalmente nos campos territorial, diplomático, econômico, geopolítico, com posições de prevalência, bem como atuações decisivas.

A Atividade de Inteligência, inicialmente restrita aos campos militares, hoje é tema presente em instituições públicas e corporações privadas, vez que atua permitindo que o decisor vislumbre oportunidades e mitigue riscos. Destarte, faz-se necessário avançar para a profissionalização dessa atividade no âmbito do Ministério Público brasileiro, para a estruturação de normas, procedimentos e protocolos que balizarão a Atividade de Inteligência e a execução de operações para coleta e busca de dados.

Mostra-se premente, dado o cenário atual, que se realizem os avanços e investimentos necessários para dotar o Ministério Público da capacidade de uma atuação proativa e segura, na tomada de decisões e na salvaguarda e proteção dos seus ativos. Quando se compreende o fim a que se destina a Atividade de Inteligência, qual seja, o assessoramento estratégico de um tomador de decisões, verifica-se seu caráter de imprescindibilidade.

O Conselho Nacional do Ministério Público, ao instituir a Política Nacional de Segurança Institucional, materializada pela Resolução nº 156/2016, previu ações específicas de Inteligência, relacionados à contrainteligência, contrassabotagem, contraespionagem, contra o crime organizado e contrapropaganda, sendo oportuno também mencionar o contraterrorismo. À guisa de exemplo, destaca-se o art. 7º, §4º, da Resolução CNMP nº 156/2016, o qual estabelece que: os ramos do Ministério Público deverão proporcionar ao órgão de Segurança Institucional o acesso aos bancos de dados e sistemas da Instituição, para subsidiar as respectivas atividades de Segurança Institucional, Inteligência e Contrainteligência, observados os procedimentos de segurança e controle. Disso depreende-se que, para a própria atividade de Segurança Institucional em sua completude, é imprescindível que se compreendam os órgãos ministeriais responsáveis pela sua tutela, como agências de inteligência, vez que canais técnicos específicos serão criados para o trânsito de informações classificadas.

2.2 CONTRAINTELIGÊNCIA

O conceito de Contrainteligência (CI), descrito no art. 3º da Lei nº 9.883/99, tem enfoque específico na neutralização da inteligência adversa. Já o Decreto nº 4.376/02, em seu art. 3º, amplia o conceito de CI e a define como atividade que objetiva prevenir, detectar, obstruir e neutralizar a inteligência adversa. Notadamente, o escopo da atividade é ampliado, indicando uma atuação proativa da Contrainteligência. A obra Doutrina Nacional da Atividade de Inteligência: fundamentos doutrinários (BRASIL, 2016b, p. 89) define Contrainteligência como:

> Ramo (função) da Atividade de Inteligência que desenvolve ações especializadas destinadas à prevenção e contraposição (detecção, obstrução e neutralização) à atuação da Inteligência adversa e a outras ações que constituam ameaças à salvaguarda de conhecimentos e dados sensíveis, pessoas, áreas e instalações de interesse da sociedade e do Estado.

NOBRE (2014. p. 71) enfatiza que:

> O verbo prevenir, dentro do ramo da Contrainteligência, tem o significado de agir com antecedência às ações adversas; o verbo detectar pode significar identificar ou revelar as ações, ou agente adverso, antes de se efetivar o ataque; o verbo obstruir tem como função parar a ação adversa em andamento; e por fim, o verbo neutralizar, dá o entendimento de anular uma ação adversa que já afetou a segurança dos dados, informações, conhecimentos, áreas ou meios da inteligência a serem protegidos.

Segundo FARAH (2015, p. 75), a Contrainteligência orienta-se para debelar ameaças reais ou potenciais à instituição, que podem se caracterizar por ações de atores hostis que possuem intenção deliberada de causar dano ou atitudes de negligência dos integrantes da organização, as quais podem redundar em um prejuízo. Daí falar-se em um modo de atuação denominado "ciclo de Contrainteligência", composto por cinco fases (observar, orientar, detectar, decidir e agir) cujo ponto inicial e final é sempre a observação.

Neste diapasão, o Conselho Nacional do Ministério Público, pela Resolução nº 156/17, instituiu a Política de Segurança Institucional do Ministério Público, estabelecendo que:

> Art. 3º A segurança institucional compreende o conjunto de medidas voltadas a prevenir, detectar, obstruir e neutralizar ações de qualquer natureza que constituam ameaça à salvaguarda da Instituição e de seus integrantes, inclusive à imagem e reputação.
>
> §1° As medidas a que se reporta o caput compreendem a segurança orgânica e a segurança ativa.

Nota-se a semelhança dos conceitos com a utilização, inclusive, dos mesmos verbos aqui voltados não para a inteligência adversa, mas para ações de qualquer natureza que atentem contra o Ministério Público e seus ativos, demonstrando cristalina inter-relação entre a Contrainteligência e a Segurança Institucional.

2.3 O CICLO DE INTELIGÊNCIA

Para o efetivo, exato e completo diagnóstico objetivo das vulnerabilidades da Instituição, bem como dos riscos de ameaças de dano a que está exposta, é imprescindível a formação de conhecimento segundo dados plúrimos, decorrentes de diversas fontes. Sobre esses dados devem-se aplicar técnicas de aferição de credibilidade e confiabilidade para processamento final da informação que será destinada ao gestor do Ministério Público para a adoção de medidas de segurança orgânica ou o emprego de ações de segurança ativa em prol da proteção dos ativos da Instituição.

Trata-se de empregar o "Ciclo de Inteligência", que é um processo formado por fases que se sucedem, pavimentando um marco teórico para a produção de Inteligência, conforme CASTRO GARCIA (2016, p. 53):

1ª) planejamento e direção, na qual se determinam quais são as necessidades de Inteligência que devem ser priorizadas, ou seja, com base no diagnóstico dos exatos objetivos da produção do conhecimento, com o recebimento do requerimento de sua produção, passa-se à análise das necessidades do destinatário, as quais devem ser expressas da maneira mais clara possível para não afetar o bom desenvolvimento das fases seguintes;

2ª) obtenção de dados, por meio de distintos tipos de fontes com suas particularidades próprias, sendo recomendável o acesso à maior quantidade de dados para possibilitar contrastá-los e manter um alto nível de confiabilidade;

3ª) processamento dos dados, consistente na análise técnica, armazenamento ordenado, controle e posterior conservação de forma segura;

4ª) produção de Inteligência, na qual os dados convertem-se em informação de Inteligência por meio de uma série de subetapas:

4.a) avaliação, consistente em saber qual parte do dado recebido deve ser rechaçado (por incompleto ou pouco confiável), observando-se a qualidade da fonte e a qualidade do dado dela decorrente;

4.b) integração, na qual são reunidos todos os dados disponíveis procedentes das distintas fontes[27] para comparação, a fim de alcançar o grau de confiabilidade;

4.c) análise, concretizada por um exame sistemático dos dados reunidos que permite compreender a complexidade do fenômeno analisado e apresentá-lo de maneira contextualizada, oferecendo assim resposta à necessidade de interpretação pela qual o analista coloca suas capacidades a serviço da contextualização dos dados recebidos e consegue valorá-los como resultado de sua especialização;

5ª) difusão, momento em que o destinatário recebe o produto de Inteligência que resultou do ciclo descrito, devendo ser verificado, nessa fase, quanto ao produto, a sua a pertinência (se o produto atende ao fim desejado), a sua confiabilidade, a sua oportunidade (difusão no tempo adequado para a tomada de decisão), bem como que ele seja transmitido com segurança ao destinatário, para que pessoas, departamentos ou instituições alheias tenham acesso (necessidade de conhecer e compartimentação da informação).

---

27 Exemplificativamente, são fontes de inteligência: humanas, abertas, fiscais, financeiras, sinais, imagens, cibernéticas, geoespaciais etc.

3. DISTINÇÃO ENTRE ATIVIDADE INVESTIGATIVA E ATIVIDADE DE INTELIGÊNCIA

A Atividade de Inteligência e a investigatória produzem informações essenciais. No entanto, observa-se distinções substanciais entre elas. Enquanto a atividade investigatória destina-se à formação do conjunto probatório para identificar indícios de autoria e materialidade, atuando, assim, numa dimensão reativa e repressiva vinculada a prévio procedimento investigatório, perquirindo fatos ocorridos e previstos como ilícitos penais ou cíveis; a Atividade de Inteligência dirige-se à produção e salvaguarda de conhecimentos, mediante técnicas específicas, voltada ao assessoramento para a tomada de decisões estratégicas da Administração Superior do Ministério Público e dos órgãos de execução, atuando de forma proativa, podendo abordar fatos passados, presentes ou prognósticos situacionais, sem se vincular necessariamente a prévio procedimento.

Assim, os documentos de Inteligência não podem ser utilizados em procedimentos investigatórios cíveis ou criminais, visto que não se prestam à prova. Enquanto cada diligência investigativa aponta a fonte das informações obtidas, o documento de Inteligência não expõe de onde se originaram os conhecimentos produzidos. Se por um lado, a Atividade de Inteligência é sigilosa, a investigação é regida, em regra, pelo princípio da publicidade.

4. A IMPORTÂNCIA DA ESTRUTURAÇÃO DE UM PLANO DE INTELIGÊNCIA NO MINISTÉRIO PÚBLICO

O Plano de Inteligência é o documento da Atividade de Inteligência que tem por finalidade estabelecer normas de caráter geral para o planejamento, coordenação, execução e controle da Atividade de Inteligência, orientando a produção dos conhecimentos necessários acerca dos assuntos de interesse da Instituição, com oportunidade e segurança. Ele direciona o esforço de aquisição de dados (busca e coleta), legitima as operações de Inteligência e deve ser elaborado com base nos objetivos estratégicos do Ministério Público (Política de Inteligência) e nas diretrizes gerais da Administração Superior, traçando as necessidades do conhecimento de Inteligência para a função institucional. Em suma, é o documento que define o emprego da Inteligência no âmbito da instituição.

O Plano de Inteligência do Ministério Público deve contemplar a sua estrutura básica, segundo as diretrizes nacionais, sem pretensão de esgotar a temática, mas apenas trazer tópicos relevantes para melhor compreensão da sua imprescindibilidade. Segundo a Estratégia Nacional de Inteligência (ENINT), aprovada por meio do Decreto de 15 de dezembro de 2017, o Plano Nacional de Inteligência é o "documento que explicitará a forma de se atingir o que a ENINT propõe e onde serão definidos os parâmetros de atuação dos órgãos do SISBIN". O referido ato normativo, enfatizando sobre a importância do Plano de Inteligência, aduz que:

> (...) para o atingimento dos objetivos aqui definidos, o Plano Nacional de Inteligência assume papel fundamental. Implementar as definições estratégicas significa adotar ações que materializem a entrega do valor para o Estado e a sociedade brasileira, de forma eficiente e oportuna, e demonstra a habilidade do Sistema de tornar a sua estratégia efetiva.

Contextualizando estas diretrizes para o Ministério Público, um plano de inteligência deve conter: matriz de responsabilidades que contemple o conjunto de ações e metas estipuladas para o cumprimento dos objetivos estratégicos, bem como contar com mecanismos de acompanhamento da execução das respectivas metas. Desse modo, o Plano de Inteligência do Ministério Público deve sedimentar-se em Eixos Estruturantes, os quais se desdobram em desafios, objetivos estratégicos, ações propostas e produtos, ou seja: 1. Atuação em Rede; 2. Tecnologia e Capacitação; 3. Segurança do Estado e da Sociedade. Desafios consistem em imperativos para o aperfeiçoamento do desempenho da Atividade de Inteligência. Já os objetivos estratégicos especificam metas a serem atingidas para a superação dos desafios. As ações propostas visam concretizar os objetivos estratégicos e, após detalhadas, indicam os produtos a serem gerados. Exemplificativamente, temos a seguinte figura:

Figura 1 – Plano de Inteligência do Ministério Público

EIXO	Segurança do Estado e da Sociedade
DESAFIO	Apoiar o combate à corrupção e à criminalidade organizada

OBJETIVO ESTRATÉGICO	Produção de conhecimentos prioritários referentes às ameaças institucionais, corrupção e crime organizado
AÇÃO	Produzir conhecimentos referentes aos temas priorizados como estratégicos
PRODUTO	Relatórios de inteligência sobre os temas prioritários, difundidos com periodicidade específica

Fonte: Elaboração própria.

Saliente-se, ainda, que a importância da estruturação de um Plano de Inteligência no Ministério Público repercute na definição de cada uma das ações previstas e na designação do ponto focal incumbido de coordenar e supervisionar o desenvolvimento das ações no âmbito da Instituição, bem como dos demais envolvidos em sua consecução.

5. CONCLUSÃO

A relevância da Atividade de Inteligência para o Ministério Público impõe a necessidade de instituir um documento formal que defina as estratégias de atuação, suas peculiaridades e a legitimação das ações de seus operadores. É que a Inteligência ministerial atua tanto na vertente estratégica, de natureza consultiva, quanto sob o viés tático, de natureza executiva, voltado à produção de conhecimento.

Além disso, o Plano de Inteligência do Ministério Público respalda juridicamente todas as ações desempenhadas para o alcance das finalidades previstas no decorrer da produção do conhecimento, assim como ampara e salvaguarda todo o sistema de Inteligência e seus integrantes no cumprimento das suas respectivas atribuições, por configurar instrumento de controle da própria atividade, minimizando potenciais desvios de conduta, assim como repercussões negativas às unidades ministeriais.

Assim, resta consagrada a relevância da construção do Plano de Inteligência do Ministério Público, com marcos regulatórios claros e precisos, voltados a respaldar a atuação do agente de Inteligência, com legitimidade e adequação, na produção do conhecimento, por meio de métodos, técnicas e ferramentas estratégicas, táticas e operacionais, observado o ciclo da produção do conhecimento, superando-se a fase amadorística e/ou meramente empírica.

Outrossim, é evidente que a Atividade de Inteligência, além de produzir conhecimento às ações finalísticas do Ministério Público, também subsidia os tomadores de decisão em temas de seu interesse, sobretudo aqueles que possam representar ameaças ou oportunidades à consecução dos objetivos estratégicos institucionais, sendo, portanto, imprescindível que no Plano de Inteligência conste as necessidades de conhecimentos específicos a serem produzidos pelos serviços de Inteligência ministerial.

O Plano de Inteligência é instrumento essencial para subsidiar a desempenho das atribuições do Ministério Público, com avaliações oportunas e aprofundadas, haja vista que a obtenção, a análise e a disseminação de conhecimentos sobre fatos e situações que possam impactar o processo decisório da alta gestão, assim como na atividade finalística, mormente, no combate ao crime organizado e outros crimes complexos, vêm alcançando importância estratégica, sobretudo, diante de um contexto de riscos e ameaças contínuos.

Daí afigura-se imprescindível a construção do Plano de Inteligência do Ministério Público, como documento formal essencial a subsidiar e orientar a produção do conhecimento voltado a assessorar adequadamente o processo decisório da Administração Superior, bem como auxiliar os diversos órgãos de execução na atividade finalística e no enfrentamento às novas ameaças à segurança institucional, por meio de ações firmes, sérias e urgentes.

REFERÊNCIAS

BRASIL. Conselho Nacional do Ministério Público. **Resolução 156, de 13 de dezembro de 2016** – Institui a Política de Segurança Institucional e o Sistema Nacional de Segurança Institucional do Ministério Público, e dá outras providências. Publicada no Diário Eletrônico do CNMP, Caderno Processual, p. 1-11, de 14 de fevereiro de 2017.

______. Decreto, de 15 de dezembro de 2017. Aprova a Estratégia Nacional de Inteligência. **Diário Oficial da União:** seção 1, Brasília, DF, 18 dez. 2017.

______. Decreto nº 4.376, de 13 de setembro de 2002. Dispõe sobre a organização e o funcionamento do Sistema Brasileiro de Inteligência, instituído pela Lei nº 9.883, de 7 de dezembro de 1999, e dá outras providências. **Diário Oficial da União,** seção 1, Brasília, DF, 16 set. 2002.

______. Decreto nº 8.793, de 29 de junho de 2016. Fixa Política Nacional de Inteligência. **Diário Oficial da União:** seção 1, Brasília, DF, 30 jun. 2016a.

______. Doutrina Nacional da Atividade de Inteligência: fundamentos doutrinários. Brasília, DF, ABIN, 2016b.

______. Lei nº 9.883, de 07 de dezembro de 1999. Institui o Sistema Brasileiro de Inteligência, cria a Agência Brasileira de Inteligência - ABIN, e dá outras providências. **Diário Oficial da União:** seção 1, Brasília, DF, 08 dez. 1999.

CASTRO GARCÍA, Andrés. Ciclo de inteligencia. In: DÍAZ FERNÁNDEZ, Antonio M. Conceptos fundamentales de inteligencia. Valência: Tirant lo blanc, 2016.

FARAH, Camel André de Godoy. **Logística, ações e operações de inteligência:** livro digital / 1. ed. rev. e atual. Palhoça: UNISUL Virtual, 2015.

NOBRE, George Karlo Dantas. A atividade de inteligência no âmbito do Ministério Público: um comparativo entre inteligência ministerial e investigação ministerial criminal. Natal: UNISUL, 2014.

PAULA, GIOVANI DE. **Atividade de Inteligência de Segurança Pública: um modelo de conhecimento aplicável aos processos decisórios para a prevenção e segurança no trânsito**. Santa Catarina: Universidade Federal de Santa Catarina, 2013.

OS REFLEXOS DA ESTRATÉGIA NACIONAL DE INTELIGÊNCIA DE SEGURANÇA PÚBLICA (ENISP) NO SISTEMA DE GESTÃO DA POLÍCIA MILITAR DO ESTADO DE SÃO PAULO (GESPOL)

FÁBIO DE AQUINO VAZ [28]

RESUMO: A Estratégia Nacional de Inteligência de Segurança Pública, em nível federal, é o documento que trata dos parâmetros e limites da atuação da atividade de Inteligência de Segurança Pública. Em nível estadual, no Estado de São Paulo, o Sistema de Gestão da Polícia Militar do Estado de São Paulo é quem direciona, como documento estratégico, as bases elementares e as áreas de gestão que regem os serviços prestados pela Polícia Militar. A Inteligência Estratégica, apresentada em ambos os documentos, converge para o mesmo objetivo, o assessoramento dos tomadores de decisão, visando a diminuição de índices criminais. Nesse sentido, o presente artigo, tem como objetivo verificar se os dois documentos se comunicam, ou seja, se tem as mesmas linhas gerais de estratégia.

PALAVRAS CHAVE: Estratégia Nacional de Inteligência de Segurança Pública; Sistema de Gestão da Polícia Militar do Estado de São Paulo; Inteligência Estratégica; índice criminal.

28 Major da Polícia Militar do Estado de São Paulo. Chefe de Divisão no Centro de Inteligência da Polícia Militar. Mestre em Ciências Policiais de Segurança e Ordem Pública. Especialista em Inteligência Estratégica pela Escola Superior de Defesa (ESD).

1. INTRODUÇÃO

O Sistema de Gestão de Polícia Militar do Estado de São Paulo (GESPOL) é o documento estratégico que direciona as bases elementares da atuação policial militar no Estado de São Paulo, bem como as diversas áreas de gestão que regem os serviços prestados pela instituição Polícia Militar do Estado de São Paulo (PMESP), com o intuito de garantir a segurança necessária às pessoas para desempenharem suas mais diversas atividades cotidianas (PMESP, 2021).

A Estratégia Nacional de Segurança Pública (ENISP), disposta no Decreto Nº 10.778/21 (BRASIL, 2021), por sua vez, é o documento que trata dos parâmetros e limites da atuação da atividade de Inteligência de Segurança Pública (ISP) no âmbito do Subsistema de Inteligência de Segurança Pública (SISP), ao qual a PMESP é um dos atores, através do seu Centro de Inteligência da Polícia Militar (CIPM).

Nesse sentido, se justifica o presente estudo para verificar se há relação entre a ENISP e a GESPOL, baseado no conteúdo dos dois documentos; e relacionar o emprego da atividade de Inteligência na gestão do policiamento com os índices de homicídios apresentados no Estado de São Paulo, visto que a análise de todos os índices deve ser tratada em trabalho próprio diante da complexidade do assunto. Ressalta-se que o período de análise do índice criminal será a partir da primeira edição da GESPOL, em 2009.

A problemática apresentada para a pesquisa do tema proposto parte da inserção da atividade de Inteligência na GESPOL, verificando a importância da atividade de Inteligência como uma ferramenta de assessoramento na gestão do policiamento apresentado pela PMESP, quais as similaridades da descrição dessa atividade com a ENISP, e nesse sentido, se o emprego da Inteligência resultou em melhora na prevenção da Segurança e Ordem Pública.

Diante do exposto, o presente artigo se faz relevante para justificar o emprego da Inteligência no planejamento estratégico da Polícia Militar do Estado de São Paulo.

2. DESENVOLVIMENTO

2.1 A ESTRATÉGIA NACIONAL DE INTELIGÊNCIA DE SEGURANÇA PÚBLICA (ENISP)

O Decreto Nº 10.778, de 24 de agosto de 2021, da Presidência da República, instituiu a ENISP. O referido decreto com seu anexo, tem por objetivo limitar e estabelecer parâmetros de atuação da atividade de inteligência de segurança pública e de seus executores (BRASIL, 2021).

Por se tratar de um documento de nível estratégico, a ENISP apenas estabelece limites e linhas de ação para que a atividade de inteligência seja empregada nas instituições pertencentes ao SISP. A PMESP, por meio do CIPM, é um dos atores que compõem o SISP, assunto que será tratado adiante.

Em sua introdução, a ENISP indica a necessidade de estabelecimento de estratégia para a segurança pública, conforme descrito a seguir:

> Os grandes desafios enfrentados pela segurança pública, tais como a preservação da ordem pública, da incolumidade das pessoas e do patrimônio, do meio ambiente e o enfrentamento à criminalidade organizada e violenta, exigem que se estabeleça uma estratégia capaz de subsidiar os tomadores de decisão para o planejamento e execução de políticas de segurança pública (BRASIL, 2021).

Segurança pública está entre as necessidades básicas da vida em sociedade. Sem segurança os indivíduos ficam vulneráveis e o medo passa a vigorar, fazendo com que as atividades cotidianas deixem de ser executadas ou sejam prejudicadas. Para que todas as atividades da sociedade funcionem de maneira plena e sem interrupções, os cidadãos precisam de segurança.

A busca pela excelência nos serviços prestados pelas polícias requer planejamento que deve utilizar todas as ferramentas disponíveis para sua confecção. A constante mutação nas formas de atuação de criminosos, em todas as vertentes criminais, além de atuações em quebra de ordem pública, exige esforço contínuo das forças policiais que devem se atualizar e potencializar energia para resolver as questões apresentadas com eficiência e eficácia.

A ENISP, em nível estratégico, busca a identificação de desafios, define eixos estruturantes e objetivos estratégicos, visando ao assessoramento no mais alto nível e, assim, proporcionar as melhores condições para que os tomadores de decisão consigam antecipar e prevenir ameaças e aproveitar as oportunidades no desempenho da segurança pública (BRASIL, 2021).

Na estrutura da ENISP, observam-se os seguintes pontos: missão e visão do SISP; os valores da atividade de inteligência; o ambiente estratégico em que ela será desenvolvida, elencando as ameaças e as oportunidades; os desafios para a atividade de ISP atuar com eficácia; os eixos estruturantes; os objetivos estratégicos; e termina indicando a implementação da estratégia através do Plano Nacional de Inteligência de Segurança Pública.

Para o desenvolvimento desse relatório, serão analisados somente alguns tópicos da ENISP.

No item ambiente estratégico, o documento destaca a importância da Inteligência se voltar para análise de grandes volumes de dados. A tecnologia é uma das principais ferramentas da atividade de inteligência e seu desenvolvimento deve ser constante. Pelas dimensões continentais do país, tanto em território quanto em população, os bancos de dados e aplicações tecnológicas devem ser desenvolvidos e preparados para absorver elevados números de informações. A memória e a capacidade de análise são vitais para qualquer órgão de inteligência no desenvolvimento de suas atividades.

Quando trata das ameaças, destacamos a criminalidade organizada, que se aperfeiçoa e se desenvolve constantemente, e exige dos órgãos de segurança pública cada vez mais especialização para o eficaz combate. O problema da criminalidade organizada ultrapassa fronteiras internas e internacionais, o que já nos leva a outro ponto definido pela ENISP, que é a integração entre os órgãos do SISP para a otimização de esforços no combate a esse problema.

Nos desafios apresentados pela ENISP, a intensificação do uso de tecnologias da ciência de dados é um dos pontos principais para o nosso estudo. A tecnologia exige investimento para compra de ativos e qualificação dos operadores, o que demanda muito esforço e tempo. E diante de um cenário em que as mudanças acontecem a todo instante, os órgãos de inteligência são obrigados a acompanhar todas as tendências e novidades tecnológicas, para confeccionar trabalhos de qualidade, que sejam úteis e oportunos.

Nos eixos estruturantes, destaca-se a necessidade de atuação em rede, ou seja, a integração já mencionada anteriormente. Entre os atores que compõem o SISP se faz necessário compartilhar dados, conhecimentos, tecnologias etc, visando sempre a busca de resultados melhores, eficazes e oportunos para emprego na Segurança Pública. Entretanto, o sucesso da atuação em rede depende da reciprocidade e da confiança entre seus membros, que devem ser sabedores que, sem prejuízo da segurança das informações, deve haver o compartilhamento daquilo que deve ser compartilhado a quem tem necessidade de conhecer.

Outro eixo estruturante importante para nosso estudo está na capacitação dos profissionais de inteligência. Além de promover treinamento, desenvolver competências e habilidades, muitos órgãos de inteligência aproveitam a oportunidade de capacitação para criar também redes de contato entre os profissionais que atuam na atividade de inteligência como, por exemplo, o próprio Curso Superior de Inteligência Estratégica (CSIE), desenvolvido da Escola Superior de Defesa (ESD), para o qual este trabalho foi desenvolvido.

Por fim, nos objetivos estratégicos está elencada a necessidade do aperfeiçoamento do fluxo de produção de conhecimento sobre ameaças e oportunidades, e o direcionamento da produção de conhecimento para temas priorizados, o que demonstra o caráter dinâmico que a atividade de inteligência precisa desenvolver para acompanhar as constantes mudanças na sociedade.

2.2 A INTELIGÊNCIA NO SISTEMA DE GESTÃO DA POLÍCIA MILITAR DO ESTADO DE SÃO PAULO (GESPOL)

O Sistema de Gestão da Polícia Militar do Estado de São Paulo é o documento onde se apresenta a estratégia da instituição para o emprego do policiamento no Estado de São Paulo. A GESPOL optou pelo Modelo de Excelência de Gestão (MEG), da Fundação Nacional da Qualidade (FNQ). A FNQ traz uma visão moderna de gestão, alicerçada na plataforma MEG21, e aporta às organizações conhecimento, ferramentas e processos relevantes para a construção de uma jornada de transformação por meio de diagnósticos, cursos, certificações, reconhecimentos, mentorias, palestras e workshops.

Esse documento, de nível estratégico, apresenta a base sobre a qual é construída a estratégia institucional, bem como sua missão, visão de futuro, valores e as áreas de gestão representativas. Todas essas áreas de gestão têm como ponto principal a prestação de serviços à sociedade, que é por natureza o cliente da instituição (PMESP, 2021).

A GESPOL teve sua primeira edição em 2009 e, após um ano de sua estruturação, em 2010, ocorreu uma atualização. Passada pouco mais de uma década, em 2021 foi lançada uma nova edição, a 3ª, e nela foram inseridas algumas áreas de gestão novas, dentre elas, a Gestão de Inteligência de Segurança e Ordem Pública, que será tratada neste trabalho.

A inserção da Gestão de Inteligência de Segurança e Ordem Pública na GESPOL é o reconhecimento da importância e a validação dos métodos utilizados para o assessoramento no mais alto nível dos tomadores de decisão em todos os escalões da Polícia Militar, voltada em especial para a redução dos indicadores criminais e a promoção de um serviço policial militar mais eficiente e eficaz, aumentando a percepção e sensação de segurança dos cidadãos. Nesse sentido, verificamos o texto abaixo:

> A inteligência, enquanto atividade, tem como finalidade precípua assessorar o processo decisório dentro da instituição, processo este que atinge todos os escalões de Comando, alcançando os níveis Estratégico, Tático e Operacional, objetivando a antecipação e a prevenção de eventos que possam impactar a Segurança e Ordem Pública (PMESP, 2021 p.108).

Cabe aqui uma ressalva que, nas edições anteriores, a Inteligência estava absorvida por outras áreas de gestão e, visto sua relevância dentro do processo estratégico, foi dedicado a ela uma área de gestão específica.

> Apesar de todas as gestões anteriores serem igualmente relevantes na construção holística da PMESP, é indiscutível que a Gestão de Inteligência de Segurança e Ordem Pública possui notoriedade enquanto elemento subsidiário da atividade operacional, dando-lhe suporte para as ações de planejamento e execução. Se bem estudados, os dados e informações provenientes dos setores de Inteligência resultarão em estratégias bem definidas que contribuirão para a neutralização de fenómenos com potencial de risco para a quebra da Ordem Pública, bem como na organização de recursos e meios em operações e ações policiais. É a inteligência à disposição da PMESP e, por conseguinte, a favor da sociedade e do cidadão (PMESP, 2021 p.108).

Uma das inovações trazidas na GESPOL é o conceito de Inteligência de Segurança e Ordem Pública (ISOP) que é uma variante da Inteligência de Segurança Pública, e abrange em sua conceituação controlar o espaço, o tempo, identificar padrões e tendências em razão de fenômenos que tenham potencial de romper com a Ordem Pública (PMESP, 2021).

Considerando as missões constitucionais das polícias militares, esse conceito traz uma maior amplitude, visto que qualquer ação que tenha potencial para quebra da ordem está incluída como competência da PM para atuar. Não é somente o cometimento de crime que pode ensejar a quebra da ordem. Outras situações, como as decorrentes de toda ordem que têm a capacidade de interferir na boa convivência social, tais como aglomerações de pessoas em manifestações, ou eventos esportivos, podem interferir em direitos de outras pessoas que não estejam participando caso não haja um planejamento adequado, ou ofender a incolumidade física de alguém.

Ainda nesse conceito de ISOP, está prevista a diretiva de análise policial-militar e sistemas inteligentes. A análise policial-militar trata-se de uma espécie de análise criminal própria para a polícia preventiva. Semelhante à diferenciação entre os conceitos de ISP e ISOP, a análise policial-militar trata de questões com potencial para a quebra da ordem, mas estas questões estão além da perspectiva de cometimento de crime.

> Em síntese, a ISOP produz conhecimentos, por meio da Análise Policial-Militar, sobre fenômenos de interesse da polícia ostensiva, entre as quais se encontram as ações de proteção ambiental, de trânsito urbano e rodoviário, da aviação policial-militar, de ações de controle de multidões, de defesa civil, entre outras, que estão relacionadas com a preservação e o restabelecimento da Ordem Pública e de seus aspectos – salubridade, segurança e tranquilidade públicas (PMESP, 2021 p.112).

Os sistemas inteligentes são as ferramentas utilizadas na atividade de inteligência que auxiliam as análises. As informações obtidas pelos órgãos de inteligência são organizadas em bancos de dados que ficam à disposição dos analistas para subsidiarem seus trabalhos que assessorarão os tomadores de decisão. Há muito tempo a PMESP vem trabalhando e melhorando suas tecnologias para conseguir implantar as inovações disponíveis no mercado, bem como aquelas desenvolvidas dentro da própria instituição.

A GESPOL elenca os sistemas inteligentes disponíveis na PMESP para utilização na atividade de inteligência: SIOPM, PRODESP, BASE

DE FOTOGRAFIAS CRIMINAIS (FOTOCRIM), COPOM ON-LINE, INFOCRIM 3.0, INFOSEG, DETECTA e SISTEMA RADAR. Dessas soluções, algumas são próprias e outras são disponibilizadas por outros órgãos, tudo com o intuito de trazer dados para uma melhor produção do conhecimento.

A análise de riscos também foi um fator de inovação trazido pela GESPOL. Intitulado como Análise de Riscos em Segurança e Ordem Pública, esse tópico foi tratado como uma diretiva dentro do sistema da ISOP. Um dos tipos de análise policial-militar, os Objetos de Análise de Inteligência (OAI) utilizam-se de prospecção e análises de ameaças em eventos que possam vir a quebrar a ordem. Esses OAI são tratados a partir de conhecimentos produzidos pelo analista, em conjunto com os dados dos sistemas inteligentes, e são considerados Análises de Risco em Segurança e Ordem Pública (PMESP, 2021).

Por fim, outro ponto de muita relevância tratado na GESPOL, dentro da gestão de inteligência, é a qualificação e treinamento em inteligência de segurança e ordem pública. A qualificação para os policiais militares integrarem o sistema de inteligência da PMESP inicia-se por um rigoroso processo de investigação da vida do policial. Inclusive essa é uma das poucas situações em que o profissional, após ingresso na instituição, é submetido a novo processo de verificação de conduta social. Somente após receber apto é que o policial militar pode ser empregado nas atividades de inteligência, e estará habilitado ao manuseio e acesso de dados e conhecimentos sigilosos e controlados.

Todo o rigor para o credenciamento do candidato que irá atuar na inteligência se faz necessário pelo fato de que esse policial irá tratar de assuntos que não podem ser expostos sem critérios ou sem o controle do órgão de inteligência. Ou seja, o policial terá obrigação de sigilo com os assuntos que tratar, além de responsabilidades quanto a isenção, discrição e outros requisitos necessários ao operador de inteligência.

Além disso, o treinamento e a especialização do analista ou do agente de inteligência são pontos essenciais para a vida desse profissional. A atividade de ISP é especializada, portanto exige do seu operador as qualificações e treinamentos para bem executá-la.

Na PMESP, o Centro de Inteligência da Polícia Militar (CIPM) é o responsável por toda a atividade de ISP na instituição, pois é o órgão central do Sistema de Inteligência da Polícia Militar (SIPOM). Os credenciamentos e qualificações dos policiais militares que atuam na atividade são de responsabilidade do CIPM. Ele também é o responsável pelo alinhamento e aproximação com outros órgãos, proporcionando a integração, que tanto se faz necessário nos dias atuais.

3. RESULTADOS OBTIDOS E ANÁLISES

Foi possível verificar, na análise dos dois documentos, as semelhanças doutrinárias e o direcionamento que a gestão do policiamento na PMESP seguiu para confeccionar seu documento. A inserção da inteligência como uma área de gestão, nessa edição da GESPOL, é fruto de uma exitosa e bem-sucedida atuação da atividade de inteligência desenvolvida ao longo dos anos.

A GESPOL permitiu uma melhor alocação dos recursos humanos e materiais, tornando a atuação policial-militar mais eficiente, eficaz e sustentável, em especial através do assessoramento propiciado pela inteligência em nível estratégico, resultando em todo o Estado de São Paulo na redução significativa dos índices de homicídio, atingindo números melhores que muitos países desenvolvidos.

Segue abaixo um gráfico simples dos índices de homicídios apresentado no estado de São Paulo, desde a primeira edição da GESPOL.

Gráfico 1 - Índice de homicídios por 100 mil habitantes no Estado de São Paulo entre 2009 e 2021

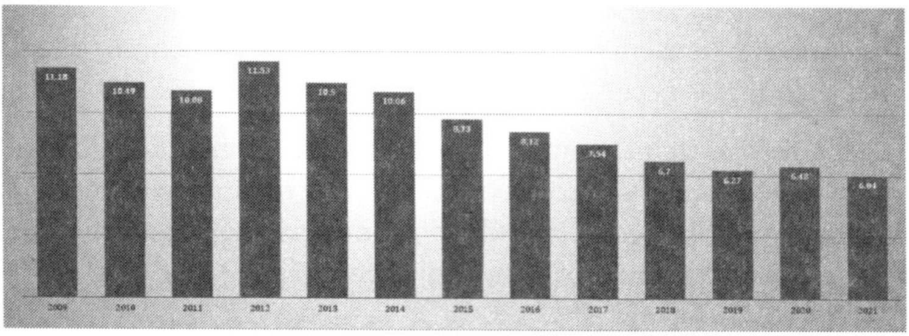

Fonte: Secretaria de Segurança Pública do Estado de São Paulo, 2022.

4. CONCLUSÕES E RECOMENDAÇÕES

Conforme o exposto, podemos verificar muitas semelhanças nos documentos analisados. Os principais pontos descritos no desenvolvimento do presente trabalho demonstram o alinhamento da GESPOL, em nível Estadual, com a ENISP, apresentada em nível Federal.

Pontos como a integração, uso de tecnologias, qualificação e treinamento dos operadores de ISP, mostram os rumos, e ao mesmo tempo os desafios, que a atividade enfrentará nos tempos vindouros.

A Inteligência Estratégica se faz necessária para o assessoramento no mais alto nível dos tomadores de decisão nos mais variados escalões. Somente com o uso dessa ferramenta tão valiosa se pode obter melhores resultados na prestação de serviços à sociedade.

Na PMESP, por meio do CIPM, a atividade de ISP vem sendo aplicada há anos na gestão de policiamento. E os resultados apresentados ao longo do tempo têm demonstrado a importância desse assessoramento para o emprego eficaz dos ativos institucionais, refletindo na redução dos índices criminais apresentados em todo o Estado de São Paulo. Soma-se a isso, a atuação qualificada frente à criminalidade organizada e o controle apresentado nas demais situações com potencial para quebra da ordem pública, como os grandes eventos de 2014 e 2016, os eventos anuais de grande porte como a Fórmula 1, Marcha para Jesus, Carnaval, além das enormes manifestações apresentadas em São Paulo nos últimos anos.

Como prova e exemplo da eficiência e excelência no assessoramento pela inteligência em nível estratégico, em conjunto com todos os demais processos que atuam na gestão do policiamento preventivo ostensivo, formando o todo indivisível que é a Polícia Militar, São Paulo reduziu de maneira drástica o índice de homicídio no Estado. Esse modelo de gestão, para o controle e redução de índices criminais pode ser utilizado como base para Estados que não consigam ainda a redução de índices a níveis desejados.

REFERÊNCIAS

BRASIL. Ministério da Justiça. Secretaria Nacional de Segurança Pública. **Resolução Nº 01, de 15 de julho de 2009**. Regulamenta o Subsistema de Inteligência de Segurança Pública e de Outras Providências. Brasília: CGI, 2009.

BRASIL. Secretaria Geral. Decreto nº 10.778, de 24 de agosto de 2021. Estratégia Nacional de Inteligência de Segurança Pública. **Diário Oficial da União.** Brasília, 2021. Disponível em: <http://www.planalto.gov.br/ccivil_03/_ato2019-2022/2021/decreto/D10778.htm>. Acesso em: 27 maio 2022.

PMESP. **Sistema de Gestão da Polícia Militar do Estado de São Paulo**. 3.ed. São Paulo: Polícia Militar do Estado de São Paulo, 2021.

FUNDAÇÃO NACIONAL DA QUALIDADE. Disponível em: http://www.fnq.org.br. Acesso em: 20 maio 2022.

INTELIGÊNCIA PREVIDENCIÁRIA E TRABALHISTA: DESAFIOS E PERSPECTIVAS

ADRIANA DIAS DOS SANTOS[29]

RESUMO: O artigo apresenta a importância da Inteligência Previdenciária e Trabalhista com uma abordagem acerca dos desafios e perspectivas ante a atual carência de recursos humanos e fragilidade orçamentária. A área especializada é responsável por duas matérias complexas, pilares da estabilidade social: previdência social e trabalho. A metodologia propõe pesquisa exploratória, de cunho qualitativo, com técnica de coleta de dados, revisão de literatura, análise documental e aplicação de um questionário. Os resultados do estudo apontam que, caso não haja um aumento de recursos orçamentários e esforço na recomposição do quadro de pessoal, pode ocorrer um enfraquecimento institucional com comprometimento da força de trabalho capacitada, possível avario da capilaridade e representação regional, além do comprometimento do desempenho de suas competências legais regulamentares e manutenção da missão institucional Estatal, na consolidação dos direitos sociais: Previdência e Trabalho, em especial no combate às fraudes estruturadas e à corrupção.

PALAVRAS-CHAVE: Inteligência Previdenciária e Trabalhista; Fraude Previdenciária e Trabalhista; assessoramento.

29 Servidora pública federal. Bacharel em Direito. Especialista em Inteligência Estratégica pela Escola Superior de Defesa (ESD).

1. INTRODUÇÃO

O estudo a seguir apresenta a importância da Inteligência Previdenciária e Trabalhista e propõe uma reflexão acerca dos desafios e perspectivas que perpassam a carência de recursos humanos e a fragilidade orçamentária do setor.

No âmbito do Ministério do Trabalho e Previdência – MTP, a Inteligência é executada pela Coordenação-Geral de Inteligência Previdenciária e Trabalhista – CGINT, vinculada à Secretaria Executiva, é o órgão central responsável pela produção de conhecimentos que visam ao assessoramento de Inteligência Estratégica, em especial na identificação de fatos ou situações que possam ocasionar prejuízos ao patrimônio previdenciário e trabalhista, bem como para subsidiar as ações conjuntas de combate às fraudes estruturadas e à corrupção.

Com 23 anos de atuação, a CGINT adquiriu grau de maturidade, conhecimento, metodologia e capacidade técnica necessários para conduzir de forma efetiva a análise e produção de conhecimento e ações voltadas ao combate de ilícitos previdenciários e trabalhistas.

Apesar da especialização e dos resultados proporcionados nos últimos anos, "apenas entre 2015 e 2022, estimativa de pelo menos R$ 5,5 bilhões de prejuízo evitado aos cofres públicos, nos benefícios utilizados como paradigmas das investigações" (ÁVILA, 2022), o setor vem sofrendo considerável redução de força de trabalho e fragilidade orçamentária, com o risco de comprometimento gradual de suas atividades, e consequente redução na produção de conhecimentos, impactando no atendimento de solicitações provenientes de diversos órgãos, como o próprio MTP, Instituto Nacional do Seguro Social (INSS), Polícia Federal (PF), Ministério Público Federal (MPF), parceiros do Sistema Brasileiro de Inteligência (SISBIN) e órgãos de controle como Tribunal de Contas da União (TCU) e Controladoria-Geral da União (CGU), entre outros.

Assim, delinearam-se os seguintes objetivos: abordar os problemas enfrentados pelo setor, como redução do quadro de pessoal e contenção de recursos orçamentários, e discorrer sobre os impactos com a falta de investimento nestes campos para a eficiência e produtividade da Inteligência Previdenciária e Trabalhista.

Os métodos do estudo tiveram como tipo de pesquisa: exploratória, de cunho qualitativo, com técnica de coleta de dados, revisão de literatura, análise documental e aplicação de um questionário.

O artigo encontra-se estruturado da seguinte forma: verificam-se, primeiramente, os registros da necessidade da criação da Inteligência Previdenciária e Trabalhista e do seu surgimento, algumas modificações estruturantes, suas competências e alguns resultados, seguidos de desafios da área com a gradual redução do quadro de pessoal e a fragilidade orçamentária. Por fim, assinalados os desafios e perspectivas, deve-se entender os impactos da carência de recursos humanos e fragilidade orçamentária para a Inteligência Previdenciária e Trabalhista.

Assim sendo, apresenta-se a seguinte pergunta norteadora desta pesquisa: O reduzido quadro de pessoal e a fragilidade orçamentária podem comprometer a atividade de Inteligência Previdenciária e Trabalhista? Entende-se o quanto é importante a atividade desta Inteligência especializada para a consolidação dos direitos sociais Trabalho e Previdência Social, em especial no combate às fraudes estruturadas e à corrupção, e faz-se cada vez mais premente e importante o seu fortalecimento.

2. DESENVOLVIMENTO

2.1 BREVE HISTÓRICO DA INTELIGÊNCIA PREVIDENCIÁRIA E TRABALHISTA

A Previdência Social e Trabalho são direitos sociais previstos na Constituição Federal de 1988 (CF/1988).

A Inteligência Previdenciária surge em um contexto de problemas estruturais da gestão do sistema previdenciário brasileiro, expostos pelos escândalos de fraude e corrupção[30], com um embrião para a criação da atividade de Inteligência na Previdência mediante a Portaria Ministerial

30 Relatos de fraudes desde a década de 1930 – Caixas de Aposentadorias (CAP) e Pensões e Institutos de Aposentadorias e Pensões (IAP). Caso "Jorgina de Freitas" (Máfia da Previdência) – indenizações judiciais por acidente de trabalho fraudulentos - R$ 2,2 bilhões. Esquema "Arrieta" – tráfico de influência para obter parcelamento irregular e exclusão de débitos de empresas junto à Previdência Social – US$ 3 bilhões. Caso "Família Anastácio" – Membros de uma família obtinham o pagamento irregular de centenas de benefícios (só um integrante recebia cerca de 500 a R$ 600 milhões)

nº 1.710, de 21 de dezembro de 1994, e em 1998, quando se viabiliza a constituição pela Diretoria de Fiscalização e Arrecadação do INSS - DAF de equipe especializada permanente visando o combate à evasão fiscal, de maneira sistemática, mediante ações estratégicas e utilização de procedimentos técnicos de inteligência (ÁVILA, 2018).

As motivações para a criação da Inteligência foram: histórico de fraudes com alto grau de lesividade e complexidade de atuação, necessidade de adoção de uma abordagem profissional e especializada contra fraudes previdenciárias estruturadas, crescente corrupção de agentes públicos, existência de problemas estruturais da gestão do sistema previdenciário que propiciavam a fraude, ineficiência e ineficácia dos mecanismos de prevenção, detecção e investigação existentes (ÁVILA, 2022).

Assim, em 1998, mediante a Portaria INSS/DAR nº 433, foi oficializada a Assessoria de Pesquisas Estratégicas - APE, da Diretoria de Arrecadação e Fiscalização do INSS, constituindo a unidade de inteligência.

A partir dos anos 2000 iniciaram-se os trabalhos de detecção de fraudes em benefícios previdenciários, incluindo-se no grupo, até então formado por Fiscais de Contribuições Previdenciárias e alguns colaboradores externos (Agência Brasileira de Inteligência e Exército Brasileiro), servidores de diversos setores do INSS. Foi instituída, no Rio de Janeiro, a Primeira Força-Tarefa Previdenciária, com a participação da PF, MPF e o Ministério da Previdência Social (MPS) (SANTANA, 2021).

Em 2002, é publicado o Decreto nº 4.376, de 13 de setembro de 2002, que dispõe sobre a organização e funcionamento do Sistema Brasileiro de Inteligência (SISBIN), instituído pela Lei no 9.883, de 7 de dezembro de 1999. Entre os órgãos que compõem o sistema está o Ministério da Previdência Social (MPS). A Previdência participa da composição desde a sua regulamentação inicial aos dias atuais. A representação da pasta previdenciária perante o SISBIN sempre foi exercida pela Unidade de Inteligência Previdenciária e Trabalhista.

Em 2006, a APE passou também a ter a atribuição de Gerenciamento de Riscos, alterando a denominação para Assessoria de Pesquisa Estratégica e de Gerenciamento de Riscos - APEGR, nos termos do Decreto nº 5.755, de 13 de abril de 2006.

No ano de 2007, a Inteligência Previdenciária sofreu uma grande alteração em suas atividades com a criação da Receita Federal do Brasil (RFB), quando ocorreu a junção das arrecadações da Previdência Social e da Receita Federal. Para efeitos de apurações, ficaram separadas as atribuições de arrecadação e de benefício, sendo a primeira destacada para a Receita Federal e a parte dos benefícios previdenciários e assistenciais permanecendo na Inteligência Previdenciária (SANTANA, 2021).

Em 2015, extinguiu-se o Ministério da Previdência Social, criando-se o Ministério do Trabalho e Previdência Social (MTPS), mediante a Lei nº 13.266, de 5 de abril de 2016.

Em 2016, recriou-se o Ministério do Trabalho (MT) e transferiu-se a Secretaria de Previdência para a estrutura do Ministério da Fazenda (MF), mediante a Lei nº 13.341, de 29 de setembro de 2016.

Em 2017, foi regulamentada a estrutura regimental do MF e a APEGR passa a ser nomeada como Coordenação-Geral de Inteligência Previdenciária (COINP), subordinada à Subsecretaria de Gestão da Previdência, da Secretaria de Previdência, nos termos do Decreto nº 9.003, de 13 de março de 2017.

Em 2019, criou-se o Ministério da Economia (ME), contemplando as pastas da Previdência e do Trabalho no mesmo lugar, nos termos da Lei nº 13.844, em 18 de junho de 2019.

Assim, em decorrência da reestruturação administrativa que resultou na criação do Ministério da Economia, ampliou-se o escopo para Inteligência Previdenciária e Trabalhista, com a incorporação da atribuição do exercício das atividades especializadas de inteligência e de contrainteligência em matéria trabalhista.

Em 2021, criou-se novamente o Ministério do Trabalho e Previdência (MTP), mediante Medida Provisória nº 1.058, de 27 de julho de 2021, que alterou a Lei nº 13.844, de 18 de junho de 2019.

A Secretaria Executiva do MTP encontra-se na condição de órgão de assistência direta e imediata ao Ministro de Estado do Trabalho e Previdência, com a competência, entre outras, de supervisionar as atividades de prevenção, de detecção, de análise e de combate a fraudes ou outros atos lesivos ao patrimônio público em matérias relativas à legislação previdenciária ou trabalhista, adimplido pela CGINT, nos termos do Decreto nº 11.068, de 10 de maio de 2022.

Não obstante as mudanças institucionais e modificações de nomenclatura do setor responsável pela Inteligência Previdenciária e Trabalhista, a competência regimental de assessoramento estratégico de inteligência, desde 1998 na matéria previdência e a partir de 2019 na matéria trabalhista, permanece a cargo da atual CGINT.

A CGINT está estruturada com quatro coordenações (Coordenação de Informações Estratégicas, Coordenação de Contrainteligência, Coordenação de Operações Especiais em Trabalho e Coordenação de Operações Especiais em Previdência) e 26 núcleos regionais de inteligência distribuídos em 23 unidades federativas e no Distrito Federal, com exceção do Amapá e Roraima.

2.2 COMPETÊNCIAS E RESULTADOS DA CGINT

As atividades internas da CGINT, metodologicamente, estão dispostas em duas vertentes de atuação: a preventiva, mediante gestão de riscos institucionais, que se baseia na análise de padrões de dados indicativos de ilícitos praticados, com ênfase na identificação de vulnerabilidades de processos, de pessoas e de sistemas informatizados; e a repressiva, ao coordenar e integrar as atividades de pesquisas no seu âmbito regimental com os grupos de trabalho que integram as Forças-Tarefas Previdenciária e Trabalhista (FTPeT).

Para assessorar o processo decisório das autoridades da Secretaria Executiva e afins, no âmbito da prevenção a fraudes, atualmente são produzidos conhecimentos de inteligência apontando as causas da ocorrência das fraudes, além de estudos das tipologias de fraude, *modus operandi*, o que possibilita um melhor entendimento do problema para a adoção de medidas e aperfeiçoamento dos mecanismos de controle e prevenção.

Nesse sentido, são realizados levantamentos de dados, mapeamento de fragilidades, relacionadas a sistemas informatizados, processos e pessoas.

A Atividade de Inteligência faz-se cada vez mais importante, como ferramenta de assessoramento em nível estratégico, pode proporcionar com muito mais assertividade e rapidez o conhecimento necessário para a proteção e manutenção da missão institucional da Previdência e do Trabalho (SANTANA, 2021).

Na seara da contrainteligência, com o objetivo de neutralizar as ameaças que representam os esquemas ilícitos organizados que atuam em detrimento dos patrimônios previdenciário e trabalhista, a CGINT, em parceria com a Polícia Federal, nos termos do Acordo de Cooperação Técnica, Processo nº 08200.023039/2021-93, atua no formato de FTPeT.

A FTPeT é a linha de frente da estratégia do combate à fraude e corrupção e tem como objeto o intercâmbio de informações e o apoio técnico-operacional especializado e integrado entre os órgãos, visando ao desenvolvimento e à execução de ações conjuntas para coibir a prática de ilícitos criminais contra a Previdência Social e o Trabalho, com enfoque especial naqueles praticados por quadrilhas, associações e organizações criminosas de destacado potencial ofensivo (ÁVILA, 2022).

O trabalho em regime de FTPeT relaciona-se com a produção de conhecimentos estratégicos sobre fatos ou situações de relevante ameaça aos patrimônios previdenciário e trabalhista.

Muitos desses relatórios motivam a instauração de inquéritos policiais e subsidiam a investigação das autoridades policiais, resultando em ações conjuntas.

Conforme nota publicada no site do MTP, segundo a CGINT, em 2021 foram elaborados 286 Relatórios de Inteligência, 899 Relatórios de Informação, perfazendo um total de 1185 documentos de inteligência produzidos e em trabalho conjunto, foram realizadas 42 operações e 26 ações de flagrantes. As ações da FTPeT permitiram uma economia de R$ 2,5 bilhões aos cofres públicos. O valor considera os pagamentos futuros a supostos beneficiários que não serão realizados por causa da desarticulação dos esquemas criminosos.

Cabe destacar, conforme mencionado na supramencionada nota, a maior operação da Força-Tarefa de 2021, com o nome de Passa a Régua, que envolveu a participação de 52 policiais federais e 11 servidores do MTP no combate a fraudes em aposentadorias por idade e por tempo de contribuição. A organização criminosa, que tinha uma servidora pública entre os integrantes, gerou prejuízo de R$ 76 milhões com a concessão indevida de 1.505 benefícios previdenciários, no entanto, a desarticulação do esquema criminoso proporcionou uma economia estimada em R$ 1,4 bilhão, em valores futuros que continuariam a ser indevidamente pagos aos supostos beneficiários.

Como resultado, é importante ressaltar que, no período de 2003 (ano em que iniciou a aferição da produção da CGINT) a maio/2022, foram deflagradas 1.093 Ações Conjuntas da FTPeT, sendo 714 operações especiais e 379 flagrantes. Em 2022, até maio, foram realizadas 12 operações especiais e 4 ações de flagrantes pela FTPeT, que proporcionaram uma economia de mais de R$ 6 milhões aos cofres públicos. O valor considera os pagamentos futuros a supostos beneficiários que não serão realizados por causa da desarticulação dos esquemas criminosos investigados.

2.3. DESAFIOS DA INTELIGÊNCIA PREVIDENCIÁRIA E TRABALHISTA COM ORÇAMENTO E RECURSOS HUMANOS

Entre os problemas e dificuldades atualmente enfrentados pela comunidade de inteligência no Brasil, entre outros, estão a carência de recursos humanos e fragilidade orçamentária (GONÇALVES; ESTEVES & REIS, 2020).

A Inteligência Previdenciária e Trabalhista, nos últimos anos, vem sofrendo significativa diminuição de recursos orçamentários e gradual redução de recursos humanos.

A questão orçamentária é decisiva para o desempenho da atividade de inteligência. Para ilustrar a gradativa redução orçamentária da área, em 2010 o orçamento anual da Inteligência Previdenciária foi em torno de R$ 3,8 milhões; após nove anos, além da Inteligência Previdenciária, em 2019, o setor ter incorporado a Inteligência Trabalhista, o orçamento de 2019 foi de pouco mais que R$ 1 milhão.

Com isso, além de causar impacto imediato e direto nas atividades da Inteligência Previdenciária e Trabalhista, o cenário de redução orçamentária tem o potencial de provocar, de forma diferida, o comprometimento do assessoramento estratégico e o combate à fraude e à corrupção, a ser sentido nos anos futuros.

O outro desafio objeto deste estudo é a carência progressiva de capital humano, com o risco de comprometimento da atividade de Inteligência especializada.

Há sete anos, já se registrava a preocupação com a redução de pessoal, "percebe-se que a APEGR realiza suas tarefas com dificuldade, visto que seu reduzido quadro funcional tem se voltado quase que unicamente para o combate repressivo de atos ilícitos face ao sistema previdenciário brasileiro" (FILHO, 2015).

Em 2010 a área de inteligência, naquele momento responsável apenas pela pasta previdenciária, contava com 170 servidores; daí em diante os ingressos dos novos servidores não supriram nem os desligamentos e ficou ainda mais crítico com a incorporação da matéria trabalhista, em 2019. Fez-se então necessário uma composição de quadro com conhecimentos especializados na temática. Atualmente, no Brasil, no total são 112 servidores, 10 servidores com conhecimento na matéria do trabalho, adquiridos após a inclusão da temática.

São servidores oriundos de diversos órgãos, na condição de cessão ou de alteração de exercício, atuais formas de movimentação para composição da força de trabalho.

Empós o recrutamento é necessária autorização da cessão ou alteração de exercício pela chefia imediata, o que tem dificultado o êxito, haja vista que outros órgãos também estão com carência de pessoal e têm negado a liberação.

Cabe destacar que, para o devido recrutamento para atuação na área, existem competências que compõem o perfil do profissional, conhecimentos, habilidades e atitudes (CHA) condizentes com a natureza do trabalho, de forma a proporcionar um melhor entendimento do papel a ser exercido pelo servidor, o que restringe consideravelmente as possibilidades de colaboradores passíveis de serem selecionados (ÁVILA E PEDROSA, 2016).

3. RESULTADOS OBTIDOS E ANÁLISES

3.1 IMPACTOS PARA A INTELIGÊNCIA PREVIDENCIÁRIA E TRABALHISTA COM A FRAGILIDADE ORÇAMENTÁRIA E CARÊNCIA DE PESSOAL

Apesar do relevante trabalho de assessoramento e da exitosa estratégia de ação no modelo FTPeT, com resultados expressivos, o setor vem sofrendo diminuição significativa de recursos orçamentários e redução de capital humano.

Com a redução de recursos orçamentários, faz-se necessário um esforço em adequar o ritmo da atividade e dos trabalhos aos limites orçamentários, resultando no não atendimento de parte das demandas de trabalho, redução nas ações de FTPeT, suspensão de algumas frentes de trabalho, diminuição na produção de conhecimentos a médio e longo prazos e carência em logística e tecnologia.

Quanto ao capital humano, atualmente, são 112 servidores, 20 lotados na unidade central da Coordenação-Geral em Brasília e 92 nos Núcleos Regionais de Inteligência (NUINT). Alguns servidores do quadro atual são pioneiros da criação da Inteligência Previdenciária, em 1998.

Os 112 servidores são de diferentes categorias profissionais, como Analistas e Técnicos do Seguro Social, Auditor-Fiscal da Receita Federal, Auditor-Fiscal do Trabalho, Perito-Médico Previdenciário, Agente Administrativo e outros, de origem do INSS, MTP, Receita Federal, entre outros.

Em levantamento feito no mês de maio/2022, mediante formulário aplicado aos servidores em exercício na CGINT, com a participação de 110 servidores, constatou-se que, além da redução gradual sofrida nos últimos anos, o quadro de pessoal da CGINT sofrerá uma redução significativa nos próximos cinco anos, em decorrência do elevado número de aposentadorias, além de eventuais desligamentos voluntários.

Trinta e cinco servidores manifestaram que vão dar entrada no pedido de aposentadoria no período de 2022 a 2027.

Atualmente, 28 servidores já percebem o abono de permanência em serviço, o que significa dizer que podem requerer a aposentadoria a qualquer momento.

Caso não haja recomposição do quadro funcional até 2027, além dos NUINT (AC, AP, ES, RR) que no momento não têm equipe fixa e contam com a coordenação de outro estado, os NUINT de 5 estados (CE, MA, MT, RN e TO) também ficarão na mesma situação, sem nenhum servidor local.

Esta redução de pessoal intervém diretamente na produção de conhecimentos, com potencial de comprometer o assessoramento estratégico e resultados da CGINT, agravado ainda por falta de investimento em estrutura/logística e redução significativa de orçamento, tríade importante para qualquer instituição forte.

Ademais, impacta diretamente na gestão do conhecimento, que além de suportes e sistematização, abrange o capital intelectual. Sem a recomposição do quadro e uma boa transição de conhecimento, a maturidade e capilaridade adquiridas ao longo de anos podem ficar perdidas.

A diminuição dos recursos orçamentários e o encolhimento do quadro de servidores nos níveis expostos tem reflexo diretamente proporcional à capacidade de produção de conhecimento, com prejuízo ao assessoramento, além dos trabalhos em FTPeT, em detecção e análise de fraudes. Isso acarretará redução significativa de alguns milhões de reais na economia, comprometimento da redução na sangria dos cofres públicos e do efeito pedagógico (dissuasório) proporcionados pela atuação conjunta no combate aos ilícitos organizados contra a Previdência e Trabalho.

4. CONCLUSÕES E RECOMENDAÇÕES

É preciso que se desenvolva uma "cultura de inteligência", provocando-se uma mudança de percepção sobre o papel e a relevância da Inteligência no Estado democrático (Gonçalves; Esteves & Reis, 2020).

As adversidades enfrentadas pela Inteligência Previdenciária e Trabalhista com escassez de orçamento e carência de pessoal enfraquecem a instituição e comprometem sua atuação no cumprimento de sua missão institucional.

A falta de recursos orçamentários compromete o desenvolvimento das Operações Força-Tarefa Previdenciária e Trabalhista, que por meio de suas ações permitem uma grande economia aos cofres públicos, tendo em vista que pagamentos futuros a supostos beneficiários não serão realizados por causa da desarticulação dos esquemas criminosos.

Faz-se premente a recomposição do quadro de pessoal, pela natureza da atividade, denota tempo para desenvolver pessoal especializado, pois é preciso possuir e desenvolver algumas habilidades tanto sociocomportamentais, quanto técnicas.

Nos 23 anos de atuação o setor adquiriu maturidade e capilaridade na produção de conhecimento sobre as temáticas, com destaque na identificação de fatos ou situações que possam ocasionar prejuízos ao patrimônio previdenciário e trabalhista, e dispõe de uma força de trabalho altamente capacitada, que sem investimento orçamentário e uma recomposição do quadro de pessoal pode alhear.

Os resultados alcançados nos últimos anos demonstram que o trabalho da Inteligência Previdenciária e Trabalhista serve de referência no campo das boas práticas de atuação integrada e coordenada com órgãos parceiros, no combate à fraude estruturada e à corrupção (ÁVILA, 2022).

Também vale destacar a importância da capilaridade da equipe regional de inteligência, que com certeza deve gerar maior efetividade no combate ao crime organizado em detrimento da Previdência e do Trabalho e maior eficiência e eficácia na coleta e produção de conhecimentos especializados.

Falta à CGINT prerrogativa de requisição para realizar o recrutamento adequado, assim recomenda-se iniciativa de respaldo legislativo para viabilizar esta forma de movimentação do agente público para composição/recomposição do seu quadro de pessoal.

É salutar à Inteligência Previdenciária e Trabalhista maior investimento em orçamento e recomposição do quadro, não só para maximizar os resultados da CGINT e melhorar a representação da área especializada como Inteligência de Estado exercida junto ao SISBIN, mas, especialmente, para continuar o serviço especializado que vem prestando nos últimos anos e manter suas unidades de inteligência, central e descentralizadas, com representatividade.

Dessa forma, entende-se premente o fortalecimento da unidade de Inteligência Previdenciária e Trabalhista para a manutenção da missão institucional, na consolidação dos direitos sociais Previdência e Trabalho, em especial no combate às fraudes estruturadas e à corrupção.

REFERÊNCIAS

Ações da Força-Tarefa Previdenciária e Trabalhista economizam R$ 2,5 bilhões aos cofres públicos, site Ministério do Trabalho e Previdência, 2021, disponível em: https://www.gov.br/trabalho-e-previdencia/pt-br/

noticias-e-conteudo/institucionais/acoes-da-forca-tarefa-previdenciaria-e-trabalhista-economizam-r-2-5-bilhoes-aos-cofres-publicos. Acesso em: 02 maio 2022.

ÁVILA, Marcelo Henrique de. **A Atividade de Inteligência Previdenciária e Trabalhista**. *In*. Curso Superior de Inteligência Estratégica – CSIE 2022, 2022, Brasília. [Anais]. Brasília: Escola Superior de Defesa – ESD, 2022.

ÁVILA, Marcelo Henrique de. **A Inteligência Previdenciária como Ferramenta de Gestão do Combate à Fraude em Sistemas de Seguridade Social:** a experiência brasileira. 2018. Dissertação (Máster en Dirección y Gestión de los Sistemas de Seguridad Social) – Universidade de Alcalá de Henares/ Organização Iberoamericana de Seguridade Social, Madri, Espanha, 2018.

ÁVILA, Marcelo Henrique de. PEDROSA, Maurício Gonçalves. **O Perfil do profissional de Inteligência da Previdência Social**. 2009. Trabalho de Conclusão de Curso (Curso Superior de Inteligência Estratégica) – Escola Superior de Guerra, Rio de Janeiro, 2009.

BRASIL. Constituição (1988). **Constituição da República Federativa do Brasil**. Brasília, DF: Centro Gráfico, 1988.

______. Decreto 4.376, de 13 de setembro de 2002. Dispõe sobre a organização e o funcionamento do Sistema Brasileiro de Inteligência, instituído pela Lei no 9.883, de 7 de dezembro de 1999, e dá outras providências. Brasília, DF: Presidência da República, [2002]. **Diário Oficial da União.** Brasília, 2002. Disponível em: http://www.planalto.gov.br/ccivil_03/decreto/2002/D4376.htm. Acesso em: 02 mai. 2022.

______. Decreto 5.755, de 13 de abril de 2016. Aprova a Estrutura Regimental e o Quadro Demonstrativo dos Cargos em Comissão e das Funções Gratificadas do Ministério da Previdência Social e dá outras providências. Presidência da República. **Diário Oficial da União.** Brasília, 2016a. Disponível em: http://www.planalto.gov.br/ccivil_03/_Ato2004-2006/2006/Decreto/D5755.htm. Acesso em: 02 mai. 2022.

______. Decreto 9.003, de 13 de maço de 2017. Aprova a Estrutura Regimental e o Quadro Demonstrativo dos Cargos em Comissão e das Funções de Confiança do Brasil. Ministério da Fazenda, remaneja cargos em comissão e funções de confiança, transforma cargos em comissão e funções de confiança e substitui cargos em comissão do Grupo-Direção e Assessoramento Superiores - DAS por Funções Comissionadas do Poder Executivo - FCPE. Presidência da República. **Diário Oficial da União.** Brasília, 2017. Disponível em: http://www.planalto.gov.br/ccivil_03/_ato2015-2018/2017/decreto/d9003.htm. Acesso em: 02 maio 2022.

______. Decreto 10.072, de 18 de outubro de 2019. Altera o Decreto no 9.745, de 8 de abril de 2019, que aprova a Estrutura Regimental e o Quadro Demonstrativo dos Cargos em Comissão e das Funções de Confiança do Ministério da Economia, remaneja e transforma cargos em comissão e funções de confiança e substitui cargos em comissão do Grupo-Direção e Assessoramento Superiores - DAS por Funções Comissionadas do Poder Executivo - FCPE. Presidência da República. **Diário Oficial da União.** Brasília, 2019. Disponível em: http://www.planalto.gov.br/ccivil_03/_ato2019-2022/2019/decreto/D10072.htm. Acesso em: 02 mai. 2022.

______. Decreto 10.759, de 30 de julho de 2021. Altera o Decreto no 4.376, de 13 de setembro de 2002, que dispõe sobre a organização e o funcionamento do Sistema Brasileiro de Inteligência. Presidência da República. **Diário Oficial da União:** seção 1. Brasília, 2021. Disponível em: http://www.planalto.gov.br/ccivil_03/_ato2019-2022/2021/Decreto/D10759.htm. Acesso em: 02 mai. 2022.

______. Decreto 11.068, de 10 de maio de 2022. Aprova a Estrutura Regimental e o Quadro Demonstrativo dos Cargos em Comissão e das Funções de Confiança do Ministério do Trabalho e Previdência e remaneja e transforma cargos em comissão e funções de confiança. Presidência da República. **Diário Oficial da União.** Brasília, 2022. Disponível em: http://www.planalto.gov.br/ccivil_03/_ato2019-2022/2022/Decreto/D11068.htm#art9. Acesso em: 18 mai. 2022.

______. Decreto de 15 de dezembro de 2017. Aprova a Estratégia Nacional de Inteligência. Presidência da República. **Diário Oficial da União.** Brasília, 2017. Disponível em:

http://www.planalto.gov.br/ccivil_03/_ato2015-2018/2017/dsn/Dsn14503.htm. Acesso em: 18 maio 2022.

______. Lei 13.266, de 5 de abril de 2016. Extingue e transforma cargos públicos; altera a Lei no 10.683, de 28 de maio de 2003, que dispõe sobre a organização da Presidência da República e dos Ministérios, e a Lei no 11.457, de 16 de março de 2007; e revoga dispositivos da Lei no 10.683, de 28 de maio de 2003. Presidência da República. **Diário Oficial da União.** Brasília, 2016b. Disponível em: http://www.planalto.gov.br/ccivil_03/_ato2015-2018/2016/lei/l13266.htm.

Acesso em: 02 maio 2022.

______. Lei 13.341, de 29 de setembro de 2016. Altera as Leis nº 10.683, de 28 de maio de 2003, que dispõe sobre a organização da Presidência da República e dos Ministérios, e 11.890, de 24 de dezembro de 2008, e revoga a Medida Provisória no 717, de 16 de março de 2016. Presidência da República. **Diário Oficial da União.** Brasília, 2016c. Disponível em: http://www.planalto.gov.br/ccivil_03/_Ato2015-2018/2016/Lei/L13341.htm. Acesso em: 02 maio 2022.

______. Lei 13.844, de 18 de junho de 2019. Estabelece a organização básica dos órgãos da Presidência da República e dos Ministérios; altera as Leis nos 13.334, de 13 de setembro de 2016, 9.069, de 29 de junho de 1995, 11.457, de 16 de março de 2007, 9.984, de 17 de julho de 2000, 9.433, de 8 de janeiro de 1997, 8.001, de 13 de março de 1990, 11.952, de 25 de junho de 2009, 10.559, de 13 de novembro de 2002, 11.440, de 29 de dezembro de 2006, 9.613, de 3 de março de 1998, 11.473, de 10 de maio de 2007, e 13.346, de 10 de outubro de 2016; e revoga dispositivos das Leis nos 10.233, de 5 de junho de 2001, e 11.284, de 2 de março de 2006, e a BRASIL. Lei 13.502, de 1º de novembro de 2017. Presidência da República. **Diário Oficial da União.** Brasília, 2019. Disponível em: http://www.planalto.gov.br/ccivil_03/_ato2019-2022/2019/lei/L13844.htm. Acesso em: 06 maio 2022.

______. **Medida Provisória no 1.058, de 27 de julho de 2021**. Altera a Lei no 13.844, de 18 de junho de 2019, para criar o Ministério do Trabalho e Previdência, e dá outras providências. Brasília, DF: Presidência da República,

[2021]. Disponível em https://www.in.gov.br/en/web/dou/-/medida-provisoria-n-1.058-de-27-de-julho-de-2021-334838067. Acesso em: 02 maio 2022.

______. **Portaria nº 359, de 26 de julho de 2018**. Aprova o Regimento Interno da Secretaria de Previdência. Brasília, DF: Ministério da Fazenda, [2018]. Disponível em: https://www.in.gov.br/materia//asset_publisher/Kujrw0TZC2Mb/content/id/34380702/do1-2018-07-27-portaria-n-359-de-26-de-julho-de-2018-34380470. Acesso em: 27 maio 2022.

FILHO, Paulo Dantas Santos. **A importância da Inteligência Previdenciária como ferramenta de Estado**. Trabalho de Aplicação de Curso (Curso Superior de Inteligência Estratégica) – Escola Superior de Guerra, Rio de Janeiro, 2015.

Gonçalves, Joanisval Brito; Esteves, Ricardo Zonato & Reis, Marcus Vinicius. Brasil, 2020 – **A Inteligência no Governo Jair Bolsonaro: o Imperativo da Mudança**. Brasília, maio de 2020, in: Frumentarius.com https://joanisval.com/2020/08/14/intelligentia-quo-vadis/).

SANTANA, Thaís Regina. **A importância da Inteligência Estratégica no combate às fraudes Previdenciárias e Trabalhistas: Desafios para o assessoramento e prevenção de riscos**. Trabalho de Conclusão de Curso (Curso Superior de Inteligência Estratégica) – Escola Superior de Guerra, Rio de Janeiro, 2021.

PARTE IV
APLICAÇÕES DA INTELIGÊNCIA

A DEFESA DA SOBERANIA NACIONAL ATRAVÉS DA FISCALIZAÇÃO DOS ATOS, CONTAS E CONTRATOS DE ITAIPU BINACIONAL PELO TRIBUNAL DE CONTAS DA UNIÃO

RICARDO OLIVEIRA LIRA[1]

RESUMO: O presente trabalho tem por objetivo demonstrar que a ausência de fiscalização dos atos, contas e contratos nacionais da Usina Hidrelétrica de Itaipu Binacional pelo Tribunal de Contas da União – TCU, afronta diretamente o fundamento da soberania nacional previsto na Constituição Federal de 1988.

PALAVRAS-CHAVE: Soberania Nacional; fiscalização; Itaipu Binacional; Tribunal de Contas da União; Constituição Federal.

1. INTRODUÇÃO

1.1 A ATIVIDADE DE INTELIGÊNCIA NO BRASIL

A Política Nacional de Inteligência – PNI , fixada pelo Decreto no 8.793, de 29 de junho de 2016, define o que vem a ser a atividade de inteligência no Brasil:

1 Advogado da União (AGU). Especialista em Inteligência Estratégica pela Escola Superior de Defesa (ESD). Diplomado em Direito Internacional dos Conflitos Armados da Escola Superior de Guerra (ESG). Pós-Graduado em Direito Constitucional do Instituto Brasiliense de Direito Público (IDP). Pós-Graduado em Direito Processual Civil da Universidade Federal de Pernambuco (UFPE).

> exercício permanente de ações especializadas, voltadas para a produção e difusão de conhecimentos, com vistas ao assessoramento das autoridades governamentais nos respectivos níveis e áreas de atribuição, para o planejamento, a execução, o acompanhamento e a avaliação das políticas de Estado. A atividade de Inteligência divide-se, fundamentalmente, em dois grandes ramos:
>
> **I – Inteligência:** atividade que objetiva produzir e difundir conhecimentos às autoridades competentes, relativos a fatos e situações que ocorram dentro e fora do território nacional, de imediata ou potencial influência sobre o processo decisório, a ação governamental e a salvaguarda da sociedade e do Estado;
>
> **II – Contrainteligência:** atividade que objetiva prevenir, detectar, obstruir e neutralizar a Inteligência adversa e as ações que constituam ameaça à salvaguarda de dados, conhecimentos, pessoas, áreas e instalações de interesse da sociedade e do Estado. (BRASIL, 2016)
>
> No item 6 da citada PNI, são elencadas as principais ameaças *que apresentam potencial capacidade de pôr em perigo a integridade da sociedade e do Estado e a segurança nacional do Brasil,* dentre elas a constante do subitem 6.4 que trata de ações contrárias à Soberania Nacional que são *ações que atentam contra a autodeterminação, a não-ingerência nos assuntos internos e o respeito incondicional à Constituição e às leis.*

A Estratégia Nacional de Inteligência - ENINT[2], que é o documento a nortear a comunidade de Inteligência brasileira, também, dispõe no seu item 6.1 as ações contrárias à Soberania Nacional, *in verbis*:

> AMEAÇAS
>
> Consideram-se principais ameaças aquelas que apresentam potencial capacidade de pôr em perigo a integridade da sociedade e do Estado e a segurança nacional.
>
> As ameaças retratadas neste documento foram discutidas e definidas quando da formulação da Política Nacional de Inteligência e estão detalhadas no Anexo ao Decreto no 8.793, de 2016 . Segue um extrato da abordagem utilizada na PNI para cada ameaça: [...]
>
> Ações contrárias à soberania nacional, que atentam contra a autodeterminação, a não ingerência nos assuntos internos e o respeito incondicional à Constituição e às leis; [...] (BRASIL, 2017)

2 Decreto sem número de 15 de dezembro de 2017.

Já a Política Nacional de Defesa – PND, iniciativa para *orientar os esforços de toda a sociedade brasileira no sentido de reunir capacidades em nível nacional, a fim de desenvolver as condições para garantir a soberania do País, sua integridade e a consecução dos objetivos nacionais,* tem como um dos objetivos de defesa nacional (capítulo 4, item I): *Garantir a soberania, o patrimônio nacional e a integridade territorial.*

Percebe-se, assim, que do ponto de vista estratégico, se mostra de suma importância a fiscalização dos atos, contas e contratos de Itaipu Binacional, como forma de defesa do Erário, e, por óbvio, da soberania[3] nacional.

2. NATUREZA JURÍDICA DE ITAIPU BINACIONAL

A empresa Binacional "Itaipu" surgiu através do Tratado de Itaipu, firmado em 26 de abril de 1973 (sob a égide da CF/67, alterada pela Emenda Constitucional no 01, de 17.10.69) entre o governo brasileiro e o governo paraguaio, pelo qual fundou- se a entidade que iria promover e supervisionar a construção da hidrelétrica e posteriormente administrá-la.

Trata-se da constituição de uma empresa juridicamente **pública**, consistente em uma **pessoa jurídica** emergente no campo do direito internacional **público**, por ser decorrente de um Tratado (aprovado pelo Decreto Legislativo no 23, de 30 de maio de 1973, e promulgado pelo Decreto no 72.707, de 28 de março de 1973), com a finalidade específica de desempenho de atividade industrial como **concessionária de serviço público** internacional comum aos dois Países. (BRASIL, 1973a e 1973b)

É considerada uma empresa binacional atípica, pois existe uma parceria entre a Eletrobrás (Brasil) e a Ande (Paraguai), com igualdade de direitos e obrigações sobre a entidade, mas obedece às normas estabelecidas pelo Tratado de Itaipu e por Atos Complementares e outras normas estabelecidas de comum acordo entre as duas *holdings* (Eletrobrás e Ande), não havendo de ambos os Estados o interesse de se formar parcerias com a iniciativa privada, ou seja, todo o seu capital participante é **público**.

3 Art. 1o A República Federativa do Brasil, formada pela união indissolúvel dos Estados e Municípios e do Distrito Federal, constitui-se em Estado Democrático de Direito e tem como fundamentos: I - a soberania;

3. DESENVOLVIMENTO

1. FATURAMENTO DE ITAIPU BINACIONAL

O Relatório Anual do ano de 2020 - extraído de fonte aberta – informa em sua página 46 que: *O faturamento decorrente da prestação dos serviços de eletricidade à Eletrobras, no Brasil, e à ANDE, no Paraguai, e de cessão de energia à Eletrobras, no regime econômico, totalizou em 2020 US$ 3.566,8 milhões.* (BRASIL, 2020)

Esse mesmo Relatório, em sua página 47, nos informa o seguinte:

> A receita acumulada desde 1985 (início do suprimento faturado de energia elétrica produzida pela Usina Hidrelétrica de ITAIPU) relativa à prestação dos serviços de eletricidade, que inclui o faturamento da potência contratada, da remuneração por cessão de energia, dos royalties e do ressarcimento dos encargos de administração e supervisão relativos à energia adicional à vinculada associada à potência contratada, totalizou em 31 de dezembro de 2020 US$ 93.796,2 milhões, dos quais foram recebidos US$ 92.849,1 milhões.
>
> O saldo a receber até 31 de dezembro de 2020, no valor de US$ 924,8 milhões, reflete a diferença acumulada entre o Gerado (econômico) 1985-2020 e o Recebido (financeiro) 1985-2020. Esse saldo inclui as faturas correspondentes ao ano de 2020, a serem recebidas no exercício de 2021, que estão dentro dos prazos legais para seu recebimento, assim como, as faturas com vencimento dentro do exercício 2020 pendentes de recebimento por parte da ANDE no valor de US$ 50,2 milhões; e, por outro lado, o montante de US$ 55,0 milhões pendente de recebimento por parte da Eletrobrás, relativo à fatura de potência contratada com vencimento em 20/12/20182. Perante essa situação, foi
>
> constituída provisão contábil para perdas estimadas do total dos encargos moratórios sobre esta fatura da Eletrobras e de uma parte do valor principal que totalizam US$ US$ 22,3 milhões.
>
> Em janeiro de 2020 foram recebidas as diferenças entre os montantes depositados pelas Entidades Compradoras ao longo de 2019 e os valores das faturas emitidas em dezembro de 2019, referentes aos meses de fevereiro a setembro de 2019, em decorrência dos acordos firmados por meio da carta compromisso E/DG/50114/19 e carta convênio E/GP/50579/19, sendo US$ 1,4 milhão da ANDE e US$ 88,7 milhões da Eletrobras.

Dos valores acima, sequer um *cent* de *dollar* foram auditados pelo Tribunal de Contas da União[4].

2.2. COMPETÊNCIA CONSTITUCIONAL DO TRIBUNAL DE CONTAS DA UNIÃO (TCU) PARA FISCALIZAR ITAIPU BINACIONAL

Com o advento da Constituição de 1988 (a Constituição Cidadã), mais contundente se tornou o princípio constitucional, e republicano, de prestação de contas quanto à gestão de recursos públicos (art. 34, VII, "d"). (BRASIL, 1988)

Aliás, tanto o Estado Brasil, quanto o Estado paraguaio, fazem parte da forma de governo "República" que é derivado do latim *res publica* ("coisa pública"). E não há nada mais republicano do que prestar contas e ser fiscalizado.

O direito de pedir contas da *res publica* já era previsto nos idos do ano de 1789 quando a Assembléia Nacional Constituinte da França Revolucionária, inspirada nos pensamentos iluministas, aprovou a Declaração dos Direitos do Homem e do Cidadão que prevê em seu art. 15 que: ***A sociedade tem o direito de pedir contas a todo agente público pela sua administração.*** (FRANÇA, 1789)

A competência constitucional do Tribunal de Contas da União - TCU em fiscalizar Itaipu Binacional, decorre nos termos outorgados pela Constituição Federal de 1988 em seu art. 70 e, **principalmente e especificamente no caso de Itaipu Binacional, em seu artigo 71, inciso V**, *in verbis*:

> Art. 70. A fiscalização contábil, financeira, orçamentária, operacional e patrimonial da União e das entidades da administração direta e indireta, quanto à legalidade, legitimidade, economicidade, aplicação das subvenções e renúncia de receitas, será exercida pelo Congresso Nacional, mediante controle externo, e pelo sistema de controle interno de cada Poder.
>
> Parágrafo único. Prestará contas qualquer pessoa física ou jurídica, pública ou privada, que utilize, arrecade, guarde, gerencie ou administre dinheiros, bens e valores públicos ou pelos quais a União responda, ou que, em nome desta, assuma obrigações de natureza pecuniária.

4 Criado pelo Decreto no 966-A, de 7 de novembro de 1890. Norteado pelos princípios da autonomia, fiscalização, julgamento, vigilância e energia. (BRASIL, 1890)

> **Art. 71. O controle externo, a cargo do Congresso Nacional, será exercido com o auxílio do Tribunal de Contas da União, ao qual compete: V - fiscalizar as contas nacionais das empresas supranacionais de cujo capital social a União participe, de forma direta ou indireta, nos termos do tratado constitutivo;** (Grifo nosso)

Ora, o artigo 71, inciso V, da CF/88 é claro e literal em afirmar o exercício da fiscalização pela Corte de Contas em contas **nacionais** das empresas **supranacionais** (como é o caso de Itaipu Binacional).

Além disso, a Advocacia-Geral da União – AGU, instituição de representação judicial e extrajudicial do Estado Brasileiro (art. 131 da Constituição Federal de 1988), no Parecer no GQ-16, aprovado pelo então Excelentíssimo Senhor Presidente da República e publicado na íntegra do DOU de 9.5.94, p.6814, reconhece no item 15 a competência do TCU para fiscalizar as contas de Itaipu Binacional, vejamos:

> Neste juízo de conveniência, isto é em relação à
>
> edição do manual de licitação, a entidade não deverá obediência senão ao seu critério, só encontrando como fronteira à sua liberdade as limitações constitucionais, como são aquelas previstas no inciso V do art. 71, isto é, submissão à fiscalização do E. Tribunal de Contas da União, as contas nacionais das empresas supranacionais, de cujo capital social a União participe, nos termos do tratado constitutivo.

Ademais, o art. 41, em seu inciso III, da Lei no 8.443/92 estabeleceu que cabe ao Regimento Interno do Tribunal de Contas da União - TCU definir os critérios de **fiscalização das contas nacionais das empresas supranacionais**:

> Art. 41. Para assegurar a eficácia do controle e para instruir o julgamento das contas, o Tribunal efetuará a fiscalização dos atos de que resulte receita ou despesa, praticados pelos responsáveis sujeitos à sua jurisdição, competindo-lhe, para tanto, em especial:
>
> **III - fiscalizar, na forma estabelecida no Regimento Interno, as contas nacionais das empresas supranacionais de cujo capital social a União participe, de forma direta ou indireta, nos termos do tratado constitutivo;** (Grifo nosso)

Acresça a isso que os tratados celebrados pela República Federativa do Brasil, após todo o procedimento de integração no plano interno, são incorporados no ordenamento jurídico brasileiro como **norma infraconstitucional** (excetuando-se os que versem sobre direitos humanos e que o Congresso Nacional aprove com rito de emenda à Constituição – art. 5o, § 3o da CF/88), ou seja, em um eventual **conflito entre um tratado internacional e a Constituição Brasileira, considera-se a primazia desta última visando a preservação da autoridade da Lei Fundamental do Estado, e, em decorrência disto, sua soberania nacional (art. 1o, inciso I, da Constituição Federal de 1988)**.

Aliás, essa é a lição que nos ensina o Mestre Francisco Rezek, em sua obra Direito Internacional Público (2022, p. 227/229), *in verbis*:

> **Conflito entre tratado e norma de direito interno.** Recorde-se, de início, que o primado do direito das gentes sobre o direito nacional do Estado soberano é ainda hoje uma proposição doutrinária. Não há, em direito internacional positivo, norma assecuratória de tal primado. Descentralizada, a sociedade internacional Contemporânea vê cada um de seus integrantes ditar, no que lhe concerne, as regras de composição entre o direito internacional e o de produção doméstica. Resulta que para o Estado a constituição nacional, vértice do ordenamento jurídico, é a sede de determinação da estatura da norma expressa em tratado. Dificilmente uma dessas leis fundamentais desprezaria, neste momento histórico, o ideal de segurança e estabilidade da ordem jurídica a ponto de subpor-se, a si mesma, ao produto normativo dos compromissos exteriores do Estado. Assim, posto o primado da constituição em confronto com a norma pacta sunt servanda, é corrente que se preserve a autoridade da lei fundamental do Estado, ainda que isto signifique a prática de um ilícito pelo qual, no plano externo, deve aquele responder. (REZEK, 2022, p.227, grifo nosso)
>
> Embora sem emprego de linguagem direta, a Constituição brasileira deixa claro que os tratados se encontram aqui sujeitos ao controle de constitucionalidade, a exemplo dos demais componentes infraconstitucionais do ordenamento jurídico. Tão firme é a convicção de que a lei fundamental não pode sucumbir, em qualquer espécie de confronto, que nos sistemas mais obsequiosos para com o direito das gentes tornou-se encontrável o preceito segundo o qual todo tratado conflitante com a constituição só pode ser concluído depois de se promover a necessária reforma constitucional. Norma deste exato feitio aparece na Constituição francesa de 1958, na Constituição argelina de 1976 e na Constituição espanhola de 1978. Excepcional, provavelmente única, a Constituição holandesa, após a revisão de 1956, tolera, em determinadas circunstâncias, a conclusão de tratados derrogatórios do seu próprio texto, cuja promulgação é capaz de importar, por si mesma, uma reforma constitucional. (REZEK, 2022, p.229, grifo nosso)

Urge ressaltar que o Supremo Tribunal Federal – STF ao julgar a Ação Cível Originária no 1.905/PR[5] interpretou de forma diversa aos ensinamentos acima, condicionando referida fiscalização ao disposto no Tratado constitutivo e Anexos de Itaipu o que, com a devida *venia*, discorda-se veementemente por não ser de melhor hermenêutica constitucional, uma vez que o referido Tratado e Anexos (Decreto no 72.707, de 28 de março de 1973) **são silentes** com relação de como essa empresa supranacional terá suas contas nacionais fiscalizadas, dando ensejo, portanto, para que nenhuma medida fiscalizatória lhe alcance, desvirtuando do princípio **constitucional**, e **republicano**, de prestação de contas quanto à gestão de recursos públicos previsto no art. 34, inciso VII, alínea "d", da Constituição Federal de 1988, atentando-se, aparentemente, à soberania nacional (respeito incondicional à Constituição e às leis)[6]. (BRASIL, 1973b e 1988)

Interessante observar que a Suprema Corte Brasileira resguardou a soberania do Estado paraguaio (não o fazendo com relação ao Estado brasileiro), *in verbis*:

> Não prospera o articulado quanto à atribuição do Tribunal de Contas para o exame das contas nacionais de empresas supranacionais, nos termos dos artigos 71, inciso V, da Constituição Federal, e 41, inciso III, da Lei no 8.443/1992. **A fiscalização ofenderia a soberania da República do Paraguai**, levando em conta a natureza indivisível da empresa. É inviável, ante o regramento do Anexo A, detalhado no Regimento Interno, a artificial cisão.[7] (Grifo nosso)

4. CONCLUSÃO

Conclui-se, assim, que **a inteligência estratégica se mostra imprescindível na defesa da soberania (Erário)** através da produção e difusão de conhecimento à Corte de Contas (autoridade governamental – decisor) para atuação do seu *mister* de fiscalização das empresas nacionais e supranacionais.

---

5 ITAIPU BINACIONAL – FISCALIZAÇÃO – TRIBUNAL DE CONTAS DA UNIÃO. Eventual fiscalização pelo Tribunal de Contas da União dar-se-á nos termos acordados em instrumento firmado entre a República Federativa do Brasil e a República do Paraguai. (BRASIL, 2020)

6 Subitem 6.4 do Decreto no 8.793, de 29 de junho de 2016 - Política Nacional de Inteligência - PNI. (BRASIL, 2016)

7 Emb.Decl. na Ação Cível Originária 1.905 Paraná, Data de Publicação DJe 10/02/2021 - Ata no 20/2021. DJe no 25, divulgado em 09/02/2021. (BRASIL, 2022)

O ordenamento jurídico-constitucional vigente, ressaltou **a competência constitucional da Corte de Contas Nacional (TCU) para proceder à fiscalização dos atos, contas e contratos nacionais da Usina Hidrelétrica de Itaipu Binacional** (art. 70 e 71, V, da CF/88 c/c art. 41, III, da Lei 8.433/92 e art. 238 do Regimento Interno do TCU).

Além disso, há de se observar que o Tratado de Itaipu e Anexos (Decreto no 72.707, de 28 de março de 1973), são anteriores ao advento da nova Carta Magna (Constituição Federal de 1988), devendo a ela obediência hierárquica em face da sua supremacia e compatibilidade material para sua recepção no novo arcabouço constitucional o que, aparentemente, não ocorreu no tocante à sua prestação de contas e fiscalização pela Corte de Contas Brasileira, **violando, assim, frontalmente, a soberania nacional, fundamento previsto no seu art. 1o, inciso I**.

Mostra-se, assim, recomendável que a Advocacia- Geral da União – AGU, instituição constitucionalmente imbuída na defesa judicial da União[8], **com a colaboração do seu departamento de inteligência, atue estrategicamente e judicialmente objetivando a mudança da interpretação constitucional sobre o tema pelo Supremo Tribunal Federal - STF**, objeto do presente trabalho, bem como, na esfera extrajudicial, através da Consultoria Jurídica no Ministério das Relações Exteriores – CONJUR/MRE, **constitua grupo de trabalho binacional visando a modificação dos Tratados, e seus Anexos,** da Hidroelétrica de Itaipu naquilo que não foram recepcionados pelo novo arcabouço constitucional brasileiro, qual seja, a Constituição Federal de 1988.

REFERÊNCIAS

BRASIL. Advocacia-Geral da União. **Parecer no GQ-16, da Advocacia-Geral da União**, aprovado pelo então Excelentíssimo Senhor Presidente da República e publicado na íntegra do DOU de 9.5.94, p.6814. Disponível em: https://www.lexml.gov.br/urn/ urn:lex:br:advocacia.geral.uniao:parecer:1994-04-19;gq-16. Acesso em: 12 jul. 2022.

8 Art. 131. A Advocacia-Geral da União é a instituição que, diretamente ou através de órgão vinculado, representa a União, judicial e extrajudicialmente, cabendo-lhe, nos termos da lei complementar que dispuser sobre sua organização e funcionamento, as atividades de consultoria e assessoramento jurídico do Poder Executivo.

_____. Agência Brasileira de Inteligência. **Doutrina Nacional da Atividade de Inteligência: fundamentos doutrinários.** Brasília: Abin, 2016.

_____. Constituição da República Federativa do Brasil de 1988. **Diário Oficial da União.** Brasília, 1988. Disponível em: http:// www.planalto.gov.br/ccivil_03/ constituicao/constituicao.htm. Acesso em: 12 jul. 2022.

_____. PARAGUAI. Itaipu Binacional. **Relatório Anual de Itaipu Binacional – ano de 2020.** Disponível em: https://www.itaipu.gov.br/sites/ default/files/ af_df/Relatorio_Anual_2020_v2.pdf Acesso em: 12 jul. 2022.

_____. Presidência da República. **Estratégia Nacional de Inteligência.** Decreto sem número de 15 de dezembro de 2017. Disponível em: https:// www2.camara.leg.br/legin/fed/decret_sn/

2017/decreto-57746-15-dezembro-2017-785949- publicacaooriginal-154525-pe.html. Acesso em: 12 jul. 2022.

_____. Presidência do Senado Federal. **Decreto Legislativo no 23, de 30 de maio de 1973a.** Disponível em: https:// www2.camara.leg.br/legin/ fed/decleg/1970-1979/ decretolegislativo-23-30-maio-1973-346403-publicacaooriginal-1- pl.html. Acesso em: 12 jul. 2022.

_____. Presidência da República. **Decreto no 72.707, de 28 de março de 1973b.** Disponível em: http://www.planalto.gov.br/ ccivil_03/decreto/antigos/ d72707.htm. Acesso em: 12 jul. 2022.

_____. Presidência da República. **Criação do Tribunal de Contas da União em 1890.** http://www.planalto.gov.br/ccivil_03/decreto/ 1851-1899/D00966-A. html. Acesso em: 12 jul. 2022.

_____. Presidência da República. Lei no 8.443/92, de 16 de julho de 1992. Lei Orgânica do Tribunal de Contas da União. **Diário Oficial da União.** Brasília, 1992. Disponível em: http://www.planalto.gov.br/ ccivil_03/leis/l8443.htm. Acesso em: 12 jul. 2022.

_____. Presidência da República. Decreto no 5.484, de 30 de junho de 2005. Política Nacional de Defesa – PND. **Diário Oficial da União.** Brasília, 2005. Disponível em: http://www.planalto.gov.br/ ccivil_03/_ato2004-2006/2005/ decreto/d5484.htm. Acesso em: 12 jul. 2022.

_____. Presidência da República. Política Nacional de Inteligência. **Diário Oficial da União.** Brasília, 2016. Decreto no 8.793, de 29 de junho de 2016. Disponível em:

http://www.planalto.gov.br/ccivil_03/_ato2015-2018/2016/Decreto/ D8793. htm Acesso em: 12 jul. 2022.

_____. Presidência do Tribunal de Contas da União. **Regimento Interno do Tribunal de Contas da União.** Disponível em: https:// portal.tcu.gov.br/data/ files/2A/C1/CC/6A/ 5C66F610A6B96FE6E18818A8/ BTCU_01_de_02_01_2020_ Especial%20- %20Regimento_Interno.pdf. Acesso em: 12 jul. 2022.

_____. Presidência da República. Decreto no 6.703, de 18 de dezembro de 2008. Estratégia Nacional de Defesa – END. **Diário Oficial da União.** Brasília, DF, 2008. Disponível em: http:// www.planalto.gov.br/ccivil_03/_ato2007-2010/2008/decreto/ d6703.htm. Acesso em: 12 jul. 2022.

_____. Supremo Tribunal Federal. **Ação Cível Originária no 1.905/ PR – STF.** Disponível em: h#ps://portal.s-.jus.br/processos/ detalhe. asp?incidente=4189634 . Acesso em: 12 jul. 2022.

FRANÇA. Assembleia Nacional Constituinte da França Revolucionária de 1789. **Declaração dos Direitos do Homem e do Cidadão;** Disponível em: h#ps://pt.wikipedia.org/wiki/Declara%C3%A7%C3%A3o_dos_ Direitos_do_Homem_e_do_Cidad%C3%A3o. Acesso em: 12 jul. 2022. GONÇALVES, Joanisval Brito, **Atividade de Inteligência e**

Legislação Correlata. Niterói: Editora Impetus, 6a Edição, 2018.

REZEK, Francisco. **Direito Internacional Público – Curso Elementar.** São Paulo: Ed. Saraiva, 18a Edição, 2022.

ANÁLISE DE RISCOS COMO FERRAMENTA DE ASSESSORAMENTO NA ELABORAÇÃO DO PLANO DE SEGURANÇA ORGÂNICA - METODOLOGIA ARSO APLICADA NA POLÍCIA FEDERAL

MARIA AUGUSTA BRITO NETA[9]

RESUMO: O relatório técnico-científico teve por objetivo geral apresentar a metodologia de Análise de Riscos em Segurança Orgânica (metodologia ARSO), adotada na Polícia Federal, como ferramenta de inteligência estratégica, no assessoramento à confecção do Plano de Segurança Orgânica (PSO). O Plano de Segurança Orgânica (PSO) é o documento que norteia o Órgão quanto às medidas de proteção dos seus principais ativos. A metodologia ARSO, num processo contínuo e sistematizado, apresenta-se como um estudo técnico voltado aos componentes da Segurança Orgânica. Ao aplicar fórmulas de mensuração a partir de um levantamento pré-determinado, resulta num produto com elementos de apoio ao gestor na tomada de decisão, possibilitando o direcionamento de recursos e elencando medidas e procedimentos prioritários, que poderão ser utilizados na confecção de um Plano de Segurança Orgânica eficaz e eficiente, com práticas e rotinas exequíveis.

PALAVRAS-CHAVE: Segurança Orgânica; Análise de Riscos; Assessoramento; Plano de Segurança Orgânica.

9 Agente de Polícia Federal. Graduada em Odontologia. Pós-graduada em Odontopediatria pela ABO/CE. Pós-graduada em Ortodontia pela Faculdade Paulo Picanço/CE. Especialista em Inteligência Estratégica pela Escola Superior de Defesa (ESD).

1. INTRODUÇÃO

A atividade de Inteligência é constituída por dois ramos: Inteligência e Contrainteligência. No §3o, art.1o da Lei nº9.883/1999 a Contrainteligência é conceituada como: "a atividade que objetiva neutralizar a inteligência adversa".

Por sua vez, o ramo da Contrainteligência se subdivide em dois segmentos: segurança orgânica e segurança ativa. Enquanto a segurança ativa está voltada para a neutralização das ameaças externas, a segurança orgânica atua garantindo o funcionamento normal da instituição, com adoção de medidas e procedimentos de proteção dos seus ativos.

Precipuamente, a função Contrainteligência é defensiva e caracterizada pela proteção, entretanto, vale ressaltar que também produz conhecimento em nível estratégico, assessorando o processo decisório, com foco nos riscos institucionais e nas medidas de salvaguarda a serem adotadas. (PIRES DE ALBUQUERQUE & ANDRADE, 2014)

A Doutrina Nacional de Inteligência de Segurança Pública (DNISP) chama a atenção dos Órgãos para a necessidade de se elaborar um Plano de Segurança Orgânica (PSO), que seria um documento com os procedimentos e as normas destinadas a orientar e disciplinar a segurança orgânica sob seus diversos aspectos.

Em virtude da recente mudança do efetivo da Polícia Federal para nova sede, em Brasília, fez-se necessária a elaboração do Plano de Segurança Orgânica do Complexo.

Segundo a norma técnica ABNT NBR ISO 31000:2018, toda organização enfrenta influências e fatores externos e internos que tornam incertos o atingimento de seus objetivos. A norma define risco como: "efeito da incerteza nos objetivos".

Ao se verificar o contexto no qual a Polícia Federal está inserida, sujeita a constantes ameaças físicas, cibernéticas e outras vulnerabilidades institucionais, percebe-se que o Órgão deve gerenciar seus riscos, identificando-os e analisando-os, o que auxilia diretamente no estabelecimento de estratégias e no alcance dos objetivos, diminuindo a possibilidade de ocorrência de eventos indesejados.

Nesse sentido, a tomada de decisão, seja em nível político, estratégico ou operacional, será alicerçada em conhecimentos técnicos.

No presente artigo, será apresentada a metodologia de Análise de Riscos em Segurança Orgânica aplicada pela Polícia Federal, utilizada como ferramenta de assessoramento ao PSO na seleção de medidas de segurança adequadas e funcionais.

2. DESENVOLVIMENTO

Conforme a Doutrina Nacional da Atividade de Inteligência (2016), a Segurança Orgânica (SEGOR) consiste na atividade de contrainteligência voltada à proteção preventiva dos ativos da instituição policial, distribuídos nas seguintes categorias: recursos humanos (segurança pessoal), recursos materiais e documentação, áreas e instalações, meios de tecnologia da comunicação e informação (MTIC) e operações.

Nessa esteira, a análise de riscos (AR) é uma ferramenta desenvolvida num processo mais amplo, conhecido como gestão de riscos (GR). De acordo com a Instrução Normativa MP/CGU n°01, de 10 de maio de 2016, o ciclo da Gestão de Riscos (GR) traduz-se por ser um sistema institucional direcionado à identificação, análise e avaliação de riscos, que permite a decisão sobre estratégias de resposta e ações para tratamento desses riscos, com monitoramento e comunicação sobre o processo de GR, com fins de assessoramento ao decisor, em todos os níveis.

Segundo PIRES DE ALBUQUERQUE & ANDRADE (2014), os Planos de Segurança Orgânica são produzidos, em sua maioria, com base no conhecimento e experiência dos principais atores envolvidos na Contrainteligência dos Órgãos e utilizando-se de modelos já disponibilizados.

A metodologia de Análise de Riscos em Segurança Orgânica (ARSO) funciona como um processo ativo, contínuo, que envolve planejamento, compreensão da natureza e grau dos riscos a que os ativos institucionais estão submetidos, identificação de oportunidades e definição de medidas voltadas para a SEGOR. Apresenta-se, portanto, como um instrumento prévio indispensável na elaboração de um Plano de Segurança Orgânica. (ANDRADE & ROCKEMBACH, 2018)

Para que a SEGOR resulte em equilíbrio entre função, segurança e custo e permita a implementação de medidas de segurança eficazes, suficientes e adequadas, faz-se necessário um diagnóstico acurado em relação aos aspectos internos e externos à instituição, o que poderá ser alcançado através da metodologia ARSO. (ANDRADE & ROCKEMBACH, 2018)

O processo de análise de riscos voltado para a Segurança Orgânica é dividido em algumas etapas que serão descritas e analisadas individualmente e pode ser esquematizado, conforme a Figura 1.

Figura 1- Visão Geral do Processo de Análise de Riscos em SEGOR

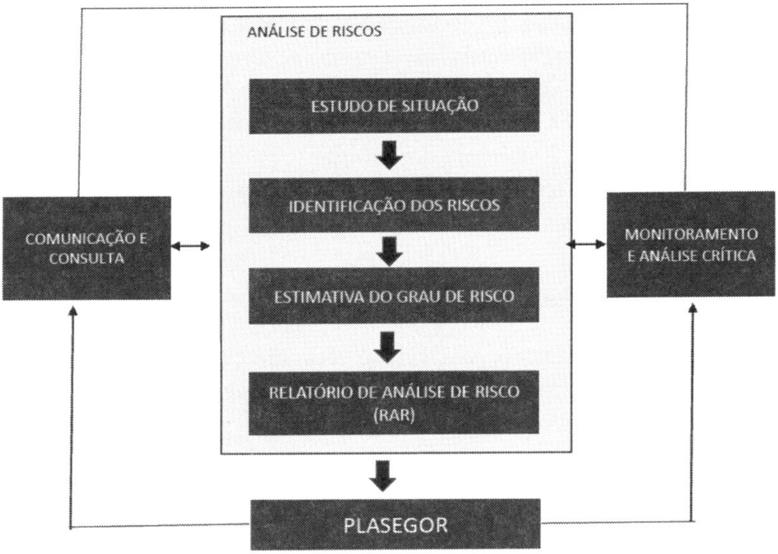

Fonte: ANDRADE & ROCKEMBACH (2018)

2.1 ESTUDO DE SITUAÇÃO

Para ANDRADE (2017), nesta etapa, realiza-se um diagnóstico inicial do objeto de análise, com um mapeamento dos ambientes externo e interno do sistema. Apontam-se as principais ameaças, sejam naturais ou humanas, de ocorrência acidental ou intencional; e as principais vulnerabilidades que expõem a riscos os ativos a serem protegidos. São utilizadas técnicas simples como checklists, brainstorming e matriz SWOT.

Além disso, avaliam-se a cultura organizacional, os princípios e diretrizes em relação à SEGOR e o nível de maturidade da instituição para lidar com riscos.

2.2 IDENTIFICAÇÃO DOS RISCOS

Procura-se, nesta etapa, identificar, avaliar e valorar os aspectos estruturantes que compõem o risco. É importante que se liste os ativos, as ameaças, as vulnerabilidades e quaisquer outros itens que possam comprometer os objetivos da Instituição quanto à Segurança Orgânica.

Segundo BERG (2010), todos os aspectos elencados podem ser analisados, revisados e reformulados, levando-se em consideração a natureza das atividades, fase do projeto, requisitos do Órgão. Definir o que se quer salvaguardar, determinando a importância de cada elemento no contexto institucional, será determinante para orientar o decisor na priorização de recursos e de medidas que minimizem a ocorrência de eventos indesejáveis.

2.2.1 Análise dos ativos

O ativo, na esteira da SEGOR, é todo elemento que tenha valor para a instituição, como por exemplo, instalações, pessoal, imagem, equipamentos e outros.

Na metodologia ARSO, proposta por ANDRADE & ROCKEMBACH (2018), os ativos serão classificados de acordo com três características: Substitutibilidade, Custo de Reposição e Essencialidade. A primeira mede a facilidade/dificuldade em se substituir determinado ativo. A segunda refere-se ao valor para repor o ativo e a terceira reflete o quanto o ativo é indispensável para o cumprimento dos objetivos estratégicos, das funções e missão institucionais.

Tabela 1: Tabelas de valoração do ativo

	Substitutibilidade	NOTA
Difícil	3	
Média	2	
Fácil	1	

	Custo de Reposição	NOTA
Difícil	3	
Média	2	
Fácil	1	

	Essencialidade	NOTA
Alta	3	
Média	2	
Baixa	1	

Fonte: ANDRADE & ROCKEMBACH (2018)

Para cada ativo identificado, após atribuídos os valores de acordo com os três critérios, conforme tabela 1, somam-se as notas obtidas e divide-se por 3, resultando num valor final.

$$\textbf{ATIVO} = \frac{\textbf{Substitutibilidade} + \textbf{Custo de Reposição} + \textbf{Essencialidade}}{\textbf{3}}$$

Como exemplo de ativos classificados, pode-se citar: servidores, imagem institucional, infraestrutura/materiais e equipamentos críticos.

2.2.2 Análise das ameaças

Segundo MCGILL *et al.* (2007), ameaças são ações hostis, que podem ser naturais e humanas, intencionais ou acidentais, e colocam em risco os ativos a serem protegidos. No âmbito da Segurança Ativa, por meio de ações planejadas, as ameaças muitas vezes poderão ser neutralizadas ou controladas.

A análise das ameaças poderá ser qualitativa ou quantitativa. A metodologia ARSO preconiza o critério qualitativo, pois, em se tratando de SEGOR, incidentes críticos de segurança podem ocorrer a qualquer tempo.

Na aplicação da metodologia, há orientação de que, ao se identificar a ameaça, listem-se também as ações adversas decorrentes da atuação dela nos ativos já previamente escolhidos. Para melhor entendimento, poder-se- ia citar como exemplo: ameaça (Organizações Criminosas), atuando no ativo (Imagem institucional), com possíveis ações adversas de execução e ameaça de servidores, infiltração, sabotagem de infraestruturas críticas, acesso a informações sigilosas.

A mensuração do nível de ameaça seguirá a tabela 2:

Tabela 2: Tabelas de valoração da Ameaça

	Motivação	NOTA
Alta	3	
Média	2	
Baixa	1	
Não há	0	

	Capacidade	NOTA
Alta	3	
Média	2	
Baixa	1	

	Acessibilidade	NOTA
Alta	3	
Média	2	
Baixa	1	

Fonte: ANDRADE & ROCKEMBACH (2018)

A motivação trata das razões que possam influenciar a conduta de uma ameaça na prática de uma ação adversa. A capacidade refere-se aos recursos, condições técnicas, logística, enfim, à habilidade de a ameaça executar a ação indesejada. Já a acessibilidade diz respeito ao grau de acesso da ameaça a um ativo específico, podendo ser mensurada direta ou indiretamente, a depender se o ativo é tangível ou intangível.

Para cada ameaça identificada, após atribuídos os valores de acordo com os três critérios, conforme tabela acima, somam-se as notas obtidas e divide-se por 3, resultando num valor final.

$$\text{AMEAÇA} = \frac{\text{Motivação} + \text{Capacidade} + \text{Acessibilidade}}{3}$$

Vale ressaltar que, na mensuração da ameaça, separa-se cada ativo individualmente e aplica-se a nota para cada ação adversa elencada, conforme Tabela 3:

Tabela 3: Tabela de valoração da ameaça por ativo

ORCRIM					
ATIVO	**AÇÕES ADVERSAS**	**MOTIVAÇÃO**	**CAPACIDADE**	**ACESSIBILIDADE**	**NOTA**
IMAGEM INSTITUCIONAL	Execução de servidores	2	2	3	2,3
	Ameaça a servidores	2	2	3	2,3
	Infiltração	3	3	3	3
	Sabotagem Infra Críticas	2	3	3	2,66
	Acesso Inf. Sigilosas	3	2	2	2,3

Fonte: Elaborado pela autora

2.2.3 Análise de vulnerabilidades

No contexto da SEGOR, as vulnerabilidades são as características do sistema de proteção da Instituição que representam fraquezas e fragilidades que oportunizam a ação das ameaças, concretizando o risco.

Como o controle das ameaças cabe ao segmento da Segurança Ativa, a Segurança Orgânica poderá modificar a equação de risco atuando diretamente na minimização das vulnerabilidades.

Segundo a metodologia ARSO, a análise das vulnerabilidades, que podem ser identificadas na etapa do Estudo de Situação, através de mementos ou *check lists,* deve ser dividida nas seguintes categorias e subcategorias:

A. Segurança dos recursos humanos
B. Segurança das áreas e instalações
C. Segurança da documentação e material
D. Segurança da informação (nos recursos humanos, nas áreas e instalações, na documentação e material e nos meios de tecnologia da informação e comunicações)

Vale ressaltar que essas categorias não são estanques e, dependendo do ambiente analisado, poderão sofrer alterações. Após definidas, cada categoria terá seus itens analisados e especificados para atribuição de uma nota, que varia de 1 a 3, conforme Tabela 4:

Tabela 4: Tabela de referência para valoração da Vulnerabilidade

VULNERABILIDADE	DESCRIÇÃO	NOTA
Baixa	O controle existe e é perfeitamente adequado e eficiente	1
Média	O controle existe, é adequado, mas a sua eficiência demanda pequenos ajustes na forma de execução	2
Alta	Não existe o controle ou o controle utilizado é completamente inadequado e ineficiente (demanda substituição completa do controle)	3

Fonte: ANDRADE & ROCKEMBACH (2018)

Identificados os itens vulneráveis e atribuídas as notas, calcula-se a média aritmética de vulnerabilidade por categoria, dividindo-se o somatório das notas da categoria pelo número de itens checados em cada categoria, conforme Tabela 5:

Tabela 5: Valoração da vulnerabilidade

SEGURANÇA DAS ÁREAS E INSTALAÇÕES	NOTA
Perímetro definido e cercado por barreiras físicas sem interrupções	3
Postos fixos de vigilância, instalados em locais críticos, permitem visada das áreas externas e internas ao perímetro.	2
Serviço de portaria e controle de acesso em todas as entradas e saídas	3
Existe controle de acesso com sistema informatizado em duas etapas (ex crachá + biometria)	2
O sistema de CFTV permite identificação (placa) de veículos nos acessos;	2
O sistema de CFTV permite identificação de pessoas nos acessos;	2
As pessoas envolvidas na vigilância são orientadas e atualizadas periodicamente	2

Fonte: Elaborado pela autora

Média de vulnerabilidade por categoria =

$$\frac{3+2+3+2+2+2+2 = 2{,}28}{7}$$

Como último aspecto, calcula-se o Fator de Vulnerabilidade (FV) que representa a soma das médias de vulnerabilidade dividido pelo número de categorias. No exemplo acima, como somente se avaliou uma categoria o FV resultaria em 2,28:1= 2,28.

2.2.4 Análise das consequências

Na metodologia ARSO, a análise das consequências resultará da valoração dos efeitos negativos provocados num ativo em decorrência de possíveis ações adversas perpetradas por uma ameaça.

A atribuição das notas segue a Tabela 6:

Tabela 6: Valoração das consequências

CRITÉRIOS PARA VALORAÇÃO DAS CONSEQUÊNCIAS		
GRAU	NOTA	DESCRIÇÃO
MUITO ALTA	5	Compromete a imagem/confiabilidade da instituição, com impactos negativos no ambiente interno e/ou externo; Morte, invalidez permanente, risco de vida ou necessidade de tratamento médico hospitalar emergencial; Prejudica consideravelmente o moral de significativa parcela da equipe, ocasionando a redução do ritmo e a intensidade de suas atividades funcionais; Perda ou suspensão da capacidade de execução de atividades essenciais; Compromete consideravelmente informações estratégicas/operacionais; Destruição, dano irreparável ou grave aos recursos financeiros, informacionais, materiais e/ou instalações
ALTA	4	Afeta a imagem/confiabilidade da instituição; Não há risco de vida imediato; vítimas com necessidade de tratamento médico-hospitalar não emergencial; Prejudica o moral da equipe, ocasionando redução do ritmo e a intensidade de suas ativ. Funcionais; Perda ou suspensão parcial da capacidade de execução de atividades essenciais; Compromete informações estratégicas/operacionais; Dano significativo recuperável, mas oneroso aos recursos financeiros, materiais, informacionais e/ou às instalações

MÉDIA	3	Ocasiona um desgaste temporário para a imagem/confiabilidade da instituição, mas não chega a comprometer, de uma forma geral, a confiança na instituição; Vítimas que não apresentam risco de vida imediato. Necessitam de algum tipo de tratamento no local enquanto aguardam o transporte ao hospital; Abala o moral da equipe, sem interferir, contudo, no ritmo e intensidade das suas atividades funcionais; Perda ou suspensão da capacidade de execução de atividades secundárias (de apoio); Pode comprometer informações estratégicas; Dano reparável, com impactos moderados aos recursos financeiros, materiais, informacionais e/ou às instalações
BAIXA	2	Causa desgaste temporário para a imagem/confiabilidade da instituição, mas não chega a comprometer e pode ser sanado com medidas orgânicas; Vítimas com capacidade para andar, não necessitam de tratamento médico ou transporte imediato, possuem lesões sem risco de vida; Pode alcançar o moral da equipe; Perda ou suspensão parcial da capacidade de execução de atividades secundárias, de apoio; Pode comprometer informações operacionais; Danos podem ser sanados pela manutenção orgânica
MUITO BAIXA	1	Não repercute sobre a imagem da instituição; Não há vítimas com lesões aparentes; Não afeta o moral da equipe; Não há perda ou suspensão da capacidade de execução das atividades; Não alcança informações estratégicas/operacionais; Não há dano aparente.

Fonte: Adaptada pela autora

A seguir, tem-se um exemplo de aplicação, conforme Tabela 7:

Tabela 7: Tabela de Valoração das Consequências

INFORMAÇÕES SIGILOSAS			
AMEAÇA	**AÇÃO ADVERSA**	**CONSEQUÊNCIA**	**NOTA**
SERVIDORES INSATISFEITOS	Vazamento	ALTA	4
	Destruição	MÉDIA	3
	Contrafação	ALTA	4

Fonte: Elaborada pela autora

2.3 ESTIMATIVA DO GRAU DE RISCO

Na metodologia ARSO, o grau de risco é medido, após identificação dos componentes do risco: ativos, ameaças, vulnerabilidades e consequências, pela seguinte equação:

RISCO = PROBABILIDADE X IMPACTO

Sendo:

PROBABILIDADE = (Fator Vulnerabilidade + Nível de ameaça)/2

IMPACTO = (Ativo + Consequência)/2

O resultado do grau de risco é apresentado numa matriz de riscos, conforme Figura 2:

Figura 2: Matriz de riscos

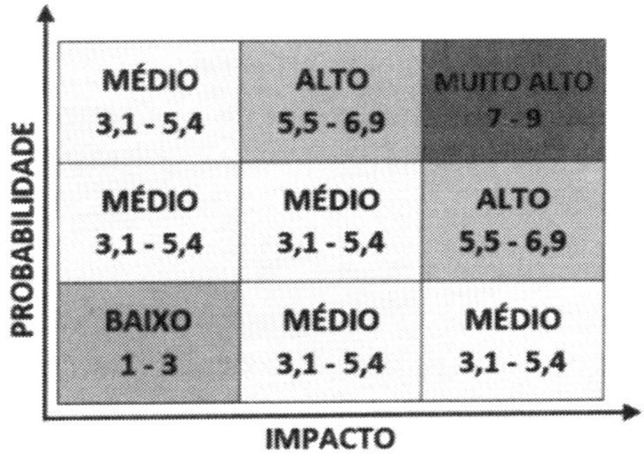

Fonte: ANDRADE & ROCKEMBACH (2018)

`Após determinado o grau de risco, na confecção do relatório de análise de riscos, indica-se que cada ativo seja apresentado individualmente, com destaque para as ameaças e consequências. Segue um exemplo de valoração de riscos detalhado, conforme Tabela 8:

Tabela 8:Valoração de riscos detalhado

IMAGEM INSTITUCIONAL							
PROBABILIDADE			IMPACTO			GRAU DO RISCO	
FATOR VULNERABILIDADE	AMEAÇA	NOTA	NOTA DO ATIVO	CONSEQUÊNCIA	NOTA	RISCO	CLASSIFICAÇÃO
2,03	ORCRIM	2,3	3	Execução de servidores	3	6,4	ALTO
		2,3		Ameaça a servidores	2	5,4	MÉDIO
		2		Acesso Info. Sigilosas	3	6	ALTO
		3		Infiltração	2	6,2	ALTO
		2,3		Sabotagem Infra Criticas	2	5,4	MÉDO
	SERVIDOR INSATISFEITO	3		Vazar Info. Sigilosas	3	7,5	MUITO ALTO
		2		Facilitar o acesso as A&I	2	5	MÉDIO
		1,6		Roubo/Furto Mat Sens	2	4,5	MÉDIO

Fonte: ANDRADE & ROCKEMBACH (2018)

3. RESULTADOS OBTIDOS E ANÁLISES

Utilizando-se da metodologia ARSO, cujo produto é a tabela de valoração dos riscos detalhados, o analista consegue inter-relacionar os componentes essenciais envolvidos na gestão de segurança orgânica, de forma sistêmica e contextualizada.

Através da lista de vulnerabilidades elaborada pelo analista, no início da aplicação da metodologia, é possível verificar de forma objetiva quais itens obtiveram notas mais altas, a fim de que contramedidas possam ser sugeridas e recursos prioritários possam ser investidos, o que pode reduzir a equação de risco.

O retrato da Instituição apresentado através da mensuração dos riscos, com suas medidas corretivas sugeridas, serve de escopo para que o decisor identifique quais principais ações devem compor o Plano de Segurança Orgânica.

No âmbito da Polícia Federal, no Órgão Central, por exemplo, houve recentemente mudança de grande parte do efetivo para novo complexo, o que demandou, com urgência, aplicação da metodologia ARSO como ferramenta de assessoramento à confecção do Plano de Segurança Orgânica da sede atual, ainda em construção.

A equipe de analistas responsável pela Segurança Orgânica aplicou a Metodologia ARSO e, através da elaboração de uma lista de categorias vulneráveis e verificação das notas de avaliação mais altas, conseguiu assessorar os Diretores Geral e de Inteligência, na aplicação de recursos prioritários e na adoção de contramedidas urgentes, bem como estabelecer o grau de risco.

4. CONCLUSÕES

Em muitos Órgãos e instituições, a construção de um Plano de Segurança Orgânica dá-se com base em conhecimentos difusos, utilizando-se da experiência de servidores e/ou de modelos de PSO pré-existentes.

A metodologia ARSO, através de ferramentas analíticas e conhecimentos técnicos, gera um produto que possibilita ao tomador de decisão, uma orientação fundamentada em conhecimento, quanto às ações que devem compor o PSO.

Cumprindo com o princípio da eficiência imposto à Administração Pública, a metodologia ARSO, ao apresentar um cenário de grau de riscos com sugestão de medidas corretivas, orienta de forma eficaz, quanto à elaboração de normas de segurança, planos de contingência, protocolos e procedimentos de segurança.

No tocante ao novo Complexo da Polícia Federal, por se tratar de Órgão sujeito a muitas ameaças, principalmente externas, não foi possível a disponibilização dos resultados concretos gerados pela aplicação da metodologia ARSO, visto que, elencar o grau de risco, bem como as vulnerabilidades mais críticas das categorias analisadas, deixaria a Instituição exposta.

Ademais, vale salientar que o relatório de análise de riscos produzido pela equipe de analistas da Polícia Federal, produto da metodologia ARSO, tem se apresentado como ferramenta de assessoramento indispensável à gestão estratégica da Segurança Orgânica, visto que as medidas de SEGOR priorizadas até o momento têm se mostrado adequadas e eficazes, com equilíbrio de recursos e meios necessários à proteção efetiva dos ativos institucionais.

REFERÊNCIAS

ABNT- Associação Brasileira de Normas Técnicas. NBR ISO 31000:2018. **Gestão de Riscos - Diretrizes**, ABNT, 2018

ANDRADE, Felipe Scarpelli. **Análise de Riscos e a Atividade de Inteligência.** Revista Brasileira de Ciências Policiais. 2017. Disponível em <https://periodicos.pf.gov.br/index.php/RBCP/article/view/462> Acesso em: 20 maio 2022.

ANDRADE, Felipe Scarpelli & ROCKEMBACH, Silvio J. **Metodologia ARSO: Análise de Riscos em Segurança Orgânica.** 2018. Disponível em https://www.researchgate.net/publication/329566807 Acesso em: 22 maio 2022.

BERG, Heinz-Peter. **Risk Management: Procedures, Methods and Experiences.** RT&A, 2, 2010.

BRASIL. Lei no 9.883, de 7 de dezembro de 1999. Institui o Sistema Brasileiro de Inteligência, cria a Agência Brasileira de Inteligência – ABIN, e dá outras providências. Presidência da República (PR); Brasil. **Diário Oficial da União.**

Brasília, 1999. Disponível em <http:// www.planalto.gov.br/ccivil_03/leis/l9883.htm > Acesso em: 18 maio 2022.

_____. Agência Brasileira de Inteligência - ABIN. **Doutrina Nacional da Atividade de Inteligência.** Brasília, DF, 2016.

_____. Ministério da Justiça. **Doutrina Nacional de Inteligência de Segurança Pública.** Brasília, DF, SENASP, 2014.

_____. **Instrução Normativa Conjunta MP/CGU n°01, de 10 de maio de 2016.** Brasília, DF. Disponível em <https://www.in.gov.br/materia/-/ asset_publisher/Kujrw0TZC2Mb/content/id/21519355/do1-2016-05-11- instrucao-normativa-conjunta-n-1-de-10-de-maio-de-2016-21519197 >. Acesso em: 22 maio 2022.

MCGILL, William L., AYYUB, Bilal M. & KAMINSKIY, Mark. **Risk Analysis for Critical Asset Protection.** Risk Analysis, Vol.27, No 5, 2007

PIRES DE ALBUQUERQUE, C. E.; ANDRADE, Felipe Scarpelli. **O Emprego da Análise de Risco como Ferramenta de Inteligência Estratégica.** 2014. Revista Brasileira de Ciências Policiais. Disponível em: https://periodicos.pf.gov.br:443/index.php/RBCP/article/view/183. Acesso em: 23 maio. 2022.

A IMPORTÂNCIA DAS RELAÇÕES INTERAGÊNCIAS NO ENFRENTAMENTO AO TRÁFICO DE DROGAS NA FRONTEIRA MATO GROSSO / BOLÍVIA E OS REFLEXOS PARA A SEGURANÇA NACIONAL

DANILO SEGÓVIA MOREIRA[10]

SUMÁRIO: 1 Introdução - 2 Tráfico de drogas e a fronteira com a Bolívia - 3 Relações Interagências - 4 Resultados e análises - 5 Conclusões e recomendações - 6 Referências.

RESUMO: As relações interagências, tema recente ainda no Brasil, estão se tornado um método cada vez mais relevante no combate ao narcotráfico. Pretende-se neste trabalho, analisar a atuação integrada das agências de inteligência no enfrentamento ao tráfico de drogas na fronteira do Estado de Mato Grosso com a Bolívia e as possíveis implicações para a Segurança Nacional. A hipótese levantada é justamente, de que as agências de inteligência, trabalhando de forma sinérgica, produzem melhores resultados no confronto ao tráfico transfronteiriço e consequentemente contribuem de maneira positiva com os interesses relativos à Segurança Nacional. Enriquecendo este estudo, foram entrevistados diversos profissionais das Forças de Segurança que operam na fronteira, colhendo suas experiências e percepções a respeito de importante assunto.

PALAVRAS-CHAVE: relação interagências; fronteira; tráfico de drogas; Segurança Nacional.

10 Tenente Coronel da Polícia Militar do Mato Grosso. Curso Superior de Polícia; Especialização em Direito Público, em Direito Militar e em Segurança Pública. Curso de Inteligência de Segurança Pública - SSP/RS. Curso de Operações de Inteligência - PMMT. Especialista em Inteligência Estratégica pela Escola Superior de Defesa (ESD).

1. INTRODUÇÃO

A droga é considerada hoje um dos grandes flagelos da humanidade, movimentando uma economia ilegal paralela de bilhões e essa realidade não poderia ser diferente no subcontinente sul americano, especificamente com relação ao Brasil e a Bolívia. A importância desses dois países diz respeito ao Brasil servir de principal rota do narcotráfico oriundo da Bolívia, que é um dos maiores produtores de drogas do mundo (CASTRO, 2019, p. 196).

Aproximando esse cenário para a região oeste do território brasileiro, a fronteira do estado de Mato Grosso com a Bolívia tornou-se corredor para o tráfico de drogas do vizinho andino, tendo como destino os grandes centros urbanos brasileiros e países dos mais diversos continentes. Pela quantidade de entorpecente apreendido na faixa de fronteira nos últimos anos, tem-se uma noção aproximada do volume de drogas que entra no território nacional, demonstrando o desafio para o poder público no combate ao tráfico.

Essa característica transnacional do narcotráfico, pontua Castro (2019, p.198), obrigou as forças de segurança a desenvolverem mecanismos de cooperação no sentido de fazer frente ao crescimento do tráfico de drogas, verdadeira rede organizada de produção e distribuição do ilícito.

Uma das formas de enfrentamento está na atuação conjunta das agências de inteligência das instituições de segurança que atuam na zona fronteiriça, onde as ações integradas com troca de informações tem produzido resultados positivos nesse combate, incentivando a produção deste estudo que irá abordar o trabalho integrado dessas agências, bem como se essas ações trazem reflexos para a Segurança Nacional.

O procedimento metodológico adotado neste relatório foi o comparativo, no contexto da pesquisa descritiva e exploratória. Foi utilizado o método dedutivo de abordagem e a natureza da pesquisa quantitativa. O recorte foi o Estado de Mato Grosso, na faixa de fronteira com a Bolívia. A amostra foi delimitada por apreensões do Grupo Especial de Segurança de Fronteira (GEFRON), que é uma Coordenadoria da Secretaria de Estado de Segurança Pública de Mato Grosso. A técnica de coleta foi a análise documental e a pesquisa bibliográfica e a triangulação na coleta de dados.

Foram feitas entrevistas com Comandantes e Diretores de Unidades Especializadas das Forças de Segurança que atuam na região, que atuam há mais de cinco anos na região, aproveitando de suas experiências e percepções sobre o tema.

2. TRÁFICO DE DROGAS E A FRONTEIRA COM A BOLÍVIA

É notória a importância estratégica da fronteira do Mato Grosso com a Bolívia, no enfoque da Segurança Pública. Essa região tornou-se uma das principais passagens para entrada de cloridrato de cocaína do País. Muito se deve à extensa faixa de fronteira entre os dois países, o que favorece o fluxo de atividades criminosas, somado ao fato da Bolívia ser o terceiro maior produtor de cloridrato de cocaína da América do Sul e maior exportador do entorpecente para o Brasil (CASTRO, 2019, p. 198).

Hodiernamente, o tráfico de drogas também pode ser entendido como um assunto de Segurança Nacional, pois transformou-se em problema de proporções globais, desde os anos 80, quando expandiu vertiginosamente, alcançando nos dias atuais um faturamento anual de US$ 500 bilhões, superando, por exemplo, a arrecadação anual proveniente do comércio internacional de petróleo. No comércio mundial o tráfico de drogas só perde em faturamento para o tráfico de armas (NOVA, 2019, p.2).

Resultado disso é a quantidade incalculável de entorpecente que entra no território nacional pelas fronteiras e que é utilizada tanto no abastecimento do mercado doméstico, como para ser exportada para outros países, partindo dos portos brasileiros. O tráfico também gera outras consequências, sendo responsável direto e indireto por diversos crimes, como roubos e furtos, receptação, formação de quadrilha, lavagem de capitais, homicídios entre outros, contribuindo com a violência criminal.

Assinala Filho (2013, p.31), que o narcotráfico, juntamente com a proliferação de tecnologias voltadas para destruição em massa, o terrorismo internacional, a degradação ambiental e as grandes e constantes migrações serão as principais e predominantes ameaças deste início de século, implicando nos mais diversos setores da sociedade, afetando seu progresso econômico, social, e político.

O Governo do Estado de Mato Grosso, em uma tentativa de desencadear operações de combate à criminalidade por meio de esforços integrados entre os órgãos da Segurança Pública, criou o GEFRON - Grupo Especial de Segurança de Fronteira, com a publicação do Decreto 3.994 de 13 de março de 2002 e que operacionalizou suas ações em 2003.

No ano de 2017, foi criada a DEFRON - Delegacia Especializada de Fronteira, sediada em Cáceres/MT, pautada na atividade de inteligência policial integrada com os órgãos estaduais e instituições federais.

A fronteira de Mato Grosso ainda conta com a presença de outras instituições das esferas estadual e federal que atuam no enfrentamento aos mais diversos crimes transfronteiriços.

Esta pesquisa busca identificar se as agências de inteligência dessas instituições atuam de forma integrada no enfrentamento ao tráfico de drogas, quais os resultados dessa atuação em conjunto e os possíveis reflexos para a Segurança Nacional, aqui entendida como "a condição que permite a preservação da soberania e da integridade territorial, a realização dos interesses nacionais, livre de pressões e ameaças de qualquer natureza, e a garantia aos cidadãos do exercício dos direitos e deveres constitucionais" (PND, 2016, p.11).

3. RELAÇÕES INTERAGÊNCIAS

As relações interagências, tema em voga no que diz respeito tanto à Segurança Pública quanto à Defesa e Segurança Nacionais, não é um conceito tão atual como constatado por Figueiredo e Moreira (2022, p. 281):

> [...] As relações interagências não se apresentam como algo novo, já que há tempos, ainda que através de interações singelas, desarticuladas e por vezes carentes de propósito, as organizações estabelecem relações para compartilhar conhecimento, atingir objetivos em conjunto, obter recursos materiais e, por vezes, competir entre si.

Porém, no Brasil ainda é um tema recente e não pacificado no meio acadêmico. Para o que se pretende neste relatório, adotaremos os conceitos propostos por Figueiredo e Moreira (2022) que categorizam as relações interagências em três tipos distintos: colaboração, cooperação e coordenação.

A colaboração nasce do trabalho em conjunto das agências de inteligência, contribuindo de forma que todas ganhem com essa interação, afastando assim as atividades isoladas. Seria a estrutura básica de todas as interações entre as agências (FIGUEIREDO e MOREIRA, 2022, p. 283).

Pode-se dizer que a cooperação já demanda uma operação conjunta, pois desta forma, responderia a altura um problema em comum a mais de uma agência, como o tráfico de drogas na fronteira, por exemplo. É a fase posterior à colaboração e via de regra ocorre sem planejamento conjunto, ou seja, cada agência realiza seu próprio planejamento, pois não há formalização das relações, o que pode acarretar em prejuízo para os resultados desejados (FIGUEIREDO e MOREIRA, 2022, p. 284).

A coordenação, terceira e última das etapas das relações interagências, seria um aprimoramento da fase de cooperação, quando ocorre a institucionalização das relações entre as agências. Embora seja um aperfeiçoamento, a coordenação está situada hierarquicamente acima da cooperação, pois é mais adequada para resolução de problemas mais complexos (FIGUEIREDO e MOREIRA, 2022, p. 285).

O Manual de Operações Interagências – MD33-M-12, do Ministério da Defesa, publicado em 2017, dispõe que:

> [...] o termo interagências deriva, então, da parceria e sinergia de esforços envolvendo órgãos governamentais e não governamentais, podendo ser nacionais e/ ou internacionais, estruturados para alcançar objetivos políticos e estratégicos de interesse nacional, harmonizando culturas e esforços diversos, em resposta a problemas complexos, adotando ações coerentes e consistentes.

Consequentemente, uma coordenação interagências (quando ocorre uma cooperação visando atingir resultados comuns) só será atingida quando todas as agências envolvidas no processo, trabalhem de maneira altruísta, sem interesses ou vaidades, com um único propósito (MCCREARY, 2014).

No próximo capítulo pretende-se analisar dados da atuação integrada das forças de segurança na faixa de fronteira, com base em indicadores de apreensões de entorpecentes pelo GEFRON, como também avaliar a percepção de alguns profissionais das forças de segurança sobre a relação entre as agências de inteligência no enfrentamento ao tráfico de drogas na região e os reflexos para a Segurança Nacional.

4. RESULTADOS OBTIDOS E ANÁLISES

A pesquisa foi feita com base no diagnóstico de indicadores de apreensões de drogas do GEFRON, com dados obtidos das principais ocorrências atendidas por essa Unidade, entre os anos 2010 a 2021, como mostra a Tabela 1:

Tabela 1: Indicadores de tráfico de drogas

INDICADORES / GEFRON	2010	2011	2012	2013	2014	2015
Entorpecentes apreendidos (em kg)	551,146	165,365	136,634	235,831	679,712	1.145,16

INDICADORES / GEFRON	2016	2017	2018	2019	2020	2021
Entorpecentes apreendidos (em kg)	3.950,48	3.041,37	4.081,04	6.446,27	14.377,00	14.351,299

Fonte: adaptado de Seção de Estatística do GEFRON e SROP. 2022

Os números demonstram um aumento considerável de apreensões de drogas a partir do ano de 2014, justamente quando se intensificaram as operações conjuntas entre GEFRON e Polícia Federal na região de fronteira, colaborando com o relato do Coordenador do GEFRON.

A tabela 2, ilustra os indicadores – entorpecentes apreendidos – dos últimos 3 anos do GEFRON (2019 a 2021), primeiramente em valor absoluto, somando as apreensões em conjunto do GEFRON com outras instituições e em seguida são apresentados os dados de apreensões do GEFRON somente em operações conjuntas.

Tabela 2: Indicadores de tráfico de drogas – Operações conjuntas

INDICADORES / GEFRON	2019	2020	2021
Entorpecentes apreendidos (em kg)	6.446,273	14.377,192	14.351,299
INDICADORES / GEFRON EM OPERAÇÕES CONJUNTAS	**2019**	**2020**	**2021**
Entorpecentes apreendidos (em kg)	5.656,013	9.499,977	12.407,222

Fonte: adaptado de Seção de Estatística do GEFRON e SROP. 2022

Ao observar os indicadores, só no ano de 2019, mais de 87% das apreensões de drogas do GEFRON foi em conjunto com outras instituições. Em 2020 as ações integradas foram responsáveis por mais de 66% do entorpecente apreendido e em 2021, 86% das apreensões, mais de 12 toneladas e meia, foram decorrentes de operações com a participação conjunta de outras instituições. Os dados apontam que as operações, quando realizadas de forma conjunta, contribuem no aumento das apreensões.

Reforçando com os resultados dos indicadores de apreensões do GEFRON, foram realizadas entrevista, organizadas em perguntas abertas, com alguns Comandantes e Diretores de Instituições de Segurança e de agências de inteligência que atuam na faixa de fronteira Mato Grosso/Bolívia, buscando obter desses profissionais, suas percepções sobre a relação interagência no combate ao tráfico de drogas da região.

A primeira pergunta foi para analisar dos entrevistados, suas percepções sobre o tráfico de drogas ser considerado ou não um assunto relativo à Segurança Nacional, sendo que o Coordenador[11] do GEFRON respondeu que o tráfico é um assunto de Segurança Nacional pois está relacionado com grandes organizações criminosas que são responsáveis pelo abastecimento dos grandes centros do País e do exterior e utilização dessa atividade ilícita como forma de aumentar o poder econômico e financiar outros crimes no País.

11 Tenente Coronel PMMT F. R. A. Entrevista realizada em 20/05/2022.

A Diretora[12] da DEFRON percebe que o tráfico de entorpecentes é questão de Segurança Nacional, pois "tem o condão de alterar a ordem social e representa uma ameaça quanto ao domínio do território brasileiro, em razão da atuação de organizações criminosas que podem criar um poder paralelo".

Para contribuir com essa questão, temos que a ordem social, (Art. 193[13] da Constituição Federal) e o domínio do território nacional, são assuntos que estão contidas na descrição de Segurança Nacional (PND, 2016):

> [...] Segurança Nacional é a condição que permite a preservação da soberania e da integridade territorial, a realização dos interesses nacionais, livre de pressões e ameaças de qualquer natureza, e a garantia aos cidadãos do exercício dos direitos e deveres constitucionais.

A resposta do Delegado[14] da Polícia Federal, Chefe da Delegacia da Polícia Federal de Cáceres/MT, também vai ao encontro ao que preconiza a Segurança Nacional, relacionando-a com questões econômicas e sociais. Na visão do Delegado, o tráfico incentiva a prática de diversos outros crimes e movimenta grande quantidade de capital. Impacta inclusive no Sistema Público de Saúde gerando prejuízo econômico. Disse ainda, que o tráfico de drogas viola a soberania do País pois utiliza do território nacional como rota para os grandes centros mundiais, principalmente pela modalidade aérea, o que demonstra a fragilidade de nossos mecanismos de controle e fiscalização, afetos à Segurança Nacional.

O Chefe[15] da Agência de Inteligência do Comando de Fronteira Jauru/66º Batalhão de Infantaria Motorizada do Exército Brasileiro, localizado em Cáceres/MT, respondeu que sim, devido a complexidade da cadeia logística que vai desde a produção até a venda aos consumidores finais que passam por diversos Estados e Países.

O segundo questionamento teve o escopo de analisar qual a percepção dos entrevistados sobre a atuação integrada das agências de inteligência no enfrentamento ao tráfico de drogas na fronteira.

---

12 Delegada de Polícia Civil do Estado de Mato Grosso, B. C. F. L. Entrevista realizada em 25/05/2022.

13 Art. 193 da CF. A ordem social tem como base o primado do trabalho, e como objetivo o bem-estar e a justiça sociais. (BRASIL, 1988)

14 J.F.J.R. - Delegado de Polícia Federal. Entrevista realizada em 22/05/2022.

15 J.R.V.C.J. - Oficial do Exército Brasileiro. Entrevista realizada em 08/06/2022

Conforme o Chefe[16] do Núcleo de Inteligência do GEFRON (NI GEFRON), o que falta ainda é coordenação entre as agências de inteligência, entendida por ele como a carência na troca de conhecimentos oportunos que contribuam no enfrentamento ao tráfico de drogas. Disse ainda que algumas agências priorizam o ganho político com o resultado das grandes apreensões e por isso preferem atuar de forma isolada.

Para o Diretor da Delegacia Federal de Cáceres, o compartilhamento de informações e experiências entre as agências o que resulta em bons resultados no combate aos crimes transfronteiriços, ressalva, porém que vários fatores dificultam a integração, como a carência de tecnologia moderna, baixo efetivo e "principalmente a falta de um elo forte entre as agências".

De acordo com o Comandante[17] da Agência Regional de Inteligência (ARI) do 6o Comando Regional da Polícia Militar a "integração é importante para a troca de informações e alinhamento de ações de maneira a realizar um enfrentamento mais eficaz à criminalidade".

Em sintonia com as respostas elencadas pelos entrevistados, entende Leite e Figueira (2019, p. 799) que "a cooperação no ambiente de fronteiras é importante ferramenta para a pulverização de ameaças e riscos, visto que nos limites brasileiros estão presentes toda ordem de crimes transnacionais". O autor destaca ainda que "há mecanismos de proteção na gestão estratégica de fronteiras que se utilizam da cooperação interagências".

Dando prosseguimento às entrevistas, foi questionado se a atuação conjunta das agências de inteligência no enfrentamento ao tráfico de drogas na fronteira trouxe reflexos para a Segurança Nacional, sendo que a Diretora da DEFRON respondeu ser visível os resultados positivos da atuação integrada para a Segurança Nacional, servindo de obstáculo, impedindo que as organizações criminosas controlem a fronteira, criando um "governo paralelo".

"O Aumento no número de apreensões de entorpecentes, impactos diretos e indiretos na redução de índices de criminalidade, como homicídios, furtos e roubos" foi o que pontuou o Coordenador do GEFRON. Disse ainda que:

> Na região de fronteira as forças de segurança começaram a se aproximar de maneira mais efetiva no ano de 2013, quando a inteligência da Delegacia da Polícia Federal de Cáceres se aproximou

16 R.A.P.B. - Oficial da Polícia Militar de Mato Grosso. Entrevista realizada em 23/05/2022.
17 U.R.P. - Oficial da Polícia Militar de Mato Grosso. Entrevista realizada em 19/05/2002.

> da inteligência do GEFRON. Nessa aproximação, que se deu de forma gradual, os agentes começaram a trocar informações e realizar operações de forma conjunta, o que refletiu no ano seguinte, quando em 2014, mais do que dobrou as apreensões de drogas e em 2015, dobrando a quantidade do ano anterior.

Na mesma lógica, Filho (2013, p.34), reforça a importância das relações entre as agências, argumentando que o ambiente interagências contorna assuntos complexos como a preservação da soberania e do patrimônio nacional, garantia da lei e da ordem e dos poderes constitucionais, compromissos internacionais, permeando inclusive cooperações com o desenvolvimento e defesa civil, todos subordinados aos interesses nacionais.

Continuando, foi questionado aos profissionais da Segurança quais seriam as maiores dificuldades enfrentadas pelas Instituições que atuam na fronteira de Mato Grosso com a Bolívia no tocante às relações entre as agências de inteligência.

Com relação a essa pergunta o Coordenador do GEFRON respondeu que "a falta de institucionalização das relações tornando as ações personalíssimas, a depender dos dirigentes das instituições e dos atores envolvidos diretamente".

Para a Diretora da DEFRON ainda há um distanciamento entre as agências de inteligência e receio no compartilhamento de dados, assim como falta de incentivo das Instituições para que se concretize a interação, apesar do desenvolvimento de ações integradas que refletem no controle da criminalidade.

O Diretor da Delegacia da Polícia Federal disse que a atividade de inteligência se distingue da atividade investigação policial, e que o maior problema seria a compartimentação das informações entre as agências de inteligência, já que "essa compartimentação faz com que uma informação de inteligência que seria de suma importância para uma ação de uma Força não chegue sequer a seu conhecimento", fato que tem diminuído com a maior integração entre as agências nos últimos anos,.

No entendimento do Comandante da ARI da PM as políticas de cada instituição ainda são as maiores dificuldades e que "enfraquecem a atuação integrada, as quais às vezes não compreendem o agir das agências de inteligências e acabam por minar o relacionamento entre estas".

"A efetividade no intercâmbio dos dados de inteligência, para fins de aumentar a eficiência das instituições policiais e segurança orgânica" foi a contribuição na resposta do Chefe do NI do GEFRON, completando seu raciocínio abaixo:

> No nível de inteligência, deixar as competições e vaidades institucionais de lado, pois a integração entre as AI's e fundamental. Importante destacar que os agentes se conhecem. Já possuem vários trabalhos integrados na carreira. Falta a iniciativa dos gestores do MJSP e SESP/MT em chamar todos os chefes e agentes das AI's em questão, reuni-los e elencar alvos para trabalhar em conjunto. Todos os agentes se conhecem e sabem da importância do trabalho integrado das AI's. Isso tem que ser acertado entre os gestores do MJSP e SESP/MT, e os respectivos gestores das instituições policiais. Tem que existir vontade política para fazer isso. Todavia, particularmente, penso que isso esbarra em interesses políticos institucionais e de governo, nos níveis federais e estaduais. Aumentar a integração de sistemas e banco de dados entre o governo federal e governos estaduais, disponibilizando mais dados de segurança públicas para as AI's. Governo federal criar mecanismos para premiar/ valorizar os agentes que realizarem operações integradas que desarticulem Orcrim's do narcotráfico, com intuito de incentivar a integração.

Por fim, o representante do Exército Brasileiro na região, elencou em sua resposta que "a maior dificuldade está relacionada a falta de uma integração institucionalizada, ou seja, uma integração prevista em normas legais e infralegais que sistematize o processo de troca de informações e padronize políticas de cooperação contínua". Prosseguindo seu raciocínio:

> [...] a atividade de inteligência trabalha primordialmente com a informação, quanto maior a integração das agências de inteligência, maior será a quantidade de informações nas mãos do sistema de inteligência, além de melhor a qualidade das análises. No Brasil já temos casos de sucesso de célula permanente de agências de inteligência para combater os crimes transfronteiriços, como o que ocorre na região de Foz do Iguaçu. Com a melhor qualidade desse trabalho de inteligência, a segurança pública estará cada vez melhor e só quem ganha é a sociedade.

Entre as mais diversas respostas dos profissionais entrevistados está a necessidade de institucionalização de uma cooperação entre as agências para esse fim específico. Tal entendimento vem ao encontro de uma relação mais coordenada entre as agências, como forma de superar as relações meramente pessoais passando para relações de caráter mais institucional.

Foi citado também a necessidade da criação de políticas institucionais como tentativa de tornar as ações mais efetivas. Outra sugestão dos entrevistados seria a criação de células integradas de inteligência, como células permanentes aos moldes do que ocorre na região de Foz do Iguaçu, o que melhoraria a integração e troca de informações refletindo no próprio combate ao tráfico de drogas.

5. CONCLUSÕES E RECOMENDAÇÕES

Não resta dúvida quanto a importância da atuação integrada entre as agências de inteligência no enfrentamento ao tráfico de drogas na faixa de fronteira do Estado de Mato Grosso com a Bolívia. Porém, é um trabalho que ainda está em fase inicial, visto ser um tema ainda recente no Brasil, tendo um longo caminho a percorrer. Os números demonstram que com o início de ações conjuntas entre as agências de inteligência, a quantidade de apreensões de drogas aumentou significativamente.

Ademais, as organizações precisam avançar na institucionalização das relações interagências almejando atingir a etapa da coordenação e uma das propostas seria a criação de células integradas de inteligência, por meio de termos de cooperação técnica, ou convênios, com reuniões periódicas e foco no enfrentamento ao tráfico de drogas, o que poderia fortalecer ainda mais a relação entre as agências de inteligência, resultando em maior confiabilidade para o compartilhamento de informações e disciplinando as ações e operações de forma coordenada.

O tráfico de drogas, na fronteira, traz reflexos para a Segurança Nacional, pois afeta questões econômicas, sociais e políticas, atingindo a sociedade como um todo e também o cidadão de forma individualizada, do mesmo modo que está interligado com organizações criminosas, o que reforça a necessidade de investir e fortalecer mais as relações interagências nessa região, que é corredor de passagem do tráfico, com foco nas atividades de inteligência.

As apreensões do GEFRON ao longo dos anos e as percepções dos entrevistados, demonstraram como o esforço integrado das Forças de Segurança produzem resultados positivos, o que reforça as palavras de Filho (2013, p.36) quando diz que "as operações em ambiente interagências parecem surgir como a pedra angular do cenário de Segurança e Defesa, permitindo às forças militares e civis compartilharem ações, de forma sinérgica, em ações de todos os campos do Poder Nacional".

REFERÊNCIAS

BRASIL. Constituição da República Federativa do Brasil de 1988. **Diário Oficial da União.** Brasília, 1988. Disponível em: http:// www.planalto.gov.br/ccivil_03/constituicao/constituicao.htm. Acesso em: 12 jul. 2022.

_____. **Portaria Normativa No 32/MD**. 2017. Disponível em : < https:// www.gov.br/defesa/pt-br/arquivos/legislacao /emcfa/publicacoes /o

peracoes/ md33a_ma_12a_opa_interagenciasa_2a_eda_2017.pdf > . Acesso: 17 maio. 2022.

_____. **Política Nacional de Defesa.** 2016. Disponível em : < https:// www.gov.br/defesa/pt-br/assuntos/copy_of_es.defesa/ pnd_end_congresso_.pdf> . Acesso: 19 maio. 2022.

CASTRO, Helena Salim. **O combate ao tráfico de drogas na fronteira Brasil-Bolívia (2008-2012).** 2019. Disponível em: < https:// www.cartainternacional.abri.org.br/Carta/article/view/873/730 >. Acesso: 18 maio. 2022.

COGGIOLA, Osvaldo**. O Comércio de drogas hoje**. 2015. Disponível em: < https://www.researchgate.net/publication/ 260347953_O_COMERCIO_DE_DROGAS_HOJE/link/ 566b3e4b08ae1a797e39e672/download > . Acesso: 09 maio. 2022.

FILHO, Jonas de Oliveira Santos. As operações militares no ambiente interagências. **Revista Doutrina Militar Terrestre.** 2013.

FIGUEIREDO, Thiago Abreu; MOREIRA, Nádia Xavier. **Coordenação e planejamento: categorias centrais nas relações interagências.** Coleção Meira Mattos, V.16, n. 56, 2022.

LEITE, Ana Paula Moreira Rodriguez; FIGUEIRA, Ariane Roder.

Políticas Públicas na fronteira Norte: a cooperação interagências como instrumento de governança. Rio de Janeiro. ENEPCPCANAIS. 2019.

MCCREARY, Mathew M. **Uma perspectiva interagências quanto aos sistemas portáteis de defesa antiaérea na Síria.** Military Review. 2014.

MATO GROSSO. **Gabinete de Gestão Integrada de Segurança Pública a Fronteira do Estado de Mato Grosso**. 2011. Disponível em: < https:// www.jusbrasil.com.br/diarios/32212650/doemt-10-11-2011-pg-1 >. Acesso : 10 maio. 2022.

MOLAS, Ruan Alberto Martens. **Presencia y actuación del Primer Comando de la Capital (PCC)Implicancias políticas y sociales.** 2019.

Disponível em: < https://ojs.ministeriopublico.gov.py/index.php/rjmp/ article/view/168/143 > . Acesso: 15 maio. 2022.

NOVA, Benigno Núnez. **A globalização do narcotráfico.** 2019. Disponível em: < https://benignonovonovo.jusbrasil.com.br/artigos/784029515/a-globalizacao-donarcotrafico >. Acesso em: 17 maio. 2022.

O MOVIMENTO DE SECURITIZAÇÃO DO GARIMPO NA AMAZÔNIA: UMA ABORDAGEM DA INTELIGÊNCIA ESTRATÉGICA A PARTIR DA ANÁLISE GEOLÓGICA

CRISTINA PRANDO BICHO[18]

SUMÁRIO: 1 Introdução - 2 Securitização do garimpo na Amazônia - 3 Monitoramento de garimpos: uma nova abordagem - 4 Análise dos resultados obtidos a partir das inferências empíricas - 5 Conclusões e recomendações - 6 Referências.

RESUMO: Países da periferia do sistema internacional inserem-se na rota do conflito mundial quando possuem bens estratégicos de interesse das potências centrais. No caso do Brasil, os recursos naturais da Amazônia são alvos de constantes tentativas de interferência externa orquestradas por governos que visam o favorecimento de interesses estrangeiros em detrimento aos nacionais. Mudanças nas diretrizes políticas para a Amazônia, promovidas pelo governo do Presidente Jair Bolsonaro, desencadearam uma grave crise diplomática e política que resultou na construção de narrativas invocando a securitização da Amazônia como forma de evitar uma catástrofe ambiental. Dentre os tópicos das críticas internacionais encontram-se a invasão de terras indígenas por garimpeiros e os impactos ambientais em áreas protegidas causados pela mineração ilegal. O presente trabalho parte da premissa de que a ausência de dados integrados sobre os diversos aspectos relacionados aos garimpos dificulta o assessoramento das autoridades no que diz respeito à previsão da expansão e o controle da atividade garimpeira na Amazônia, o que resulta em uma atuação essencialmente reativa do Estado. Visando o fortalecimento das capacidades de inteligência estratégica em relação à

18 Mestre em Metalogênese e Geoquímica pela Universidade Estadual de Campinas - UNICAMP - Instituto de Geociências. Especialista em Inteligência Estratégica pela Escola Superior de Defesa (ESD). Especialização em Políticas Públicas e Gestão Governamental nos Setores Energético e Mineral pela Pontifícia Universidade Católica - PUC/RJ. MBA em Estratégia Empresarial pela Fundação Getúlio Vargas – FGV / Brasília.

mineração ilegal, além do protagonismo da narrativa, propõe-se uma nova abordagem para análise e monitoramento de garimpos. Utilizando metodologia exploratória, a abordagem está fundamentada nos aspectos geológicos que, ao serem analisados em conjunto com a evolução espaço/temporal de abertura de garimpos e com a avaliação histórica dos preços das *commodities*, permite ampliar o conhecimento sobre a atividade ilegal. São apresentados resultados da aplicação da nova abordagem sobre os garimpos da Terra Indígena Munduruku.

PALAVRAS-CHAVE: securitização; Amazônia; garimpo; geologia.

1. INTRODUÇÃO

Nos últimos anos, o Brasil se viu diante de uma escalada da pressão internacional em virtude da condução de sua política ambiental para a Amazônia. A construção do discurso sobre a falta de controle do país nas questões relacionadas ao desmatamento, queimadas, mineração ilegal e proteção de povos indígenas tem levado diversos países a adotar narrativas contrárias ao Brasil, caracterizando um processo de securitização da Amazônia.

O processo de securitização pode ser definido como um processo intersubjetivo de construção de entendimentos sobre a realidade, onde um problema é apresentado como uma ameaça existencial e requer, para sua solução, medidas emergenciais ou mesmo ações fora dos limites convencionais do procedimento político (BUZAN et al. 1998; p.23-4 *apud* QUEIROZ, 2011, p.5).

Apesar do processo de securitização do meio ambiente se desenvolver, mais assertivamente, no âmbito internacional, desde a década de 1960 e, portanto, a Amazônia já estar há décadas no foco internacional, a intensificação da crise diplomática e política ocorre a partir de 2019, quando toma posse o presidente Jair Bolsonaro.

No governo Bolsonaro o paradigma do indigenismo e ambientalismo, apresentado por parte do *establishment* decisório como fruto de uma campanha globalista, é considerado um entrave ao desenvolvimento da Amazônia e uma ameaça à soberania nacional. Em contrapartida a esse modelo, o governo propõe uma abordagem que privilegia o conceito de "ocupar e integrar", sintetizada no esboço do programa governamental "Projeto Barão do Rio

Branco", que objetiva o desenvolvimento e o fomento da presença do estado brasileiro na Amazônia a partir da construção de obras de infraestrutura.

Diante do posicionamento do governo brasileiro, a guerra das narrativas se intensifica em várias frentes, incluindo o desmatamento ocasionado pela mineração ilegal e os impactos dessa atividade sobre os povos indígenas. Cabe destacar que a mineração ilegal é também parte integrante dos crimes transnacionais que geram instabilidade conjuntural e endêmica nas regiões da fronteira norte do Brasil.[19]

Visando distensionar possíveis cenários de crise e, por extensão, suas externalidades negativas, é importante estabelecer ações que permitam melhorar a imagem do país e reassumir o protagonismo da narrativa. Nesse sentido, refletir sobre aspectos relacionados à legalidade e sustentabilidade das atividades de mineração na Amazônia concorre favoravelmente para atenuar a crise, além de contribuir para a melhoria da segurança nacional.

Sem que haja uma clareza em relação a todos os fatores envolvidos na dinâmica de evolução dos garimpos, as ações de comando e controle, que possuem ênfase em instrumentos repressivos, passam a ser o principal recurso do Estado para debelar as atividades ilegais. No entanto, em algumas regiões, em virtude da complexidade dos arranjos sociais, da falta de perspectiva de empregos e do alto potencial mineral, as ações de comando/controle não são suficientes para sufocar as atividades, sendo necessária a adoção de políticas públicas que possibilitem a continuidade da exploração dentro de parâmetros ambientais aceitáveis.

Nesse contexto, será desenvolvido no artigo um estudo de caso exploratório[20] onde se propõe uma nova abordagem para monitoramento de garimpos baseada na análise integrada das variáveis espacial, temporal, geológica e econômica, com o objetivo de antecipar movimentos e aprimorar as análises de Inteligência Estratégica.

19 A Política Nacional de Defesa (PND), um dos instrumentos normativos de mais alto nível em Defesa, dentre outras providências, ratifica a Amazônia como prioridade em razão de suas riquezas naturais. A PND aponta, ainda, a necessidade de garantir uma maior presença do Estado na região e a vivificação da faixa de fronteira, especialmente por meio das Forças Armadas. O documento cita como fatores que dificultam a consecução deste objetivo: a baixa densidade demográfica da região, sua longa extensão territorial e a precariedade do sistema de transportes, cenário este propício para a prática de ilícitos transnacionais e crimes conexos.

20 Trata-se de um estudo de caso exploratório por lidar com tema raro na literatura, sobretudo, quanto à dimensão securitária da Geologia associada às atividades de Inteligência aplicada à mineração.

2. SECURITIZAÇÃO DO GARIMPO NA AMAZÔNIA

A securitização do meio ambiente está no cerne das críticas ambientais internacionais voltadas à atuação do governo brasileiro na Amazônia. A ideia-chave subjacente à securitização é a de que quando a identificação de uma ameaça à existência de um objeto referente[21] – o Estado e/ou suas Instituições, o ser humano, a economia, dentre outros - recebe destaque suficiente para ganhar a aprovação do público, permite que aqueles que estão autorizados a lidar com a questão usem os meios que considerem apropriados, incluindo a força (BALZACQ, 2016).

Para BUZAN *et al.* (1998), a escala de importância de assuntos que envolvam ameaça é proporcional à aceitação comum de sua argumentação. O movimento de securitização, consubstanciado na construção de atos narrativos ou, *speech-acts*, busca a legitimidade para agir por meio da anuência do público-alvo. Quando isso acontece, diz-se que o que antes era um movimento de securitização se tornou, de fato, uma securitização.

Considerando-se esse marco normativo, a radicalização do discurso ambiental internacional, em um claro movimento de securitização da Amazônia, pode ser observada em declarações de atores importantes da cena internacional, como por exemplo, dos chefes de Estado da França e EUA.

Nesse sentido, em debate realizado entre os candidatos Joe Biden e Donald Trump à presidência americana, em 29/09/2020, Biden menciona que organizaria o mundo para prover US$ 20 bilhões para a Amazônia, para o Brasil não destruir a floresta, sob pena de enfrentar consequências econômicas significativas (BBC, 2020). Críticas continuaram após a vitória de Biden, com aumento da pressão sobre o governo brasileiro para mudanças em sua política ambiental. No entanto, durante o evento no Dia da Terra, comemorado nos EUA em 22 de abril, Biden surpreende ao apresentar uma proposta para que as nações remunerem o Brasil como forma de evitar o desmatamento na Floresta Amazônica, o que pode representar um ponto de inflexão na forma como a comunidade internacional trata a questão da conservação da Floresta Amazônica (HANAN, 2022). O distensionamento mostra a volatilidade das narrativas associadas aos movimentos de securitização.

21 Unidades de análise cuja segurança/existência se encontre ameaçada, ou seja, apresentada como tal por meio dos atos discursivos.

Por sua vez, Emmanuel Macron, presidente da França, reportando-se aos incêndios na Amazônia, publicou no twitter em 20/ago/2019 que: "*A Amazônia, ..., está em chamas. É uma crise internacional. Membros do G7, vejo vocês em dois dias para falar sobre esta emergência*". Em 30/09/20, cobra ações do governo brasileiro para proteger a região e cogita solicitar o "status internacional" da Amazônia à ONU para que seja gerida por outros países, caso a "catástrofe ambiental" continue. Utiliza a cúpula da biodiversidade da ONU (Organização das Nações Unidas) para criticar o desmatamento na Amazônia e insiste que é por uma questão ambiental que não ratificará o acordo comercial entre o Mercosul e a UE (União Europeia). Outros países membros da UE, como Holanda e Áustria, seguem a mesma linha da França e se posicionam contra o acordo com o Mercosul (Poder360, 2020). Em 28/01/2022, representante da UE sugere que, caso o projeto de regulamentação da mineração em Terras Indígenas seja aprovado, a medida poderá afetar o acordo de livre comércio e o pedido de adesão do Brasil à Organização para Cooperação e Desenvolvimento Econômico (OCDE) (SPRING, 2022).

Como parte da construção da narrativa, campanhas se espalham pelas redes sociais, a exemplo da hashtag *#PrayForAmazon* e do vídeo intitulado "*Brazil⊠s Climate Bomb*", elaborado pelo movimento *Fridays For Future*, com críticas ao projeto de regularização da mineração em terras indígenas, além de manifestações de celebridades. As diversas manifestações contribuem para ampliar a crise e favorecer a adesão da opinião pública contra a política adotada pelo Brasil em relação à Amazônia, em um claro movimento de securitização com potencial de se desdobrar em uma securitização de fato, um cenário indesejado e que, por isso, evoca a Inteligência como "elemento dessecuritizador".

3. MONITORAMENTO DE GARIMPOS: UMA NOVA ABORDAGEM

O contexto geológico, importante variável para elaborar análises preditivas sobre a expansão das atividades garimpeiras, não costuma ser analisado pelos órgãos de fiscalização e/ou de produção de conhecimento de inteligência. Além disso, a ausência de uma base de dados oficial robusta sobre garimpos impossibilita avaliar a evolução espaço/temporal da atividade. A ausência dessas informações faz com que as ações de controle da atividade garimpeira no Brasil ocorram de forma "míope", sem que haja um entendimento do local e potencial de expansão da atividade.

Visando suprir essas lacunas de conhecimento, apresenta-se nesse trabalho uma nova proposta de abordagem metodológica para monitoramento dos garimpos, baseada na correlação entre fatores geológicos, preço do ouro no mercado financeiro e análise espaço temporal da atividade garimpeira.

A figura 1 apresenta a localização dos garimpos[22] da região Amazônica sobre o mapa geológico da América do Sul. É possível observar que as áreas de garimpo não respeitam as fronteiras entre os países, pois o que origina os depósitos minerais são os processos geológicos e as rochas hospedeiras. Portanto, o contexto geológico da região é um fator essencial que condiciona a ocorrência dos crimes transnacionais relacionados à mineração ilegal.

Na área da bacia do Rio Amazonas, as rochas sedimentares resultantes da erosão das cadeias andinas estão representadas pela cor amarela (figura 1). Nesse contexto geológico os garimpeiros utilizam balsas para revolver o leito dos rios, onde está depositado o ouro proveniente de depósitos primários localizados na Cordilheira dos Andes.

Dentre os rios com atividade garimpeira, cujas nascentes encontram-se na Cordilheira, destacam-se o Madeira/Madre de Dios, Caquetá/Japurá e Putumayo. Nesses rios podemos considerar o suprimento de ouro como sendo contínuo, considerando a escala de tempo geológico relativa ao ser humano. O Rio Madeira é um exemplo dessa situação, onde grandes volumes de sedimentos são erodidos, transportados e depositados continuamente, carreando o ouro de rochas primárias para o leito do rio.

22 O Centro Gestor e Operacional de Proteção da Amazônia (CENSIPAM) vem desenvolvendo uma base de dados espaço/temporal, atualizada, dos garimpos da Amazônia. No entanto, como a base ainda não foi finalizada e disponibilizada, optou-se por utilizar nesse trabalho os dados abertos da RAISG (Amazon Geo-referenced Socio Environmental Information Network) e Amazon Mining Watch, apesar dessas bases não fornecerem dados atualizados e detalhados.

Figura 1: Distribuição dos garimpos na região Amazônica e Andina sobreposto ao Mapa Geológico da América do Sul (escala 1:5.000.000) e Modelo Digital de Elevação (GTOPO30)

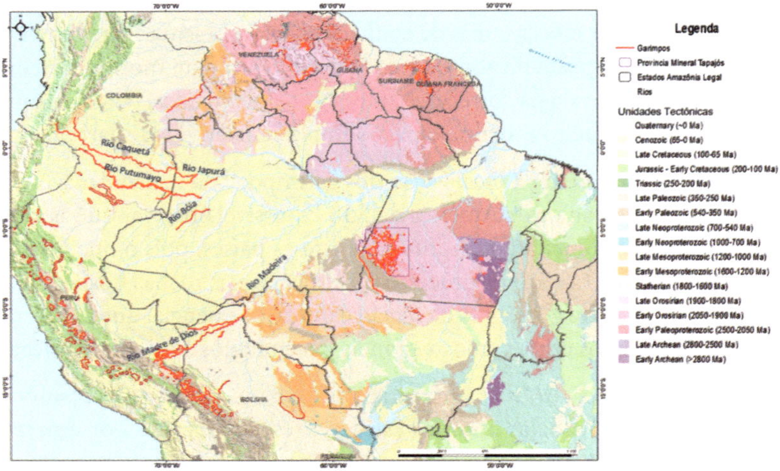

Fonte dos garimpos: RAISG e *Amazon Mining Watch.*

Nesse caso, é de se supor que o garimpo no Rio Madeira irá se manter por longo período. Portanto, ações de comando e controle tendem a ser custosas e pouco eficazes, já que é natural que a população, em uma região com poucas oportunidades de trabalho, se envolva na atividade. Nessa conjuntura, o ideal é promover ações de regularização e implantação de políticas públicas visando disciplinar a atividade, de modo a causar o menor impacto para o meio ambiente e o melhor retorno para a sociedade.

Situação diferente ocorre nos garimpos do Rio Bóia. Embora a exploração também ocorra no leito do rio, verifica-se que a nascente está na própria bacia sedimentar. Nesse caso, o mais provável é que o ouro esteja depositado nas camadas sedimentares que estão sendo erodidas pelo rio atual e, portanto, não existam novos aportes de ouro. Supondo que a hipótese esteja correta, é de se esperar que a atividade garimpeira no Rio Bóia se esgote com maior rapidez do que no Rio Madeira. Apesar disso, não é improvável que os garimpeiros busquem uma outra forma de recuperar o ouro existente nessa camada de sedimentos, em áreas distantes do leito atual dos rios e de suas margens. Se isso acontecer, a devastação tende a aumentar muito.

A elaboração de estudos geológicos voltados para o entendimento da forma de ocorrência do ouro nessas rochas sedimentares, e da avaliação aproximada dos teores, juntamente com análises de tendência do preço do ouro ajudam a definir quando a exploração será intensificada ou se tende a regredir. Se os teores forem baixos, o garimpo só se viabiliza em tempos de alta do ouro no mercado financeiro A análise temporal permite avaliar em qual trecho teve início o garimpo, quais áreas são persistentemente garimpadas - possivelmente aquelas com maiores teores - e como se movimentam as dragas nos períodos de seca e de cheia dos rios. Entender esse contexto ajuda na análise preditiva dos períodos e locais de expansão da atividade garimpeira, facilitando a elaboração das ações de combate.

As áreas geológicas identificadas no mapa em tonalidades rosadas (Figura 1) representam o embasamento cristalino. Nesse contexto geológico, as rochas que dão origem ao ouro, cassiterita e outros bens minerais estão expostas ou foram erodidas e tiveram seus sedimentos depositados nas proximidades. Via de regra, os garimpos nessas regiões localizam-se mais próximo das áreas fonte do que no caso dos garimpos existentes nas bacias sedimentares. Entender os condicionamentos geológicos e o potencial mineral das rochas do embasamento ajudam a definir as áreas mais prováveis para o desenvolvimento dos garimpos.

Na figura 1 é possível notar áreas extensas de garimpos como, por exemplo, a Província Mineral do Tapajós (PMT), localizada no Pará, próxima da divisa com o Amazonas. A caracterização geológica e o histórico da atividade garimpeira da PMT, apresentado a seguir, demostram a dificuldade de agir unicamente na linha de comando e controle em regiões com alto potencial mineral.

A PMT representa a maior área de garimpo do mundo, com cerca de 80.000km2, e representa cerca de 80% da área impactada por garimpos no Brasil. A atividade garimpeira na região teve início em 1958. Entre 1958 e 1996 a produção estimada foi de 159 toneladas de ouro (Araújo Neto, 1996 Apud COUTINHO, 2008). No início da década de 80, o aeroporto de Itaituba era o segundo mais movimentado do Brasil. No auge da atividade garimpeira, estima-se que existia uma população de

120.000 garimpeiros. Na década de 1990, diversos fatores contribuíram para a quebra dos garimpos, tais como a exaustão dos aluviões, a falta de conhecimento geológico, má gestão, alto custo de operação e baixo preço do ouro (JACOBI, S.D).

No entanto, a partir da década de 2010, a utilização de retroescavadeiras, que permitiu explorar o minério em maiores profundidades e com maior eficiência, somada ao aumento do preço do ouro no mercado internacional fez com que a atividade retornasse com intensidade na região. Os preços recordes atingidos pelo ouro em virtude da pandemia da COVID 19, a partir de 2020 (figura 2), viabilizaram depósitos com baixos teores, levando a uma exploração descontrolada e impactando severamente as unidades de conservação e terras indígenas.

Figura 2: Histórico dos preços do ouro em USD/kg (eixo da esquerda) e USD/onça (eixo da direita). Observar altas recordes a partir de 2020, em virtude da pandemia da COVID 19.

Fonte: Gold Price https://goldprice.org/gold-price-history.html

O tamanho da área garimpada na PMT, o grande número de garimpos existentes (mais de 400, segundo COUTINHO, 2008), a forte presença da população envolvida na atividade, além da ocorrência generalizada de ouro nas rochas da região mostram a necessidade urgente de promover uma política de regularização das áreas de garimpo. É improvável que somente ações de comando e controle permitam controlar a atividade. Assim como ocorreu na década de 90, espera-se que a atividade diminua quando o patamar do preço do ouro baixar dos níveis atuais, sendo necessário estudar quais seriam os valores mínimos para viabilizar a atividade na região.

No entanto, as previsões do mercado indicam que o ouro deve se manter em valores elevados pelo menos até 2026 (GOOSEN, 2022). Até lá, é essencial aplicar políticas públicas de regularização e buscar direcionar as ações de fiscalização para as áreas com maior potencial de expansão. Para definir as áreas prioritárias de ação, existe a necessidade de avaliar a questão geológica e a evolução espaço/temporal do garimpo, além, é claro, de analisar aspectos relacionados à infraestrutura, grupos criminosos e demais assuntos que extrapolam a questão puramente técnica.

4. ANÁLISE DOS RESULTADOS OBTIDOS A PARTIR DAS INFERÊNCIAS EMPÍRICAS

Diversos exemplos de aplicação da abordagem se mostraram exitosos na produção de Relatórios de Inteligência elaborados pela autora. Será apresentado a seguir o exemplo da avaliação preditiva de avanço do garimpo na Terra Indígena (TI) Munduruku (Figura 3), alvo frequente de críticas internacionais ao governo brasileiro em decorrência da expressiva invasão garimpeira.

Apesar de estar localizada dentro da PMT, portanto, em área com grande potencial aurífero, a exploração na TI Munduruku se inicia somente no final de 2018, com maior expansão observada a partir de 2019, conforme observado na Figura 3. A exploração mineral nas terras indígenas, apesar de prevista na Constituição Federal, ainda não foi regulamentada pelo Congresso Nacional. Deste modo, a exploração nessas áreas é considerada ilegal. O fato da TI ter sido recentemente invadida pelo garimpo está provavelmente relacionado ao aumento recorde dos preços do ouro e à perspectiva de regulamentação da mineração nas TIs durante o governo do presidente Bolsonaro.

Figura 3: Distribuição dos garimpos na Terra Indígena Munduruku, exibindo evolução espaço temporal entre os anos de 2018 e 2022, fornecidos pelos alertas do Sistema PLANET/ Programa Brasil MAIS/MJSSP.

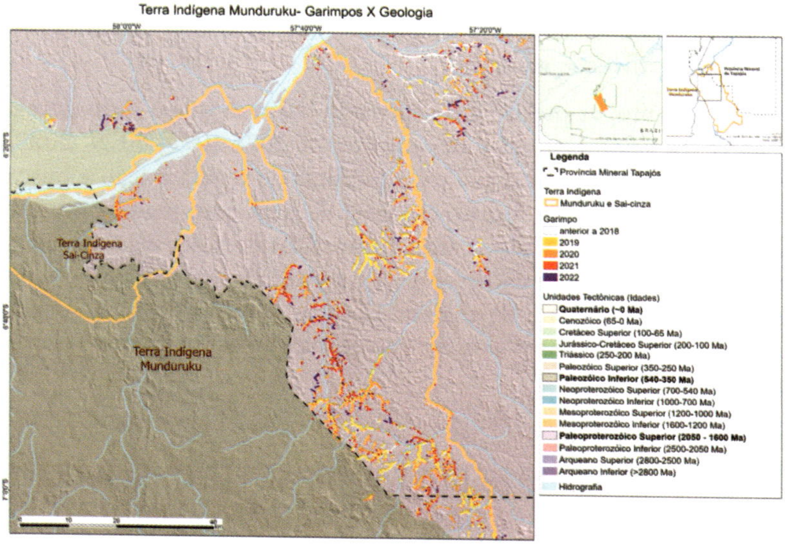

Fonte: Mapa Geológico da América do Sul adaptado (escala 1:5.000.000) sobreposto ao Modelo Digital de Elevação SRTM.

É possível notar na Figura 3 que a atividade garimpeira na TI Munduruku teve início na porção centro leste (garimpos representados nas cores amarela e laranja) e caminha em direção a noroeste (garimpos representados nas cores vermelha e roxa). Entre os órgãos de fiscalização havia a preocupação de que o garimpo avançasse por toda a terra indígena. Ao analisar o contexto geológico da TI, pode-se observar a presença de dois ambientes distintos: A) Porção Oeste - composta por rochas de idade entre 540-350Ma (Era Paleozóica), representadas no mapa pela cor ocre e pelo relevo mais elevado; B) Porção Nordeste - composta por rochas de idade mais antiga, entre 2050-1900Ma (Era Paleoproterozóica), marcada pela cor avermelhada e relevo mais acidentado (Fig.3). Nota-se que os garimpos ocorrem exclusivamente associados às rochas mais antigas (Paleoproterozóico), localizadas na porção nordeste da TI, e que pertencem à Província Mineral do Tapajós. O contexto geológico permite inferir que a formação dos depósitos se deu através de processos ocorridos no Paleoproterozóico (figura 4). Desse modo, não seria plausível esperar a formação desse tipo de garimpo nas rochas mais recentes da porção oeste da TI.

Figura 4: Evolução Geológica da PMT durante o Paleoproterozóico Superior (2050 a 1600Ma), exibindo os processos de formação dos depósitos de ouro e sua posterior erosão e deposição em bacias sedimentares. Os processos geológicos que originaram as rochas da Era Paleozóica (540 a 350Ma) existentes na região oeste da TI Munduruku, são mais recentes e posteriores à história geológica da PMT.

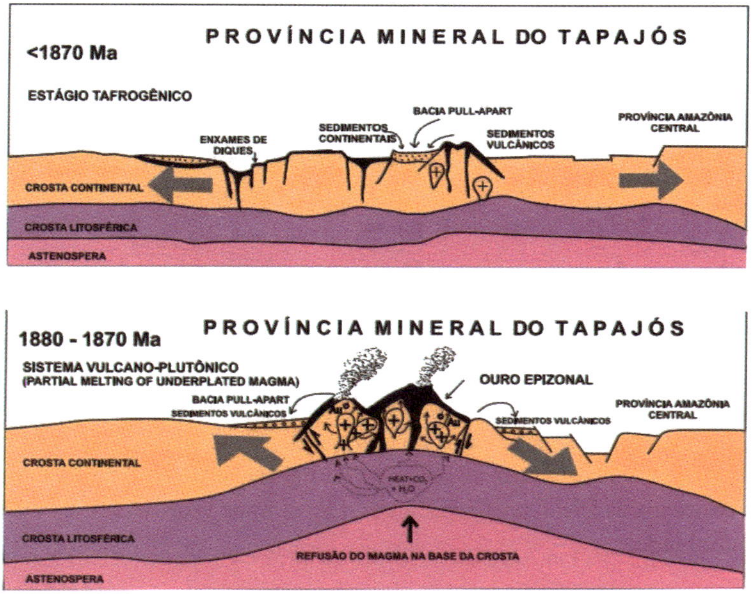

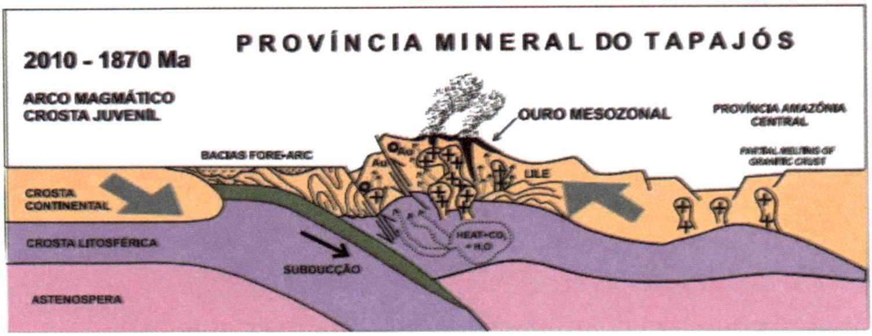

Fonte: COUTINHO,2008.

No caso hipotético de haver abertura de garimpos associados às rochas mais jovens (Era Paleozóica) da porção oeste da TI, é certo que a formação desses depósitos terá se originado a partir de processos geológicos totalmente distintos daqueles que caracterizam a PMT (porção nordeste da TI). Nesse caso, entre o desenvolvimento do depósito hipotético na porção oeste (mais recente) e aqueles localizados à leste (PMT) haveria uma diferença de mais de 1.5 bilhões de anos de história geológica. Deste modo, ainda que apareça algum novo garimpo na porção oeste as rochas primárias e processos de formação destes depósitos seriam diferentes, sendo improvável que tenham a mesma pujança dos garimpos associados às rochas da PMT, na porção leste da TI.

Ao entender o contexto geológico e a evolução espaço/temporal do garimpo foi possível fazer uma análise preditiva do avanço da atividade. O conhecimento sobre os teores de ouro contido nas rochas ajudaria a prever qual seria o preço mínimo de mercado necessário para a continuidade da atividade. A análise conjunta das diversas variáveis sugere que ações de fiscalização preventivas devem ser tomadas para evitar a abertura de novas frentes de garimpo na porção nordeste da TI, dentro do contexto da PMT, que representa o local mais provável de expansão da atividade.

5. CONCLUSÕES E RECOMENDAÇÕES

A análise correlacionada entre todas as variáveis envolvidas no monitoramento de garimpos, incluindo a análise geológica, valores de mercado do bem mineral e evolução espaço/temporal da atividade permite ampliar de forma significativa a capacidade de produção de inteligência estratégica sobre o tema, em um contexto em que abundam movimentos de securitização em torno da Amazônia. A análise preditiva permite apontar as áreas prováveis de expansão da atividade, visando antecipar as ações de fiscalização e a adoção de políticas públicas que permitam a regularização da atividade em locais onde, em virtude do alto potencial mineral, as ações de comando e controle se mostram custosas e ineficazes. Deste modo é possível contribuir para que o assunto seja dessecuritizado, ou seja, volte ao nível de discussão usual da esfera político-diplomática.

Assim, a aplicação da nova abordagem de monitoramento de garimpos, apresentada no estudo de caso da Terra Indígena Munduruku, mostra como uma avaliação integrada com foco nos aspectos geológicos pode levar a ganhos significativos no combate à mineração ilegal. A melhoria das informações de inteligência estratégica resultantes dessa abordagem possibilita ações de controle mais efetivas, antecipando-se aos ilícitos e aumentando a efetividade das ações de fiscalização. Ratificando o que fora previamente dito, a proposta tende a facilitar a retomada do protagonismo da narrativa por parte do governo brasileiro e pode ajudar a distensionar a atual crise resultante de movimentos de securitização da Amazônia.

Portanto, sugere-se, como política de Estado, efetuar o mapeamento geológico detalhado das Terras Indígenas e Unidades de Conservação como forma de entender o potencial mineral dessas áreas e prever ações de garimpeiros. A sociedade não pode se dar ao luxo de fechar os olhos à questão mineral, apoiando ações que impedem o conhecimento geológico das áreas protegidas, e se negando a discutir de forma sensata a questão da mineração em terras indígenas. O limbo gerado pela ausência de regulamentação da mineração em TIs e a ausência do conhecimento geológico gera o efeito inverso ao pretendido pela sociedade, causando a miopia dos órgãos de Estado e dificultando o combate aos ilícitos.

REFERÊNCIAS

BALZACQ, Thierry; LÉONARD Sarah; RUZICKA Jan. 'Securitization' revisited: theory and cases. **International Relations**. 2016 30 (4) :494-531. doi:10.1177/0047117815596590

BUZAN, Barry; WÆVER, Ole; DE WILDE, Jaap. **Security: a new framework for analysis**. Boulder and London: Lynne Rienner Publishers, 1998.

COUTINHO, Maria Glícia da Nóbrega (Ed.), **Província Mineral do Tapajós: Geologia, Metalogenia e Mapa Previsional para Ouro em SIG**. Rio de Janeiro: CPRM, 2008. v. 1. 375 p.

HANAN, Samuel. Proposta de Biden traz luz à preservação da Amazônia. **Folha de S.Paulo,** 14 mai. 2022. Disponível em: <https:// www1.folha.uol.com.br/ opiniao /2022 /05/proposta-de-biden-traz-luz-a- preservacao-da-amazonia. shtml?origin=folha>. Acesso em 10 jun. 2022.

GOOSEN, B. Commodity Briefing Service: Gold In: COBBE, Tom, Wright Nick (org.). **S&P Global Market Intelligence**. 2022 p.1-7. Disponível em: https:// pages.marketintelligence.spglobal.com/gold- market-outlook-report-EMC. html? utm_source=MIwebsite. Acesso em 16 mai. 2022.

JACOBI, Pedro. **Tapajós The Amazonian Eldorado: Historical Background**. Sem Data. Disponível em: http://geologo.com.br/ tapajos.htm. Acesso em 16 maio. 2022.

Macron: França não importa mais a soja fruto de desmatamento da Amazônia. **Poder360**, 03 set. 2021. Disponível em: <https:// www.poder360.com.br/ brasil/macron-franca-nao-importa-mais-a-soja-fruto-de-desmatamento-da-amazonia/>Acesso em 20 maio. 2022.

MORI, Letícia. A proposta de Biden para a Amazônia e por que ela irritou Bolsonaro. **BBC News Brasil**. 30 de set. de 2020. Disponível em https:// www. bbc.com/portuguese/brasil-54364961 Acesso em 5 jun. 2022.

QUEIROZ, Fábio Albergaria. **Hidropolítica e Segurança. As Bacias Platina e Amazônica em Perspectiva Comparada**. Tese (Doutorado em Relações Internacionais). Universidade de Brasília, 2011.

SPRING, Jake. Obstáculos ambientais para acordo UE-Mercosul podem ser superados neste ano, diz comissário da EU. **Reuters.** 2 de mai. de 2022. Disponível em: <https://br.noticias.yahoo.com/obst%C3%A1culos-ambientais-para-acordo-ue-1120279 66.html> Acesso em: 20 maio. 2022.

INTELIGÊNCIA ESTRATÉGICA: ENTENDENDO O CRITÉRIO LEGAL DE IDONEIDADE MORAL PARA AQUISIÇÃO DE ARMAS DE FOGO POR CAÇADORES, ATIRADORES E COLECIONADORES

FERNANDO EDUARDO RAMOS PAZ[23]

SUMÁRIO: 1 Introdução - 2 Desenvolvimento - 3 Resultados obtidos e análises - 4 Conclusões e recomendações - 5 Referências.

RESUMO: O presente trabalho tem por escopo entender como são analisados os conceitos de idoneidade moral para fins de concessão de Certificado de Registro (CR) e a consequente autorização de aquisição de arma de fogo no Sistema de Gerenciamento Militar de Armas - SIGMA, controlado pelo Exército Brasileiro. A preocupação é com a norma existente e seus requisitos que têm o dever de impedir o acesso a armas por pessoas sem idoneidade moral decorrente da prática pregressa de crimes. Com um possível aumento do número de colecionadores, atiradores e caçadores sem uma eficiente e eficaz cobrança dos requisitos essenciais à posse de armas, a segurança pública tende a enfrentar vários problemas de incremento da criminalidade.

PALAVRAS-CHAVE: antecedentes criminais; idoneidade moral; sigma; armas.

1. INTRODUÇÃO

O acesso às armas de fogo pela população sempre foi um assunto muito discutido pela classe política e tema de bastante divergência na sociedade brasileira. O Brasil tenta há muito tempo estabelecer parâmetros

23 Bacharel em Ciências Policiais - APMB e em Direito - UDF. Pós graduado em Ciências Políticas - ISCP. Curso Superior em Inteligência Estratégica - ESD. Especialista em Inteligência Estratégica pela Escola Superior de Defesa (ESD).

legais que decidam definitivamente sobre a possibilidade controlada desse acesso ou a proibição aos seus cidadãos.

Como forma de comparação temos que a legislação americana, diferentemente da brasileira, prevê na segunda emenda de sua constituição federal a garantia do acesso a armas à sua população. A relevância é tão grande para este povo que coube a lei maior do país regulamentar esse direito. De acordo com Alves (2018, p.28 apud Guazzelli 2017, p.1), durante o século XIX, a norma americana jamais fora contestada, pois parecia óbvio salvaguardar esse direito para garantia da autodefesa do cidadão e também para que o Estado não tivesse o monopólio da violência, nesse período pós absolutismo.

No Brasil, a Lei nº 10.826/2003 regulamenta o registro, a posse, a comercialização e o porte de armas de fogo e munição em todo o território nacional, além de robustecer o Sistema Nacional de Armas – SINARM, gerenciado pela Polícia Federal.

Batizada de Estatuto do Desarmamento, segundo Kassouf (2012, p.308) a referida lei fora aprovada com a intenção declarada de diminuir os índices de criminalidade violenta, especialmente os contra a vida, passando o país a ter controle mais rigoroso sobre a circulação, a produção, importação e propriedade das armas de fogo.

Já no ano de 2019, como forma de regulamentar a Lei nº 10.826/2003 e editar normas específicas para gestão da arma de fogo no país, foram promulgados os seguintes decretos pela presidência da república: o Decreto nº 9.845/19, para dispor sobre a aquisição, o cadastro, o registro e a posse de armas de fogo e de munição no SINARM; o Decreto nº 9.846/19, para dispor sobre o registro, o cadastro e a aquisição de armas e de munições por caçadores, colecionadores, e atiradores (CAC), e por fim, o Decreto nº 9.847/19, que veio dispor sobre a aquisição, o cadastro, o registro, o porte e a comercialização de armas de fogo e de munição e sobre o Sistema Nacional de Armas e o Sistema de Gerenciamento Militar de Armas do Exército Brasileiro - SIGMA.

Nos três decretos o legislador estipulou como requisito para a aquisição de arma de fogo a comprovação, pelo requerente, da idoneidade moral e a inexistência de inquérito policial ou processo criminal, por meio de certidões de antecedentes criminais das Justiças Federal, Estadual, Militar e Eleitoral.

De acordo com reportagem de março de 2022 do UOL, (MADEIRO, 2022), os Colecionadores, Atiradores e Caçadores tinham um acervo total de 883 mil armas registradas, com acesso às munições, um aumento de 2340% em seis anos.

O problema suscitado pelo presente trabalho surge a partir do seguinte questionamento: sob a ótica da segurança pública, focada no aumento expressivo de pessoas portadoras do Certificado de Registro (CR[24]) como colecionadoras, atiradoras ou caçadoras, como são aplicados os critérios de verificação dos requisitos de idoneidade moral para se obter o CR ?

Nesse contexto, temos por objetivo analisar apenas esses requisitos específicos de idoneidade moral, pois, uma vez ultrapassada essa barreira, o seu detentor tem a possibilidade de adquirir e manter consigo, em residência, um número de armas que podem chegar a noventa exemplares, isso para uma única pessoa.

Esse relatório parte de uma interpretação gramatical e teleológica da norma, passando em seguida pelo que é exigido na prática pelo órgão responsável do Exército Brasileiro, além de tentar entender o que o legislador buscou tutelar, comparando com o que se aplica no Departamento de Polícia Federal, através do SINARM.

Para tanto, há uma análise dogmática do Direito, uma abordagem histórica e também a preocupação com a eficácia e a eficiência da norma jurídica perante a sociedade.

2. DESENVOLVIMENTO

O grande expoente da legislação brasileira que trata sobre armas é a Lei 10.826/03, o Estatuto do Desarmamento. Aprovado pelo Congresso Nacional e sancionado pelo presidente, tinha como objetivo claro proibir a população de possuir e portar armas no Brasil. Este objetivo não foi alcançado plenamente devido ao referendo popular, previsto na própria lei para acontecer em 2005, que consultou a população sobre a proibição total de armas no país. O resultado final revelou que 63% dos cidadãos brasileiros decidiram manter esse direito e que a comercialização das

24 Certificado de Registro é o documento que comprova a autorização para desempenhar a atividade de Colecionador, Atirador ou Caçador.

armas não deveria ser proibida no país.

Para Dos Santos Ferreira (2021, p.138), mesmo com o resultado do referendo, houve restrição severa de acesso às armas, sempre com o argumento de que reduziria a criminalidade e se garantiria maior segurança à população.

Longe de abordar esse tema polêmico, nosso estudo trata apenas dos requisitos para aquisição de armas de fogo para posse no âmbito do SIGMA. Nesse escopo, temos a obrigação de trazer a diferença conceitual de posse e porte de arma de fogo. Para Ganem (2018) posse de arma é quando a pessoa tem a arma em lugar certo, em sua propriedade como, por exemplo, casa, sítio ou fazenda, ou, então, seu local de trabalho, sem retirá-la das dependências. O porte, por sua vez, diz respeito ao ato de transportar e trazer consigo uma arma de fogo, fora dos limites da sua residência ou local de trabalho.

Um dos cernes da pesquisa desse trabalho, o Artigo 4° da Lei 10.328/03, traz como principal requisito para aquisição de arma de fogo, a apresentação de certidão negativa de antecedentes criminais. Em uma interpretação gramatical da norma há a compreensão de que o candidato ou requerente, obrigatoriamente, não poderia ter cometido crime algum, pois, caso contrário, sua certidão seria positiva e, consequentemente, não cumpriria os requisitos legais.

> Art. 4o Para adquirir arma de fogo de uso permitido o interessado deverá, além de declarar a efetiva necessidade, atender aos seguintes requisitos:
> I - comprovação de idoneidade, com a apresentação de certidões negativas de antecedentes criminais fornecidas pela
>
> Justiça Federal, Estadual, Militar e Eleitoral e de não estar respondendo a inquérito policial ou a processo criminal, que poderão ser fornecidas por meios eletrônicos.

Destrinchando mais ainda o inciso acima, temos que o legislador impôs dois requisitos distintos: comprovação de idoneidade com a certidão negativa de antecedentes criminais e certidão de não estar respondendo a inquérito policial ou processo criminal.

De acordo com Magalhães (1998, p.1), temos que a hermenêutica jurídica é a disciplina científica da arte ou técnica de interpretar o direito. Interpretar, por sua vez, significa explicar, explanar, aclarar o sentido ou representar, reproduzir, exprimir o pensamento.

Utilizando a hermenêutica jurídica para interpretar de forma teleológica o normativo legal, podemos depreender que o legislador buscou tutelar a tranquilidade pública e a paz social, impedindo, de forma geral, que pessoas já condenadas criminalmente por sentença transitada em julgado ou pessoas passíveis de uma iminente condenação criminal (os que estão no polo passivo de inquérito ou processo criminal) pudessem adquirir armas de fogo.

Em 1997, a Lei 9.437/97 criou o SINARM com a finalidade de controlar e registrar as armas existentes no país, além de regular o porte de arma de fogo, sendo revogada com o advento da Lei 10.328/03.

A nova Lei 10.328/03 surgiu em 2003 tratando sobre armas e munições, momento em que o SINARM ficou robustecido e sob a tutela da Polícia Federal. Para Aleixo, Behr (2015, p.14) temos o seguinte apontamento sobre a nova lei de armas de 2003:

> Ainda, sob uma ótica inovadora, o texto da Lei legitima a Polícia Federal para expedir os certificados de registros e dá requisitos, que devem ser comprovados periodicamente, para que o interessado adquira uma arma de fogo, sendo estes: declarar efetiva necessidade, idoneidade, ocupação lícita, residência certa, aptidão psicológica e capacidade técnica para o manuseio. Por fim, a lei em vigência impõe um controle maior sob quem compra e exige responsabilidade jurídica de quem vende esses artefatos em questão.

Passados dezesseis anos do Estatuto do Desarmamento, o Decreto 9.846/19 veio tratar sobre a regulamentação do registro, o cadastro e a aquisição de armas e de munições por caçadores, colecionadores e atiradores. O decreto estabeleceu que o SIGMA, além de controlar as armas militares, também tem a incumbência de registrar os armamentos dos CAC.

O órgão regional do Exército Brasileiro responsável por analisar os requisitos de idoneidade moral e certidões judiciais no processo é o Serviço de Fiscalização de Produtos Controlados (SFPC). Ele tem por função gerir e controlar os pedidos nos moldes da legislação, que enumera e exige diversas condições objetivas aos requerentes. Após a comprovação satisfatória de todos os itens, há o deferimento ou não do pleito de acesso ao CR.

Quando se falha ao conceder o CR para requerente que não dispõe de bons antecedentes ou pior, que tem ligação recente com atividades criminosas, o acesso a tantos armamentos acaba prejudicando a tranquilidade pública e a paz social, aumentando inclusive o risco ao efetivo policial no caso de um confronto direto, ou por um empréstimo indevido e até mesmo por um extravio forjado que alimenta outros entes criminosos.

O significado do termo "idoneidade moral" que consta como requisito no referido Decreto é um conceito subjetivo e pouco debatido no mundo acadêmico. Não existe uma definição consolidada sobre o que é uma pessoa com idoneidade moral para fins de legislações sobre armas no Brasil.

Uma explicação sobre idoneidade moral é prevista no Estatuto da Advocacia e Ordem dos Advogados do Brasil, lei 8.906/94, onde, para inscrição do advogado nesse conselho de classe há a exigência de idoneidade moral traduzida pela não condenação por crime infamante.

> Art. 8o - Para inscrição como advogado é necessário: I - ... VI - idoneidade moral; [...] § 4o Não atende ao requisito de idoneidade moral aquele que tiver sido condenado por crime infamante, salvo reabilitação judicial.

Por crime infamante, segundo a página eletrônica do Superior Tribunal Militar (BRASIL, 2022), tem-se conceituado como aquele que causa desonra ou má fama ao que o cometeu.

Outro conceito de idoneidade moral pode ser trazido por Rachid (2010, p. 49):

> Idoneidade moral é uma qualidade que distingue o indivíduo e o torna digno perante a sociedade, sendo assim merecedor de respeito. Trata-se de requisito para obtenção da inscrição perante a OAB que deve ser preservado pelo advogado por toda sua carreira profissional. A idoneidade moral é incompatível com qualquer comportamento capaz de implicar no desprestígio da advocacia.

O SFPC do Exército Brasileiro, órgão responsável pela análise do requerimento para concessão do CR, faz a análise de idoneidade moral do requerente cobrando apenas a certidão negativa das justiças estaduais, federal, eleitoral e militar.

No SFPC das respectivas regiões não há previsão de consulta em banco de dados de antecedentes criminais, como é feito pela Polícia Federal, antes da autorização de compra de armas pelo SINARM, cumprindo a Instrução Normativa no 201-DG/PF, de 2021.

A certidão judicial, que é cobrada aos requerentes de CR, é regulada pela Resolução no 121 do Conselho Nacional de Justiça – (CNJ) (BRASIL, 2010), e, de acordo com seu artigo 6o, tem a seguinte função:

> Art. 6o. A certidão judicial se destina a identificar os termos circunstanciados, inquéritos ou processos em que a pessoa a respeito da qual é expedida figura no polo passivo da relação processual originária.

Dessa forma, para a resolução no 121 do CNJ temos que a certidão judicial solicitada pelo requerente não descreve os registros policiais e condenações do passado, mas somente se existem inquéritos ou processos já distribuídos e em andamento no respectivo tribunal.

A lei de execução penal, lei 7.210/84, em seu Art. 202 discorre sobre a supressão dos registros nos casos de emissão de atestado ou certidões referentes à condenação após o cumprimento de pena. A norma, porém, traz a possibilidade de comunicação desses antecedentes nos casos expressos em lei.

> Art. 202. Cumprida ou extinta a pena, não constarão da folha corrida, atestados ou certidões fornecidas por autoridade policial ou por auxiliares da Justiça, qualquer notícia ou referência à condenação, salvo para instruir processo pela prática de nova infração penal ou outros casos expressos em lei.

Ocorre que há sim previsão na lei 10.826/03 da necessidade de constatação de antecedentes criminais para aquisição de armas, tendo os tribunais, nesse caso, a obrigação de incluir referências à condenação pretérita nas suas certidões destinadas a cumprir requisito referente à Lei de Armas, mas o que na prática não ocorre.

3. RESULTADOS OBTIDOS E ANÁLISES

Percebemos, ao longo do presente trabalho, que a legislação que trata da aquisição de armas para posse pelo sistema da Polícia Federal – SINARM, no que se refere aos requisitos de idoneidade moral e ausência de inquéritos e processos em andamento comprovados por certidão judicial, tem os requisitos textuais idênticos ao decreto que trata da aquisição de armas para CAC, no SIGMA.

O diferencial identificado pela pesquisa foi que a Polícia Federal publicou Instrução Normativa n° 201-DG/PF, de 09 de julho de 2021, que estabelece procedimentos quanto à aquisição de arma de fogo e inclui no seu protocolo a consulta de antecedentes criminais nos seus bancos de dados policiais. O Departamento de Polícia Federal do Brasil - DPF, nesses casos, além de verificar as certidões dos tribunais de justiça, para processos em andamento, consulta o nome do requerente no INFOSEG, sistema do Ministério da Justiça que dispõe de diversos dados criminais, e também o SINAPSE, banco de dados integrado da Polícia Federal.

Dessa forma, há a possibilidade de se comprovar a vida pregressa dos requerentes e decidir, mediante entendimento fundamentado da autoridade policial, se cumpriram os requisitos de idoneidade moral para fins de aquisição de armas pelo SINARM.

No caso da concessão do CR para o CAC, emitido pelo Exército Brasileiro (SIGMA), não existe uma estrutura de banco de dados para verificação de antecedentes criminais do requerente. Dessa forma, a constatação da idoneidade moral para essas pessoas fica restrita à verificação das certidões onde constam a presença de inquéritos e processos em andamento nos respectivos tribunais.

Com o fluxograma abaixo conseguimos visualizar o trâmite para aquisição de arma de fogo pelo SINARM e pelo SIGMA, de acordo com o critério de comprovação de idoneidade moral e apresentação das certidões negativas dos tribunais de justiça.

Gráfico 1: Fluxograma de avaliação da idoneidade moral nos casos de aquisição de armas pelo SINARM e pelo SIGMA.

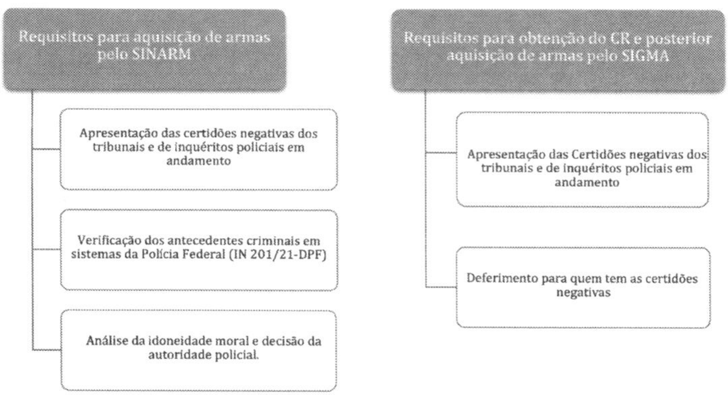

Fonte: Elaboração própria.

Longe de ser instrumento que ateste uma conduta pregressa ilibada do requerente, a comprovação apenas por esse tipo de certidão de tribunal, seja ele qual for, torna-se brecha gravíssima para acesso a armamento por

pessoas de índole duvidosa, como os condenados que acabaram de cumprir sua pena.

Conforme resolução nº 121 do CNJ, esta certidão constará como positiva durante o processo e a execução da pena. Na prática, quem, por exemplo, cumpre sua pena por homicídio ou tráfico de drogas, no dia seguinte ao término de sua pena tem certidão negativa da justiça com relação a esses crimes e está apto a se tornar CAC, adquirindo suas respectivas quantidades de armas legais. De certo não é isso que a sociedade brasileira espera, muito menos o que o legislador buscou tutelar.

4. CONCLUSÕES E RECOMENDAÇÕES

O Estado brasileiro falha ao não compartilhar informações sobre a vida pregressa dos cidadãos entre seus vários órgãos. Exigir que o requerente peregrine entre repartições estatais para apresentar suas certidões e atestados é uma comprovação crassa da burocracia brasileira. Com o advento das tecnologias telemáticas, a disponibilidade de dados interorganizacionais deveria ser obrigatória, tanto para facilitar a vida do cidadão como para garantir que a mais fidedigna informação (que o próprio estado já dispõe) seja de acesso simples a outros órgãos da administração pública.

Uma primeira forma de mitigar o problema pode passar pelo fornecimento de acesso a bancos de dados de antecedentes criminais pelo Ministério da Justiça e Segurança Pública (MJSP) às unidades do Exército Brasileiro responsáveis pelo SIGMA. Em se constatando o envolvimento criminal pretérito do requerente, a autoridade do SFPC teria como discernir e fundamentar a decisão de conceder ou não o CR.

Outra boa prática que pode ser fomentada passa pela integração das certidões dos tribunais de justiça estaduais. O CNJ tem a competência de exigir uma integração dos bancos de dados dos diversos tribunais estaduais, quiçá de todos os tribunais criminais, de modo que uma única consulta abarcasse as diversas repartições e instâncias judiciais da federação.

De certo que uma reedição do decreto com mudança textual seria pertinente. O subjetivismo do requisito de idoneidade moral seria substituído por outros diretos e objetivos. Podemos citar como exemplo a não condenação, a qualquer tempo, por crimes hediondos, contra o

patrimônio e crimes contra vulneráveis. Dessa forma, crimes de menor potencial ofensivo ou mesmo contravenções não seriam impeditivos para o deferimento posterior de aquisição de CR, respeitada a reabilitação judicial e a reconquista da primariedade.

A sugestão deste trabalho pode se estender à criação de uma agência reguladora de armas civis, supervisionada pela Polícia Federal e o Exército Brasileiro, que sobrevivesse das respectivas taxas e emolumentos, especializada no assunto, e desonerando essas duas instituições com gastos e servidores que poderiam atuar na atividade precípua dos seus respectivos órgãos.

Por derradeiro, temos que o assunto não se esgota com o presente artigo, sendo muito pertinente seu aprofundamento e discussão, no âmbito da gestão governamental brasileira, dos critérios objetivos de vida pregressa para o requerente a um CR.

REFERÊNCIAS

ALEIXO, Márcio Santos; BEHR, Guilherme Antônio. Desarmamento no Brasil: Lei 9.437/97 x Lei 10.826/03. **Revista Brasileira de Criminalística**, v 4, p. 12-18, 2015.

ALVES, Éwerton Roberto Rodrigues. **A restrição legal ao porte de armas de fogo-lei10.826/2003-frente a sua (in) eficácia prática - o fracasso de uma limitação a direito individual.** 2018. Disponível em https://repositorio.ufc.br / bitstream/ riufc/33841/1/2018 _tcc_erralves.pdf. Acesso em 07 jun. 2022.

BRASIL. **Lei no 10.826,de 22 de dezembro de 2003.** Dispõe sobre registro, posse e comercialização de armas de fogo e munição, sobre o Sistema Nacional de Armas - SINARM, define crimes e dá outras providências. Diário Oficial da República Federativa do Brasil. Brasília, DF, 2003.

_____. Resolução n° 121/2010 do CNJ – Conselho Nacional de Justiça – disponível em: https://atos.cnj.jus.br/atos/detalhar/atos-normativos?documento=92, acessado em 07 de Junho de 2022.

_____. Superior Tribunal Militar. Tesauro da Justiça Militar da União. Conceito de Crime Infamante, 2022, disponível em : https://tesjmu.stm.jus.br/portalthes/index.php? task=fetch Term&arg = 1881&v=1. Acesso em 11 maio 2022.

______. Decreto no 9.845, de 25 de junho de 2019. Dispõe sobre a aquisição, o cadastro, o registro e a posse de armas de fogo e de munição. Brasília, DF, 2019. **Diário Oficial da União.** Brasília, 2019a. Disponível

em: http://www.planalto.gov.br/ccivil_03/_ato2019-2022/2019/ decreto/ D9845.htm. Acesso em 07 Jun. 2021.

______. Decreto no 9.846, de 25 de junho de 2019. Dispõe sobre o registro, o cadastro e a aquisição de armas e de munições por caçadores, colecionadores e atiradores. **Diário Oficial da União.** Brasília, 2019b. Disponível em: http:// www.planalto.gov.br/ccivil_03/_ato2019-2022/2019/ decreto/D9846.htm. Acesso em 07 Jun. 2021.

______. Decreto no 9.847, de 25 de junho de 2019. Dispõe sobre a aquisição, o cadastro, o registro, o porte e a comercialização de armas de fogo e de munição e sobre o Sistema Nacional de Armas e o Sistema de Gerenciamento Militar de Armas. Brasília, DF, mar 2019. **Diário Oficial da União.** Brasília, 2019c. Disponível em: http://www.planalto.gov.br/ ccivil_03/_ato2019-2022/2019/ decreto/D9847.htm. Acesso em 07 Jun. 2021.

DOS SANTOS FERREIRA, Ewerton. Estatuto do Desarmamento: Implicações das Leis de Controle de Armas de Fogo na Segurança Pública Brasileira. **Revista Processus Multidisciplinar**, v. 2, n. 4, p. 121-144, 2021.

GANEM, Pedro Magalhães. **Qual a diferença entre posse e porte de arma de fogo?** 2018. Disponível em: https:// canalcienciascriminais.jusbrasil.com. br/ artigos/632194656/qual-a- diferenca entre -posse-e-porte-de-arma-de-fogo. Acesso em 11 maio 2022.

KASSOUF, Ana Lúcia; DOS SANTOS, Marcelo Justus. Avaliação de Impacto do Estatuto do Desarmamento na Criminalidade: Uma abordagem de séries temporais aplicada à cidade de São Paulo/Assessing the Disarmament Statute Impact on Crime Rates: a time series approach applied to São Paulo city. **Economic Analysis of Law Review,** v. 3, n. 2, p. 307, 2012.

MADEIRO, Carlos. **Armas Registradas por CACS no país dobram em 2021.** 2022. Disponível em: https://noticias.uol.com.br/colunas/carlos- madeiro/ 2022/ 04/30/armas-registradas-por-cacs-no-pais-dobram- em-2021-e-saltam-2400-em-6-anos.htm, Acesso em 11 maio 2022.

MAGALHÃES, Maria da Conceição Ferreira. **A hermenêutica jurídica.** Forense, 1989.

RACHID, Alysson Cesar A. de Freitas. **Estatuto da advocacia e a Ordem dos Advogados do Brasil comentado.** São Paulo: BF&A, 2010.

A ATIVIDADE DE INTELIGÊNCIA DE SEGURANÇA PÚBLICA DO MATO GROSSO DO SUL DIANTE DOS DESAFIOS ADVINDOS DA EFETIVAÇÃO DO CORREDOR BIOCEÂNICO

DENISE ROSA HIGA[25]

SUMÁRIO: 1 Introdução - 2 Contextualização sobre o Corredor Bioceânico - 3 Panorama da Atividade de Inteligência de Segurança Pública no Mato Grosso do Sul - 4 Resultados obtidos e análises - 5 Conclusões e recomendações - 6 Referências.

RESUMO: O Mato Grosso do Sul ver-se-á no epicentro de grandes transformações com a efetivação do Corredor Bioceânico ligando, através de obras de infraestrutura, o Atlântico ao Pacífico. Além do desenvolvimento econômico e turístico em todos os países envolvidos, a facilitação do fluxo de pessoas, bens e mercadorias poderá provocar reflexos à segurança pública. Diante desse cenário de mudanças e incertezas, a Atividade de Inteligência mostra-se como um dos instrumentos que podem fazer frente a este complexo desafio na região de fronteira. Dessa forma, este trabalho buscou traçar um panorama situacional da Atividade de Inteligência de Segurança Pública do Estado, através da matriz SWOT. Da análise do ambiente interno e externo, foi possível propor ações aos gestores para o fortalecimento da atividade, de modo que ela possa servir ao assessoramento do processo decisório, no nível estratégico, para a elaboração de programas de governo que garantam o desenvolvimento integral, a manutenção da segurança e a proteção à população diante da abertura deste importante canal.

PALAVRAS-CHAVE: Atividade de Inteligência de Segurança Pública; Inteligência estratégica; Corredor Bioceânico; Mato Grosso do Sul; fronteira.

25 Major da Polícia Militar do Mato Grosso do Sul. Graduada em Direito pela UNICSUL (Universidade Cruzeiro do Sul). Especialista em Ciências Policiais e Gestão em Segurança Pública pela UEMS (Universidade Estadual de Mato Grosso do Sul). Especialista em Segurança Pública e Cidadania pela UFGD (Universidade da Grande Dourados. Especialista em Inteligência Estratégica pela Escola Superior de Defesa (ESD).

1. INTRODUÇÃO

> "E o sul de Mato Grosso muito bem se pode definir como a futura plataforma onde receberemos tudo que tivermos de carrear para Santos. Nesse particular, o sector compreendido entre Corumbá, Campo Grande e Ponta Porã há de ter, num futuro não remoto, a significação político-econômica de uma Santos mediterrânea. (...)
> E esse papel, dadas as circunstâncias da parte sul do território mato-grossense e os problemas internacionais que a cercam, é dos mais complexos por isso que abrange ao mesmo tempo e de modo concêntrico a esfera econômica, política e militar" (TRAVASSOS, 1938. p. 148 e 149).

A proposta do Corredor Bioceânico da América do Sul é interligar o Oceano Atlântico ao Pacífico através de rotas rodoviárias, ferroviárias e hidroviárias, promovendo um desenvolvimento logístico, econômico e turístico aos países envolvidos: Brasil, Paraguai, Argentina, Chile e Bolívia.

Neste cenário, o Estado de Mato Grosso do Sul (MS) ver-se-á no centro geográfico para as futuras transformações econômicas e sociais que advirão desse canal.

No entanto, pouco se tem discutido sobre as implicações no setor de segurança pública que o desenvolvimento promovido pela concretização do mencionado Corredor Bioceânico pode trazer ao estado de Mato Grosso do Sul e ao país, uma vez que a facilitação do trânsito de pessoas e mercadorias por estas fronteiras pode corroborar para a prática de delitos nacionais e transnacionais, o que deverá exigir ações planejadas das autoridades para tentar mitigar tais intentos.

Assim, para o desenvolvimento harmônico desta complexa região de fronteira, torna-se cada vez mais imperiosa a necessidade de que os programas de governo, da concepção à implementação, se apoiem em informações estratégicas, precisas e oportunas. Diante deste contexto, foi problematizado se a Atividade de Inteligência de Segurança Pública do MS estaria preparada para servir como um instrumento importante neste assessoramento.

Perante esta indagação, o objetivo deste trabalho foi traçar um panorama e analisar a situação atual da Atividade de Inteligência de Segurança Pública do Mato Grosso do Sul, por meio da ferramenta analítica da matriz SWOT[26] (*Strengths, Weaknesses, Opportunities* e *Threats*) e da aplicação de metodologia de pesquisa bibliográfica, para fins de elaboração de propostas de ações com fito de assessorar, em nível estratégico, as decisões governamentais para o fortalecimento e maior eficiência da Inteligência ante a implementação deste canal. A proposta não é esgotar a discussão sobre o assunto, mas propor tópicos para reflexão do leitor que poderão subsidiar futuros trabalhos com maior profundidade.

2. CONTEXTUALIZAÇÃO SOBRE O CORREDOR BIOCEÂNICO

Com objetivo de consolidar a cooperação e a integração entre os países da América Latina, em 2000 iniciou-se o movimento para a criação da Integração da Infraestrutura Regional Sul-Americana (IIRSA), quando foram formuladas diversas carteiras de projetos que objetivavam promover o desenvolvimento da infraestrutura sob uma visão regional, buscando a integração física dos países da América do Sul, de modo a se alcançar um padrão de desenvolvimento territorial equitativo e sustentável (HONÓRIO, 2013).

Para tanto, foram estabelecidas faixas multinacionais de território (separadas por eixos), onde se concentram espaços naturais, assentamentos humanos, zonas produtivas e fluxo de comércio, constituindo referência geoeconômica para o planejamento territorial na América Latina (BRASIL, 2010), dentre os quais o Eixo Interoceânico Central, foco do presente trabalho, que engloba o Paraguai, oito departamentos da Bolívia, cinco estados brasileiros (Mato Grosso, Mato Grosso do Sul, Rio de Janeiro, São Paulo e Paraná), a região norte do Chile e três províncias do Peru (Imagem 1).

26 Ferramenta estrutural de natureza qualitativa e descritiva, utilizada na análise do ambiente interno e externo para formulação de estratégias de uma organização.

Imagem 1: Eixo Interoceânico Central – IIRSA, em destaque Mato Grosso do Sul

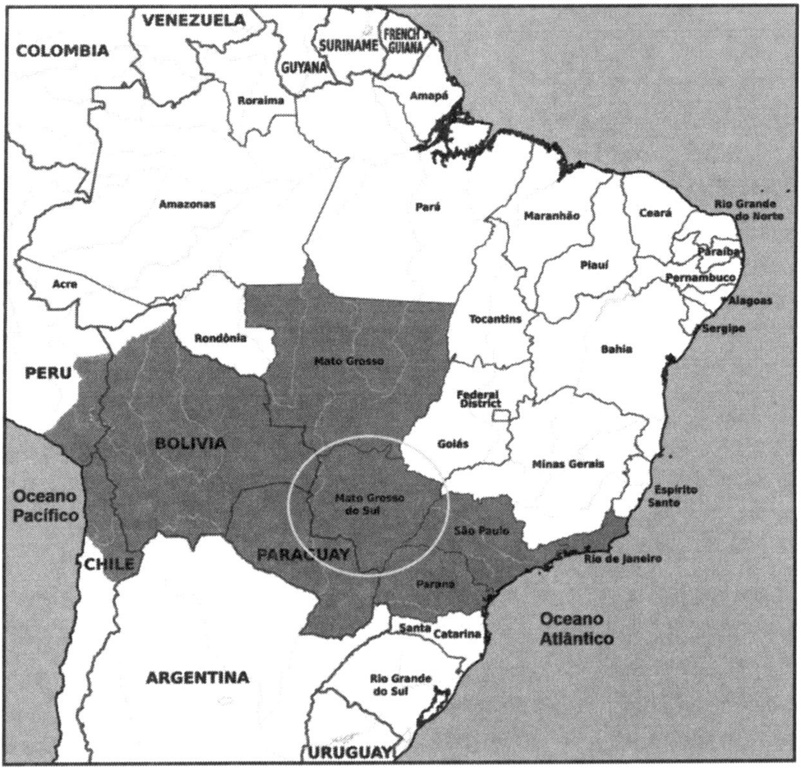

Fonte: Elaboração própria.

Neste cenário, a posição geográfica do Mato Grosso do Sul (MS), limítrofe com os estados do Mato Grosso, Goiás, Minas Gerais, São Paulo e Paraná, além de fazer fronteira com o Paraguai e a Bolívia, lhe aufere valoroso potencial estratégico e econômico para atuar como importante entreposto logístico, plataforma de conexão e projeção do Brasil perante seus países vizinhos, uma vez que também se conecta com a Argentina e Uruguai por meio de ferrovias, rodovias e hidrovias dos rios Paraná e Paraguai (BARROS *et al.*, 2020) , como se verifica na imagem 2 a seguir.

Imagem 2: Mapa da infraestrutura multimodal prevista para o Corredor Bioceânico

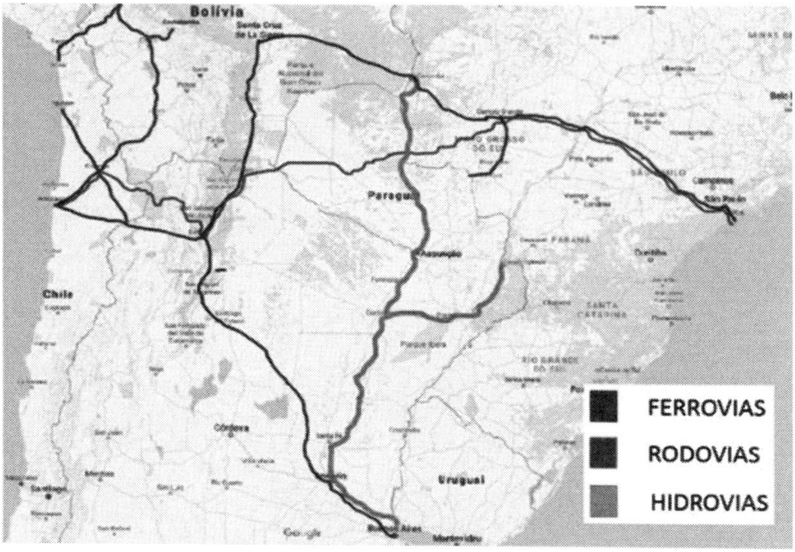

Fonte: CASTRO (2020).

Nesse sentido, Barros e Padula (2021) discorrem que, ao conectar as regiões mediterrâneas do subcontinente sul-americano entre si, como também aos portos do Atlântico e do Pacífico, as obras de infraestrutura que estão sendo realizadas no Mato Grosso do Sul formam o chamado Corredor Bioceânico, com objetivo de potencializar a escala comercial e produtiva dos países envolvidos, permitir a redução dos custos logísticos a mercados mais longínquos, como à Ásia, Oceania e a costa oeste dos Estados Unidos, além de melhorar a inserção desses países nas cadeias regionais e globais de valor.

Para a completa e eficiente ligação multimodal de transporte entre os oceanos Atlântico e Pacífico, os modais ferroviário e hidroviário ainda carecem de investimentos para construção e manutenção de trechos já existentes. Já o modal rodoviário, encontra-se em avançado processo de conclusão de rodovias e pontes.

Diante dessas iminentes entregas de infraestruturas logísticas, prevê-se a celebração de acordos e convênios entre os entes envolvidos para simplificação de procedimentos aduaneiros, estímulo ao comércio e turismo internacional, instalação de hospitais, universidades e indústrias, promovendo o desenvolvimento por toda região abarcada pelo corredor.

Entretanto, o aumento do fluxo de cargas e pessoas na região de fronteira, proporcionado pelo Corredor Bioceânico, passará a requerer uma maior atenção dos Órgãos de Segurança Pública do Estado, valendo-se do seu Sistema de Inteligência para o assessoramento a nível estratégico, de modo que o governo de Mato Grosso do Sul possa se apoiar em informações precisas e oportunas para fazer frente a seus novos desafios, identificando oportunidades e neutralizando riscos, para prosseguir proporcionando além do desenvolvimento integral, a segurança e proteção a toda população.

3. PANORAMA DA ATIVIDADE DE INTELIGÊNCIA DE SEGURANÇA PÚBLICA NO MATO GROSSO DO SUL

De acordo com a Política Nacional de Inteligência de Segurança Pública (2021), conceitua-se Atividade de Inteligência de Segurança Pública como:

> "exercício permanente e sistemático de ações especializadas destinadas à identificação, à avaliação e ao acompanhamento de ameaças reais e potenciais no âmbito da segurança pública, orientadas para a produção e a salvaguarda de conhecimentos necessários ao processo decisório no curso do planejamento e da execução da Política Nacional de Segurança Pública e Defesa Social e das ações destinadas à prevenção, à neutralização e à repressão de atos criminosos de qualquer natureza que atentem contra a ordem pública, a incolumidade das pessoas e do patrimônio."

Para melhor análise da situação em que se encontra a Atividade de Inteligência de Segurança Pública no estado do Mato Grosso do Sul, visando cumprir com suas obrigações, acima descritas, em um cenário de incertezas com a efetivação do Corredor Bioceânico, foram apontados fatores importantes no ambiente interno (forças e fraquezas) e externo (ameaças e oportunidades), tendo como base o contexto atual do estado, sendo elaboradas as seguintes tabelas com os elementos de análise SWOT:

Tabela 1: SWOT: Ambiente Interno

AMBIENTE INTERNO	FORÇAS	Instalação do Centro Integrado de Inteligência de Segurança Pública região Centro Oeste (CIISP-CO) em Campo Grande, capital sul-mato-grossense, no ano de 2021.
		Capilaridade das agências de inteligência das Instituições Estaduais de Segurança Pública do Mato Grosso do Sul.
		Grande número de informações disponíveis em bancos de dados das instituições.
		Disponibilidade de cursos e estruturas para capacitação em inteligência promovida pelas instituições federais e estaduais, além do Ministério de Justiça e Segurança Pública e Ministério da Defesa.
	FRAQUEZAS	Dificuldade de fixação e especialização de profissionais na atividade de inteligência em decorrência da carência de efetivo e preterição da atividade de inteligência.
		Infraestrutura de tecnologia de informação e comunicação deficiente.
		Falta de coordenação e integração entre as agências de inteligência presentes no estado.
		Dificuldade de integração entre os bancos de dados existentes.
		Falta de equipamentos adequados para a atividade de inteligência.
		Inexistência de uma estratégia e/ou diretrizes para atividade de inteligência em âmbito da Secretaria de Justiça e Segurança Pública do MS e nas instituições que a compõem.
		Dificuldade em formar redes de integração com agências de inteligência nos países que farão parte do Corredor Bioceânico.

Fonte: Elaboração própria.

Tabela 2: SWOT: Ambiente Externo

AMBIENTE EXTERNO	AMEAÇAS	Falta de interlocução direta dos órgãos estaduais de segurança pública no Sistema Brasileiro de Inteligência (SISBIN).
		Ausência de legislação que dêem amparo à atuação ao profissional de inteligência, principalmente na área operacional em região de fronteira.
		Potencial exposição dos agentes de inteligência, suas famílias e colaboradores.
		Ataques cibernéticos aos sistemas de inteligência da segurança pública.
		Cooptação de agentes de inteligência por parte de organizações criminosas fins de obtenção de conhecimentos, dados sensíveis (espionagem) ou para comprometer a atividade de inteligência (sabotagem).
		Inexistência de instrumento normativo que regulamente a uniformização, o compartilhamento e a integração de informações entre os órgãos encarregados de prover Segurança Pública no MS.
		Comprometimento da atividade de inteligência com o ingresso de pessoal, nacional ou internacional, relacionado com organizações criminosas ou com interesses difusos sobre a atividade de inteligência.
	OPORTUNIDADES	Possibilidade de utilização mútua entre vários profissionais de inteligência de instalações e equipamentos, favorecendo a troca de informações e expertise.
		Promoção de capacitação com integrantes de várias instituições, a fim de se ampliar a rede de contatos e se estimular a colaboração e ajuda mútua.
		Possibilidade de reuniões conjuntas entre os órgãos de inteligência ligados à segurança pública do estado, assim como com os profissionais de inteligência dos países vizinhos.
		Arcabouço legal para integração dos órgãos no âmbito do SISBIN em benefício do Programa de Proteção Integrada de Fronteiras (PPIF)
		Possibilidade de aproximação com órgãos dos governos ligados à agropecuária e através do programa Vigifronteiras, a fim de trocas de conhecimentos sensíveis e estratégicos no controle fronteiriço para proteção do agronegócio brasileiro e segurança nacional.

Fonte: Elaboração própria.

4. RESULTADOS OBTIDOS E ANÁLISES

Identificadas as forças e fraquezas, bem como as oportunidades e ameaças externas à Atividade de Inteligência de Segurança Pública, diante da implementação do Corredor Bioceânico, foram cruzados alguns tópicos a fim de orientar estratégias de crescimento, capacitação, sobrevivência e defesa da atividade, os quais poderão contribuir para guiar as ações do Governo. Deste modo, espera-se proporcionar um melhor assessoramento, por parte da Inteligência, ao processo decisório, diante das prementes mudanças na rotina do estado de Mato Grosso do Sul.

A instalação do Centro Integrado de Inteligência de Segurança Pública da Região Centro Oeste (CIISP-CO), em Campo Grande, capital sul-mato-grossense, representa uma excelente oportunidade para se reunir, em uma mesma instalação, além dos seus membros efetivos[27], convidados de outras instituições de interesse da segurança pública, como profissionais de inteligência dos países que farão parte do Corredor Bioceânico. Assim, facilitaria o acesso aos sistemas de bancos de dados de cada participante, a troca de informações em um ambiente seguro, além do desenvolvimento de operações integradas de enfrentamentos aos ilícitos transfronteiriços.

Como sugere Soares (2021), o programa Vigifronteira do Ministério de Agricultura, Pecuária e Abastecimento (MAPA), emerge como outra oportunidade para um trabalho conjunto no CIISP-CO de troca de conhecimentos sensíveis entre as agências de inteligência no controle fronteiriço, expandindo o foco da fiscalização e incluindo a proteção ao agronegócio brasileiro.

Tratando-se ainda da integração entre as agências de inteligência, outro importante aspecto que deve ser levado à análise são as características culturais, sociais, econômicas e os níveis de desenvolvimento em que se encontram os países do Corredor Bioceânico. Conhecidamente como grandes produtores de maconha e cocaína, respectivamente, Paraguai e Bolívia possuem um ineficiente controle e fiscalização em seu território, além de altos níveis de corrupção. É imprescindível que se desenvolvam ações de

27 O Centro Integrado de Inteligência de Segurança Pública Regional - Centro Oeste (CIISPR-CO) faz parte de um dos projetos estratégicos do Ministério da Justiça e Segurança Pública, tendo como membros efetivos agentes de inteligência das forças estaduais (Mato Grosso, Mato Grosso do Sul, Goiás e Distrito Federal), federais, forças armadas e de fiscalização, como Secretaria Estadual de Fazenda e Receita Federal do Brasil, para atuar de forma integrada e coordenada com foco no combate ao crime organizado, em sincronia com as demais regiões do país.

contrainteligência com especial atenção quanto à segurança orgânica relacionadas ao controle de pessoal, desde o ingresso até o seu desligamento, fins de se identificar possíveis cooptações de agentes e/ou evitar ações de espionagem e sabotagem que possam ocorrer dentro do sistema de inteligência.

Outra questão levada à análise, e também apontada na Estratégia Nacional de Inteligência de Segurança Pública (2021), trata-se do avanço tecnológico que levou ao crescimento exponencial da quantidade de dados e informações disponíveis. Com a efetivação deste canal logístico passando pelo MS, e estabelecimento de controles de fluxo estrangeiro, tende a aumentar o volume, diversidade e desorganização, tornando a interpretação desses dados e informações extremamente complexa. Nesse aspecto, o desenvolvimento e aprimoramento constantes de ferramentas tecnológicas de análise de grande volume de dados (*big data*) potencializariam a eficácia da atividade de inteligência.

Importante destacar que possuir um grupo especializado em tecnologia da informação dedicado exclusivamente ao Sistema de Inteligência de Segurança Pública no estado, é cada vez mais uma necessidade, merecendo ser elencada como prioridade de estratégia de sobrevivência e defesa. Profissionais com este gabarito na equipe permitiriam a proteção dos sistemas a ataques cibernéticos, bem como o desenvolvimento de sistemas para integração de bancos de dados e que garantam a segurança na produção, tramitação e armazenamento de documentos de inteligência diante da necessidade cada vez mais urgentes de troca de informações, inclusive, com os países do Corredor Bioceânico.

Outro aspecto que merece atenção trata-se da obtenção de dados sigilosos. Para que um conhecimento de inteligência obtenha valor, depreende-se que seja estruturado sobre dados e informações disponíveis organizadas, mas, principalmente, que agreguem dados sensíveis, geralmente de difícil obtenção, que exigem o emprego de equipes operacionais altamente capacitadas. Desse modo, torna-se indispensável que essas equipes disponham de recursos materiais, tecnológicos e financeiros, compatíveis com a complexidade das missões que se lhes apresentam.

Além disso, diante das peculiaridades da região de fronteira, principalmente frente as mudanças iminentes em decorrência do Corredor Bioceânico, é fundamental que haja um aprimoramento da legislação que trata da atividade de inteligência de segurança pública, que deve proporcionar segurança aos profissionais que atuam na referida atividade. Nesse sentido, seria interessante uma interlocução mais próxima dos órgãos estaduais de Segurança Pública junto ao Sistema Brasileiro de Inteligência (SISBIN), para formulação de propostas de um adequado arcabouço legal para atividade.

Importante ainda se faz comentar sobre a necessidade de investimentos na constante capacitação dos profissionais que atuam no combate à criminalidade na região de fronteira. A disseminação de um conhecimento de Inteligência falseado ou impreciso elaborado por profissionais sem a devida formação, especialização e aperfeiçoamento, pode comprometer a cadeia decisória do Estado que dele faça uso (BRASIL, 2016). A ampliação do processo de capacitação promovida pelas instituições federais e estaduais permitiria o aprimoramento de técnicas, processos e competências, de modo a se buscar a excelência e a inovação na Atividade de Inteligência. Somando-se a isso, incluir nos processos de capacitações membros de várias instituições, como também estrangeiros, permitiria a formação de redes de contatos para uma comunicação mais fluida de compartilhamento de dados, informações e conhecimentos.

5. CONCLUSÕES E RECOMENDAÇÕES

A efetivação do Corredor Bioceânico, por onde se ampliarão o comércio, o trânsito de pessoas, bens e mercadorias, se aproxima, e dele, além do desenvolvimento previsto para todos os países envolvidos, carece-se de um planejamento de medidas e ações que garantam a segurança e defesa do Brasil e de sua população, se alinhando ao que se prevê na Política e Estratégia Nacional de Defesa (2020), a ser aprovada pelo Congresso Nacional:

> "As fronteiras demandam atenção, na medida em que por elas transitam pessoas, mercadorias e bens, integrando regiões e aproximando o País de seus vizinhos, ao mesmo tempo em que por elas são perpetradas atividades ilícitas que assumem natureza transnacional, de forma que sua permeabilidade requer constante vigilância, atuação coordenada entre os órgãos de defesa e os de segurança pública e estreita cooperação com os países limítrofes."

Nesse aspecto, um governo guiado por informações e conhecimento precisos e oportunos, sobre questões de caráter estratégico e de grande relevância, em prol da segurança e dos interesses da sociedade e do Estado, torna-se imprescindível.

Assim, pode-se concluir que a Atividade de Inteligência de Segurança Pública apresenta-se como um importante instrumento frente aos desafios que se descortinam, com o aumento do fluxo de bens e pessoas na faixa de fronteira do MS.

No entanto, do levantamento sobre o panorama atual da Atividade de Inteligência de Segurança Pública do MS, foi possível apontar algumas forças e fraquezas internas, bem como ameaças e oportunidades externas que poderão advir em decorrência da efetivação do Corredor Bioceânico, e verificou-se importantes aspectos que carecem de atenção por parte dos gestores como investimento em tecnologia, controle de fluxo de estrangeiros, integração, capacitação, amparo legal para atividade operacional de inteligência, com vistas ao aprimoramento, fortalecimento e melhor eficiência da Atividade de Inteligência no estado.

Por fim, este estudo buscou produzir um trabalho técnico, com vistas a proposição de estratégias, sem pretensão de esgotar o assunto, mas com fito a provocar reflexões e instigar futuros estudos quanto às medidas a serem adotadas para se alavancar a Atividade de Inteligência de Segurança Pública no Estado de Mato Grosso do Sul, de modo que ela possa se estabelecer como um importante pilar de assessoramento aos gestores para o desenvolvimento com segurança do estado do MS, frente à implantação do Corredor Bioceânico.

REFERÊNCIAS

BARROS, Pedro Silva; PADULA, Raphael. O Mato Grosso do Sul e a Projeção Continental do Brasil: corredores bioceânicos e obras de infraestrutura. **Revista Escola de Guerra Naval.** Rio de Janeiro, V. 27, n. 1, p. 55-90. jan./abr. 2021. Disponível em: < https://revista.egn.mar.mil.br/index.php/revistadaegn/article/view/1074/800>. Acesso em: 26 mar. 2022.

BARROS, Pedro Silva; PADULA, Raphael; SEVERO, Luciano Wexell; SAMURIO, Sofia Escobar; GONÇALVES, Julia Souza Borba. **Corredor Bioceânico de Mato Grosso do Sul ao Pacífico: produção e comercio na rota da integração sul-americana.** 186 f.Campo Grande: Editora UEMS; Brasília: IPEA, 2020.

BRASIL. Corredor bioceânico. **Avaliação dos corredores bioceânicos**. Vol 2. BNDES: Brasília, 2010. Disponível em: <https://www.bndes.gov.br/arquivos/

Corredor-bioceanico/Corredor-bioceanicoproduto-2.pdf>. Acesso em: 26 mar. 2022.

BRASIL. Decreto nº 8.793, de 29 de junho de 2016. Fixa a Política Nacional de Inteligência. **Diário Oficial da União**. Atos do Poder Executivo, Brasília, DF, 30 jun. 2016. Seção 1, p. 5-7. Disponível em: <http://www.planalto.gov.br/ccivil_03/_ato2015-2018/2016/decreto/D8793.htm>. Acesso em: 20 mai.2022.

BRASIL. **Política Nacional de Defesa e Estratégia Nacional de Defesa**. Aprovação em 1º Turno em 2020, versão sob apreciação do Congresso Nacional até a presente data. Disponível em: < https://www.gov.br/defesa/pt-br/assuntos/copy_of_estado-e-defesa/pnd_end_congresso_1.pdf>. Acessado em: 20 mai. 2022.

BRASIL. Decreto nº 10.777, de 24 de agosto de 2021. Institui a Política Nacional de Inteligência de Segurança Pública. **Diário Oficial da União**. Atos do Poder Executivo, Brasília, DF, 25 ago. 2021. Seção 1, p. 1-4. Disponível em: <http://www.planalto.gov.br/ccivil_03/_ato2019-2022/2021/decreto/D10777.htm>. Acesso em: 20 mai. 2022.

BRASIL. Decreto nº 10.778, de 24 de agosto de 2021. Aprova a Estratégia Nacional de Inteligência de Segurança Pública. **Diário Oficial da União**. Atos do Poder Executivo, Brasília, DF, 25 ago. 2021. Seção 1, p. 4-9. Disponível em: <http://www.planalto.gov.br/ccivil_03/_ato2019-2022/2021/decreto/D10778.htm>. Acesso em: 20 mai. 2022.

CASTRO, João Carlos Parkinson. Corredor Rodoviário Bioceânico: uma oportunidade a ser explorada. In: 71ª. REUNIÃO ORDINÁRIA DO MINISTÉRIO DA AGRICULTURA, PECUÁRIA E ABASTECIMENTO, 2020, Brasília/DF. **Apresentação Corredor Rodoviário Bioceânico: uma oportunidade a ser explorada**. Brasília: MAPA, 2020. Disponível em: < https://www.gov.br/agricultura/pt-br/assuntos/camaras-setoriais-tematicas/documentos/camaras-tematicas/infraestrutura-e-logistica/2020/71a-reuniao-ordinaria/app_71ro_ctlogistica_corredor.pdf>. Acesso em 26 mar. 2022.

HONÓRIO, Karen dos Santos. **O significado da iniciativa para a integração da infraestrutura regional Sul-Americana (IIRSA) no regionalismo Sul-Americano (2000-2012): um estudo sobre a iniciativa e a participação do Brasil**.133 f. Dissertação (Mestrado em Relações Internacionais) - Pontifícia Universidade Católica de São Paulo, São Paulo, 2013. Disponível em: <https://repositorio.unesp.br/bitstream/handle/11449/128074/000732081.pdf?sequence=1&isAllowed=y>. Acesso em: 15 mai. 2022.

SOARES, Edileine Cambraia. **Importância Estratégica do Programa de Vigilância em Defesa Agropecuária nas Fronteiras para a Segurança Nacional.** 2021. 28 f. Trabalho de Conclusão de Curso (Especialização em Inteligência) Escola Superior de Guerra/Defesa. Brasília, 2021.

TRAVASSOS, Mário. **Projeção Continental do Brasil.** 3. ed. São Paulo: Companhia Editora Nacional, 1938. 215 p.

VIGILÂNCIA AGROPECUÁRIA INTERNACIONAL COMO UMA ESTRATÉGIA DE DEFESA AGROPECUÁRIA PARA PREVENÇÃO E COMBATE A AGROCRIMES E AO AGROTERRORISMO

MARCOS EIELSON PINHEIRO DE SÁ[28]

JOSÉ ROBERTO PINHO DE ANDRADE LIMA[29]

RESUMO: Considerado o principal setor da economia do Brasil, o agronegócio tem na estabilidade zoossanitária e fitossanitária, a condição responsável pelo crescimento da produtividade nacional e manutenção e abertura de novos mercados importadores em todo o mundo. Foi realizado um estudo descritivo, com identificação de ameaças, análise da estrutura organizacional, regimental, de inteligência e dos dados da fiscalização do trânsito irregular, visando avaliar o Sistema de Vigilância Agropecuária Internacional (VIGIAGRO) como estratégia de defesa agropecuária para prevenção de agrocrimes e ameaças agroterroristas. A estrutura organizacional e regimental para a fiscalização do trânsito regular, irregular e de passageiros foi considerada adequada. A ausência de penalidades pecuniárias foi considerada uma ameaça, embora possa ser mitigada pelo enquadramento do comércio e trânsito irregulares de mercadorias agropecuárias como atividades ilícitas passíveis de

28 Doutor em Ciências Animais pela Universidade de Brasília. Auditor Fiscal Federal Agropecuário. Chefe da Divisão de Fiscalização e Coerção ao Trânsito Irregular da Secretaria de Defesa Agropecuária do Ministério da Agricultura Pecuária e Abastecimento. Especialista em Inteligência Estratégica pela Escola Superior de Defesa (ESD).

29 Prof. Doutor e Pesquisador da Escola Superior de Defesa do Ministério da Defesa, com Pós-Doutorado em Saúde Global e Ambiental pela University of Florida.

enquadramento como crimes de contrabando, descaminho, contra as relações de consumo, crimes ambientais, tributários ou contra a saúde pública, conforme o caso. A deficiência no quadro efetivo de recursos humanos e na disponibilidade de recursos financeiros em relação ao crescimento do comércio internacional do agronegócio brasileiro foram consideradas ameaças, que poderão ser minimizadas pela criação de unidades de inteligência e contrainteligência no órgão central, e para fiscalização e coerção ao trânsito irregular nos portos, aeroportos e postos de fronteira do País, bem como pelo uso de ferramentas de inteligência artificial para aumentar a eficiência da fiscalização. O Sistema VIGIAGRO revelou ser uma importante estratégia de defesa agropecuária do País.

PALAVRAS-CHAVE: Inteligência; vigilância agropecuária internacional. agrocrimes; agroterrorismo.

1. INTRODUÇÃO

O Agronegócio é o principal setor da economia brasileira, responsável por boa parte do produto interno bruto nacional, bem como pelo caráter favorável da balança comercial e sobretudo pela geração de renda e manutenção de postos de trabalho. Dados do Ministério da Economia, demonstram que na última década, as exportações brasileiras cresceram de US$ 255,94 bilhões em 2011, para US$ 280,63 bilhões em 2021, sendo o agronegócio responsável por 43,0% do valor das exportações brasileiras (MAPA, 2022).

Embora questões geopolíticas demonstrem o enfraquecimento de algumas organizações multilaterais, o comércio formal geralmente ocorre mediante acordos firmados entre países para definição de questões de ordem tarifária e não tarifária, com destaque para os requisitos sanitários de importação (HUESTON et al., 2011). Essas relações comerciais geralmente observam o Acordo Internacional sobre Aplicação de Medidas Sanitárias e Fitossanitárias – "Application Sanitary and Phytosanitary Measurse" – SPS, que estabelece medidas de proteção de plantas, animais e inspeção de produtos derivados (MAPA, 2022).

Segundo Soulsby & Walsh (2009), estima-se que até 2050, nove bilhões de pessoas habitarão nosso planeta, em meio ao aquecimento global, degradação do meio ambiente, escassez de água, e possivelmente com exacerbados problemas sociais, oportunidade em que grandes quantidades de alimentos continuarão movimentando cargas agropecuárias para todos os países do mundo (HUESTON et al., 2011). Embora essa condição beneficie o agronegócio brasileiro, a globalização da economia, com a redução das barreiras tarifárias e o aumento das trocas comerciais entre os países, trouxe consigo um aumento no risco potencial do intercâmbio internacional de agentes etiológicos de enfermidades animais e pragas dos vegetais.

Segundo Zepeda *et al.* (2005) a natureza não respeita fronteiras políticas, podendo haver o intercâmbio por vias legais e ilegais, entretanto, apesar do risco, as políticas públicas não têm dado a devida importância aos serviços de vigilância. Em geral, as operações de comércio formal ocorrem mediante emissão de certificados sanitários e fitossanitários atestando atendimento às exigências sanitárias e fitossanitárias acordadas entre países exportadores e importadores. Por outro lado, o comércio irregular não observa acordos sanitários ou fitossanitários, não é certificado e atende apenas aos interesses do agente infrator.

O risco das atividades irregulares e ilícitas levou ao estabelecimento de uma cooperação internacional conjunta em 2019, envolvendo a Organização Mundial de Saúde Animal (OIE), a Organização das Nações Unidas para Alimentação e Agricultura (FAO) e a Organização Internacional de Polícia Criminal (INTERPOL), com o objetivo de promover a resiliência contra o agroterrorismo e os agrocrimes (GIOLA *et al.*, 2021). Neste contexto, como o risco de introdução de pragas dos vegetais e enfermidades animais é proporcional ao volume do comércio entre países, assume importância fundamental a ação dos serviços de fiscalização em fronteiras internacionais contra o ingresso de pragas e doenças exóticas (USDA, 2005).

No Brasil, a fiscalização do comércio e trânsito internacional de mercadorias agropecuárias é realizada pela Vigilância Agropecuária Internacional – VIGIAGRO, criada com a publicação da Portaria SDA nº 297, de 22/06/1998, para atuar em unidades estrategicamente distribuídas em portos, aeroportos internacionais, postos de fronteira e aduanas especiais (BRASIL, 1998; BRASIL, 2006). Dada a intensa movimentação internacional de pessoas e mercadorias agropecuárias do País, o número de unidades administrativas, as restrições de recursos humanos e financeiros que acometem os serviços públicos atualmente, resta necessária a adoção de novas estratégias de fiscalização e controle, para a manutenção da efetividade do Sistema VIGIAGRO na prevenção de agrocrimes e do agroterrorismo.

Considerando que o Brasil tem no agronegócio o principal setor de sua economia e que a estabilidade sanitária e fitossanitária, constitui o principal fator responsável pela manutenção da produtividade nacional, manutenção e abertura de novos mercados importadores em todo o mundo, pode-se inferir que a introdução de pragas e doenças exóticas no País, a persistência de resíduos e contaminantes de substâncias proibidas nos produtos exportados pelo País, seriam os principais riscos para o agronegócio brasileiro.

Com o objetivo geral de avaliar o Sistema Vigiagro como uma estratégia de defesa agropecuária do País, na prevenção de agrocrimes e de ameaças agroterroristas, foram avaliados ainda: as ameaças relacionadas a agrocrimes e agroterrorismo que possam afetar o País; a estrutura organizacional, regimental e disposição do Sistema Vigiagro no País; e proposta a inclusão da atividade de inteligência como estratégia para monitoramento de riscos, prevenção e combate a agrocrimes e ameaças agroterroristas.

Foi realizado um estudo descritivo com levantamento de dados bibliográficos sobre ameaças relacionadas a agrocrimes e agroterrorismo que possam afetar o País, avaliação de atos normativos, projetos e planos de gerenciamento, que permitam delimitar a estrutura organizacional e regimental do Sistema Vigiagro no País, visando a identificação de oportunidades para o uso da atividade de inteligência como estratégia para monitoramento de riscos, prevenção e combate a agrocrimes e ameaças agroterroristas.

A pesquisa bibliográfica envolveu a pesquisa de artigos científicos, periódicos e livros, acessadas por meio das bases de dados Pubmed, Science Direct, Google Scholar, Embrapa, Escola Superior de Guerra e Escola Nacional de Administração Pública, utilizando-se as palavras-chave: quarentena, vigilância agropecuária, agroterrorismo, agrocrimes, inteligência, pragas e doenças, nos idiomas português, inglês e espanhol.

Por fim, foram analisados ainda projetos, planos de gerenciamento, processos administrativos, sistemas de informação do serviço público federal e relatórios das ações de fiscalização e das operações integradas da Secretaria de Defesa Agropecuária.

2. OS DESAFIOS DA DEFESA AGROPECUÁRIA NO BRASIL

Embora os benefícios da globalização sejam incontestáveis para o aumento no fluxo de mercadorias e pessoas entre países, o aumento das trocas comerciais entre países também permitiu que pragas, patógenos de doenças animais e zoonóticas viajem pelo mundo, fazendo com que o risco de introdução e reintrodução destes agentes se torne cada vez maior, seja pelas vias legais ou ilegais requerendo uma atuação cada vez melhor dos sistemas de vigilância e monitoramento, adequação de laboratórios de diagnóstico, análise de risco e garantia de qualidade (ZEPEDA et al., 2005; JANSEN et al., 2019).

Enquanto a importância do comércio regular brasileiro pode ser visualizada na Figura 1 a seguir, o comércio irregular é realizado sem que se observem quaisquer requisitos sanitários, fitossanitários ou qualquer acordo prévio entre as autoridades sanitárias e fitossanitárias dos países exportador e importador, tendo como único beneficiado o agente infrator, seja por desconhecimento, seja em busca de benefícios econômicos, logísticos e financeiros, ou mesmo por motivação política, ideológica ou religiosa, com o objetivo de causar prejuízo, comoção ou mesmo prejudicar a vida das pessoas.

Figura 1: Evolução Anual da Balança Comercial Brasileira e do Agronegócio - 1997 a 2021 (em US$ bilhões).

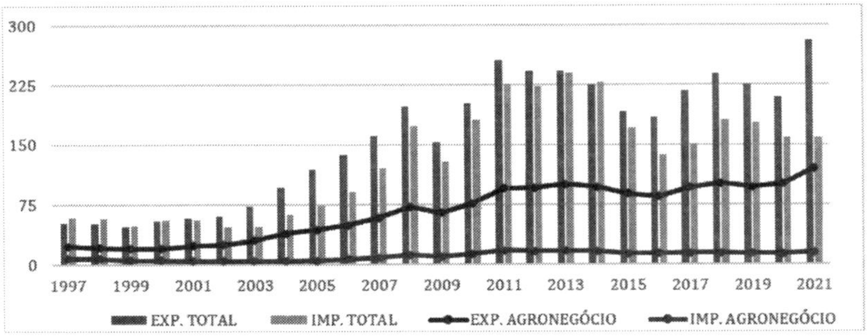

Fonte: MAPA (2022).

São várias as possibilidades de entrada de mercadorias agropecuárias, seja por portos, aeroportos, passagens de fronteira, remessas postais e expressas. O risco de introdução irregular destes produtos aumenta consideravelmente pelo não atendimento aos requisitos sanitários, origem desconhecida e possibilidade de rápida disseminação global de agentes infecciosos por meio das viagens aéreas (ZEPEDA *et al.* 2007; ADAIME, 2018; MELO *et al.*, 2014a).

Segundo Lyra & Silva (2004) desde o primeiro foco de Febre Aftosa registrado no Brasil, em 1895, logo após o registro de focos no Uruguai e Argentina, todos os demais focos, até o último, em 2005, no Mato Grosso do Sul, ocorreram na região fronteiriça (OIE, 2021). Embora a Peste Suína Clássica (PSC) tenha registrado focos no Brasil em 2019, em áreas de pouca expressão, na Holanda, os custos do controle da doença em 1997 e 1998, foram estimados em 243 e 446 milhões de euros, respectivamente (OIE, 2019; CHRISTENSEN et al. 2007).

A Peste Suína Africana (PSA) foi introduzida por meio de produtos de origem animal trazidos ilegalmente em aeronaves para o Brasil em 1978 (MOURA *et al.,* 2010), se manteve endêmica na África Subsaariana e na ilha italiana da Sardenha, com epidemias esporádicas afetando vários países ao longo do século XX (JURADO et al., 2019) até que em 2018, uma nova pandemia provocou uma grande crise na suinocultura mundial, afetando mais de 50 países na África, Europa e

Ásia, até retornar às Américas após 40 anos, em 2021, na República Dominicana, com até 100% de mortalidade (OIE, 2021).

Da mesma forma, MELO *et al.* (2014a), MELO *et al.* (2015) e SCHODER *et al.* (2015) demonstraram a presença de agentes causadores de zoonoses, como *Brucella* spp., *Mycobacterium bovis*, *Mycobacterium avium* subsp. Paratuberculosis (MAP), *L. monocytogenes*, *S. aureus e Salmonella*, e VTEC em produtos transportados ilegalmente nas bagagens de passageiros internacionais. Na região fronteiriça Eidt et al. (2015) relataram que os laticínios, pescados, carnes, embutidos e apícolas, produtos de uso veterinário e para uso na alimentação animal) foram os principais produtos agropecuários ilegais apreendidos nas fronteiras com o Peru, a Bolívia e a Venezuela e, Soares *et al.* (2022) detectaram resíduos de antibióticos e antiparasitários veterinários em 50 (26,45%) das amostras analisadas, acima dos limites máximos permitidos na fronteira com Argentina e Uruguai.

Na área vegetal, o ingresso no País de produtos agropecuários sem certificação fitossanitária e sem controle oficial nos pontos de ingresso, constitui o principal meio de introdução de pragas exóticos em áreas livres (HOLLER *et al.*, 2015). Segundo Laranjeira *et al.* (2017) existem aproximadamente 500 espécies ou gêneros de pragas quarentenárias com riscos de introdução e estabelecimento no País e, embora a introdução natural ocorra, a ação do homem foi o mecanismo principal de sua introdução (MIRANDA & XIMENES, 2009).

Pragas como o cancro cítrico, causado pela bactéria *Xanthomonas axonopodis*, constatada em 1957, em Presidente Prudente – SP (OLIVEIRA *et al.*, 2008); o bicudo do algodoeiro, em 1982, com focos detectados nas proximidades do Aeroporto Viracopos, em Campinas (NAKANO, 1983, citado por IMAMT, 2015); e, a ferrugem da soja, que ingressou no País em 2001 (LANDGRAF, 2004), figuram entre as pragas que causaram grande impacto na economia nacional.

O Ministério da Agricultura, Pecuária e a Abastecimento (MAPA) em conjunto com a Empresa Brasileira de Pesquisa Agropecuária (EMBRAPA) identificaram as 20 pragas quarentenárias exóticas consideradas prioritárias para a prevenção de ingresso no Brasil (EMBRAPA, 2017), sendo identificadas com risco muito alto as pragas *Bactrocera dorsalis*, *Cirsium arvense*, *Ditylenchus destructor*, *Globodera rostochiensis*,

Pantoea stewartii, *Striga* spp. e *Tomato ringspot* virus. Embora não figurassem entre as pragas prioritárias, foram declaradas emergências fitossanitárias pela praga *Schistocerca cancellata* (gafanhotos) em 2020, no Estado do Rio Grande do Sul e Santa Catarina e, pela praga *Moniliophthora roreri* (monilíase do cacaueiro), em 2021, nos estados do Acre, Amazonas e Rondônia, somente pelo risco iminente de sua introdução no País (BRASIL, 2020; BRASIL, 2021).

Segundo Gioia *et al* (2021), a importação intencional de mercadorias agropecuárias de forma ilegal ocorre de duas formas, para coagir objetivos político-sociais são classificados como Agroterrorismo e, quando motivados por ganho financeiro ou pessoal, esses atos deliberados são considerados Agrocrimes.

Vários agentes biológicos como bactérias, parasitas, toxinas e vírus podem ser deliberadamente disseminados através de ração, comida, água ou ar com a intenção de causar dano e pânico (ZUCCA *et al.* 2020; TRUFANOV *et al.* 2010). Além disso, as armas biológicas adequadas para ataques terroristas são fáceis de produzir, esconder e transportar, quando comparadas às armas nucleares, de forma que grandes preparos não são necessários para que os ataques causem danos consideráveis e disseminação em grandes áreas (ZUCCA *et al.*, 2020).

No Brasil, a introdução intencional de praga, que causou impacto considerável na economia, foi a da vassoura-de-bruxa, *Crinipellis perniciosa*, que fez com que a Bahia que era responsável por 84,5% de toda a lavoura cacaueira do País e, pela segunda maior concentração mundial de cacau, tivesse uma mudança no uso da terra, venda de propriedades, desemprego e danos ao meio ambiente, além das perdas na produção (PEREIRA *et al.*, 1989; ALVES, 2002). No Brasil, embora tenham sido noticiadas recentemente como possíveis ameaças bioterroristas, as remessas de pacotes com sementes provenientes da China e a motivação terrorista não tenha sido comprovada, houve a detecção de pragas ausentes (MAPA, 2020).

A realização do comércio legal e ilegal existe fundamentalmente em função da carga tributária, dos preços praticados entre os dois países, de procedência e destino das mercadorias, bem como da presença do Estado na repressão às práticas de evasão fiscal e contrabando (DORFMAN *et al.* 2014). As regiões de fronteira preocupam as autoridades governamentais devido à sua natureza porosa, que permite que atividades ilegais, ou agrocrimes, como o contrabando de recursos naturais, pessoas e mercadorias, prosperem (HORSTMANN, 2004).

O comércio ilegal de animais de estimação, animais selvagens, produtos de origem animal tem sido relatado por vários autores como um exemplo de crime organizado transnacional (ZUCCA *et al.*, 2020), tendo sido descrita a ação de grupos de milícias do Sudão do Sul, República Democrática do Congo e República Centro-Africana (NELLEMAN *et al.* 2014) e a exploração ilegal crescente no comércio de peixes vivos nas áreas de recifes, do Estreito de Balac, entre as Filipinas e a Malásia (FABINYI *et al.* 2014).

Além dos efeitos sobre o não pagamento de impostos e a concorrência desleal, podem causar efeitos negativos na saúde humana (zoonoses), e também, para a saúde e o bem-estar animal (ZUCCA *et al.*, 2020). Dos mais de 1.700 patógenos conhecidos: 60% das doenças infecciosas humanas existentes são zoonóticas e, pelo menos 75% das doenças emergentes de humanos têm origem animal e 72% das zoonoses são originárias de animais selvagens ou animais exóticos.

O contrabando de agrotóxicos geralmente envolve produtos provenientes de rotas da China, Índia e países limítrofes ao Brasil, como Uruguai e Paraguai, com transposição da fronteira para o território brasileiro de forma irregular (IDESF, 2019; IDESF, 2021). Organizações criminosas mobilizam redes para permitir pagamentos de forma segura, transportes com rotas cartografadas e um esquema que conecta brasileiros da região de fronteira àqueles que fazem as encomendas em outros estados do Brasil (DORFMAN *et al.*, 2014).

Os riscos envolvidos no trânsito e no comércio internacional e a ênfase na importância das medidas sanitárias e fitossanitárias dada pelo Acordo SPS, demandam uma melhor atuação dos serviços oficiais, embora estejam se deparando com redução do efetivo de recursos humanos, perdas na capacidade operacional e diminuição de sua presença no campo (ZEPEDA *et al.*, 2005). É importante que os serviços sejam sensíveis para detectar rapidamente doenças e realizar diagnósticos eficazes para caracterizar o agente etiológico (BATHO *et al.*, 2012).

A disponibilidade de recursos financeiros também é um fator importante, embora serviços oficiais possam fazer a arrecadação de recursos, boa parte do dinheiro arrecadado não é destinado ao próprio serviço, de forma que reforços no orçamento somente são realizados diante da ocorrência de eventos sanitários (BATHO *et al.*, 2012). Segundo Stemshorn & Zussman (2012) o financiamento adequado dos serviços oficiais, requer a manutenção de pessoal, instalações e fundos operacionais em nível suficiente para a realização de respostas eficazes e coordenadas ao surgimento de situações sanitárias emergenciais. A necessidade de infraestrutura e equipamentos assume maior importância para o Brasil, se considerarmos suas dimensões territoriais, a extensão de sua faixa de fronteira, da sua costa litorânea, o grande número diário de voos internacionais que se processam diariamente e, sobretudo, a importância da manutenção da sua situação zoossanitária e fitossanitária para a manutenção das exportações brasileiras.

Outro fator importante, para a boa execução dos serviços oficiais é o arcabouço normativo que sustenta as ações de proteção contra o ingresso irregular de mercadorias agropecuárias, bem como de pragas e doenças exóticas no País. No Brasil, a Vigilância Agropecuária Internacional aplica nas suas ações em portos, aeroportos e fronteiras do País, bem como em quaisquer outros locais onde se processe a entrada de mercadorias agropecuárias, as legislações referentes à saúde animal e sanidade vegetal, inspeção de produtos de origem animal e vegetal, fiscalização de produtos de uso veterinário, agrotóxicos, fertilizantes, sementes, mudas, sêmen e embriões.

A complexidade das redes e organizações criminosas, a necessidade de conjunção de esforços, de coordenação mais estreita entre os diversos serviços que atuam no combate ao comércio ilegal e ao agroterrorismo tem requerido uma atuação cada vez mais integrada dos órgãos envolvidos no combate a esses ilícitos, como os órgãos judiciais, serviços aduaneiros, quarentenários e de fronteira e órgãos policiais (ARAMBULO, 2018; ZUCCA *et al.*, 2020).

Embora a importância da integração para o fortalecimento da prevenção, do controle, da fiscalização e da repressão aos delitos transfronteiriços esteja evidenciada nos termos do Decreto nº 8.903, de 16 de novembro de 2016, que instituiu o Programa de Proteção Integrada de Fronteiras, no Brasil, o MAPA instituiu em 2019, o Programa de Vigilância em Defesa Agropecuária para Fronteiras Internacionais – Vigifronteira com o objetivo de estabelecer um sistema integrado para realizar esta atividade típica de Estado (BRASIL, 2016; MAPA, 2022b).

3. AMEAÇAS RELACIONADAS A AGROCRIMES E AGROTERRORISMO QUE POSSAM AFETAR O PAÍS

Para a identificação de eventuais riscos e ameaças relacionadas ao trânsito e comércio internacional, foram analisados os resultados das operações do Programa Vigifronteira, conforme disposto na Tabela 1 a seguir.

Tabela 1: Número de fiscalizações realizadas e quantitativo de mercarias ilegais apreendidas pelo Programa Vigifronteira, no período de 2020 a 2022. Brasil, 2022.

Fiscalizações realizadas	**Quantidade (n)**
Propriedades	357
Veículos	3.088
Embarcações	54
Estabelecimentos	47
Mercadorias ilegais apreendidas	**Quantidade**
Animais em situação irregular (unid.)	1.971
Agrotóxicos apreendidos (t)	214,30
Fertilizantes apreendidos (t)	174,89
Sementes apreendidas (t)	573,40
Produtos de uso veterinário apreendidos (unid.)	22.751
Produtos para alimentação animal apreendidos (t)	210,84
Produtos de origem animal apreendidos (t)	122,82
Produtos de origem vegetal apreendidos (t)	155,10
Bebidas apreendidas (litros)	26.178,50

Fonte: Elaborado pelo autor com dados do MAPA (2022).

A análise dos dados, respeitadas as quantidades apreendidas, condizem com os achados de Eidt et al. (2015) e Soares et al. (2022) em relação aos principais tipos de produtos, envolvidos na prática dos Agrocrimes, quanto à possibilidade de se tornarem ameaças de Agroterrorismo e importância do sistema de vigilância como medida de prevenção, bem como quanto à necessidade de adoção de medidas de mitigação face às ameaças, por serem consideradas as principais vias de introdução de pragas dos vegetais e doenças animais no País (TRUFANOV *et al.* 2010; HOLLER *et al.* 2015).

Com base na identificação dos principais produtos de origem vegetal apreendidos e possível veiculação, foram consideradas de maior risco, as sete pragas elencadas pelo MAPA e Embrapa, segundo os critérios de relevância quanto à capacidade de entrada, estabelecimento e dispersão, impacto potencial e priorização global.

Para a área animal, com base na identificação dos principais produtos de origem animal apreendidos no trânsito e comércio ilegal foram avaliadas as doenças elencadas pela lista de doenças de notificação obrigatória da Organização Mundial de Saúde Animal (WOAH) e na literatura científica, com maior potencial de impacto na pecuária brasileira, na saúde pública e que pudessem afetar negativamente a conservação da vida selvagem.

Em conformidade com a WOAH e Lyra e Silva (2002), foram consideradas as principais ameaças agroterroristas para a espécie bovina, a Encefalopatia Espongiforme Bovina, a Febre Catarral Maligna, a Febre Aftosa e a Peste Bovina; a Peste Suína Africana e a Peste Suína Clássica para o rebanho suíno; e para a avicultura nacional, a influenza aviária e a Doença de Newcastle. Quanto ao caráter zoonótico, a gravidade das doenças para o homem e as formas de veiculação, foram consideradas ameaças agroterroristas a Tuberculose, a Raiva, o Antrax, o Mormo e a Leptospirose, corroborando com Melo *et al.*(2014a), Melo *et al.*(2015) e Schoder *et al.* (2015).

Foram identificados como principais ameaças de Agrocrimes o tráfico de animais silvestres, o contrabando de agrotóxicos, produtos veterinários, sementes e mudas e de animais vivos, corroborando com os achados de Eidt *et al.* (2015), Soares *et al.* (2022), Zucca *et al.* (2020), Dorfman *et al.* (2014), Fabinyi *et al.* (2014) e Nellemann *et al.* (2014).

Por fim, a apreensão de 1.173,43 t de insumos agropecuários, de 277,92 t de produtos de origem animal e vegetal, de 1.971 animais vivos, 22.751 produtos de uso veterinário e 26.178,50 litros de bebidas, revela a necessidade de intensificação das ações de combate e repressão a Agrocrimes e Agroterrorismo, com vistas à proteção do agronegócio brasileiro.

4. ESTRUTURA ORGANIZACIONAL, REGIMENTAL E DISPOSIÇÃO TERRITORIAL DO SISTEMA VIGIAGRO NO PAÍS

O Sistema VIGIAGRO é composto por unidades administrativas e operacionais localizadas estrategicamente para atuar em portos, aeroportos e postos de fronteira, constituindo atualmente a principal ação de defesa agropecuária contra o ingresso de doenças animais e pragas dos vegetais, insumos agrícolas e pecuários ilegais que possam pôr em risco o agronegócio brasileiro (BRASIL, 2017). Composto por 121 unidades administrativas, sendo 31 de caráter estratégico, tático e 90, de caráter operacional, distribuídas por portos, aeroportos, postos de fronteira e aduanas especiais do País, além das principais capitais e no órgão central da defesa agropecuária no Brasil o Sistema VIGIAGRO teve um aumento no quantitativo de unidades operacionais, quando comparados os anos de 2021 e 2016 (Tabela 2).

Tabela 2: Comparativo entre valor da exportação, número de unidades operacionais e de servidores por categoria profissional, no período de 2016 a 2021. Brasil, 2022.

Item Avaliado	2016	2017	2018	2019	2020	2021	Δ(%)
Exp. do agronegócio (US$ milhões)	84,94	N.a.[1]	N.a.	N.a.	N.a.	120,59	50,15
Unidades Operacionais (número)	87	N.a.	N.a.	N.a.	N.a.	90	3,33
Orçamento (R$ milhões)	11,00	7,94	6,40	6,26	5,53	3,99	-175,14
Recursos Humanos (n)							

Engenheiros Agrônomos (número)	257	N.a.	N.a.	N.a.	N.a.	210	-22,38
Médicos Veterinários (número)	182	N.a.	N.a.	N.a.	N.a.	120	-51,67
Técnicos (número)	189	N.a.	N.a.	N.a.	N.a.	200	5,50
Total:	628	N.a.	N.a.	N.a.	N.a.	530	-18,49

[1]n.a.: não avaliado.

Fonte: Elaborado pelo autor com dados do MAPA (2022).

Com a nova estrutura organizacional do Ministério da Agricultura, Pecuária e Abastecimento, definida com a publicação do Decreto nº 10.827, de 30 de setembro de 2021, o Sistema VIGIAGRO passou a ser composto por uma Coordenação-Geral e duas áreas estratégicas, a Coordenação de Gestão do Trânsito Regular e a Divisão de Fiscalização e Coerção ao Trânsito Irregular, diferindo o nível de especialidade requerida para as duas modalidades de trânsito e comércio internacional, a regular e a irregular, além de unidades responsáveis por facilitação de comércio, normatização, suporte administrativo, assessoramento, habilitação de recintos, auditoria, centrais de análise documental, contemplando ainda cinco divisões regionais para gestão das unidades operacionais do Sistema VIGIAGRO de portos, aeroportos e postos de fronteira das regiões norte, centro-oeste, nordeste, sul e sudeste do País (BRASIL, 2021b).

A análise da estrutura do Sistema VIGIAGRO revela que as divisões regionais e unidades operacionais do Sistema, VIGIAGRO também poderiam atuar nas ações de combate ao trânsito e comércio irregular, de forma que sua subordinação poderia se dar diretamente ao Coordenador-Geral do Sistema VIGIAGRO, visando a execução das ações de fiscalização tanto do trânsito regular, como irregular, da mesma forma que o Serviço de Fiscalização de Viajantes, estaria mais vocacionado para a coerção ao trânsito irregular de produtos agropecuários, condizente com a caracterização dos riscos feitas por Melo *et al.* (2014b), Melo *et al.* (2015) e Schoder *et al.* (2015).

Atualmente o Sistema VIGIAGRO dispõe de 530 servidores públicos federais, sendo 15 no órgão central e os demais distribuídos entre as unidades administrativas e operacionais, sendo que 330 são integrantes da carreira de Auditores Fiscais Federais Agropecuários, dos quais 210 tem formação em agronomia e 120 em medicina veterinária, sendo os demais 200 integrantes das carreiras técnicas de fiscalização e administrativas, quantitativo reduzido, quando comparados os números de 2016 e 2021 (Tabela 2).

Essa redução no quadro de recursos humanos, seria uma tendência preocupante, para a prevenção do ingresso de pragas e doenças, por ser o Sistema VIGIAGRO a principal forma de barrar a introdução e disseminação destes agentes em áreas livres (HOLLER et al., 2015; MIRANDA & XIMENES, 2009). Essa dificuldade de manutenção do quadro de recursos humanos, também foi relatada por Zepeda *et al.* (2005) e Batho *et al.* (2012), como dificuldades dos serviços oficiais.

A análise dos dados do orçamento do Sistema VIGIAGRO de 2016 a 2021 demonstra que, embora tenha havido aumento nas exportações do agronegócio brasileiro, houve um decréscimo no orçamento, conforme pode ser observado na Tabela 2, o que poderia implicar o enfraquecimento do Sistema e maior dificuldade ou mesmo incapacidade em realizar o controle oficial das mercadorias que entram e saem do País.

Embora o Sistema VIGIAGRO possa aplicar os dispositivos previstos em diversas legislações da defesa agropecuária, o fato das leis se referirem a importações realizadas por pessoas jurídicas, restringe sua aplicabilidade. Apesar da existência de dispositivos legais como o Decreto nº 5.741, de 30 de março de 2006, que estabelece a retenção e apreensão como penalidades administrativas e a possibilidade de enquadramento como ilícitos penais previstos no art. 334-A do Código Penal, a ausência de penalidades pecuniárias poderá ser um fator incentivador ao cometimento das irregularidades (BRASIL, 2006; BRASIL, 1940). Nesse sentido foram identificados três projetos de lei em tramitação no Congresso Nacional, a saber os Projetos de Lei nº 1.670/2015, nº 6.028/2019 e n° 1.293/2021, que se propõem a instituir penalidades pecuniárias para as importações irregulares de mercadorias, bens e materiais de interesse agropecuário no País.

Por fim, ainda que sejam estabelecidas as penalidades pecuniárias, as ações de fiscalização e coerção às atividades ilícitas com animais, vegetais, seus produtos, insumos agrícolas e pecuários deveriam ser enquadradas sempre que possível em infrações penais, como contrabando, descaminho, crimes contra as relações de consumo, contra a saúde pública ou mesmo crimes ambientais, visando desestimular infratores potenciais e contumazes.

5. A INCLUSÃO DA ATIVIDADE DE INTELIGÊNCIA COMO ESTRATÉGIA PARA MONITORAMENTO DE RISCOS, PREVENÇÃO E COMBATE A AGROCRIMES E AMEAÇAS AGROTERRORISTAS

Embora o Sistema VIGIAGRO já tenha organização e estrutura regimental estratégica adequada, a análise revelou que a atividade de inteligência não se encontra estrategicamente representada em suas unidades administrativas, pela inexistência de unidade administrativa na fiscalização do trânsito regular, com competência para realizar a análise dos dados, monitoramento das informações e produção de conhecimentos estratégicos, diferentemente da área responsável pelo trânsito irregular, que possui uma de suas duas unidades subordinadas, responsável pela investigação e análise de dados.

Nesse sentido, visando aumentar a eficiência administrativa do Sistema VIGIAGRO na fiscalização do trânsito regular, poderiam ser criadas, uma unidade de Inteligência, e outra de Contrainteligência e implementadas ferramentas de inteligência artificial para análise de metadados. O Serviço de Fiscalização de Viajantes, poderia atuar no monitoramento e fornecimento de dados do trânsito irregular de mercadorias agropecuárias, subsidiando as ações de fiscalização e a realização de operações de coerção a ilícitos do Programa Vigifronteira.

Por fim, visando aperfeiçoar a realização das operações de caráter integrado e da atividade de inteligência, deveriam ser propostas a inclusão da Secretaria de Defesa Agropecuária – SDA como um dos órgãos do MAPA, integrantes do Sistema Brasileiro de Inteligência – SISBIN, nos termos do Decreto nº 4.376, de 13 de setembro de 2002 e, órgão titular junto ao Programa de Proteção Integrada de Fronteiras – PPIF, nos termos do Decreto nº 8.903, de 16 de novembro de 2016 e criados núcleos de fiscalização e coerção ao trânsito irregular nas unidades operacionais do Sistema VIGIAGRO (BRASIL, 2002; BRASIL, 2016).

6. CONCLUSÕES E RECOMENDAÇÕES

O Sistema VIGIAGRO demonstrou possuir uma estrutura organizacional e regimental disposta de forma estratégica com unidades vocacionadas para a fiscalização do trânsito regular, do trânsito irregular e de passageiros, bem como para o gerenciamento de suas unidades operacionais de fiscalização em portos, aeroportos e postos de fronteira.

As competências legais foram consideradas condizentes em função das medidas cautelares e administrativas previstas no Decreto nº 5.741, de 30/03/2006 e da possibilidade de enquadramento das atividades ilícitas como crimes de contrabando, descaminho, contra as relações de consumo, ambientais, tributários ou contra a saúde pública, embora insuficientes pela ausência de penalidades pecuniárias.

A redução no orçamento financeiro e do quadro de recursos humanos do Sistema VIGIAGRO poderá ser uma ameaça à execução das competências do Sistema face ao aumento no comércio internacional de mercadorias agropecuárias e; existe a necessidade de melhoria na distribuição das unidades administrativas, criação de unidades de Inteligência e Contrainteligência, de núcleos de fiscalização e coerção para o trânsito irregular e, de adoção de ferramentas de inteligência artificial para o gerenciamento do risco e direcionamento das ações de fiscalização.

Por fim, o Sistema VIGIAGRO revelou ser uma importante estratégia de defesa agropecuária do País. Robustecer a capacidade de inteligência no VIGIAGRO e fortalecer sua integração com estruturas como a Agência Brasileira de Inteligência e o Programa de Proteção Integrada de Fronteiras são ações com baixo custo e elevado potencial de benefício, contribuindo com a proteção do patrimônio nacional e elevando a resiliência frente às ameaças sanitárias nas fronteiras.

REFERÊNCIAS

ADAIME, M. S. Vulnerabilidade da Amazônia à introdução de pragas quarentenárias. **Dissertação (Mestrado)** – Fundação Universidade Federal do Amapá, Programa de Pós-Graduação em Desenvolvimento Regional. Macapá, 2018. 74 f.

ALVES, S. A. M. **Epidemiologia da vassoura-de-bruxa (Cirinipellis perniciosa) em cacaueiros enxertados em Uruçuça – BA**. Dissertação de Mestrado. Escola Superior de Agricultura Luiz de Queiroz – Universidade de São Paulo. Piracicaba, 2002, 52 p.

ARAMBULO, P. International programs and veterinary public health in the Americas--success, challenges, and possibilities. **Prev Vet Med.** 2008 Sep 15;86(3-4):208-15. doi: 10.1016/j.prevetmed.2008.02.008. Epub 2008 Apr 16.

BATHO, H. L.; LOGAR, B.; MARINER, J. C.; et al. Institutions: stronger Veterinary Services for better governance. **Rev. sci. tech. Off. int. Epiz.**, 2012, 31 (2), 479-492.

BRASIL. Decreto-Lei nº 2.848, de 7 de dezembro de 1940. **Código Penal**. 1940.

BRASIL. Decreto nº 4.376, de 13 de setembro de 2002. Dispõe sobre a organização e o funcionamento do Sistema Brasileiro de Inteligência, instituído pela Lei nº 9.883, de 7 de dezembro de 1999, e dá outras providências. **Diário Oficial da União**, 13.09.2002. Brasília, DF, 2002.

BRASIL. Decreto nº 5.741, de 30 de março de 2006. Regulamenta os arts. 27-A, 28-A e 29-A da Lei nº 8.171, de 17 de janeiro de 1991, organiza o Sistema Unificado de Atenção à Sanidade Agropecuária... **Diário Oficial da União**, 31.03.2006. Brasília, DF, 2006.

BRASIL. Decreto nº 8.903, de 16 de novembro de 2016. Institui o Programa de Proteção Integrada de Fronteiras e organiza a atuação de unidades da administração pública federal para sua execução. **Diário Oficial da União**. 17/11/2016. Brasília, DF, 2016.

BRASIL. Ministério da Agricultura, Pecuária e Abastecimento. Instrução Normativa MAPA nº 29, de 27 de novembro de 2017. Aprovar o funcionamento do Sistema de Vigilância Agropecuária Internacional – Vigiagro... nas operações de comércio e trânsito internacional de produtos de interesse agropecuário. **Diário Oficial da União**. 01/12/2017. Brasília, DF, 2017.

BRASIL. Ministério da Agricultura, Pecuária e Abastecimento. Portaria MAPA nº 201, de 24 de junho de 2020. Declara estado de emergência fitossanitária relativo ao risco de surto da praga *Schistocerca cancellata*... e adoção de medidas emergenciais. **Diário Oficial da União.** 25.06.20. Brasília, DF, 2020.

BRASIL. Ministério da Agricultura, Pecuária e Abastecimento. Portaria MAPA nº 249, de 4 de agosto de 2021. Declara estado de emergência fitossanitária ...*Moniliophthora roreri* nos estados do Acre, Amazonas e Rondônia**. Diário Oficial da União**. 06.08.21. Brasília, DF, 2021.

BRASIL. Decreto nº 10.827, de 30 de setembro de 2021. Aprova a Estrutura Regimental ... e altera o Decreto nº 3.035, de 27 de abril de 1999 e o Decreto nº 6.010, de 3 de janeiro de 2007. **Diário Oficial da União**. 01/10/2021. Brasília, DF, 2021.

CHRISTENSEN, J.; MCNAB, B.; STRYHN, H.; DOHOO, I.; HURNIK, D.; KELLAR, J. Description of empirical movement data from Canadian swine herds with an application to a disease spread simulation model. **Preventive Veterinary Medicine.** v. 83, p. 170-185, 2007.

DORFMAN, A.; FRANÇA, A. B. C.; SOARES, G. O**.** Marcos legais e redes de contrabando de agrotóxicos: análise escalar a partir da fronteira Brasil-Uruguai. **Terr@Plural,** Ponta Grossa, v.8, n.1, p. 37-53, jan./jun. 2014.

EIDT, M. J.; MELO, C. B.; SÁ, M. E. P.; MACMANUS, C. Interceptações de produtos de origem animal em fronteiras terrestres no Brasil. **Cienc. anim. bras**. v.16, n.3, p. 388-398 jul./set. 2015.

EMBRAPA. Priorização de pragas quarentenárias ausentes: metodologia e lista das 20 pragas mais importantess" / Francisco Ferraz Laranjeira .... [et. al.]. – Cruz das Almas, BA: Embrapa Mandioca e Fruticultura, 2017. 24 p. il.; 21 cm. - (**Documentos/ Embrapa Mandioca e Fruticultura, 2017**).

FABINYI, M.; PIDO, M.; PONCE DE LEON, E. M.; et al. Fisheries trade and social development in the Philippine Malaysia Maritime Border Zone. **Development Policy Review** 32 (6):715-732. 2014.

GIOIA, V.; LAMIELLE, G.; AGUANNO, R.; et al. Informing resilience building: FAO's Surveillance Evaluation Tool (SET) Biothreat Detection Module will help assess national capacities to detect agro-terrorism and agro-crime. **One Health Outlook**, 3:14, 2021.

HOLLER, W. A.; BRASCO, M. A.; FILHO, E. L.; FARIAS, A. R.; MINGOTI, R. Identificação de segmentos e locais nos limites territoriais do Brasil para ações de prevenção à entrada de pragas. Campinas: Embrapa Gestão Territorial, 2015. 8 p. (**Circular técnica 3**).

HORSTMANN, A. Incorporation and resistance: borderlands, transnational communities and social change in Southeast Asia. **Transnational Communities Programme Working Paper** WPTC-02-04. Institute of Social and Cultural Anthropology, Oxford University, Oxford, UK. 2004. Disponível em: http://www. transcomm.ox.ac.uk/working%20papers/WPTC-02-04%20 Horstmann. Pdf. Acesso em: 10 de maio de 2022.

INSTITUTO DE DESENVOLVIMENTO ECONÔMICO E SOCIAL DE FRONTEIRAS – IDESF. **O Contrabando de Defensivos Agrícolas no Brasil**. 2019. Disponível em: https://www.idesf.org.br/wp-content/uploads/2019/06/webversion2. pdf. Acesso em: 14 de outubro de 2021.

INSTITUTO DE DESENVOLVIMENTO ECONÔMICO E SOCIAL DE FRONTEIRAS – IDESF. **O Mercado Ilegal de Defensivos Agrícolas no Brasil.** 2021. Disponível em: https://www.idesf.org.br/wp-content/uploads/2021/08/mercado-ilegal-defensivos-agricolas.pdf. Acesso em: 14 de outubro de 2021.

INSTITUTO MATO-GROSSENSE DO ALGODÃO - IMAMT **O bicudo-do-algodoeiro (Anthonomus grandis BOH., 1843) nos cerrados brasileiros: biologia e medidas de controle** / editor técnico: Jean Louis Belot - Cuiabá (MT), 2015.

JANSEN, W.; MÜLLER, A.; GRABOWSKI, N. T; et al. Foodborne diseases do not respect borders: Zoonotic pathogens and antimicrobial resistant bacteria in food products of animal origin illegally imported into the European Union. **The Veterinary Journal**. Volume 244, February 2019, Pages 75-82.

JURADO, C.; MUR, L.; AGUIRREBURUALDE, M. S. P. et al. Risk of African swine fever virus introduction into the United States through smuggling of pork in air passenger luggage. **Scientific Reports**.| v. 9:14423. 2019. Disponível em: https://doi.org/10.1038/s41598-019-50403-w. Acesso em: 10 de maio de 2022.

LANDGRAF, L. Embrapa aponta perdas de U$ 2 bilhões com ferrugem da soja na safra 2003/2004. **Embrapa Notícias**, Brasília, nov. 2004. Disponível em: <https://www.embrapa.br/busca-de-noticias/-/noticia/17962090/

embrapa-aponta-perdas-de-u2-bilhoes-com-ferrugem-da-soja-na-safra-20032004>Acesso em: 28 de agosto de 2021.

LARANJEIRA, F. F.; ALEXANDRE, J. R.; MORAIS, E. F et al. Priorização de pragas quarentenárias ausentes: metodologia e lista das 20 pragas mais importantes. Cruz das Almas, BA: **Embrapa Mandioca e Fruticultura**, 2017. 24 p. (**Documentos 220**).

LYRA, T. M. P.; SILVA, J. A. A febre aftosa no Brasil, 1960 – 2002. **Arq. Bras. Med. Vet. Zootec**. 56 (5), p. 565 – 576, 2004.

MAPA. Ministério da Agricultura, Pecuária e Abastecimento. **Estatísticas de Comércio Exterior**. Disponível em: https://www.gov.br/agricultura/pt-br/assuntos/relacoes-internacionais. Acesso em: 10 de maio de 2022.

MAPA. **Programa de Vigilância em Defesa Agropecuária para Fronteiras Internacionais.** Relatório de Resultados. Operações Ronda Agro. Secretaria de Defesa Agropecuária. Brasília, 10 de maio de 2022.

MAPA. Ministério da Agricultura, Pecuária e Abastecimento. Assuntos. Notícias. **Análise do Mapa mostra que sementes recebidas por brasileiros contêm pragas que não existem no país.** Disponível em: https://www.gov.br/agricultura/pt-br/assuntos/noticias/analise-do-mapa-mostra-que-sementes-recebidas-por-brasileiros-contem-pragas-que-nao-existem-no-pais. Publicado em 25/11/2020. Acesso em: 10 de maio de 2022.

MELO, C. B.; SÁ, M. E. P.; SOUZA, A. R. et al. Bacteria in Dairy Products in Baggage of Incoming Travelers, Brazil. **Emerging Infectious Diseases** • www.cdc.gov/eid • Vol. 20, No. 11, November 2014

MELO, C. B.; SÁ, M. E.; ALVES, F. F. et al. Profile of international air passengers intercepted with illegal animal products in baggage at Guarulhos and Galeão airports in Brazil. **Springer Plus** 2014, 3:69

MELO, C. B.; SÁ, M. E.; SABINO, V. M. et al. Microbiological detection of bacteria in animal products seized in baggage of international air passengers to Brazil. **Preventive Veterinary Medicine**. Volume 118, Issue 1, Pages 22-27, 1 January 2015.

MIRANDA, S. H. G.; XIMENES, V. P. A importância econômica dos impactos da introdução de pragas exógenas no Brasil. In: **Agronegócios. Ed. IBPEX**: Curitiba. Capítulo 08, p. 95-106, 2009.

MOURA, J.A; McMANUS, C.M.; BERNAL, F.E.M. et al. An analysis of the 1978. African swine fever outbreak in Brazil and its eradication. Scientific and Technical. **Review of the Office International des Epizooties**, v.29, n.3, p.549-563, 2010.

NELLEMANN, C., HENRIKSEN, R.; RAXTER, P et al. The environmental crime crisis: threats to sustainable development from illegal exploitation and trade in wildlife and forest resources. A UNEP Rapid Response Assessment. **United Nations Environment Programme, Nairobi, Kenya and GRID-Arendal**, Arendal, Norway. 2014. Disponível em: https://www.cbd.int/financial/monterreytradetech/ unep-illegaltrade.pdf. Acesso em: 10 de maio de 2022.

OIE – Organização Mundial de Saúde Animal. (World organization for animal health) – **Terrestrial animal health code. (2021).** Disponível em: <http://www.oie.int>. Acessado em: 28 de agosto de 2021.

OLIVEIRA, R. P.; UENO, B.; SCIVITTARO, W. B.; et al. **Cancro cítrico: epidemiologia e controle** – Embrapa Clima Temperado. Documentos, 234. ISSN 1516-8840. Embrapa Clima Temperado, 2008. 40 p.

PEREIRA, J.L.; RAM, A.; FIGUEIREDO, J.M. DE; ALMEIDA, L.C. DE. **Primeira ocorrência de vassoura-de-bruxa na principal região produtora de cacau do Brasil Agrotrópica (Brasil).** Jan-Abr 1989.v. 1(1) p. 79-81.

SCHODER, D.; STRAUB, A.; SZAKMARY-BRANDLE, K.; et al. Prevalence of major foodborne pathogens in food confiscated from air passenger luggage. International **Journal of Food Microbiology.** 2015, 209, 3-12.

SOARES, V. M.; PEREIRA, J. G.; BARRETO, F.; et al. Residues of veterinary drugs in animal products commercialized in the border region of Brazil, Argentina and Uruguay. **J Food Prot.** Mar. 31, 2022. https://doi.org/10.4315/JFP-21-415

STEMSHORN, B.; ZUSSMAN D. Financing for public Veterinary Services to ensure that they meet international standards. Rev. sci. tech. Off. int. Epiz., 2012, 31 (2), 681-688

TRUFANOV A; ROSSODIVITA A; GUIDOTTI M, eds. **Pandemics and Bioterrorism: Transdisciplinary Information Sharing for Decision Making Against Biological Threats**. Amsterdam: IOS PRESS; 2010.

USDA - ESTADOS UNIDOS. United States Department of Agriculture - USDA. Global risks of infectious animal diseases. **Council for Agricultural Science and Technology**. n. 28, febr., 16p., 2005.

WOAH. **World Organisation Of Animal Health**. Disponível em: https://www.woah.org/en/what-we-do/animal-health-and-welfare/animal-diseases/. Acesso em 01 de junho de 2022.

ZEPEDA, C.; SALMAN, M.; THIERMANN, A.; KELLAR, J.; ROJAS, H.; WILLEBERG, P. The role of veterinary epidemiology and veterinary services in complying with the World Trade Organization SPS agreement. **Preventive Veterinary Medicine**, v. 67, p. 125-140, 2005.

ZEPEDA, C.; SALMAN, M.; RUPPANER, R. International trade, animal health and veterinary epidemiology: challenges and opportunities. **Preventive Veterinary Medicine**, v. 48, p. 261 – 271, 2007.

ZUCCA. P.; ROSSMANN, M. C.; OSORIO, J. E. et al. The "Bio-Crime Model" of Cross-Border Cooperation Among Veterinary Public Health, Justice, Law Enforcements, and Customs to Tackle the Illegal Animal Trade/Bio-Terrorism and to Prevent the Spread of Zoonotic Diseases Among Human Population. **Frontiers in Veterinary Science**. vol. 7, nov., 2020.

O PAPEL DA ATIVIDADE DE INTELIGÊNCIA DE POLÍCIA JUDICIÁRIA NA CONSECUÇÃO DE AÇÕES DE REPRESSÃO À CRIMINALIDADE ORGANIZADA

MAURÍLIO COELHO LIMA[30]

RESUMO: O crime organizado é hoje uma das principais ameaças à integridade da sociedade, do Estado e à segurança nacional. Para combater tal ameaça, a Inteligência de Segurança Pública (ISP) surge como principal ferramenta de assessoramento aos órgãos policiais. Nesse escopo, o objetivo deste trabalho foi analisar o papel da atividade de inteligência de polícia judiciária (IPJ) na consecução de ações de repressão à criminalidade organizada. Por meio de pesquisa de natureza quantitativa buscou-se mensurar o montante de agências de IPJ que possuem em sua estrutura Laboratório de Tecnologia Contra a Lavagem de Dinheiro – LABLD e Unidade de Inteligência de Sinais. Como resultado, a pesquisa apontou que 100% das Polícias Civis dos Estados e do Distrito Federal possuem LABLD dentro de sua estrutura orgânica, sendo que na maioria delas a estrutura é situada dentro da agência de inteligência. No que concerne à inteligência de Sinais, especificamente quanto ao campo da interceptação telefônica, constatou-se que em apenas dois Estados essa estrutura está alocada fora da Polícia Civil. A partir disso, conclui-se que para que haja uma repressão efetiva à criminalidade organizada é necessário maior investimento na inteligência de polícia judiciária, de forma a proporcionar uma desestruturação completa da cadeia criminosa, seja no aspecto patrimonial, seja na identificação de todos os envolvidos na prática delitiva.

PALAVRAS-CHAVE: Segurança Pública; Inteligência, Polícia Judiciária; organizações criminosas.

30 Delegado de Polícia Civil do Distrito Federal. Especialista em Investigação Policial pela Universidade Católica de Brasília. Especialista em Inteligência Estratégica pela Escola Superior de Defesa (ESD).

1. INTRODUÇÃO

A Constituição da República Federativa do Brasil de 1988 (BRASIL, 1988) estabelece que incumbe às polícias civis "as funções de polícia judiciária e a apuração de infrações penais". Nesse contexto, tendo por base o texto da Carta Magna, Lima (2020) faz a distinção entre as atividades de polícia judiciária e de polícia investigativa, sendo esta a função ligada à colheita de elementos informativos quanto a autoria e materialidade das infrações penais e aquela vinculada ao cumprimento das ordens judiciárias relativas à execução de mandados de prisão, busca e apreensão, dentre outros.

Apesar da verossimilhança na interpretação do texto constitucional, prevalece que a expressão polícia judiciária abrange todas as atribuições relacionadas à apuração da infração penal. Nesse caso, tanto as atividades de colheita de elementos informativos quanto a autoria e materialidade, bem como o cumprimento de ordens judiciais estão abarcadas pela atividade de polícia judiciária.

No que concerne ao conceito de inteligência, tendo como base o aspecto legal, a Lei 9.883/99 (BRASIL, 1999) conceituou o instituto como "a atividade que objetiva a obtenção, análise e disseminação de conhecimentos dentro e fora do território nacional sobre fatos e situações de imediata ou potencial influência sobre o processo decisório e a ação governamental e sobre a salvaguarda e a segurança da sociedade e do Estado. (g.n.)".

Nesse ponto, cabe destacar, desde já, que o conceito legal, mais amplo, abrange a segurança da sociedade e do Estado como objeto da atividade de inteligência. Nesse cenário, a polícia judiciária, órgão da segurança pública responsável pela investigação de infrações penais, em especial, as relacionadas às Organizações Criminosas, conquista profunda importância.

Nessa conjuntura, a Doutrina Nacional de Inteligência de Segurança Pública – DNISP (BRASIL 2016), publicada por meio da Portaria nº 2/2016 da Secretaria Nacional de Segurança Pública, apresentou o conceito de atividade de Inteligência de Segurança Pública (ISP) como sendo o "exercício permanente e sistemático de ações especializadas para identificar, avaliar e acompanhar ameaças reais ou potenciais na esfera de

Segurança Pública". Acrescenta, ainda, que a atividade é orientada para produção e salvaguarda de conhecimentos necessários para subsidiar os tomadores de decisão, para o planejamento e execução de uma política de Segurança Pública e das ações para prever, prevenir, neutralizar e reprimir atos criminosos de qualquer natureza que atentem à ordem pública, à incolumidade das pessoas e do patrimônio.

Tendo-se por esteio os conceitos acima descritos, a DNISP previu expressamente a Atividade de Inteligência de Polícia Judiciária - IPJ, apresentando seu conceito, seu objetivo geral e específico. Tanto no momento da definição quanto no momento da apresentação da finalidade da atividade, houve uma intrínseca ligação com a investigação policial atrelada às denominadas "ações especializadas". Nessa situação, considerando-se que a investigação pressupõe que o crime já tenha ocorrido, é possível inferir-se que a IPJ se distanciaria, em certa medida, do conceito clássico de inteligência, que possui maior relação com os aspectos preditivos, de antecipação.

Por esse ângulo, é propício citar as lições de Peter K. Manning, em Tonry e Morris (2003) no sentido de que a inteligência policial possui três formas: a prospectiva, a retrospectiva e a aplicada. Para os autores, a inteligência prospectiva é a informação coletada antes de um crime ou problema, com base na identificação de alvos selecionados e com o desenvolvimento de alguma "teoria" de base social. Já a inteligência retrospectiva é a informação que resulta do curso normal do trabalho policial, como dos arquivos de prisões e dos mandados de prisões pendentes. Por derradeiro, a inteligência aplicada, segundo os autores, é aquela que busca evidências sobre os suspeitos, buscando associar nomes de suspeitos já anteriormente sabidos com atos conhecidos.

Considerando-se tais conceitos e alicerçando-se na ideia de que o negócio da polícia judiciária é a investigação, que por sua vez pressupõe que o crime já tenha ocorrido, depreende-se que as polícias judiciárias atuam muito mais com a inteligência aplicada e retrospectiva do que com a prospectiva. Ainda assim, é possível se asseverar, desde já, que a IPJ assume papel de extrema relevância para o enfrentamento à criminalidade organizada, sendo o objetivo deste trabalho apontar os pilares sobre os quais se fundamentam tal premissa.

Importante ainda prescrutar acerca do papel que as agências de Inteligência de Polícia Judiciária têm no assessoramento da atividade de investigação e na efetiva contribuição à Segurança Pública nacional, considerando-se que já se passaram mais de seis anos desde a publicação da DNISP. Ademais, convém discorrer sobre a estreita correlação entre o denominado "assessoramento especializado" e as técnicas de investigação policial, perquirindo-se se o papel da IPJ está ligado tão somente à apuração de infrações penais complexas.

Para este trabalho serão considerados, ainda, os aspectos ligados à criminalidade organizada, não apenas como ameaça à segurança pública e ao sistema de justiça, mas como potencial cominação à Soberania Nacional. Para tanto, serão considerados tanto os aspectos da criminalidade organizada relacionada aos denominados crimes do colarinho branco (*white-collar crime*[31]) quanto aqueles ligados às facções criminosas.

Como é de conhecimento comum, o Estado Brasileiro está perdendo a guerra contra o crime organizado. As metodologias tradicionais de enfretamento a essa modalidade complexa de delinquência já se provaram ineficazes e devem ser superadas por ações pautadas pela inteligência e repressão qualificada. Para tanto, a inteligência de polícia judiciária surge como instrumento de altíssimo êxito para assessoramento da atividade de investigação e, consequentemente, do combate efetivo das organizações criminosas.

Para a análise desse contexto, foi confeccionada pesquisa acerca da estruturação das agências de IPJ nas polícias civis das unidades da federação, com o objetivo de se esquadrinhar como a formatação das agências está ligada ao assessoramento especializado no combate à criminalidade organizada. Com efeito, a pesquisa debruçou-se sobre análise documental, por meio de bibliografias especializadas, artigos científicos e legislação pátria, além de pesquisa quantitativa acerca da estrutura orgânica das agências de IPJ das Polícias Civis do Estados e do Distrito Federal.

2. DESENVOLVIMENTO

Inicialmente, oportuno se faz um breve intróito sobre os conceitos de inteligência (clássica), inteligência de segurança pública (ISP) e de

31 Expressão cunhada por Edwin Shuterland para designar os crimes cometidos por pessoa com respeitável e com elevado *status* social no curso de seu trabalho e o delinquente do colarinho branco como "uma pessoa com elevado *status* socioeconômico que viola leis destinadas a regular suas atividades profissionais" (Sutherland, Edwin H. El delito de cuello branco; trad. Rosa del Omo. Madri: La piqueta, 1999.)

inteligência de polícia judiciária. São inúmeros os conceitos de inteligência, seja no arcabouço normativo nacional, seja no âmbito da doutrina pátria e estrangeira. Todavia, para o que se pretende, são suficientes e cirúrgicas as palavras do catedrático Cepik (2003, p. 27) ao explicar que inteligência é "toda informação coletada, organizada ou analisada para atender às demandas de um tomador de decisões qualquer".

Por outro lado, Kent (1967) apresenta um conceito de inteligência baseado em três concepções: processo, produto e organização. Em apertada síntese, Kent considera a inteligência como a atividade (processo) por meio da qual se produz um conhecimento (produto) após a aplicação de metodologia própria. Os dois conceitos supramencionados, somados ao conceito legal já apresentado, são suficientes para o entendimento do conceito clássico, mais amplo, de inteligência.

No que concerne à definição de inteligência de segurança pública (ISP), a DNISP, além de apresentar os aspectos próprios do conceito de inteligência "clássica", traz, ainda, dentre outros elementos, a vinculação a um "exercício permanente e sistemático de ações especializadas" ligado à esfera de interesse da Segurança Pública. O conceito, mais amplo, abrange, portanto, as ações ligadas à inteligência do bombeiro militar, policial militar, policial judiciário e policial rodoviário. Neste trabalho o foco será apenas a inteligência de polícia judiciária (IPJ), todavia é proveitoso destacar os aspectos que diferenciam cada uma das espécies de ISP trazida pela doutrina.

No que concerne às polícias militares, a doutrina vincula a atividade de inteligência às ações de polícia ostensiva. Já no que se refere à inteligência bombeiro militar, a DNISP abarca os riscos referentes a desastres naturais e de causa humana, a calamidades, a ordem pública, a incolumidade das pessoas e do patrimônio. Por derradeiro, no que toca à inteligência policial rodoviária, a Doutrina traça como parâmetro a atuação de Segurança Pública e da Segurança Nacional, no âmbito das rodovias e estradas federais.

Nessa conjunção, é ditoso apontar que as agências de inteligência das Polícias Militares, dos Bombeiros Militares e da Polícia Rodoviária Federal são de extrema importância para o combate à criminalidade organizada. Todavia, para uma repressão qualificada, considerando os aspectos patrimoniais e de assessoramento especializado para a produção robusta de elementos de informação que comprometam toda a estrutura da organização criminosa, a inteligência da polícia judiciária se apresenta com maior relevância.

Nessa lógica, é profícuo sedimentar que a atividade de inteligência policial judiciária e a investigação não se confundem, apesar de ambas terem como objeto: o crime, o criminoso, a criminalidade e questões conexas (DNISP, 2016). Com efeito, a inteligência tem por função o assessoramento no processo decisório e a investigação é voltada à produção de provas, devendo necessariamente seguir os ritos estabelecidos pela norma processual penal.

Todavia, a própria DNISP estabelece que, excepcionalmente, a inteligência policial judiciária poderá produzir provas, utilizando-se para tanto a figura do Relatório Técnico, que tem por objetivo análises técnicas e de dados. Nessa conjuntura, é importante destacar, portanto, que a inteligência não pode ser utilizada como escudo para investigações por parte de agências de inteligência. Ademais, cabe destacar que a Doutrina é clara em ponderar a excepcionalidade da produção probatória, sendo admitida apenas no que concerne aos aspectos de análises técnicas e de dados, por meio de Relatório Técnico (DNISP, 2016).

Feitas tais considerações, tendo-se por arrimo a importância de uma repressão qualificada às organizações criminosas, é conveniente apontar que a Política Nacional de Inteligência e a Política Nacional de Inteligência de Segurança Pública tratam o tema como ameaça tanto à segurança pública quanto à soberania nacional.

A Política Nacional de Inteligência de Segurança Pública, instituída por meio do Decreto n.º 10.777 (BRASIL, 2021) apresenta o crime organizado como uma das principais ameaças à segurança pública, estabelecendo que esse enfrentamento possui como objetivo "potencializar a identificação de redes criminais, seus integrantes e suas relações, assim como de possíveis desdobramentos de sua atuação". Além do crime organizado, o normativo traz como possibilidades de perigo, a criminalidade violenta, a corrupção e a lavagem de dinheiro, modalidades criminosas que, em regra, estão vinculadas ao conceito *latu sensu* de crime organizado.

No mesmo sentido, a Política Nacional de Inteligência, instituída por meio do Decreto n.º 8.793 (BRASIL, 2016), conceitua como "principais ameaças aquelas que apresentam potencial capacidade de pôr em perigo a integridade da sociedade e do Estado e a segurança nacional do Brasil", portanto esse conceito coincide com as características do crime organizado. O referido normativo afirma que a criminalidade organizada é ameaça a todos os Estados e merece atenção especial dos órgãos de Inteligência e de repressão nacionais e internacionais.

Nesse universo, é consentâneo diferenciar o conceito mais abrangente de organização criminosa, trazido pela Lei 12.850 (BRASIL, 2013), do conceito de facção criminosa. Para a legislação pátria, organização criminosa é a

> associação de quatro ou mais pessoas estruturalmente ordenada e caracterizada pela divisão de tarefas, ainda que informalmente, com objetivo de obter, direta ou indiretamente, vantagem de qualquer natureza, mediante a prática de infrações penais cujas penas máximas sejam superiores a 4 (quatro) anos, ou que sejam de caráter transnacional.

O conceito legal pode abranger, portanto, os crimes do colarinho branco, praticados sem violência ou grave ameaça, e os crimes praticados por facções criminosas, normalmente vinculados a atrocidades que deixam extenso rastro de sangue.

A literatura nacional possui alguns conceitos para se definir facção criminosa, todavia, para este relatório, são precisas e suficientes as palavras de D'Angelo (2019) ao conceituar que esse fenômeno ocorre na hipótese em que

> um grupo criminoso, geralmente constituído nas prisões brasileiras, de pessoas encarceradas, ou não que, por preceitos ideológicos e oposição, possui estatuto escrito, hierarquia e simbiose com o poder estatal. Articulado de forma planejada, com recursos financeiros e bélicos, emprego de violência implícita e explícita contra os que são considerados opositores (Estado ou outro grupo criminoso), visa alta lucratividade com expansão e domínio territorial local, regional, nacional, e/ou transnacional estruturados por meio das atividades do tráfico de entorpecentes, armas e o contrabando.

Tanto a criminalidade organizada violenta quanto a relacionada aos crimes financeiros e contra a administração pública (*white-collar crime*) requerem uma atuação integrada entre a atividade de inteligência e a de investigação policial. Para a repressão qualificada a tais crimes, é necessário, portanto, que haja não apenas a prisão de um ou de alguns dos membros da organização, mas de todos os envolvidos na cadeia criminosa. Além disso, o sufocamento dos ativos financeiros da organização também é providência que se impõe.

Nesse enquadramento, para que essa repressão qualificada ocorra, é primordial que haja uma investigação policial robusta, assessorada pela agência de inteligência de polícia judiciária. Diante disso, foi realizado um mapeamento acerca das estruturas das agências de IPJ das Polícias Civis dos 26 Estados e do Distrito Federal, com o objetivo de entender a estrutura orgânica e em que medida esta se relaciona com o efetivo combate às organizações criminosas e a criminalidade complexa.

O enfoque, entretanto, considerando-se a complexidade da atuação das organizações criminosas, será em duas estruturas: na Unidade de Inteligência de Sinais, com foco nas interceptações telefônicas, e no Laboratório de Tecnologia Contra a Lavagem de Dinheiro – LABLD. As interceptações telefônicas são regidas pela Lei 9.296/96, e conforme Ferro, Oliveira Filho e Preto (2008) se constituem em interferência de um terceiro na captação de uma comunicação entre duas ou mais pessoas, sem o conhecimento dos interlocutores.

Considerando a ENCCLA (BRASIL, 2012), o LABLD constitui uma unidade de análise de dados que visa à identificação de atividades ilícitas, com a aplicação de soluções tecnológicas, metodologia e perfis profissionais próprios e que auxilia na produção de conhecimentos relacionados a crimes de corrupção e lavagem de dinheiro, ao realizar a análise de dados, especialmente os bancários, fiscais, telefônicos e contábeis.

3. RESULTADOS OBTIDOS E ANÁLISES

Conforme supramencionado, as agências de inteligência de polícia judiciária são delineadas com o objetivo de assessoramento das ações especializadas das investigações policiais relacionadas às organizações criminosas e aos crimes complexos. Para que tais ações sejam eficazes, necessário se faz que as agências de inteligência sejam munidas de duas estruturas essenciais, quais sejam: o Laboratório de Tecnologia Contra a Lavagem de Dinheiro – LABLD e de Unidade de Inteligência de Sinais.

Nessa perspectiva, cabe ressaltar que a DNISP apresenta duas sugestões de estrutura para as agências de IPJ: uma essencial e uma ideal. Todavia, em nenhuma delas é apresentado o LABLD ou a Unidade de Inteligência de Sinais. Nesse panorama, pesquisou-se dentre todas as polícias civis dos Estados e do Distrito Federal se tais estruturas existem no organograma da instituição e, caso existam, se estão dentro do arranjo da agência de inteligência.

No que concerne à inteligência de sinais, mais especificamente quanto às interceptações telefônicas, a pesquisa[32] identificou que essa estrutura é gerenciada pela Polícia Civil em 24 Estados e no Distrito Federal. Apenas nos Estados do Paraná e do Espírito Santo é que a interceptação telefônica é gerenciada por Secretaria de Estado, ou seja, fora da estrutura da Polícia Judiciária. Dentro dessas 25 Polícias Civis que gerenciam a interceptação telefônica, em 24 delas a agência de inteligência é a responsável pela administração da medida autorizada judicialmente. Apenas no Estado de Santa Catarina é que as interceptações telefônicas são gerenciadas pela Diretoria Estadual de Investigações Criminais – DEIC.

No que concerne ao LABLD, a pesquisa apurou que a referida unidade está presente em 100% das Polícias Civis. Essa realidade é relativamente recente, sendo que, por exemplo, no Estado da Bahia a referida estrutura ficou dentro da Secretaria de Segurança Pública até o dia 01 de abril de 2021, quando, então, passou a integrar a estrutura da Polícia Civil baiana.

Dos 27 LABLDs existentes, 15 deles situam-se organicamente dentro das agências de inteligência e 12 deles fora. Não há um padrão de alocação dos LABDs que estão fora da agência de IPJ, sendo que em alguns Estados ele está vinculado diretamente à Delegacia-Geral e em outros à unidade de combate à corrupção e ao crime organizado.

Dos resultados obtidos, observa-se que, apesar de não previstos na DNISP, seja dentro da estrutura ideal ou da essencial, a unidade de inteligência de sinais, em especial no que concerne às interceptações telefônicas, está presente em quase todas as estruturas de inteligência das polícias judiciárias. Já o LABLD, presente em todas as polícias civis, em 55%, ou seja, mais da metade dos casos, é localizado dentro da agência de IPJ.

32 Pesquisa realizada entre 23 de maio de 2022 e 27 de maio de 2022 com todas as Agências de Inteligência das Polícias Civis dos Estados e do Distrito Federal.

Nessa conjuntura, é possível constatar-se que as agências de inteligência de polícia judiciária se amoldaram ao contexto atual em que a complexidade da criminalidade organizada exige um assessoramento especializado às investigações, por intermédio do rastreamento de numerários e levantamento de dados por meio da inteligência de sinais. Isso faz com que as agências de IPJ assumam imensa responsabilidade para um assessoramento eficaz na repressão à ameaça que a criminalidade organizada representa à integridade da sociedade, do Estado e à segurança nacional.

4. CONCLUSÕES E RECOMENDAÇÕES

Diante de todo o exposto, depreende-se que o fortalecimento das Polícias Judiciárias, em especial das respectivas agências de inteligência, é medida imperiosa para que haja um combate qualificado e eficaz ao crime organizado. A complexidade e estrutura ramificada das organizações criminosas demanda um trabalho de investigação lastreado em um assessoramento especializado da agência de inteligência de polícia judiciária, tendo em vista que não basta a prisão de alguns dos envolvidos na cadeia criminosa, devendo ocorrer, portanto, a localização e bloqueio de todos os recursos que servem de base para as ações criminosas.

Para tanto, as agências de IPJ, conforme visto, estão, em sua imensa maioria, munidas de LABLD e de unidade responsável pela Inteligência de Sinais. Dessa forma, o assessoramento às investigações complexas passa a abranger todo o arcabouço da estrutura criminosa, tanto no âmbito dos recursos financeiros em que se sustentam quanto na identificação de atores que financiam as infrações penais. Assim, para que a criminalidade organizada, do colarinho branco ou relacionada à criminalidade violenta, seja eficazmente combatida, é imprescindível que as investigações sejam eficazmente assessoradas por agência de inteligência robusta e com meios para tanto.

Nessas circunstâncias, precisas são as palavras de Ferro Júnior, Oliveira Filho e Preto (2008) ao defenderem que a Atividade de Inteligência de Segurança Pública é um "instrumento assessorial e perene destinada a proteger a sociedade, uma vez que permeia o conjunto de organizações policiais, exercitando função complementar às ações, operações e investigações policiais". Apesar de complementar, considerando-se o caráter de assessoramento da atividade, a agência de IPJ é fundamental para a identificação, acompanhamento e neutralização das ações do crime organizado.

No mesmo entendimento, Costa (2019) afirma que o assessoramento especializado da Inteligência de Polícia Judiciária propicia maior eficácia ao trabalho dos agentes e sistemas policiais contra organizações criminosas, considerando-se as características, a metodologia e as eficiências das ações de IPJ.

REFERÊNCIAS

BRASIL. Constituição (1988). **Constituição da República Federativa do Brasil**. Brasília, DF: Senado Federal: Centro Gráfico, 1988. Disponível em: <http://www.planalto.gov.br/ccivil_03/constituicao/constituicaocompilado.htm>. Acesso em 25 abr. 2022.

BRASIL. Lei n.º 9.296/1996 de 24 de julho de 1996. **Diário da União**. Brasília, 1996. Disponível em: < http://www.planalto.gov.br/ccivil_03/leis/l9279.htm.>. Acesso em 18 mai. 2022.

BRASIL. Lei 9.883, de 07 de dezembro de 1999. **Diário da União**. Brasília, 1999. Disponível em: <http://www.planalto.gov.br/ccivil_03/leis/l9883.htm>. Acesso em: 25 abr. 2022.

BRASIL. Secretaria Nacional de Justiça. Departamento de Recuperação de Ativos e Cooperação Jurídica Internacional. **ENCCLA: Estratégia nacional de combate à corrupção e à lavagem de dinheiro: 10 anos de organização do estado brasileiro contra o crime organizado**. Ed. Comemorativa- Brasília. Ministério da Justiça, 2012. Disponível em: <https://www.gov.br/mj/pt-br/assuntos/sua-protecao/lavagem-de-dinheiro/institucional-2/publicacoes/manuais/combate-a-corrupcao-e-a-lavagem-de-dinheiro/livro-enccla-10-anos.pdf>. Acesso em 18 mai. 2022

BRASIL. Lei 12.850, de 02 de agosto de 2013. **Diário da União**. Brasília, 2013. Disponível em: <http://www.planalto.gov.br/ccivil_03/_ato2011-2014/2013/lei/l12850.htm>. Acesso em 20 mai 2022.

BRASIL. **Portaria nº 2, de 12 de janeiro de 2016**. Aprova a Doutrina Nacional de Inteligência de Segurança Pública, 4ª edição, de acordo com as deliberações do Conselho Especial do SISP. Disponível em: <https://www.in.gov.br/web/guest/materia/-/asset_publisher/Kujrw0TZC2Mb/content/id/22179187/do1-2016-01-25-portaria-n-2-de-12-de-janeiro-de-2016-22179154>. Acesso em: 20 mai. 2022.

BRASIL. Decreto 8.793, de 29 de junho de 2016. **Diário da União**. Brasília, 2016. Disponível em: <http://www.planalto.gov.br/ccivil_03/_ato2015-2018/2016/decreto/D8793.htm>. Acesso em 26 abr. 2022.

BRASIL. **Decreto 10.777, de 24 de agosto de 2021.** Disponível em: <https://www.in.gov.br/web/dou/-/decreto-n-10.777-de-24-de-agosto-de-2021-340717199>. Acesso em 26 abr. 2022.

CEPIK, Marco. **Espionagem e Democracia: Agilidade e Transparência como dilemas na Institucionalização de Serviços de Inteligência. R**io de Janeiro: FGV, 2003.

COSTA, Romano. **Inteligência Policial Judiciária – Os limites doutrinários e legais na assessoria eficaz à repressão ao crime organizado.** Rio de Janeiro: Brasport, 2019.

D'ANGELO, Élcio. **Facções Criminosas no Brasil - Fronteiras e Crimes Violentos.** 1 Ed. Leme, SP: CL EDIJUR, 2019.

FERRO JUNIOR, Celso Moreira; OLIVEIRA FILHO, Edemundo Dias de; PRETO, Hugo Cesar Fraga; colaboração de George Felipe de Lima Dantas. **Segurança Pública Inteligente** (Sistematização da Doutrina e das Técnicas da Atividade). Goiânia: Kelps, 2008.

KENT, Sherman. **Informações estratégicas**. Rio de Janeiro: Biblioteca do Exército, 1967.

LIMA, Renato Brasileiro de. **Manual de processo penal:** volume único / 8. ed. rev., ampl. e atual..Salvador: Ed. JusPodivm, 2020.

TONRY, Michael; MORRIS, Norval. (Orgs.) **Policiamento moderno**. São Paulo: Editora da Universidade de São Paulo, 2003.

MORE: A METODOLOGIA ORIENTADA POR EVENTOS DESENVOLVIDA NO ÂMBITO DA POLÍCIA FEDERAL

FABRÍCIO FASSHEBER DOS SANTOS[1]

RESUMO: O estudo teve por objeto geral a apresentação da metodologia de análise estruturada orientada por eventos desenvolvida do âmbito da Diretoria de Inteligência da Polícia Federal para a modelagem de aplicação de método estruturado de procedimentos e técnicas para processamento de organizações complexas e grande volume de dados na produção do conhecimento. A hipótese inicial foi que a atividade de inteligência e processamento de grande volume de dados precisa da aplicação de uma metodologia estruturada e específica para que seja possível tornar essa massa amórfica informações organizadas de forma clara e objetiva para a compreensão do usuário final. A pesquisa se apresenta de forma sistematizada e explicativa da Metodologia Orientada por Eventos (MORE), expondo as razões e apresentando as soluções encontradas. A moldura teórica da metodologia teve sua base no modelo taxinômico de análise estruturada e abarcou todos os aspectos envolvidos na formação do corpo técnico, na disponibilização dos recursos essenciais até a sistematização do processo de decomposição lógica do aparato informacional e sua formalização concisa e ordenada para a assimilação do destinatário da produção do conhecimento. Conclui-se que é possível através de aplicação de métodos de análise estruturada processar grande monta de dados complexos e oferecer um produto ordenado e inteligível como resultado finalístico.

PALAVRAS-CHAVE: metodologia; análise estruturada; premissas; eventos; Polícia Federal.

1 Agente de Polícia Federal. Especialista em Inteligência Estratégica pela Escola Superior de Defesa (ESD). Professor da Academia Nacional de Polícia - Polícia Federal

1. INTRODUÇÃO

O crescente volume de dados consumidos e gerados todos os dias resulta em uma densa massa informacional alimentada ininterruptamente pela tecnologia ao nosso redor. Um emaranhado de fragmentos que reposicionados de forma lógica são capazes de reproduzir o cenário fático.

Por consequência desta explosão informacional, a busca pela recuperação da informação tornou-se objeto de estudo da Ciência da Informação em um processo de desenvolvimento contínuo (SARACEVIC, 1996) .

A problemática do tratamento de volumes incomensuráveis se tornou o principal desafio para órgãos investigativos ou de inteligência que visam desemaranhar nós complexos oriundos de Organizações Criminosas.

Nessa esteira, o presente trabalho objetivou apresentar metodologia de análise estruturada oriunda de investigações da Polícia Federal como solução para a organização das fontes de conhecimento, categorização de dados relevantes, recuperação eficaz das informações e consequente apresentação do conhecimento de forma organizada, clara e concisa.

Nomeada de MORE, a Metodologia Orientada por Eventos que lhes será apresentada foi desenvolvida por base empírica a partir da soma de experiências e técnicas aperfeiçoadas na produção de conhecimento vinculada a operações policiais no âmbito da Diretoria de Inteligência Policial /PF que possui vasta multidisciplinariedade[2] em seu corpo técnico, o que reflete em um enriquecido processo sinérgico e criativo.

Para tanto, optou-se por descrever passo a passo o processo organizacional adotado, destacando os pontos relevantes em cada fase de forma a proporcionar ao leitor uma apresentação da metodologia sem desnudar técnicas investigativas que, por óbvio, devem permanecer em sigilo.

2. METODOLOGIA DE ANÁLISE ESTRUTURADA – TAXONOMIA

A Análise Estruturada é um mecanismo pelo qual os processos internos de pensamento são externalizados de forma sistemática e transparente

2 A diversidade retrata a riqueza do repertório da Polícia Federal, que possui em seus quadros as mais diversas formações.

para que eles possam ser compartilhados, construídos e facilmente criticados por outros (HEUER, R. J., & PHERSON, R. H. 2015).

Fruto do esforço em grupo e do trabalho colaborativo, a organização e apresentação das etapas do processo permite melhor avaliação dos fluxos organizacionais e estimula a visão crítica de perspectivas divergentes ou conflitantes.

Para superar a complexidade inerente do processo de análise, a estruturação descreve um passo a passo da organização da massa amorfa de dados a serem tratados e auxilia o processo de produção do conhecimento de forma mais sólida possível, minimizando erros e observando o problema em sua completude.

Dentre a infinidade de técnicas descritas na literatura, a Metodologia MORE utiliza como base a TAXONOMIA, que visa qualificar coisas e objetos do mundo conforme as semelhanças de suas características (MENDES; PINTO, 2019) e tem por sustento a classificação e categorização dos elementos em classes e subclasses como forma de organização lógica do conhecimento (DE MELO SIMÕES *et al,* 2017).

Como vantagem para a aplicação em ambientes complexos de alta diversidade, a Taxonomia "*permite alocar, recuperar e comunicar informações dentro de um sistema de maneira lógica através de navegação*" (CAMPOS, 2008 *apud* GESTEIRA, 2013).

A MORE encontra moldura na técnica citada acima e incorpora variáveis procedimentais para a construção de modelo eficaz e eficiente no aproveitamento dos recursos disponíveis para enfrentar o ambiente dinâmico informacional.

3. A METODOLOGIA - MORE

A metodologia proposta apresenta estrutura específica à produção de conhecimento a partir de grande volume de dados e de alta complexidade, com o objetivo de entregar ao destinatário final informação organizada de forma clara e objetiva.

Vale-se para tanto da identificação, classificação e aglutinação de eventos significativos correlacionados por meio de raciocínio progressivo, aliado ao método Hipotético-Dedutivo de Popper (1968) com validação de premissas a partir dos achados investigativos, a fim de evitar a perda de eventos significativos e o viés indutivo que possa resultar em conclusões generalistas.

O método hipotético-dedutivo consiste na:

> construção de conjecturas (hipóteses) que devem ser submetidas a testes, os mais diversos possíveis, à crítica intersubjetiva, ao controle mútuo pela discussão crítica, à publicidade (sujeitando o assunto a novas críticas) e ao confronto com os fatos, para verificar quais são as hipóteses que persistem como válidas resistindo às tentativas de falseamento, sem o que seriam refutadas. (POPPER, 1989, 1998; MORIN, 2003 *apud* DE BENEDICTO, Samuel. et al. 2012).

Em sua aplicação, as hipóteses descritas por Popper são substituídas por premissas previamente conhecidas e a metodologia é aplicada confrontando criticamente os dados encontrados com as possíveis versões dos fatos na perseguição da verdade.

Ao facear o tema de uma investigação de polícia judiciária ou ação de inteligência, o primeiro passo é problematizar a situação identificando os fatos geradores do problema. O resultado deste processo serão as premissas basilares da investigação, ou seja, o suporte e o ponto de ancoragem de todo o esforço investigativo.

Partindo do fato conhecido ou a esclarecer, inicia-se um processo dedutivo de investigação guiado pelos elementos probatórios descortinados durante a investigação.

Em outra ótica, a análise se norteará pela ocorrência de achados significativos e sua correlação com as premissas listadas. Tal relação será balizadora do processo dedutivo iterativo de validação do objeto do conhecimento com potencial de ratificar, retificar, refutar, acrescentar ou simplesmente afastar premissas estabelecidas.

O escrutínio de todo material disponibilizado pela equipe é supervisionado pelo líder que, por sua vez, testará as premissas sob a luz de cada evento, buscando aferir a verdade ou falsidade de enunciados (factualidade) e mensurar sua validade lógica (NEVADO, 2008).

A metodologia potencializa a capacidade analítica do grupo em identificar fragmentos que de outro modo seria restrita às habilidades de apenas um analista.

Para tanto, todos devem ter acesso à integralidade do material e ser capazes de aglutinar de forma ordenada e padronizada as evidências de cada evento identificado para que possam ser recuperadas posteriormente pelo analista responsável por redigir o relatório.

Assim dito, será detalhado abaixo cada etapa do processo dedutivo de correlação de eventos que resulta na descrição do cenário fático reconstruído por premissas validadas em relatório conclusivo.

3.1. FORMAÇÃO DO CORPO TÉCNICO E SUAS FUNÇÕES

A ação metodológica inicia-se com a definição dos responsáveis pela análise, a seleção de perfis com habilidades desejáveis e a especificação das funções.

Para a execução do processo naturalmente complexo e cooperativo espera-se alta capacidade analítica, motivação e cooperação que fomentem a sinergia do trabalho analítico conjunto.

O conteúdo do material a ser analisado balizará as áreas de conhecimento necessárias à expertise da equipe, como por exemplo: financeira, informática, contábil, línguas estrangeiras, geologia, engenharia, dentre tantas outras.

Neste sentido, não há definição de habilidade específica e sim o conceito de que a soma de perfis e diversas habilidades enriquece e confere à análise um caráter abrangente e agregador, que jamais seria alcançado através do esforço individual.

Porém, a bem da coordenação e organização do método, se faz necessária a divisão de funções pressuposta na figura de Líder e Analistas.

3.1.1 Líder

Definido por meio hierárquico natural ou por seleção de experiência e proficuidade no tema, o Líder assume a função de coordenar o trabalho, fornecer os meios necessários ao desenvolvimento da análise e primar pela implantação da metodologia.

De forma prática, é ele quem aponta as premissas iniciais do objeto a ser conhecido, mensura a relevância dos eventos e qual será o tratamento dispensado a ele, explora habilidades individuais dos Analistas, designa atribuições que lhes seja afeta e assegura que todos tenham consciência situacional da investigação como um todo.

3.1.2 Analistas

Os Analistas possuem a função de examinar de forma sistêmica o material disponível com o viés de elaborar o cenário fático completo, coletar fragmentos significativos no material disponível e separar os achados organizando-os por eventos de forma a relacioná-los às premissas estabelecidas.

Cabe ainda a eles produzir relatórios sintéticos e objetivos sobre os eventos identificados, esclarecendo o contexto do evento e aglutinando todos os fragmentos encontrados.

3.2 DEFINIÇÃO DO ESPAÇO FÍSICO E MEIOS TECNOLÓGICOS

Visando fluidez no raciocínio integrado é necessário que toda a equipe se reúna no mesmo ambiente, que será disposto de forma a facilitar a comunicação e deve conter estações de trabalhos individuais, mesa de reunião, quadro branco em tamanho suficiente para a exposição de ideias e representação visual de tarefas, *scanner* profissional de alto rendimento, bem como televisão ou projetor capaz de espelhar uma tela de computador com visibilidade para toda a sala.

Naturalmente, computadores de alta performance capazes de processar programas robustos são essenciais para a atividade.

Sugere-se a adoção de quaisquer outros recursos visuais de identificação das tarefas e as respectivas responsabilidades, de forma que todos estejam informados a todo tempo sobre novos achados de relevância e o status da produção.

3.2.1 DISPONIBILIZAÇÃO DO MATERIAL À EQUIPE

Toda fonte de dado físico deve ser escaneada com OCR[3] e convertida para o meio digital de forma indexada possibilitando buscas e recuperações rápidas e padronizadas junto ao material de origem digital.

Como solução de integração tecnológica, busca-se ferramentas que disponibilize o acesso integrado e simultâneo do conteúdo e permita a alocação de pastas e subpastas que possam ser alimentadas e recuperadas por todos a qualquer tempo.

3.3 CONCIÊNCIA COLETIVA CONSTANTE - CCC

Parte da capacidade aprimorada de resolver problemas complexos decorrentes desta metodologia, surge da somatória das competências individuais que são potencializadas ao serem trabalhadas em conjunto.

A Consciência Coletiva Constante sugere que todos tenham pleno conhecimento de cada atualização do status investigativo.

Os achados devem ser compartilhados e discutido com a equipe, nivelando a o conhecimento de forma transversal[4], permitindo que cada um aplique a sua análise individual enriquecendo a interpretação e o entendimento do fato.

Isso posto, cabe ao Líder a conduzir *brainstorms*[5] para fomentar a solução dos desafios propostos e ainda promover a atualização diária por meio de *briefings*[6] e *debriefings*[7] que permita à equipe o estado de consciência e vigilância constantes em relação ao tema. Desta forma, cada analista seguirá orientado pelo estado situacional presente da investigação frente ao objeto alvo, e o garimpo de informações será enriquecido pela diversidade interpretativa.

---

3 *Optical Character Recognition*, (OCR): tecnologia de reconhecimento de caracteres a partir de uma imagem, escritos a mão, datilografados ou impressos transformando em arquivo de texto editável por um computador.

4 O conceito de transversalidade relaciona-se à ausência de hierarquia e ou formalismo nas interações.

5 Técnica de dinâmica de grupo, que visa explorar a potencialidade criativa a serviço de objetivos pré-determinados.

6 Apresentação prévia do conjunto de informações ou uma coleta de dados passados para o desenvolvimento de um trabalho ou documento.

7 Revisão dos resultados ou as informações assim obtidas após um evento.

3.4 IDENTIFICAÇÃO DAS PREMISSAS INICIAIS

O passo estrutural da investigação se dá ao identificar os fatos iniciais relevantes que darão origem ao esforço investigativo. A eles damos o nome de Premissas Iniciais.

A ideia é que toda investigação se esteie na necessidade de elucidar um fato já conhecido ou de esclarecer uma circunstância de interesse.

Se desenvolve então um procedimento dedutivo de aquisição do conhecimento a partir do encadeamento de Premissas, que, como dito, irá nortear o esforço de análise do material probatório em busca de fragmentos relevantes aos esclarecimentos dos fatos que posteriormente serão aglutinados e formalizados em Eventos.

Naturalmente, à medida que se encontram novas evidências, as Premissas são revisadas quanto à sua pertinência e inclusive permitindo o redirecionamento do eixo investigativo, garantindo assim um processo sólido de produção do conhecimento.

Durante a análise há ainda o fenômeno de encontro de novas circunstâncias relevantes à investigação, que por sua importância não podem ser ignoradas. Estas serão incluídas como novas Premissas, seguindo o mesmo processo das demais.

3.5 EVENTOS

Durante a análise direcionada do material serão identificados sujeitos, ações, objetos, fatos ou circunstâncias de interesse investigativo correlacionadas às Premissas, que serão coletados e aglutinados como um Evento de relevância probatória.

De início, o Evento identificado não precisa estar totalmente esclarecido ou perfeitamente relacionado à Premissa, basta apresentar mínima relevância para o objeto que se quer conhecer e, ao longo da investigação, os achados determinarão sua relevância.

No caso de surgimento de Eventos de interesse ainda não relacionados às Premissas iniciais, o material será conservado e reanalisado ao maturar da investigação. Caso assuma significância, poderá ser incluído, definindo uma nova Premissa.

Os Eventos correlacionados de forma dedutiva sustentarão a validade das Premissas ao final do processo. Sua validade é proporcional à quantidade e à qualidade dos Eventos a ela correlacionados, que são passíveis de constante reanálise

Neste cenário, principalmente em investigações de alta complexidade, é comum que a análise individual de Eventos não esclareça o todo, porém sua somatória ordenada, como o encaixe de peças de um quebra cabeça, auxilia a compreensão dos fatos.

3.6 COLETA E AGLUTINAÇÃO DE INDÍCIOS E PREENCHIMENTO DE VAZIOS

A coleta de indícios é o momento de catalização das expertises e das habilidades conjuntas dos Analistas, que, nesta fase, cientes de todo o contexto investigativo, colhem no material disponível os indícios pertinentes ao entendimento dos fatos.

Imagens, fotos, diálogos, áudios, documentos, citações, localizações, e-mails, depoimentos e quaisquer outros dados serão analisados sob a ótica de cada Premissa e posteriormente aglutinados em Eventos.

A diversidade de competências da equipe enriquece o processo de coleta, reduzindo a perda de elementos probatórios significativos, aumentando a eficiência investigativa e promovendo uma interpretação mais abrangente dos fatos.

Identificado um Evento, cria-se uma pasta virtual de acesso comum onde serão reunidos todos os indícios relativos a ele. Essa pasta será alimentada por todos os Analistas do caso à medida que encontrem os fragmentos de interesse.

Neste ponto ainda não há vinculação de um analista específico ao Evento, todos possuem liberdade de vasculhar tudo, ampliando o espectro de coleta e imprimindo maior pressão investigativa.

O Manual Técnico de Produção do Conhecimento de Inteligência do Exército define Coleta como: "*a obtenção de conhecimento e/ou dado disponível*[8]" e Busca como "*a obtenção de dados que requer o emprego de técnicas operacionais*".

8 Por disponível, entende-se o fato de o conhecimento ou dado ser de livre acesso a quem procura obtê-lo.

Até então, a pesquisa ocorre nos dados já disponibilizados, porém, com a evolução da análise, é possível que surjam vazios de conhecimento[9]. Neste momento, os Analistas são instados a *buscar*, sob o conceito de alcançar dados negados. As buscas podem ser realizadas pela própria equipe de análise, através dos seus meios próprios, ou podem ser objeto de pedido de busca a equipes de campo ou a outros órgãos.

No esclarecimento da verdade dos fatos, os Analistas devem empregar todos os meios disponíveis e legais de obtenção da informação, que serão registrados e seus resultados inseridos na pasta digital do Evento.

3.7 PROCESSO I(N)TERATIVO DE REVISÃO DAS PREMISSAS

A Consciência Coletiva Constante em análise da significância probatória das Premissas permite o teste e a validação corrente com lastro nos novos Eventos identificados à medida da produção do conhecimento.

Os Analistas debatem cada nova descoberta para que o conhecimento seja coletivo, tornando iterativo e interativo o processo de atribuição de relevância ao achado.

O Líder, com base na pertinência dos fatos, acompanha a maturidade das Premissas, avaliando e atualizando o quadro inicial e, com base nessa avaliação, elas poderão ser: ratificadas, retificas ou refutadas.

Pode haver ainda a inclusão de uma nova Premissa dada a somatória de Eventos pertinentes e/ou o afastamento de Premissa já existente por incapacidade probatória (cenário em que a relação probatória existiu, porém não em qualidade ou quantidade suficiente para se atribuir grau de confiança necessário para a formação do estado da mente[10]). Dessa forma, o produto fica segregado a um segundo momento até que seja encontrado fato novo que permita reavaliar sua significância.

---

9 Vazios do conhecimento são lacunas de informações no processo de entendimento dos fatos que devem ser preenchidos para a perfeita compreensão do objeto.

10 É o estado em que a mente se encontra em relação à verdade no processo de produção do conhecimento, são eles: a ignorância, dúvida, opinião ou certeza.

3.8 DEFINIÇÃO DO ANALISTA RELATOR DO EVENTO

Com o cenário estruturado, é possível compreender a complexidade da construção ortográfica a ser desenvolvida na formalização de cada Evento. Cabe então ao Líder o papel de atribuir a responsabilidade de relatoria do artefato de conhecimento de cada Evento, de acordo com a afinidade do analista ao tema.

Por ter acompanhado o desenvolvimento lógico do raciocínio, qualquer analista está apto a formalizar qualquer Evento, no entanto, pode ser que o tratamento dos achados exija alguma capacidade específica, como em casos de análises financeiras complexas, por exemplo.

O analista designado à formalização irá, em regra, produzir um relatório como peça de unificação do caso, porém há de se considerar que operações complexas e de grande vulto podem exigir documentos diversos em relação aos fatos listados. Um mesmo Evento, por exemplo, pode ser descrito em relatório a ser incluído no corpo da investigação ou instar a necessidade de ser descrito em relatório de inteligência apartado.

3.9 PRODUTO DO CONHECIMENTO DO EVENTO

Para cada Evento identificado será gerado um produto específico, porém padronizado, onde constará a descrição dos fatos, a identificação dos envolvidos e a apresentação das provas que fomentaram tal conclusão.

O analista designado de posse dos achados pertinentes irá estruturar o relatório de forma lógica, dispondo as informações em uma sequência crescente de construção do conhecimento, apresentando ao leitor de forma clara e concisa todas as circunstâncias e evidências reunidas sobre aquele tema.

É importante que o relatório seja visualmente amigável. A escrita, o desencadeamento de ideias e a apresentação das evidências devem ser capazes de traduzir ao leigo toda a dinâmica de forma gradual e completa. Para isso sugere-se lançar mão de recursos como linhas do tempo, mapas mentais, organogramas, tabelas, diagramas, análises de vínculos e quaisquer outros recursos que auxiliem esse objetivo.

Ao tecer sobre fatos, é natural a identificação de novos vazios de conhecimento. Para alimentar o meio probatório o analista redator fará uso de todas as ferramentas à sua disposição como: Osint[11], bancos de dados, pedidos de busca, termos de declarações, Geoint[12], entrevistas, vigilâncias e outras fontes ao seu dispor.

Ao final, a peça é disponibilizada para a revisão de pelo menos mais um analista antes de oferecê-lo ao Líder, que também o revisará.

O revisor tem o papel de criticar e identificar falhas no documento produzido, questionando o relator quanto a qualquer dúvida, ambiguidade ou erro encontrado. Após a revisão, ambos os Analistas, relator e revisor, assinam o documento.

A prática de redundância de análise e revisão dos fatos minimiza o erro e eleva a qualidade do trabalho.

3.10 RELATÓRIO FINAL

Responsável por reler e revisar todos os relatórios produzidos, o Líder confeccionará o relatório conclusivo, reavaliando as Premissas com base nos Eventos correlacionados pela análise.

Seu relato retorna às Premissas Iniciais, ratificando, retificando ou refutando com base nas evidências encontradas e reunidas nos Eventos. A seguir, o Líder inclui as novas Premissas encontradas ao longo da análise e não conhecidas previamente.

O Relatório Final se presta a apresentar um panorama geral da operação, através da apresentação dos Eventos que ensejaram a avaliação das Premissas. Sucinto, relata um pequeno resumo de cada Evento apontando os achados relevantes para a validação da Premissas.

Na conclusão deste é adicionado um quadro explicativo indexando de maneira individual as condutas, tipicidades e referências. Logo em seguida é apresentada a conclusão.

---

11 *Open Source Intelligence* ou Inteligência de Fontes Abertas é a informação obtida através de dados disponíveis para o público em geral, como jornais, revistas, artigos científicos etc.

12 Inteligência Geoespacial ou a exploração e análise de imagens e de informações geoespaciais.

4. CONCLUSÃO

A dificuldade encontrada no tratamento de grande vulto de dados é uma realidade que exige metodologia e organização.

Por essa razão, a Metodologia Orientada em Eventos (MORE) se presta à organização estruturada da investigação desde sua alocação física, distribuição de tarefas, disponibilização do material até as práticas e métodos de formalização que permitem à equipe o tratamento ordenado e eficaz da imensidão de dados bem como conduz o pensamento para a compreensão de estruturas herméticas.

O pensamento dedutivo ancorado nas Premissas Iniciais conduz todo o processo de aquisição do conhecimento de maneira sólida e sistêmica, bem como a Consciência Coletiva Constante promove a otimização das habilidades e expertises individuais durante o esforço de coleta.

No mais, a Taxonomia aplicada à estrutura promove o fracionamento dos temas, destacando a importância individual e sedimentando de forma racional e sintética a compreensão de emaranhados informacionais.

Tal metodologia se mostra tão mais necessária quão maior e mais complexo for o objeto de análise, uma vez que sua aplicação em situações de simples entendimento perdem o significado e eficiência.

REFERÊNCIAS

ARAÚJO, Irlana Mendes de; PINTO, Virgínia Bentes. **Taxonomia nas áreas da Biblioteconomia e da Ciência da Informação: uma revisão sistemática**. 3ª série, n.12, p.36-47. Fortaleza. Páginas A&B, 2019.

Disponível em: https://ojs.letras.up.pt/index.php/paginasaeb/article/view/6379. Acesso em: 21 jun. 2022.

DE BENEDICTO, Samuel. et al. **Postura metodológica indutiva e dedutiva na produção científica dos estudos em administração e organizações: Uma análise de suas limitações e possibilidades**. Belo horizonte, 2012.

DE MELO SIMÕES, M. da G.; VIEIRA DE FREITAS, M. C.; DE SOUZA GRACIOSO, L.; RODRÍGUEZ BRAVO, B. **Entre os seres e os saberes: a identidade ontológica das taxonomias: ciência, método ou produto?**. Ciência da Informação, [S. l.], v. 45, n. 1, 2017. DOI: 10.18225/ci.inf.v44i3.1776. Disponível em: https://revista.ibict.br/ciinf/article/view/1776. Acesso em: 12 jun. 2022.

EXÉRCITO BRASILEIRO. COMANDO DE OPERAÇÕES TERRESTRES. Portaria nº 020-COTER, de 07 de março de 2019. Aprova o Manual Técnico EB70-MT-10.401 – Produção do Conhecimento de Inteligência, 1ª Edição, 2019, e dá outras providências. **Manual Técnico EB70-MT-10.401 – Produção do Conhecimento de Inteligência**, 1a Edição, 2019.

GESTEIRA, Rodrigo B. **Contribuições à organização de informações dinâmicas e de aplicações sensíveis: a construção do Tesauro Eletrônico de Operações de Inteligência Policial (TEOIP)**. Belo Horizonte, 2013.

HEUER, Richards J., RANDOLPH H. Pherson. **Structured Analytic Techniques for Intelligence Analysis**. Washington. CQ Press. 2015.

MENDES, I., PINTO, V. B. **Taxonomia nas áreas da biblioteconomia e da ciência da informação: uma revisão sistemática**. Páginas A&B, Arquivos e Bibliotecas (Portugal), n. 12, p. 36-47, 2019. Disponível em: http://hdl.handle.net/20.500.11959/brapci/127650. Acesso em: 12 jun. 2022.

NEVADO, Pedro Picaluga. **"Popper e a investigação: a metodologia hipotética - dedutiva"**. Workpaper nº 8. ed. Lisboa: School of Economics and Management, 2008.

POPPER, Karl Raimund. **Conjectures and Refutations. The Growth of Scientific Knowledge**. New York. Harper & Row, 1968.

SARACEVIC, Tefko. **Ciência da informação: origem, evolução e relações. Perspectivas em Ciência da Informação.** Belo Horizonte, v. 1, n. 1, p. 41-62, jan./jun. 1996.

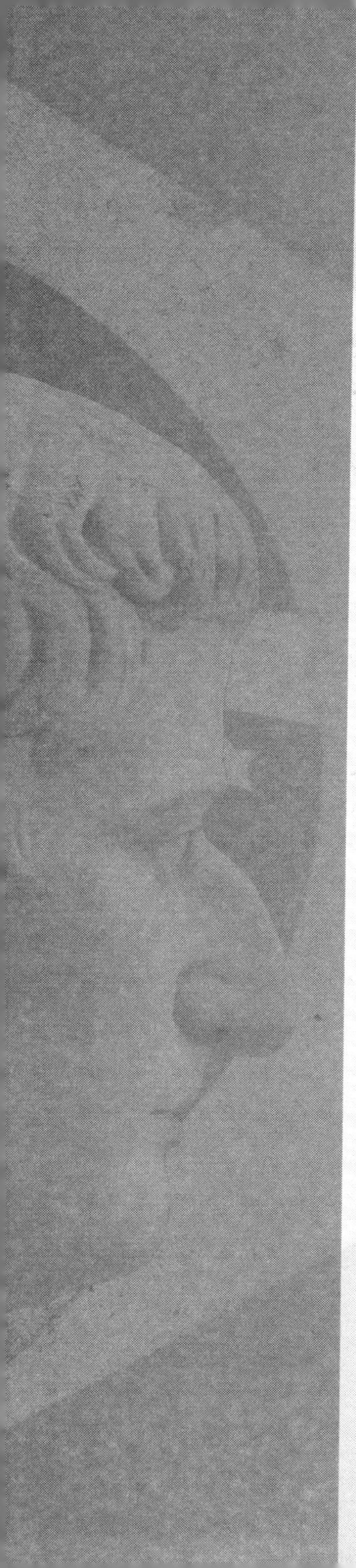

Janus Brasilis

PALAVRAS DO COMANDANTE

O Curso Superior de Inteligência Estratégica (CSIE) teve a sua primeira edição realizada no ano de 1996, pela Escola Superior de Guerra (ESG), na cidade do Rio de Janeiro. No final do ano de 2020, foi transferido para o então campus Brasília daquela escola, hoje Escola Superior de Defesa.

Neste ano, de 2022, a vigésima-sexta edição do CSIE contou com 43 alunos de alto nível técnico e profissional, de composição diversificada, tanto pelo grau de conhecimentos na área de Inteligência, como pela representatividade de mais de 30 Instituições participantes. O nome da turma, Janus Brasilis, foi inspirado na divindade genuinamente romana, das mudanças e transições, cuja face, dupla, simboliza o olhar simultâneo para o passado e o futuro, o que muito bem coincide com o fato de ter sido a primeira edição do tradicional curso integralmente realizada sob a égide da nova Escola Superior de Defesa (ESD).

Criada em 1º de outubro de 2021, a ESD tem por missão desenvolver atividades acadêmicas em temas de interesse da Defesa Nacional, considerados os campos de Segurança e Desenvolvimento, com o propósito de contribuir para o fortalecimento da mentalidade de defesa na sociedade brasileira. Nesse sentido, a percepção de "missão cumprida" deu-se de maneira notável em relação a essa turma.

Aos integrantes da *Janus Brasilis*, agora integrantes da "Família ESD", o meu voto de profícua continuidade das amizades aqui criadas, bem como de continuado sucesso em suas carreiras, agora enriquecidas pelos conhecimentos que levam do brilhante CSIE 2022.

Bons ventos!

VICE-ALMIRANTE ROHWER

Comandante da ESD

FOTO DA TURMA

Foto: Ronald Cesar Thompson

HERÁLDICA DA TURMA *JANUS BRASILIS*

Na mitologia romana, *Janus* (ou Deus Jano) é a divindade bifronte que mantém uma de suas faces sempre voltada para a frente, o porvir, e a outra, para trás, em apreciação ao que já passou. Saturno o dotou de rara virtude, colocando o passado e o futuro diante dos seus olhos. É o deus da transformação, da transição, das portas e dos portais. É, também, o deus dos princípios, das escolhas e dos inícios, sendo-lhe consagrado o primeiro mês do ano, janeiro, em prestígio aos ciclos anuais que abrem novas oportunidades para a construção do conhecimento.

Brasilis faz alusão ao termo *Terra Brasilis*, utilizado na história para denominar o Brasil antes da colonização europeia. No contexto do nome da Turma, remete ainda à Independência do Brasil em relação a Portugal, ocorrida no ano de 1822, e ao bicentenário deste momento histórico, a ser comemorado no próximo dia 7 de setembro.

O ano de 2022 também consolida o projeto de transferência do Curso Superior de Inteligência Estratégica (CSIE) da Escola Superior de Guerra (ESG), no Rio de Janeiro, para a recém-criada Escola Superior de Defesa (ESD), nesta Capital Federal, no qual a Turma Janus Brasilis se apresenta como a primeira totalmente formada sob a égide desta respeitável Instituição de Ensino.

A identidade visual da *Turma Janus Brasilis* é composta pela sobreposição das duas faces do Deus Janus sobre estes momentos históricos que vivemos em 2022. À esquerda, a face mais experiente na perspectiva do olhar para o passado, observando o Grito do Ipiranga – imagem representativa da Independência do Brasil – ocorrido há 200 anos. À direita, a face mais jovem e seu olhar para o futuro, apreciando a singular arquitetura da Escola Superior de Defesa, além das ameaças e oportunidades que se apresentam para o progresso de nossa sociedade e do nosso país.

A imagem da *Turma Janus Brasilis* simboliza ainda uma das principais características do profissional de inteligência: a necessidade de compreender conjunturas e prospectar cenários, sempre de forma metodológica, como habilmente estimulado pela Escola Superior de Defesa; todavia, sem se afastar dos exemplos do passado e da consciência de respeito aos referenciais históricos, das raízes patrióticas e dos postulados erguidos ao longo de todos esses anos pelo Curso Superior de Inteligência Estratégica da Escola Superior de Guerra.

A cor dourada estampada na imagem da *Turma Janus Brasilis* representa não apenas os ativos do nosso país que devemos proteger, mas também a luz, a prosperidade, a persuasão, a energia e a inteligência. No aro externo, na cor azul, estão gravados o nome da Turma e a sigla CSIE 2022, também na cor dourada. A cor azul do aro, por sua vez, remete à criatividade, à juventude e à alegria, assim como à segurança, à tranquilidade, à lealdade e à confiança. O formato circular do aro em torno da imagem simboliza a união, a plenitude, a igualdade e a eternidade, características da amizade e do companheirismo deste grupo de profissionais que se reuniu neste ano de 2022 para formar a melhor turma de todos os tempos da Escola Superior de Defesa.

Turma Janus Brasilis: O CSIE constrói, a vida eterniza!

INTELIGÊNCIA ESTRATÉGICA foi composto nos dependências da editora Pró-Consciência, em formato 15 x 22, com miolo em Offset branco 75g/m2, capa em Cartão supremo 300 g/m2, tiragem de 1300 exemplares. Acabou-se de imprimir esta obra em setembro de 2022, pela Gráfica Santa Clara, Brasília - DF.

VINCIT OMNIA VERITAS